TRANSFORMAÇÃO DE SOCIEDADES COMERCIAIS

DELIMITAÇÃO DO ÂMBITO DE APLICAÇÃO
NO DIREITO PRIVADO PORTUGUÊS

FRANCISCO MENDES CORREIA
Assistente da Faculdade de Direito da Universidade de Lisboa

TRANSFORMAÇÃO DE SOCIEDADES COMERCIAIS
DELIMITAÇÃO DO ÂMBITO DE APLICAÇÃO NO DIREITO PRIVADO PORTUGUÊS

TRANSFORMAÇÃO DE SOCIEDADES COMERCIAIS
DELIMITAÇÃO DO ÂMBITO DE APLICAÇÃO
NO DIREITO PRIVADO PORTUGUÊS

AUTOR
FRANCISCO MENDES CORREIA

EDITOR
EDIÇÕES ALMEDINA, SA
Av. Fernão Magalhães, n.º 584, 5.º Andar
3000-174 Coimbra
Tel.: 239 851 904
Fax: 239 851 901
www.almedina.net
editora@almedina.net

PRÉ-IMPRESSÃO I IMPRESSÃO I ACABAMENTO
G.C. – GRÁFICA DE COIMBRA, LDA.
Palheira – Assafarge
3001-453 Coimbra
producao@graficadecoimbra.pt

Novembro, 2009

DEPÓSITO LEGAL
291270/09

Os dados e as opiniões inseridos na presente publicação
são da exclusiva responsabilidade do(s) seu(s) autor(es).

Toda a reprodução desta obra, por fotocópia ou outro qualquer
processo, sem prévia autorização escrita do Editor, é ilícita
e passível de procedimento judicial contra o infractor.

Biblioteca Nacional de Portugal – Catalogação na Publicação

CORREIA, Francisco Mendes

Transformação de sociedades comerciais : delimitação
do âmbito de aplicação no Direito privado português.
(Teses de mestrado)
ISBN 978-972-40-3841-4

CDU 347

Deo Gratias.

Aos meus Pais.

*À Rita e aos nossos filhos,
Tomás e Isabel.*

NOTA PRÉVIA

As linhas que agora se publicam correspondem, com ligeiríssimas alterações, destinadas apenas a corrigir gralhas entretanto identificadas, à dissertação apresentada em Julho de 2007, para o curso de mestrado em Ciências Jurídico-Empresariais da Faculdade de Direito da Universidade de Lisboa, relativo ao ano lectivo de 2004/2005. A dissertação foi discutida a 9 de Abril de 2008, perante um júri presidido pelo Exmo. Senhor Professor Doutor António Menezes Cordeiro e constituído também pelos Exmos. Senhores Professores Doutores Nogueira Serens, que foi seu arguente, Manuel Carneiro da Frada, Eduardo Santos Júnior, que da mesma forma aceitou o encargo de a arguir, e Luís de Morais.

Apesar de as manifestas insuficiências desta dissertação assim não o fazerem parecer, fui muitíssimo ajudado ao longo da sua elaboração por inúmeros Mestres, colegas, familiares e amigos, através das mais diversas formas, mas sempre com enorme generosidade, que cumpre agora agradecer.

Ao Exmo. Senhor Professor Doutor António Menezes Cordeiro, que amavelmente aceitou orientar esta dissertação e que repetida e tão pacientemente soube apaziguar as constantes dúvidas e perplexidades geradas durante a sua preparação, devo as primeiras palavras de gratidão.

Ao Exmo. Senhor Professor Doutor Manuel Carneiro da Frada, pelo interesse que sempre revelou nos meus passos académicos, e por uma amizade que muito estimo e me honra, agradeço também penhoradamente.

Desejo também expressar o meu reconhecimento aos Exmos. Senhores Professores Doutor Nogueira Serens e Doutor Eduardo Santos Júnior, que arguiram a presente dissertação, possibilitando assim que muitas das suas insuficiências fossem debeladas e ao Exmo. Senhor Professor Luís de Morais, que aceitou integrar o júri das provas finais de mestrado.

Desde o ano lectivo de 2006/2007 que tenho tido a honra e o prazer de integrar, primeiro na cadeira de Direito das Obrigações, depois na cadeira de Direitos Reais, equipas regidas pelo Exmo. Senhor Professor Doutor Luís Menezes Leitão, a quem aproveito esta ocasião para manifestar a minha gratidão.

A Rita, o Tomás e a Isabel são co-autores, cada um na sua medida, desta tese. Os méritos que possa ter são-lhes inteiramente devidos. Outras trezentas páginas não bastariam para lhes agradecer.

Aos meus queridos Pais, Irmã, Cunhado e Sobrinhas, resumidamente, porque a dívida também é demasiado grande para palavras, agradeço o constante apoio e entusiasmo. Sem eles, as trezentas páginas estariam em branco.

Aos meus Sogros e à Mariana, minha Cunhada, também servem estas linhas para pouco mais que um breve aceno de gratidão, por todo o auxílio prestado durante a elaboração da dissertação.

Aos meus amigos e colegas da Faculdade de Direito da Universidade de Lisboa, agradeço reconhecidamente. É credora preferencial, neste plano, a Maria de Lurdes Pereira. Porque ensinou durante dois anos Direito das Obrigações não só aos seus alunos como, discretamente e com amizade, a este seu colega de equipa, mas também porque me substituiu inúmeras vezes em tarefas docentes. Goza também de privilégio o Diogo Costa Gonçalves, que em tantas e tão diversas ocasiões deu provas de uma amizade que não mereço, mas que muito prezo.

Aos meus amigos, que apesar da aridez do tema, sempre me incitaram a continuar, devo umas insuficientes palavras de agradecimento. Na impossibilidade de a todos nomear, agradeço ao mais antigo, o João Tiago, e ao mais recente, o Luís Abel, que com generosidade e abnegação reviu um texto que lhe foi tão desinteressante.

Devo também manifestar a minha gratidão para com o Ansgar Schaefer, que de forma paciente me guiou nos labirínticos textos alemães e a todos os funcionários da biblioteca da Faculdade de Direito da Universidade de Lisboa, na pessoa da sua Responsável, a Dra. Ana Maria Martinho. Devo ainda recordar a Dra. Maria José Abreu, bem como todos os funcionários da minha querida Faculdade, que sabem sempre fazer-me sentir em casa.

Durante a elaboração desta tese, pude beneficiar da consulta do acervo da biblioteca da Secção de Direito Comparado da *Facoltà di Giurisprudenza* da *Università degli Studi di Roma "La Sapienza"*. Ao seu director, o Prof. Diego Corapi, por isso, o meu agradecimento.

Desde que concluí a licenciatura, em 2001, não deixei de procurar formas de voltar à Faculdade de Direito da Universidade de Lisboa.

Apenas pela generosidade e compreensão daqueles com quem trabalhei e trabalho fora da Universidade foi possível conciliar o exercício da minha actividade profissional com esta impaciência académica. Agradeço por isso ao Manuel Castelo Branco, ao Diogo Ortigão Ramos e ao Manuel Magalhães, com quem colaborei, numa primeira fase e continuo agora a colaborar, com muito gosto, na Cuatrecasas, Gonçalves Pereira, ao José Tavares, com quem tive o privilégio de trabalhar (de forma meteórica) na Unidade de Coordenação do Plano Tecnológico, e ao Enrique Belzuz Fernández e ao Nuno Gonçalves da Cunha, da Belzuz Advogados.

Aos meus alunos, a última palavra: como ficam sempre a perder na distribuição do serviço docente, são os últimos da lista, para serem os primeiros a quem esta dissertação se destina.

22/IV/2009

ÍNDICE

I PARTE
INTRODUÇÃO E EVOLUÇÃO HISTÓRICO-DOGMÁTICA

1. Apresentação do tema 19
2. Razão de ordem 24
3. Metodologia 25
    3.1. Critérios de análise e construção dogmática 25
    3.2. Consistência das soluções propostas 29
4. Evolução histórica da transformação de sociedades comerciais 31
    4.1. Transformação de pessoas colectivas 31
        4.1.1. Análise preliminar 31
        4.1.2. A comutação da vontade através dos tempos 38
        4.1.3. Transição da comutação para a transformação 43
        4.1.4. Transformação de pessoas colectivas no Direito português 47
    4.2. Transformação de sociedades comerciais 56
        4.2.1. O Código Comercial de 1833 (FERREIRA BORGES) 57
        4.2.2. A Lei de 22 de Junho de 1867 (*Lei das Sociedades Anonymas*) e o Código de Seabra de 1867 58
        4.2.3. O Código Comercial de 1888 (VEIGA BEIRÃO) 59
        4.2.4. A Lei de 11 de Abril de 1901 (Lei das Sociedades por Quotas) 60
        4.2.5. Estado da discussão antes da aprovação do CSC 61
        4.2.6. O Código das Sociedades Comerciais e as previsões extravagantes contemporâneas 66

II PARTE
DELIMITAÇÃO DO ÂMBITO DE APLICAÇÃO
DA TRANSFORMAÇÃO DE SOCIEDADES COMERCIAIS

1. Elementos para uma análise crítica do âmbito de aplicação da transformação de sociedades comerciais 71
    1.1. Personalidade colectiva 71
        1.1.1. Breve percurso pela história do conceito 71
        1.1.2. Teorias modernas 76

Transformação de Sociedades Comerciais

1.1.2.1. Teorias negativistas, individualísticas ou instrumentais	77
1.1.2.2. Teorias realistas	86
1.1.2.2.1. Ênfase na juridicidade do conceito	86
1.1.2.2.2. Ênfase no substrato	87
1.1.3. Conceito operativo de personalidade colectiva............................	93
1.1.4. Relativização e funcionalização do conceito de personalidade colectiva	98
1.1.5. Síntese	109
1.2. Autonomia privada	111
1.2.1. Considerações conceptuais	111
1.2.2. Fundamentos da autonomia privada	117
1.2.3. Limites à autonomia privada	123
1.2.4. Autonomia privada e pessoas colectivas	125
1.3. Pessoas colectivas de Direito privado e tipicidade	127
1.3.1. Enquadramento da questão..	127
1.3.2. Taxatividade da tipologia de pessoas colectivas de Direito privado .	130
1.3.3. Taxatividade da tipologia de sociedades comerciais	133
2. Análise problemática do regime legal vigente...	136
2.1. O princípio da identidade	138
2.2. Tutela dos credores...	149
2.2.1. A responsabilidade ilimitada dos sócios	151
2.2.2. Os credores obrigacionistas	152
2.2.3. Assimetrias na tutela toleradas pelo legislador da transformação	156
2.2.3.1. Assimetrias toleradas e fiscalização de sociedades	157
2.2.4. Tutela dos credores: síntese..	161
2.3. Tutela dos sócios	162
2.3.1. A protecção contra transformações precipitadas e ineficientes	163
2.3.2. A manutenção das posições relativas...	164
2.3.3. A manutenção dos direitos especiais dos sócios........................	169
2.3.4. A protecção contra a assunção de responsabilidade ilimitada	172
2.3.5. Assimetrias na tutela toleradas pelo legislador da transformação	173
2.3.6. Tutela dos sócios: síntese	174
2.4. Breve recapitulação das conclusões extraídas do regime legal constante dos artigos 130.° e seguintes e fixação preliminar da natureza jurídica da transformação de sociedades comerciais	178
3. Sociedades comerciais como ponto de origem e destino de outras transformações: lacuna ou uma enumeração taxativa?.....................................	181
3.1. Elementos literais e lógico-sistemáticos	182
3.2. Elementos histórico-subjectivos..	187
3.3. Elementos teleológico-sistemáticos	189
3.3.1. Segurança jurídica	189
3.3.2. Princípio da igualdade	193
3.3.3. Princípio da autonomia privada..	197
3.3.4. Adequação em termos de política legislativa..............................	199

Índice

3.4. Síntese conclusiva 200
3.5. Enquadramento geral para a integração da lacuna detectada 201
4. Transformações homogéneas 205
   4.1. Sociedades civis puras 205
      4.1.1. Breve caracterização da figura 205
      4.1.2. Sociedades civis e personalidade jurídica 207
      4.1.3. Sociedades civis puras e transformação 216
      4.1.4. Transformação de sociedades civis em sociedades (civis ou comerciais) sob forma comercial 216
      4.1.5. Transformação de sociedades (civis ou comerciais) sob forma comercial em sociedades civis puras 220
   4.2. Sociedades unipessoais 223
      4.2.1. Breve caracterização da figura 223
      4.2.2. Sociedades unipessoais por quotas e transformação 226
      4.2.3. Transformação de sociedade por quotas pluripessoal em SQU 226
      4.2.4. Transformação de EIRL em SQU 231
      4.2.5. Transformação de SQU em sociedade pluripessoal 234
   4.3. *Societas Europaea* 235
      4.3.1. Breve caracterização da figura 235
      4.3.2. *Societas Europaea* e transformação 237
      4.3.3. Transformação de sociedade anónima nacional em *Societas Europaea* ... *238*
      4.3.4. Transformação de *Societas Europaea* em sociedade anónima nacional ... 244
5. Trasformações heterogéneas 245
   5.1. Cooperativas 245
      5.1.1. Breve caracterização da figura 245
      5.1.2. Cooperativas e transformação 249
      5.1.3. Transformação de cooperativas em sociedades comerciais 250
         5.1.3.1. Código Cooperativo de 1980 250
         5.1.3.2. Código Cooperativo de 1996 256
      5.1.4. Transformação de sociedades comerciais em cooperativas 259
   5.2. Associações 263
      5.2.1. Breve caracterização da figura 263
      5.2.2. Transformação de associações em sociedades comerciais 270
      5.2.3. Transformação de sociedades comerciais em associações 275
   5.3. Agrupamentos complementares de empresas 277
      5.3.1. Breve caracterização da figura 277
      5.3.2. Transformação de ACE em sociedades comerciais 282
      5.3.3. Transformação de sociedades comerciais em ACE 283
   5.4. Fundações 284
      5.4.1. Breve caracterização da figura 284
      5.4.2. Transformação de sociedades comerciais em fundações 291
      5.4.3. Transformação de fundações em sociedades comerciais 298

14 *Transformação de Sociedades Comerciais*

III PARTE
CONSTRUÇÃO DOGMÁTICA

1. Natureza jurídica da transformação de sociedades comerciais 305

TESES 321

BIBLIOGRAFIA.. 337

ABREVIATURAS

publicações

AcP	Archiv für die civilistische Praxis
BMJ	Boletim do Ministério da Justiça
CCTF	Cadernos de Ciência e Técnica Fiscal
CJ	Colectânea de Jurisprudência
DB	Der Betrieb
ED	Enciclopedia del Diritto
GJ	Gazeta Judiciária
LUS	Lusíada – Revista de Ciência e Cultura
NDI	Novíssimo Digesto Italiano
OD	O Direito
QF	Quaderni Fiorentini per la Storia del Pensiero Giuridico Moderno
RDE	Revista de Direito e de Economia
RFDUL	Revista da Faculdade de Direito da Universidade de Lisboa
RLJ	Revista de Legislação e Jurisprudência
ROA	Revista da Ordem dos Advogados
RS	Rivista della Società
RT	Revista dos Tribunais
RTDPC	Rivista Trimestriale de Diritto e di Procedura Civile
SI	Sciencia Iuridica
ZIP	Zeitschrift für Wirtschaftsrecht

outras

ACE	Agrupamento Complementar de Empresas
AktG	Aktiengesetz
AEIE	Agrupamento Europeu de Interesse Económico
BGB	Bürgerliches Gesetzbuch
CC	Código Civil
CCoop	Código Cooperativo
CMVM	Comissão do Mercado de Valores Mobiliários
CSC	Código das Sociedades Comerciais

CRC	Código do Registo Comercial
CVM	Código dos Valores Mobiliários
EIRL	Estabelecimento Individual de Responsabilidade Limitada
FDUL	Faculdade de Direito da Universidade de Lisboa
GG	Grundgesetz
GmbHG	Gesetz betreffend die Gesellschaften mit beschränkter Haftung
HGB	Handelsgesetzbuch
IDET	Instituto de Direito das Empresas e do Trabalho
RJSAE	Regime Jurídico das Sociedades Anónimas Europeias
ROC	Revisor Oficial de Contas
SA	Sociedade anónima
SCA	Sociedade em comandita por acções
SCS	Sociedade em comandita simples
SE	*Societas Europaea*
SNC	Sociedade em nome colectivo
SQ	Sociedade por quotas
SROC	Sociedade de Revisores Oficiais de Contas
UCP	Universidade Católica Portuguesa
UmwG	Umwandlungsgesetz

I PARTE

INTRODUÇÃO
E EVOLUÇÃO HISTÓRICO-DOGMÁTICA

1. APRESENTAÇÃO DO TEMA

As empresas, como outros empreendimentos colectivos humanos, representam feixes de pessoas, coisas, conhecimentos, direitos e deveres, organizados funcionalmente. Da ordenação destes elementos, esperam os sujeitos envolvidos, resultará um agregado que apresentará valor acrescentado em relação à soma das partes.

Na ordem jurídica portuguesa, os sujeitos podem escolher livremente a forma jurídica, de entre um leque previamente delimitado, através da qual o empreendimento colectivo será desenvolvido, podendo este exercício dar origem, até, a uma nova subjectividade jurídica.

Por vezes, no entanto, a adequação da forma jurídica à actividade a desenvolver não é correctamente representada pelas partes. Mais frequentemente, porém, é o próprio sucesso, insucesso ou a alteração das condições de desenvolvimento da actividade que confrontam as partes com a necessidade de introduzir modificações à estrutura jurídica adoptada. Perante o crescimento da actividade comercial desenvolvida através de uma sociedade unipessoal por quotas, o sócio único pode pretender conjugar esforços com novos investidores, revelando-se mais adequada a forma da sociedade por quotas, ou da sociedade anónima. A necessidade de percorrer o caminho inverso pode também ser imposta pelas condições de exercício da actividade. Os sócios de uma sociedade anónima, perante uma conjuntura de contracção económica, podem ver na redução de obrigações legais possibilitada pela aplicação de outro conjunto normativo – o da sociedade por quotas, por exemplo – uma forma de poupança de despesas.

À imagem do que aconteceu no momento constitutivo, a escolha da nova forma jurídica é livre no direito privado português, de entre alternativas pré-determinadas[1]. Refira-se, porém, que o abandono da forma jurí-

---

[1] Sobre a liberdade de escolha de forma jurídica e correspondentes relações com a Lei das Transformações alemã – o *Umwandlungsgesetz* (UmwG) –, LUTTER (org.), *Umwandlungsgesetz – Kommentar*, I (§ 1-137), 3.ª edição revista e aumentada, Koln, Otto Schmidt, 2004, 86.

dica original e a transição para a nova forma jurídica podem apresentar obstáculos, chegando a colocar em perigo, até, a unidade de valor criada pelas partes.

Num estado de desenvolvimento técnico-jurídico incipiente, estas teriam de dissolver as relações criadas à luz da antiga forma jurídica, e proceder à sua reconstituição, segundo um outro conjunto de regras posteriormente adoptado, sem que fosse oferecida pelo direito privado uma solução de continuidade. Actualmente, porém, o Direito disponibiliza às partes instrumentos técnico-jurídicos que permitem a substituição das regras orientadoras das respectivas actividades colectivas, sem que sejam ameaçadas as unidades de valor subjacentes. De entre este conjunto, destaca-se, pela sua importância prática e pelo aperfeiçoamento técnico alcançado, o direito das transformações de pessoas colectivas e, mais particularmente, a transformação de sociedades comerciais.

Pode antever-se, deste breve bosquejo, qual a principal preocupação económica, e simultaneamente qual a mais importante repercussão prática que preside ao direito das transformações: a preservação das unidades de valor formadas pelas partes, possibilitando-lhes assim a livre escolha das formas jurídicas mais adequadas às actividades desenvolvidas.

A presente dissertação de mestrado versa sobre o âmbito de aplicação do instituto da transformação de sociedades comerciais no direito privado português. Em traços gerais, trata-se de delimitar, de entre os tipos jurídicos de pessoas colectivas privadas, quais podem, através de transformação, ser adoptados por uma sociedade comercial, e quais podem estar na origem de uma transformação de que resulte a aplicação de um regime jurídico-societário. É então o objecto central deste percurso de investigação a identificação das pessoas colectivas de direito privado, e dos respectivos subtipos, que podem estar na origem de uma transformação de sociedades comerciais, bem como das que podem configurar o seu destino.

A transformação de sociedades comerciais, pese embora algumas vozes discordantes, tem sido tradicionalmente vista pela doutrina[2] e pela

---

[2] O texto clássico nesta matéria, e no sentido referido, é de RAÚL VENTURA (*Fusão, Cisão, Transformação de Sociedades*, 2.ª reimpressão da 1.ª edição de 1990, Coimbra, Almedina, 2003), onde pode ler-se que "há transformação duma sociedade quando esta adopta um tipo diferente daquele que tem no momento da transformação" (ob. cit., 416). Na literatura mais recente, segue nesta linha RICARDO COSTA, quando critica a vulgarização do termo *transformação* (*A Sociedade por Quotas Unipessoal no Direito Português*, Coimbra, Almedina, 2002, 278, nota 261): "Mas não nos convence que a geografia nor-

Introdução e Evolução Histórico-Dogmática 21

jurisprudência[3] portuguesa como um instituto especial, que apenas pode operar no interior do universo societário. Neste sentido, são acentuadas as fronteiras entre esta vicissitude e a transformação de outras pessoas colectivas, como a transformação de fundações (artigo 190.° CC)[4], ou a transformação de ACE em AEIE (artigo 11.° do Decreto-Lei n.° 148 / 90, de 9 de Maio)[5].

Como resultado, a transformação de sociedades comerciais tem sido configurada como mudança de tipo, sendo assim delimitado o seu âmbito de aplicação ao universo compreendido no artigo 1.°/2 do Código das Sociedades Comerciais[6].

Salvo melhor opinião, esta tendência tem deixado na sombra as relações existentes – históricas, dogmáticas e práticas –, entre a transformação de sociedades e o fenómeno mais geral da transformação de pessoas colectivas. Por outro lado, julga-se, não têm sido suficientemente consideradas as influências que nesta matéria têm os princípios da autonomia privada e da tipicidade (das pessoas colectivas de direito privado e das sociedades comerciais), e o instituto da personalidade colectiva.

Parece fazer sentido, então, que se realize um estudo aprofundado sobre este tema, a partir do correcto enquadramento histórico-dogmático da transformação de sociedades comerciais, e que tenha em linha de conta as implicações dos princípios e conceitos que são por ela convocados. Só assim será possível determinar as verdadeiras fronteiras do instituto da

---

mativa ou a incúria terminológica do legislador *molde* o conceito *regulado no CSC*, que envolve sempre *o trânsito entre tipos de pessoas jurídicas societárias*" [itálico do Autor].

[3] A discussão nos tribunais portugueses em torno do tema em apreço tem sido escassa, e por conseguinte, será muito reduzida a análise jurisprudencial ao longo deste estudo. A maioria das decisões tem versado, como já acontecia antes da aprovação do CSC, sobre a manutenção da personalidade jurídica da sociedade transformada (e das relações jurídicas por ela encabeçadas). No entanto, uma das poucas decisões que incide sobre o âmbito de aplicação da transformação de sociedades comerciais adopta a tese referida, segundo a qual se trata de um instituto que apenas opera entre sociedades: "As cooperativas, visto que não revestem qualquer dos tipos consagrados no CSC, nem são sociedades constituídas ao abrigo do art. 980.° do CC não podem converter-se em sociedades comerciais", Ac. RP de 23/02/1995 (COELHO DA ROCHA), consultado em 28 de Julho de 2007 em www.dgsi.pt.

[4] RAÚL VENTURA, *Fusão, Cisão, Transformação...*, cit., 426.

[5] RICARDO COSTA, *A Sociedade por Quotas Unipessoal...*, cit., 278, nota 261.

[6] As disposições legais em que não se indique a fonte pertencem ao texto actualmente vigente do Código das Sociedades Comerciais.

transformação de sociedades comerciais. A este empreendimento não obstam, assinale-se, quaisquer princípios dogmáticos absolutos nem tampouco a natureza das coisas.

Para verificar esta última observação, basta pensar na extensão que um ordenamento jurídico-privado como o alemão, com afinidades dogmáticas patentes com o português, reconhece à mudança de forma (*Formwechsel*), regulada no *Umwandlungsgesetz* de 1994 como modalidade de transformação (*Umwandlung*), ao lado da fusão (*Verschmelzung*), da cisão (*Spaltung*) e da transmissão unitária (total ou parcial) de património (*Vermögensübertragung*)[7]. Com efeito, o § 191, I, UmwG contém uma lista consideravelmente extensa de titulares jurídicos que podem, através da *Formwechsel*, adoptar uma nova forma jurídica, com manutenção da personalidade jurídica (§ 202, I, UmwG). São eles as sociedades comerciais de pessoas[8], de capitais[9] e as *Partnerschaftsgesellschaften*, as cooperativas registadas (*eingetragene Genossenschaften*), as associações com personalidade jurídica (*rechtsfähige Vereine*), as sociedades mútuas de seguros (*Versicherungsvereine auf Gegenseitigkeit*) e as instituições e corporações de direito público (*Körperschaften und Anstalten des öffentlichen Rechts*).

Estes sujeitos jurídicos podem adoptar, através da mudança de forma (*Formwechsel*) – o instituto do direito alemão comparável, em termos jurídico-dogmáticos, com a transformação do direito societário e privado português –, a forma de sociedades de direito civil (*Gesellschaften des Bürgerlichen Rechts*), de sociedades comerciais de pessoas, de capitais e *Partnerschaftsgesellschaften* ou ainda de cooperativas registadas[10].

---

[7] § 1, I, UmwG.

[8] Que, para os efeitos do UmwG (§ 3, I, 1), incluem as sociedades em nome colectivo (*offene Handelsgesellschaften*), as sociedades em comandita (*Kommanditgesellschaften*) e as *Partnerschaftsgesellschaften*.

[9] Que, para os efeitos do UmwG (§ 3, I, 2), incluem as sociedades de responsabilidade limitada (*Gesellschaften mit beschränkter Haftung*), as sociedades anónimas (*Aktiengesellschaften*) e as sociedades em comandita por acções (*Kommanditgesellschaften auf Aktien*).

[10] § 191, I e II, UmwG. Sobre a *Formwechsel* no direito societário alemão, por todos, SCHMIDT, *Gesellschaftsrecht*, Köln / Berlin / Bonn / München, Carl Heymanns, 4.ª edição revista e aumentada, 2002, 368 e ss.. À medida que for oportuno, serão feitas novas referências à *Formwechsel* do direito alemão das transformações. No entanto, chama-se desde já a atenção para o carácter genérico da enumeração das formas jurídicas de destino (as *neuer Rechtsform* enunciadas no § 191, II) e dos titulares jurídicos de origem (os

Introdução e Evolução Histórico-Dogmática 23

Após a reforma do direito societário italiano de 2003, também o *Codice Civile* permite, por exemplo, que uma sociedade comercial de capitais[11], através de transformação, adopte um novo regime jurídico, de entre um leque de alternativas que incluem o consórcio, a *società consortili*, a sociedade cooperativa, a comunhão em estabelecimento (*comunioni d'azienda*)[12], a associação não reconhecida e a fundação (artigo 2500-*septies*). À transformação homogénea de sociedades, i.e. a transformação que opera dentro do universo societário, anteriormente admitida, veio juntar-se a transformação dita heterogénea, que partindo de, ou chegando a, uma sociedade comercial, envolve sujeitos jurídicos não societários[13].

Assim sendo, e porque o interesse do tema o exige, propõem-se um novo enquadramento do problema enunciado – a delimitação do âmbito de aplicação da transformação de sociedades –, que tenha em conta os dados resultantes de uma análise histórica relativa às origens do instituto, que considere os mais recentes desenvolvimentos verificados na teoria da personalidade colectiva e que ao mesmo tempo reconheça a influência nesta matéria dos princípios da autonomia privada e da tipicidade.

Formwechselnde Rechtsträger do § 191, I). Apenas através da análise de cada ente de origem poderá ser determinado o universo de novas formas jurídicas disponíveis. Assim, a título de exemplo, as sociedades comerciais de pessoas, embora figurem genericamente como *Formwechselnde Rechtsträger*, apenas podem adoptar uma nova forma oriunda do universo das sociedades comerciais de capitais ou a forma de cooperativa registada (§ 214, I).

[11] Para efeitos de aplicação do artigo 2500-*Septies*, que disciplina a transformação heterogénea de sociedades de capitais, estão incluídas a sociedade anónima, a sociedade em comandita por acções e a sociedade de responsabilidade limitada.

[12] A *azienda* é definida pelo legislador italiano como *il complesso dei beni organizzati dall'imprenditore per l'esercizio dell'impresa* (artigo 2555 do *Codice*). Assim, a *comunioni d'azienda* pode corresponder à comunhão em estabelecimento, desde que este último seja visto como objecto e não como sujeito de direitos. Adoptou-se a expressão «comunhão em estabelecimento», para evitar a confusão com uma possível concepção subjectiva de empresa.

[13] Quanto à transformação heterogénea de sociedades de capitais no direito italiano, por todos, PINARDI, *La Trasformazione*, Milão, Giuffrè, 2005, 231 e ss.. À medida que for oportuno, serão referidos outros aspectos do direito italiano das transformações, anterior e posterior à reforma de 2003, bem como da respectiva análise doutrinal e jurisprudencial.

2. RAZÃO DE ORDEM

Neste sentido, que segundo se julga não foi ainda percorrido, começa-se por uma análise da evolução histórica da transformação de sociedades comerciais, através da qual se tentarão estabelecer as origens – sobretudo em termos dogmáticos – do instituto. Espera-se que esta opção permita recolher dados para o correcto enquadramento da figura no Direito das sociedades e no Direito privado actual, e com isso completar a primeira abordagem ao tema.

A delimitação do âmbito de aplicação do instituto, na sua configuração actual, que é afinal o objecto central desta tese, deverá ser precedida, ainda, do enquadramento prévio dos conceitos e princípios gerais que são por ela convocados, de forma mais intensa. Trata-se do conceito de personalidade colectiva e dos princípios da autonomia privada e da tipicidade, sendo certo que esta última será sumariamente analisada em matéria societária mas também no que respeita ao universo mais alargado das pessoas colectivas de Direito privado.

O tratamento destes temas – personalidade colectiva, autonomia privada, tipicidade –, será realizado em função do objectivo proposto: uma análise crítica do âmbito de aplicação da transformação de sociedades comerciais. Não se pretende, assim, estudar de forma exaustiva e autónoma estes objectos, nem realizar um contributo que possa ser aproveitado para o respectivo estudo, mas antes, e apenas, encontrar conceitos operativos que permitam o seu manuseamento em matéria de transformação de sociedades. Por esse motivo, não serão consideradas, em relação a cada um deles, muitas das questões que um tratamento autónomo exigiria.

Reunidos os dados resultantes da análise histórica e os principais conceitos convocados pelo tema, será então possível analisar em detalhe o regime jurídico positivo que disciplina a transformação de sociedades comerciais, e que consta, sobretudo, do Código das Sociedades Comerciais, mas também de legislação extravagante e posterior, como a que regula a *Societas Europaea*.

Através da análise empreendida nos termos enunciados espera-se encontrar elementos que permitam confirmar ou infirmar o posicionamento tradicional nesta matéria, e que é, como já se antecipou, o da limitação da transformação de sociedades comerciais à mudança de tipo, por referência ao artigo 1.º/2. Qualquer um dos resultados, julga-se, por se fundar na recondução do problema a uma ordem de coisas mais ampla, que

Introdução e Evolução Histórico-Dogmática 25

é a do Direito privado português (e dos princípios que o enformam), representará um avanço na delimitação e compreensão do instituto da transformação de sociedades comerciais.

3. METODOLOGIA

3.1. CRITÉRIOS DE ANÁLISE E CONSTRUÇÃO DOGMÁTICA

Utilizando-se na análise do direito uma metodologia científica, pretende-se que as conclusões alcançadas tornem "más comprensibles las normas com ayuda de conceptos especificamente jurídicos, es decir, dogmáticos, y/o a través de su vinculación com los princípios generales del Derecho"[14]. Apenas se este desiderato for alcançado será possível que as conclusões desta dissertação alcancem validade científica[15].

Com efeito, nem todo o conjunto de enunciados universais compõe uma teoria científica. Se os enunciados forem agrupados de forma aleatória ou somente através de critérios de semelhança ou identidade, o patamar científico não foi ainda transposto. Apenas quando os enunciados sejam agrupados de forma sistemática, "mediante la integración en un orden de cosas más amplio"[16], podem as teorias almejar à universalidade que lhe irá conferir o carácter científico.

É com base nesta necessidade que será dado lugar à análise de princípios e conceitos gerais do Direito privado português, para melhor compreensão das normas analisadas e para a sua posterior integração sistemática, nessa *ordem de coisas mais ampla*. Como já se referiu, o tratamento destes objectos será necessariamente incompleto, porque se destina apenas a possibilitar a sua utilização em sede de transformação de sociedades

---

[14] CANARIS, *Función, Estructura y Falsación de las Teorías Jurídicas*, Madrid, Civitas, 1995, 28-29. Não se pretende, obviamente, que o tratamento da transformação de sociedades comerciais alcance uma universalidade total. Mas, utilizando a terminologia de CANARIS, a ciência do direito beneficia quer das «grandes» teorias, quer das «pequenas», já que estas últimas também cumprem a sua função explicativa mediante a integração numa ordem de coisas mais geral. E assim, espera-se, a análise do instituto da transformação de sociedades poderá permitir identificar e formular um conjunto articulado de «pequenas» teorias.

[15] CANARIS, *Función...*, cit., 27.

[16] CANARIS, *Función...*, cit., 28.

comerciais. Mas a obtenção de conceitos operativos é imprescindível para a interpretação das normas que regulam o instituto, quer estejam (quase) literalmente expressas, quer necessitem de uma intermediação maior por parte do intérprete, quer tenham de ser (quase) descobertas.

Será apenas após esta fase de integração das normas jurídicas no sistema a que pertencem e da consideração de valorações que se desprendam do Direito objectivo[17] que serão formuladas regras, que são, afinal, o núcleo das teorias jurídicas[18]. Não se emprega a expressão «regra» em sentido técnico, mas antes como equivalente de «enunciado». No entanto, como resulta do que foi exposto, estas regras ou enunciados referem-se às próprias normas jurídicas, e permitem, inclusivamente, a construção ou descoberta de normas menos aparentes[19].

As regras jurídicas apresentadas serão no entanto formuladas com referência às valorações a que se escolheu proceder e que integram, afinal, o seu núcleo[20]. A escolha de uma formulação da regra em detrimento dos outros possíveis só se pode fazer, de facto, através da eleição de um (ou mais) critérios de justiça. Com efeito, "tanto las aplicaciones propuestas de una teoría, es decir, sus soluciones paradigmáticas del problema, como la regla en la que al fin y al cabo se basan, sólo pueden entenderse si se conoce(n) la(s) valoración(es) que está(n) detrás"[21]. Estas valorações, ou princípios jurídicos gerais, serão tendencialmente múltiplos, cabendo por isso ainda proceder à sua gradação e estabelecer as limitações e combinações mútuas. Assim, por exemplo, o princípio da autonomia privada terá um papel fundamental na construção da(s) teoria(s) jurídica(s) que se venha a desenhar ao longo desta dissertação, e integrará, nessa medida, o seu conteúdo, mas deverá encontrar os seus limites, por exemplo, face a outro princípio certamente convocado, como o da segurança jurídica.

Espera-se assim conseguir desenhar uma teoria jurídica que se possa gabar da estrutura tripartida proposta por CANARIS: um conjunto articulado de (A) valorações ou princípios jurídicos gerais, (B) regras e (C) soluções paradigmáticas de problemas[22].

---

[17] CANARIS, *Función…*, cit., 67.
[18] CANARIS, *Función…*, cit., 55-67.
[19] CANARIS, *Función…*, cit., 62-63.
[20] CANARIS, *Función…*, cit., 67-70.
[21] CANARIS, *Función…*, cit., 68.
[22] CANARIS, *Función…*, cit., 70.

Como já foi antecipado, o instituto da transformação de sociedades não é de molde a suscitar a formulação e a descoberta de uma «grande» teoria jurídica. Não obstante, poderá permitir a construção de um conjunto articulado de «pequenas» teorias jurídicas (regras ou enunciados), que não só alcance a coerência interna como se deixe integrar escorreitamente no «grande» conjunto articulado de teorias jurídicas que explica e suporta o Direito societário e o Direito privado português que o integra.

Se o labor analítico e construtivo que agora se inicia se mostrar produtivo, a teoria jurídica formulada terá também uma função produtiva. Com efeito, a integração das normas que regulam a transformação de sociedades comerciais numa ordem de ideias e princípios mais gerais e a sua ordenação segundo um conjunto articulado de regras podem influenciar a sua interpretação[23]. Com efeito, se a fortuna bafejar este *iter* de análise problemática e construção, terão cabimento as palavras de CANARIS: "El jurista, en efecto, utiliza teorías para la obtención de nuevas reglas, es decir, de reglas jurídicas hasta entonces no formuladas – bien a través de la interpretación de normas escritas conforme a la teoría, bien mediante el desarollo judicial de normas no escritas. Los dogmas jurídicos, esto es, las teorías que se refieren al Derecho positivo (…) tienen también, por consiguiente, aparte de su función explicativa, una función heurística"[24].

Por último, e de forma conexa, espera-se que a dissertação que agora se inicia chegue a conclusões teóricas que constituam uma base para a solução de problemas práticos concretos[25], que nesta matéria proliferam. Com efeito, apesar da convocação de princípios gerais e do manuseamento da *ordem de coisas mais ampla*, pretende-se não perder de vista os casos concretos, de forma a evitar o perigo para que alertava MENEZES CORDEIRO, na análise da autonomização metodológica do direito operada por SAVIGNY e pela escola histórica: "o (…) aparecimento dum metadiscurso que, por objecto, não tem já o Direito, mas o próprio discurso sobre o Direito. Surge, então, uma metalinguagem, com metaconceitos e toda uma

---

[23] CANARIS, *Función…*, cit., 30. Utilizamos de novo a palavra regra como equivalente de enunciado (ainda que, como já foi referido, e fica patente, os enunciados se refiram a normas jurídicas e possam, inclusivamente, ser determinantes na sua construção ou descoberta).

[24] CANARIS, *Función…*, cit., 30-31.

[25] CANARIS, *Función…*, cit., 34.

28 *Transformação de Sociedades Comerciais*

sequência abstracta que acaba por não ter já qualquer contacto com a resolução dos casos concretos"[26].

Com efeito, na esteira de LARENZ, "uma vez que nas teorias jurídicas se trata de enunciados sobre aquilo que está normativamente em vigor, as proposições que delas se podem inferir são aquelas para as quais, para além da sua correcção enquanto enunciados, se aspira a validade normativa"[27].

Em resumo, espera-se conseguir, ainda que em medida parcelar, preencher com sucesso todas as funções da teoria jurídica: "permite la clasificación conceptual y / o dogmática de la(s) correspondiente(s) solución(es) del (de los) problema(s), asegura su compatibilidad con el sistema del Derecho vigente, clarifica su contenido material de justicia, y aporta un marco para la solución de (otros) problemas"[28].

Por último, assume-se que, na abordagem dos problemas que se colocam, tentar-se-á dar a palavra, em primeiro lugar, precisamente ao fenómeno que se quer analisar. Assim, o ponto de partida é o regime legal da transformação de sociedades comerciais, cuja integração numa *ordem de coisas mais ampla* cumpre testar, sem incluir como critério orientador os pré-entendimentos que se tinham sobre o tema.

Na impossibilidade de se partir sempre, para cada abordagem, do zero científico, espera-se que esta pré-compreensão desempenhe apenas o papel de projecto de compreensão ou de antecipação provisória de uma expectativa de sentido. Acredita-se também que, ainda que pulsando de forma inconsciente, esta pré-compreensão venha a ser rectificada sempre que o texto legal e a sua correcta interpretação assim o indiquem. Em suma, deseja-se que esta pré-compreensão nunca ultrapasse as fronteiras para um preconceito (entendido no sentido pejorativo coloquial) e nunca tenha servido como critério de escolha, valoração ou refutação dos enunciados analisados[29].

---

[26] MENEZES CORDEIRO, *Introdução* à Versão Portuguesa de CLAUS-WILHELM CANARIS, *Pensamento Sistemático e Conceito de Sistema na Ciência do Direito*, 3.ª edição, Lisboa, Fundação Calouste Gulbenkian, 2002, XXV.

[27] LARENZ, *Metodologia da Ciência do Directo*, 4.ª edição (tradução da 6.ª edição, reformulada, de 1991, do original alemão intitulado: *Methodenlehre der Rechtswissenschaft*), Lisboa, Fundação Calosute Gulbenkian, 2005, 640.

[28] CANARIS, *Función...*, cit., 35-36.

[29] CANARIS, *Función...*, cit., 113-117.

Introdução e Evolução Histórico-Dogmática

3.2. CONSISTÊNCIA DAS SOLUÇÕES PROPOSTAS

As teorias encontradas serão, por fim, testadas contra os vícios que podem derrubar qualquer teoria jurídica: (A) a falta de eficácia; (B) a inconsistência e (C) a incompatibilidade com os «enunciados básicos» ou com os «enunciados de contraste». Não desconsiderando os problemas de eficácia e inconsistência, julga-se no entanto que os testes mais exigentes serão feitos através do confronto dos enunciados teóricos propostos com os referidos «enunciados básicos», retirados do direito vigente ou com «enunciados de contraste»[30].

Neste sentido, aceita-se a possibilidade de aplicar o *falsificacionismo*[31] adaptado à metodologia jurídica, na esteira de CANARIS[32,33]. Se

---

[30] CANARIS, *Función...*, cit., 86-87.

[31] Para definir *falsificacionismo* e distinguir este conceito de verificacionismo recorremos a KARL POPPER: "The members of the first group – the verificationists or justificationists – hold, roughly speaking, that whatever cannot be supported by positive reasons is unworthy of being believed, or even of being taken into serious consideration. On the other hand, the members of the second group – the falsificationists or fallibilists – say, roughly speaking, that what cannot (at present) in principle be overthrown by criticism is (at present) unworthy of being seriously considered; while what can in principle be so overthrown and yet resists all our critical efforts to do so may quite possibly be false, but is at any rate not unworthy of being seriously considered and perhaps even of being believed – though only tentatively (...) Falsificationists (the group of fallibilists to which I belong) believe – as most irrationalists also believe – that they have discovered logical arguments which show that the programme of the first group cannot be carried out: that we can never give positive reasons which justify the belief that a theory is true", *Conjectures and Refutations – The Growth of Scientific Knowledge*, reimpressão da 4.ª edição revista de 1972, Londres, Routledge & Kegan Paul, 1976, 228. Sublinhe-se, no entanto, que esta definição se refere mais a uma atitude do que propriamente a uma doutrina. Ou antes, como coloca MARIANO ARTIGAS, é uma doutrina baseada numa atitude, *The Ethical Roots of Karl Popper's Epistemology*, consultado na página da Internet do Centro Jacques Maritain, da Universidade de Notre Dame (www2.nd.edu/Departments/Maritain/ti/artigas.htm), em 17 de Julho de 2007.

[32] CANARIS, *Función...*, cit., 84-98. Neste sentido, não só se aceitam os argumentos avançados por CANARIS para superar os problemas gerados pelas origens do *falsificacionismo* de POPPER nas ciências empíricas e para permitir a sua aplicação adaptada à ciência jurídica, como se têm em consideração as raízes éticas do pensamento *falsificacionista* do filósofo austríaco, que podem assegurar compatibilidade entre a ciência do direito, necessariamente axiológica, e esta metodologia científica. Negando que o *falsificacionismo* de POPPER seja uma mera teoria lógica, MARIANO ARTIGAS estabelece as suas origens éticas nas experiências da juventude do filósofo, que tiveram lugar num contexto de grande ins-

por um lado se concede que o *falsificacionismo* de POPPER tem o seu campo de actuação natural nas ciências naturais, por outro cumpre assinalar que as ciências humanas, pelo seu objecto de estudo, obrigam a uma humildade intelectual e uma propensão para testar repetidamente a validade das conclusões obtidas igual ou maior do que a empregue nas ciências ditas *exactas*. Com efeito, tendo em conta que a ciência do Direito não pode menosprezar a liberdade enquanto dimensão humana, as conclusões a que chegue não podem almejar a fiabilidade própria das ciências experimentais. Na esteira de ARTIGAS podemos fixar que *"cuando interviene la libertad, no existen reglas fijas y, por ende, no se pueden realizar experimentos repetibles, no se pueden formular leyes constantes, y tampoco podemos predecir el futuro utilizando leyes fijas que no existen"*[34].

---

tabilidade social e económica posterior à primeira grande guerra na Áustria e que o levaram a uma aproximação do Partido Comunista Austríaco (*The Ethical Roots of Karl Popper's Epistemology*, cit.). Com 17 anos, e impressionado pelo aparente pacifismo dos bolcheviques, consubstanciado no Tratado de Brest-Litovsk, POPPER viria a envolver-se nas actividades ao Partido Comunista Austríaco, com alguma intensidade. Rapidamente se veio a arrepender, e penitenciou-se, então, pela aceitação acrítica de uma teoria científica complexa, como o comunismo: "I was shocked to have to admit to myself that not only had I accepted a complex theory somewhat uncritically, but I had also actually noticed quite a bit that was wrong, in the theory as well as in the practice of communism, but had repressed this – partly out of loyalty to «the cause», and partly because there is a mechanism of getting oneself more and more deeply involved: once one has sacrificed one's intellectual conscience over a minor point one does not wish to give up too easily; one wishes to justify the self-sacrifice by convincing oneself of the fundamental goodness of the cause, which is seen to outweigh any little moral or intellectual compromise that may be required" (KARL POPPER, *Autobiography of Karl Popper*, 25, *apud*, MARIANO ARTIGAS, *The Ethical Roots*, cit.) A importância desta experiência da juventude é assinalada por ARTIGAS, que estabelece uma relação directa entre ela e a humildade intelectual que caracteriza todo o pensamento epistemológico de POPPER. Esta humildade não é apenas um posicionamento científico, mas antes de tudo um postulado ético, fundado em (e incompreensível sem ter em conta) razões morais: reconhecer a própria falibilidade e a possibilidade de que o outro esteja certo (ou mais próximo da verdade) implica reconhecer ao outro uma igual dignidade.

[33] A adopção de uma metodologia baseada no *falsificacionismo* de POPPER não é equivalente, sublinhe-se, a um cepticismo de pendor relativista. O próprio filósofo austríaco, antevendo esta aproximação, afasta-a claramente: "The solution lies in the realization that all of us may and often do err, singly and collectively, but that this very idea of error and human fallibility involves another one – the idea of objective truth: the standard which we may fall short of. Thus the doctrine of fallibility should not be regarded as part of a pessimistic epistemology", *Conjectures and Refutations...*, cit., 16.

[34] MARIANO ARTIGAS, *Filosofía de la Ciencia*, Pamplona, EUNSA, 1999, 188 [itálico do Autor].

Introdução e Evolução Histórico-Dogmática 31

Ao contrário do método de Popper, no entanto, a sujeição à falsificação será feita não em relação a proposições derivadas da teoria jurídica mas em relação à teoria vista como um todo: "se as teorias jurídicas são comprováveis, então são também em princípio falsificáveis"[35]. Não se utilizarão como pólo da falsificação as proposições derivadas da teoria jurídica (normas jurídicas), porque a sua comprovação se deveria fazer através do confronto com outras normas, elas próprias carentes de interpretação. Utilizar-se-á a teoria jurídica vista como um todo, submetendo-a a ponderações lógicas, a ponderações teleológicas, e testando "a adequação objectiva das proposições derivadas, que decorrem da teoria, sobre o que é normativamente vigente"[36].

4. EVOLUÇÃO HISTÓRICA DA TRANSFORMAÇÃO DE SOCIEDADES COMERCIAIS

4.1. Transformação de pessoas colectivas

4.1.1. Análise preliminar

O apuramento da genealogia do instituto da transformação de sociedades comerciais, se é permitida a metáfora, não constitui tarefa fácil. Com efeito, na falta de um ascendente directo imediatamente identificável, apenas se consegue encetar uma pesquisa neste campo a partir da determinação de algumas características essenciais do instituto, na sua conformação actual, que possam fornecer um itinerário para a análise do passado. Neste sentido, e sem adiantar conclusões quanto à sua natureza jurídica, pode assentar-se que a transformação de sociedades comerciais é um fenómeno de direito privado, aplicável às sociedades comerciais, que pressupõe a personalidade colectiva do ente a transformar ou do ente que resulte da transformação[37] (porque um deles há-de ser uma sociedade

---

[35] Larenz, *Metodologia...*, cit., 643.

[36] Larenz, *Metodologia...*, cit., 644.

[37] Adiante será explicado (*infra*, II, 1.1.3), de forma mais detalhada, como entender o pressuposto da personalidade jurídica do ente a transformar na transformação de sociedades comerciais.

32   *Transformação de Sociedades Comerciais*

comercial) e que tem por fim último a mudança global no conjunto de normas que lhe são aplicadas.

Deve então, por este motivo, procurar-se a ascendência do instituto nos quadros jurídico-dogmáticos do direito privado. Com efeito, se facilmente seriam encontrados exemplos, alguns bem ancestrais, de transformação de entes de natureza pública na história do Direito, ao mesmo tempo seriam descobertas as razões para negar a proximidade entre estes fenómenos e a transformação de sociedades, tal como hoje a entendemos, no âmago do direito privado. Independentemente do critério que se utilize para delimitar o direito público e o direito privado[38], a preponderância de uma vontade munida de *ius imperii* na transformação de entes de natureza pública parece afastar este fenómeno do *iter* de pesquisa.

A necessidade de limitar esta breve pesquisa histórica aos fenómenos gerados, ou pelo menos conformados, pelo direito privado é – paradoxalmente – o motivo para que a mesma não tenha como termo *a quo* os primórdios do direito das sociedades comerciais. De facto, se for aceite que as experiências mais antigas de sociedades comerciais se reportam às sociedades coloniais do século XVII (a *East India Company* fundada em 1600 e a Companhia Holandesa das Índias Orientais fundada em 1602)[39],

---

[38] Por todos, OLIVEIRA ASCENSÃO, *O Direito – Introdução e Teoria Geral*, reimpressão da 13.ª edição refundida de 2005, Coimbra, Almedina, 2006, 333-335 e MENEZES CORDEIRO, *Tratado de Direito Civil Português*, I, tomo I – *Introdução. Doutrina Geral. Negócio Jurídico*, 3.ª edição, Coimbra, Almedina, 2005, 31-53.

[39] RUI FIGUEIREDO MARCOS enuncia as razões para se considerar temerário um recuo do *terminus a quo* da pesquisa das origens do fenómeno societário para além das Companhias de Comércio do Século XVI em *As Companhias Pombalinas – Contributo para a História das Sociedades por Acções em Portugal* (Coimbra, Almedina, 1997, 16-38), concluindo que "o único firme arrimo histórico da hodierna técnica societária no domínio em exame se encontra nas primeiras Companhias do início de seiscentos" (ob. cit., 46). Sobre as companhias coloniais enquanto factor histórico-cultural de desenvolvimento do actual direito societário, ao lado da *societas* do direito romano e do desenvolvimento dogmático da personalidade colectiva, MENEZES CORDEIRO, *Manual de Direito das Sociedades*, I, 2.ª edição, Coimbra, Almedina, 2007, 58-62. A natureza deste estudo não permite uma indagação profunda sobre os argumentos avançados por GOLDSCHMIDT quanto à filiação das sociedades anónimas nos *montes* e nas *maone* genovesas ou por GIERKE quando estabelece ligação paralela com as sociedades mineiras alemãs (*Gerverkschaften*). Para uma análise crítica destas duas hipóteses, por todos, VIGHI, *Notizie Storiche sugli Amministratori ed i Sindaci delle Società per Azioni Anteriori al Codici di Commercio Francese*, RS, ano XIV (1969), 663-700. Em suma, quanto às hipóteses de GOLDSCHMIDT, VIGHI contrapõe que quer os *montes* quer as *maonas* eram atra-

Introdução e Evolução Histórico-Dogmática 33

verifica-se a dificuldade de as reconduzir ao Direito privado, sendo antes reveladas consideráveis razões para o respectivo enquadramento no Direito público. Em resumo, estas sociedades coloniais do século XVII resultam da outorga do Estado[40], fundam-se em privilégios concedidos pelo soberano e exercem poderes públicos de autoridade (dispõem de exército próprio, conquistam território, cunham moeda, fazem a guerra, administram a justiça)[41,42]. Assim, se a sua constituição não resulta do exercício da autonomia privada, tampouco a sua eventual transformação poderia resultar do poder de conformação jurígena reconhecido aos privados. Na verdade, estas sociedades eram liquidadas, quase sempre, pela entidade pública que tinha presidido à constituição, com a verificação da consecução do seu objecto (por exemplo, com o termo da expedição que as justificara)[43].

E assim, salvo melhor opinião, pode concluir-se que estas sociedades ou companhias coloniais, pese embora a sua importância para o tratamento histórico-dogmático das sociedades comerciais, não oferecem auxílio útil para a determinação da ascendência da respectiva transformação, enquanto fenómeno de direito privado. E verifica-se, consequentemente, a necessidade de alargar o campo de investigação ao direito privado na sua globalidade, transcendendo as fronteiras do direito societário.

Como acima foi já referido, o instituto da transformação de sociedades comerciais é profundamente marcado pela dogmática da personalidade colectiva[44]. Sintomático deste postulado é o facto de a questão da manu-

---

vessados por uma lógica de troca (já que assentavam num mútuo) e não numa lógica organizativa, tendente à prossecução em comum de uma actividade económica. A organização entre os mutuantes era então incipiente e reduzida ao mínimo necessário para distinguir qual a taxa de juro aplicável a cada mutuante. Acresce que os vários feixes de relações jurídicas decorrentes do mútuo eram estabelecidos entre os mutuantes e o mutuário, nunca sendo interposta uma nova subjectividade jurídica.

[40] MENEZES CORDEIRO, *Manual de Direito das Sociedades*, I, cit., 61-62.

[41] COTTINO, *Il Diritto che Cambia: dalle Compagnie Coloniale alla Grande Società per Azioni*, RTDPC ano XLIII, n.° 2 (1989), 494.

[42] A propósito da assunção pelas companhias coloniais de extensos poderes administrativos, basta pensar, a título de exemplo, na transferência da administração das Ilhas de Cabo Verde e de vários territórios da Costa da Guiné para a Companhia Geral do Grão Pará e Maranhão, ocorrida através do Alvará de Confirmação de 28 de Novembro de 1757. A este respeito, RUI FIGUEIREDO MARCOS, *As Companhias Pombalinas*, cit., 347-360.

[43] BRITO CORREIA, *Os Administradores de Sociedades Anónimas*, Coimbra, Almedina, 1993, 82.

[44] Entre nós, por todos, MENEZES CORDEIRO, *Manual de Direito das Sociedades*, I, cit., 52-57.

tenção da personalidade jurídica da sociedade transformada ter sido eleita, pela jurisprudência e pela doutrina do século XX, como a questão dogmática mais importante que o fenómeno da transformação suscitava[45]. Parece então razoável fixar o limite *a quo* da investigação da ascendência directa da transformação de sociedades nos alvores da dogmática da personalidade colectiva.

Como adiante será explicado de forma mais detalhada[46], a ideia de pessoa, que é actualmente utilizada no Direito para referir a susceptibilidade de ser titular de direitos e estar adstrito a obrigações, não encontra as suas origens no Direito romano. O passo mais significativo nesta dogmática parece ter sido dado por SINIBALDO DEI FIESCHI (o Papa Inocêncio IV) quando estabeleceu que "dignum est quod peru num jurent, cum collegium in causa universitatis fingatur una persona"[47], ultrapassando assim as dificuldades sentidas pelos glosadores, para quem a "universitas nihil aliud est, nisi singuli homines qui ibi sunt"[48]. Assim sendo, apenas parece fazer sentido procurar as origens distantes do fenómeno da transformação após o momento em que a dogmática jurídica começou a trabalhar com o conceito de personalidade colectiva de forma sistemática.

Nestes termos, e na esteira da investigação desenvolvida por alguns autores italianos do princípio do século XX[49], pode considerar-se promissora a tentativa de determinar a ascendência do instituto da transformação de sociedades na *comutação das disposições de última vontade* tal como ela era configurada no Direito Comum[50].

---

[45] ANTÓNIO CAEIRO, *Transformação de Sociedades Anónimas em Sociedades por Quotas*, Separata da RDE, n.º 5 (1979), 23, com indicações bibliográficas.

[46] *Infra*, II, 1.1.1.

[47] Comentário ao c. 57, X, II, 20, n.º 5, apud SANTIAGO PANIZO ORALLO, *Persona Jurídica y Ficción – Estúdio de la Obra de Sinibaldo de Fieschi (Inocêncio IV)*, Pamplona, EUNSA, 1975, 142.

[48] Apud RUFFINI, *La Classificazione delle Persone Giuridiche in Sinibaldo dei Fieschi (Innocenzo IV) ed in Federico Carlo di Savigny*, em *Scritti Giuridici Minori*, volume II, Milão, Giuffrè, 1936, 10-11.

[49] Tem-se em consideração, sobretudo, duas obras de RUFFINI (*Trasformazione di Persone Giuridiche e Commutazione di Ultima Volontà nell'art. 91 della Legge sulle Opere Pie* e *La Classificazione...*, cit., publicadas nos *Scritti Giuridici Minori*, volume II, Milão, Giuffrè, 1936), mas também o importante contributo de AMBROSINI (*Trasformazione delle Persone Giuridiche*, em dois tomos, I (1910) e II (1914), Turim, UTET).

[50] RUFFINI, *Trasformazione di Persone Giuridiche...*, cit., 104; AMBROSINI, *Trasformazione delle Persone Giuridiche*, I, cit., V-VIII. Sublinhe-se, no entanto, que a comu-

Introdução e Evolução Histórico-Dogmática 35

É certo que, do ponto de vista do Direito Canónico, a comutação das disposições de última vontade abrange todas as disposições irrevogáveis, não se limitando aos actos *mortis causa*, mas abrangendo também as doações ou contratos. Por outro lado, abrange quer as disposições de última vontade que dão origem a fundações autónomas, quer as efectuadas em benefício de pessoas jurídicas eclesiásticas já existentes, quer ainda aquelas que apenas se reconduzem a legados modais, sem a criação de uma nova subjectividade jurídica. Esta investigação concentra-se, como parece apropriado, na comutação de disposições de última vontade que originam fundações autónomas, i.e., que dão origem a novos entes jurídicos, por iniciativa dos fiéis.

A comutação das disposições de última vontade, segundo esta linha de investigação, terá dado origem ao instituto da transformação de pessoas jurídicas, dogmaticamente autonomizado no final do século XIX e princípio do século XX e no qual não parece difícil fundar a transformação de sociedades comerciais.

Na sua configuração antiga, a comutação de disposições por morte era da competência exclusiva do Sumo Pontífice. Esta competência não deve, no entanto, ser interpretada por analogia com os poderes de autoridade atribuídos a um soberano em determinada ordem jurídica, já que se baseava na aquiescência presumida dos fiéis[51] e no poder reconhecido ao

---

tação das disposições de última vontade sofreu bastantes alterações, não sendo já útil para esta análise o instituto com a configuração que veio a ter a partir do século XVII, como será explicado. Com efeito, a partir desta altura, os soberanos temporais arrogaram-se o poder de comutar todas as disposições de última vontade, independentemente da natureza pia ou profana, pelo que o instituto perdeu a sua conformação eminentemente privada. E assim sendo, pelas mesmas razões que depõem a favor da exclusão das companhias coloniais deste *iter* de análise, tampouco oferece interesse, para o mesmo propósito, o instituto da comutação de vontades totalmente dominado por uma lógica pública, de autoridade e competência.

[51] Por outro lado, deve sublinhar-se que a transformação de pessoas jurídicas apenas tem um parentesco colateral com a transformação de entes na organização interna da Igreja, estudada no Direito Canónico. Este último fenómeno refere-se a pessoas jurídicas de carácter eminentemente público, pelo que a possibilidade do estabelecimento de uma filiação directa com um instituto de direito privado encontra bastantes obstáculos. O argumento principal para o afastamento reside no fundamento em que assenta o fenómeno da transformação de entes no Direito Canónico – direito da autoridade central de modificar os próprios órgãos de governo e administração – que é típico do Direito Público e não concede relevância à vontade dos privados (neste caso, dos fiéis). Por todos, RUFFINI, *Trasfor-*

Papa de interpretar a sua vontade. Claro está que as últimas disposições sujeitas por natureza ao poder do Romano Pontífice eram as disposições pias, as causas pias[52]. Através de um argumento *a contrario* era atribuída a faculdade de comutar as últimas vontades ao soberano secular, nas matérias profanas: "Legatum municipio pecuniam in aliam rem, quam defunctus voluit, convertere citra Principis auctoritatem non licet"[53].

A crescente interferência do soberano temporal nos assuntos eclesiásticos teve as suas consequências na competência para a comutação das disposições de última vontade, que começou a ser reclamada ao Sumo Pontífice, no que se refere às disposições pias[54], a partir da segunda metade do século XVIII[55,56].

---

mazione di Persone Giuridiche..., cit., 110; AMBROSINI, *Trasformazione delle Persone Giuridiche*, I, cit., VI.

[52] É possível recolher na obra de MOSTAZO, o mais célebre tratadista a este respeito, várias definições da figura: "Causa pia dicitur, quando vere et simpliciter contemplatione piae causae aliquid relinquitur"; "Causam piam esse quidquid intuitu Dei relinquitur"; "Causa pia est, quando aliquid conceditur intuitu Dei ad cultum divinum, vel alia opera misericordiae, ob animae bonum", (*Tractatus De Causis Piis*, tomo I, Veneza, Typographia Balleoniana, 1735, 1). O conceito é no entanto polissémico, significando quer a representação piedosa do autor da disposição como a própria realidade gerada com a execução da disposição por morte. Num esforço para abarcar todos os sentidos possíveis BARBOSA DE OLIVEIRA avança que "causa pia é qualquer obra instituída ou feita principalmente para honra de Deus ou salvação da alma, quer a dita obra tenha por natureza um fim sobrenatural, quer seja de si indiferente para este fim mas para ele seja ordenada por intenção do agente", *Vontades Pias – Estudo Histórico-Canónico*, Vila Real, 1959, 8.

[53] São ilustrativas a este propósito as palavras do jurisconsulto VALENS ABURNIUS, *Apud* RUFFINI, *Trasformazione di Persone Giuridiche...*, cit., 94.

[54] No direito português, sem pretensão de exaustividade, pode recolher-se um exemplo desta tendência em LOBÃO, quando relata: "A Lei de 9 de Setembro de 1769, no § 21, e o Alvará de 20 de Maio de 1796, tendo em vista o Poder Legislativo competente aos Summos Imperantes Temporaes sobre as matérias Temporaes, e sobre as Disposições Pias, se oppozerão diametralmente aos Testamentos, em que a Alma (esta Causa Pia) fosse instituida herdeira, e a herança se houvesse de distribuir em applicações Pias" e quando sublinha a separação de poderes nesta matéria, advogando o infundado da pretensão do Papa Alexandre III em declarar válidas as disposições feitas em favor da Igreja sem as formalidades exigidas pela lei civil: "D'outra parte; as disposições do Direito Canonico, que, como se tem notado, não tem sido feitas mais que para servir de Lei nos Estados do Papa, não devem prevalecer, em matéria puramente temporal e profana, sobre as Leis dos Príncipes Temporaes; porque a Jurisdicção da Igreja se limita só ao Espiritual, se senão exceptuão as Terras, que são do Patrimonio de S. Pedro, e debaixo da denominação temporal do Soberano Pontifice.", ALMEIDA E SOUSA (LOBÃO), *Collecção de Dissertações Juridico-*

Introdução e Evolução Histórico-Dogmática

Pode-se ver que esta comutação exercida pelo soberano temporal irá ser fundada no poder do Estado e na faculdade geral que lhe compete quanto às pessoas colectivas[57] e já não em qualquer vontade putativa dos súbditos[58]. E assim sendo, já não revela interesse na genealogia do instituto da transformação das pessoas colectivas e, consequentemente, no instituto da transformação de sociedades comerciais.

Estão desta forma reunidas, numa análise perfunctória, as características que acima foram enunciadas necessárias para a investigação: o fenómeno da comutação de disposições de última vontade (A) é um fenómeno de natureza eminentemente privada, (B) aplica-se a pessoas jurídicas, na

---

-*Praticas* – *Em supplemento ás Notas ao Livro terceiro das Instituições do Doutor Pascoal José de Mello Freire*, Lisboa, Impressão Régia, 1825, 225-227.

[55] É esclarecedor da intensidade do debate entre Roma e os soberanos temporais então gerado o facto de a dissertação de HEDDERICH, a favor do poder do Príncipe de comutar causas pias ter sido colocada no Índice em 10 de Julho de 1780. A referência pode ser recolhida em RUFFINI, *Trasformazione di Persone Giuridiche...*, 98.

[56] A assunção pelos tribunais seculares da jurisdição sobre os testamentos, ainda que pios, é movimento iniciado, segundo WALTER, no século XVII, *Manual do Direito Ecclesiastico*, tomo II, Lisboa, Typographia de Lucas Evangelista, 1845, 287.

[57] RUFFINI, *Trasformazione di Persone Giuridiche...*, cit., 108.

[58] AMBROSINI, *Trasformazione delle Persone Giuridiche*, I, cit., V-VIII. Esta crescente interferência do soberano temporal na conformação e alteração das disposições de última vontade, incluídas as disposições pias, é contemporânea e funda-se nas mesmas razões da aversão do poder temporal a qualquer forma de corpo intermédio e, em especial, às fundações: uma enorme desconfiança face às manifestações clássicas da autonomia privada. A título de exemplo, pode confrontar-se o artigo de TURGOT, na *Encyclopédie* (1757), relativo às fundações. Neste texto é exposta a alegada vaidade que estaria subjacente a (quase) todas as disposições de última vontade tendentes à instituição de fundações (" Fonder dans ce sens, c'est assigner un fonds ou une somme d'argent pour être employée à perpétuité à remplir l'objet que le fondateur s'est proposé, soit que cet object regarde le culte divin ou l'utilité publique, soit qu'il se borne à satisfaire la vanité du fondateur, motif souvent l'unique véritable, lors même que les deux autres lui servent de voile"), é sublinhada a impossibilidade de manter em execução perpétua a vontade do fundador ("Les fondateurs s'abusent bien grossièrement, s'ils s'imaginent que leur zèle se communiquera de siècle en siècle aux personners chargées d'en perpétuer les effets"), é censurada a estagnação do capital e dos activos dotados às fundações, geradora da respectiva desvalorização, e é relacionado o papel assistencial das fundações com a promoção da mendicidade. Nesta linha, são aplaudidas as restrições impostas por edital do Rei Luís XV, de 1749, à criação de novas fundações. TURGOT, *Ouvres de Turgot et Documents le Concernant*, tomo I, org. GUSTAVE SCHELLE, Paris, Félix Alcan, 1913, 584-593. Não é também estranha a este fenómeno a aversão do poder temporal pelas formas de propriedade de mão morta desencadeadas pelas disposições pias de última vontade.

modalidade em que as referidas disposições davam origem a fundações pias autónomas, e (C) consiste na alteração global do conjunto de regras jurídicas aplicadas a determinada pessoa colectiva.

Assim, em síntese, pode afirmar-se que é promissor o estabelecimento da ascendência directa da transformação de pessoas colectivas na comutação de disposições de última vontade, tal qual era entendida no Direito Comum, na esfera de competência do Sumo Pontífice. O advento do liberalismo, com os excessos anti-clericais conhecidos, por um lado, e com as reconhecidas resistências à proliferação de corpos intermédios, por outro, colocou o instituto da comutação de últimas vontades em segundo plano. O seu renascimento, já sob a veste de transformação de pessoas colectivas, apenas viria a dar-se na segunda codificação, mais liberta de preconceitos liberais. Vejamos no entanto detalhadamente esta evolução.

4.1.2. A comutação da vontade através dos tempos[59]

A filiação do instituto da *comutação da vontade* no Direito romano é deveras problemática[60]. O instituto que mais se lhe assemelha é o da *conversão*, que, pelos fundamentos em que assenta, não pode senão apresentar afinidades remotas[61]. Com efeito, e em síntese, a conversão destina-se

---

[59] A história das vontades pias começa com a pregação cristã, e é demasiado extensa para permitir uma análise compatível com a natureza deste estudo. A título de exemplo, atenda-se aos Actos dos Apóstolos (II, 45) "E todos os crentes viviam juntos e tinham tudo em comum; vendiam propriedades e bens e distribuíam-nos por todos, conforme cada um precisava" ou (IV, 34) "Nem havia entre eles qualquer indigente, pois todos os que eram possuidores de terrenos ou de casas vendiam-nos e traziam o produto da venda, pondo-o aos pés dos apóstolos; e distribuía-se a cada um conforme a necessidade que tivesse" ou ainda a Santo Agostinho, quando incita, no século V, os cristãos a disporem dos seus bens em benefícios de causas pias: "No escatimes tus tesoros; distribúyelos cuanto puedas (...). Paréceme ser esto lo que yo había, en el nombre de Cristo, de hablaros sobre la limosna", Sermão LXXXVI (O jovem rico), *Obras Completas de San Agustín*, tomo X, Madrid, BAC, 1952, 349.

[60] AMBROSINI exclui expressamente esta possibilidade: "l'esistenza dell'istituto della commutazione di volontà sembra doversi escludere nel diritto romano", *Trasformazione delle Persone Giuridiche*, I, cit., 12.

[61] A respeito da utilização do termo alemão *Umwandlung*, empregue actualmente no Direito das transformações, em matéria de conversão, e consequente necessidade de fixação terminológica, CARVALHO FERNANDES, *A Conversão dos Negócios Jurídicos*, Lisboa, Quid Juris, 1993, 9-21.

Introdução e Evolução Histórico-Dogmática

a superar uma carência no negócio jurídico (mais precisamente, uma falta de elementos de que a sua eficácia depende), e vê a sua conformação ser influenciada por essa mesma invalidade.

AMBROSINI fixa o primeiro registo escrito do instituto da comutação de vontade no século XIV (1311), numa advertência de CLEMENTE V em relação aos abusos cometidos pelos administradores das obras pias: "quae ad certum usum largitione sunt destinata fidelium, ad illud debeant non ad alium (salva quidem Sedis Apostolicae auctoritate) converti"[62], sendo certo que pelo conteúdo e pelo contexto, parece ser possível fixar que a necessidade e a prática de comutar disposições de última vontade não seria novidade na altura. CLEMENTE V, se por um lado censura e proíbe as modificações realizadas pelos administradores das obras pias, por outro chama a si, em exclusivo, o poder de comutação.

Será apenas no Concílio de Trento (1545-1563) [Sessão XXII, De Reformatione] que o fenómeno da comutação volta a ter presença expressa em fontes normativas, mas desta feita a referência já permite concluir pelo amadurecimento do instituto: os textos conciliares vem regular o procedimento da comutação, pelo que se depreende a sua plena utilização[63].

---

[62] A clementina *Quia contingit*, apud AMBROSINI, *Trasformazione delle Persone Giuridiche*, I, cit., 16.

[63] Concílio de Trento, Sessão XXV, De Reformatione Generali, Capítulo VIII, consultado em *Concilium Tridentinum. Diariorum, Actorum, Epistularum, Tractatuum*, tomo IX, Friburgo, Herder, 1965. 1089: "Quodsi hospitalia haec ad certum peregrinorum aut infirmorum aut aliarum personarum genus suscipiendum fuerint instituta, nec in loco, ubi sunt dicta hospitalia, símiles personae, aut perpaucae, reperiantur: mandat adhuc, ut fructus illorum in alium pium usum, qui eorum institutioni proximior sit ac, pro loco et tempore, utilior, convertantur, prout ordinario cum duobus de capitulo, qui rerum usu peritiores sint, per ipsum deligendis, magis expedire visum fuerit, nisi aliter forte, etiam in hunc eventum, in eorum fundatione aut institutione fuerit expressum, quo casu, quod ordinatum fuit, observari curet episcopus, aut, si id non possit, ipse, prout supra, utiliter provideat". É possível consultar a tradução deste passo em BARBOSA DE OLIVEIRA, *Vontades Pias (Estudo Histórico-Canónico)*, cit., 171: "Se os hospitais forem instituídos para receber certo género de peregrinos, enfermos ou outras pessoas e no lugar onde se encontram os ditos hospitais não se encontrem semelhantes pessoas ou se encontram poucas, os seus frutos devem converter-se noutro uso pio que mais se aproxime da sua instituição e seja mais útil, atendendo ao tempo e ao lugar, como parecer melhor ao ordinário (...) segundo o que foi expresso, para esta eventualidade, na instituição da fundação, pois, neste caso, procure o Bispo que se cumpra o que foi ordenado ou, se não se pode fazer isso, preveja utilmente, como se disse acima".

Segundo RUFFINI a consagração do princípio da comutação nas fontes normativas foi imediatamente acompanhada pelo respectivo tratamento dogmático, como comprova a Glosa à referida Clementina, sendo certo que este movimento teve um dos exemplos mais consistentes na obra do canonista milanês PIETRO MONETA, de 1624 (*Tractatus de commutationibus ultimarum voluntatum*)[64].

A comutação de vontade do Direito Comum que pode interessar à genealogia do instituto da transformação (de pessoas jurídicas e de sociedades) deve distinguir-se das figuras de fronteira do direito canónico, que foram muitas vezes tratadas indistintamente. Estão nesta situação a dispensa e comutação de votos, a dispensa de impedimentos matrimoniais, a alienação de bens eclesiásticos ou a divisão e união de benefícios[65].

Neste sentido, a linha seguida por AMBROSINI parece promissora, já que exige, por um lado, a presença de um acto de liberalidade através do qual é realizada uma destinação de bens e de uma condição, que lhe foi aposta, e que consubstancia o escopo idealizado pelo autor da liberalidade, e por outro coloca a ênfase do instituto da comutação na vontade, como critério de distinção[66].

Assim sendo, a comutação vai operar sobre a vontade expressa pelo autor de uma liberalidade sujeita a condição. Ainda que a autoridade eclesiástica assente a sua competência numa aquiescência presumida do autor da liberalidade, deverá também estar presente uma certa oposição entre a vontade expressa no instrumento através do qual a liberalidade foi feita e a vontade expressa pela autoridade competente para a comutação.

Traçando as linhas caracterizadoras do instituto, pode fixar-se então, com AMBROSINI, que a vontade será o seu objecto[67]. E a referida vontade é concretizada, não abstracta, e dirigida à criação de uma fundação (na antiga terminologia canónica). A vontade é assim instituidora de um ente

---

[64] RUFFINI, *Trasformazione di Persone Giuridiche...*, cit., 97.

[65] AMBROSINI, *Trasformazione delle Persone Giuridiche*, I, cit., 19.

[66] Esta metodologia permite-lhe separar, com proveito para a presente investigação, a comutação de vontade das vicissitudes interpretativas referentes aos legados *in incertum*. Neste caso, estar-se-á perante uma interpretação da vontade do testador, e por isso, perante um acto puramente administrativo da Igreja, já que a comutação, no sentido que interessa a esta investigação, pressupõe uma modificação da vontade expressa pelo testador: ora, se o sentido da vontade não foi ainda determinado, por ter sido deixado o legado a incertos, tampouco pode ser modificado (*Trasformazione delle Persone Giuridiche*, I, cit., 21).

[67] AMBROSINI, *Trasformazione delle Persone Giuridiche*, I, cit., 23.

Introdução e Evolução Histórico-Dogmática

moral de direito canónico, a denominada *causa pia* (na moderna terminologia canónica)[68]. E a transformação irá incidir sobre as condições apostas à causa pia, sobre o respectivo modo ou escopo, que é alterado ou suprimido. É o caso da transformação de uma causa pia por mudança de um escopo de culto a outro, ou a conversão de causas pias de culto em causas pias de beneficência[69].

---

[68] O Autor citado distingue o instituto da comutação de vontades de outras figuras de fronteira do direito canónico, como a derrogação de condições na fundação de benefícios (porque ainda não existe ente para transformar), a mudança de estado da Igreja ou dos benefícios e a extinção de benefícios. Reflexamente, entende que são espécies do género comutação de vontade (1) a derrogação de fideicomissos, (2) a dispensa de condições ou modos apostos às causas pias, (3) a redução de ónus ou legados, (4) a mudança de um escopo de culto a outro e (5) a conversão recíproca de legados de culto e beneficência. Quanto à primeira espécie – a derrogação de fideicomissos –, o Autor define-a como a mudança de qualquer vontade que onere os herdeiros, os legatários ou qualquer outro sujeito onerado pelo autor da sucessão, sendo os casos mais paradigmáticos a permissão de permutar ou alienar qualquer bem do fideicomisso ou a dispensa de uma obrigação pelo respectivo titular. No que respeita à dispensa de condições ou modos apostos às causas pias, os casos mais frequentes são a dispensa da condição de não contrair casamento, ou a alteração do lugar da realização do ónus de celebrar missa. A terceira espécie referida – a redução de ónus ou legados –, era frequente no direito e jurisprudência canónica, incidindo em especial sobre os casos em que os bens doados ou legados não bastavam à satisfação dos ónus estabelecidos pelo autor da sucessão, concretizando-se, por exemplo, na dispensa de celebração de missas. A mudança de um escopo de culto a outro justificava-se pela diversidade de celebrações litúrgicas, tendo como exemplo a conversão de legados para celebração de missas de aniversário (da morte) em simples missas, ou de missas feriais em missas festivas. Por último, a conversão recíproca de legados de culto e beneficência era justificada no Direito canónico antigo pela assunção equivalente pela Igreja dos dois escopos. Com efeito, sendo os dois fins prosseguidos de forma equivalente no Direito canónico antigo, era passível de ser interpretada a vontade do disponente no sentido da mútua conversão (*Trasformazione delle Persone Giuridiche*, tomo I, cit., 28-38).

[69] Exemplificativo é o passo de uma decisão da Sagrada Congregação citada pelo autor: "Iustam autem praebet causam indigentia unius loci pii, rerumque copia alteriu, [...] multo magis paupertas Hospitalium, quorum causa favorabilior est quam Ecclesiae, cum levamen respiciat miserabilium personarum, pro quibus res Ecclesiae, ipsaque vasa sacra alienantur", apud AMBROSINI, *Trasformazione delle Persone Giuridiche*, I, cit., 37. Neste sentido, também, RUFFINI, *Trasformazione di Persone Giuridiche...*, cit., 97.

Fundamentos e Pressupostos da Comutação de Vontade

AMBROSINI encontra a fundamentação para a comutação da vontade pelo Sumo Pontífice na manutenção do escopo principal das causas pias alteradas, e na aquiescência presumida dos fiéis. Com efeito, na esteira da distinção proposta por RUFFINI, aquele Autor entende que o fim último e principal da causa pia – a saúde da alma – não é alterado na comutação. O que se altera, suprime ou dispensa são as condições, os modos ou as circunstâncias em que o escopo imediato, mas acessório, é prosseguido. Assim sendo, esta inalterabilidade do escopo principal permite ao Sumo Pontífice reinterpretar a vontade do disponente, sabendo de antemão que o essencial está assegurado.

Esta é, com efeito, a primeira justificação para a aquiescência presumida do disponente. A segunda é de ordem religiosa e canónica e baseia--se na impossibilidade ideológica de contradição entre a vontade dos fiéis e a vontade do Sumo Pontífice. Fundando-se a comunidade eclesial na livre vontade dos crentes, estes submetem-se à autoridade do Papa de forma livre e incondicional, em matéria de fé e costumes. Assim sendo, bem se compreende que a referida contradição seja logicamente impossível, porque a rebelião dos crentes face a uma vontade do Sumo Pontífice redunda na sua consequente e automática exclusão da comunhão eclesial.

Na comutação, o Sumo Pontífice interpreta a vontade do disponente, e a conformidade entre essa interpretação e a vontade do disponente, relevante para o Direito Canónico, está assegurada. Consequentemente, a aquiescência pode ser presumida.

Conclui-se então, salvo melhor opinião, que na comutação de vontade, enquanto instituto de direito canónico, o Sumo Pontífice não exerce um acto de autoridade, que suprimiria a vontade do disponente e faria prevalecer a sua própria. É antes exercido um poder de interpretação da vontade, assegurada que está, por um lado, a impossibilidade de contradição volitiva e, por outro, a manutenção do escopo principal e último visado pelo disponente[70].

Assim, decorre com proveito para a presente investigação que o instituto da comutação de vontade no direito canónico é um instituto eminentemente privatístico, e que por tal pode figurar como ascendente da transformação de pessoas colectivas.

---

[70] AMBROSINI, *Trasformazione delle Persone Giuridiche*, tomo I, cit., 52.

Introdução e Evolução Histórico-Dogmática 43

No que aos pressupostos se refere, AMBROSINI é categórico na exigência de uma causa, no que é apoiado pelos textos do Concílio de Trento: "In commutationibus ultimarum voluntatum, quae nonnisi ex iustissima causa fieri debent, possint episcopi tamquam delegati Sedis Apostolicae cognoscere, ne narrata in precibus veritate nitantur"[71]. A existência de causa, independentemente da análise do seu conteúdo concreto, é assim requisito exterior e formal, segundo o Autor[72]. As causas podem ser tão diversas como a insuficiência ou diminuição de meios, a impossibilidade de facto ou de direito, a inutilidade ou a necessidade pública. Neste elenco de causas podem ser vistas certamente semelhanças com as causas típicas da transformação de fundações[73], o que cimenta os traços genealógicos que se propõem, já que este último fenómeno, como em seguida se explicará, parece resultar da evolução do instituto da comutação de disposições de última vontade.

4.1.3. Transição da comutação para a transformação

A transição do instituto da comutação de vontade do Direito Comum para a transformação de pessoas jurídicas do direito moderno não se fez de forma linear. Com efeito, a primeira codificação não faz referência à comutação de vontade, o que se explica em grande parte pela aversão dos seus autores, já referida, aos poderes intermédios. Com efeito, nem o Code Napoléon, nem os códigos que neles se baseiam fazem qualquer referência ao poder do Estado (e muito menos do Sumo Pontífice) em relação à modificação de disposições de última vontade.

No entanto, depois de superados os excessos do individualismo, a segunda metade do século XIX assiste a uma recuperação do instituto, perante a impossibilidade do Estado manter intactas todas as disposições

---

[71] Concílio de Trento, Sessão XXII, De Reformatione, cânone VIII, consultado em *Concilium Tridentinum. Diariorum, Actorum, Epistularum, Tractatuum*, tomo VIII, Friburgo, Herder, 1964, 925.

[72] AMBROSINI, *Trasformazione delle Persone Giuridiche*, I, cit., 55-56.

[73] Cfr. Artigo 190.º do Código Civil (preenchimento integral do fim, sua impossibilidade ou perda de interesse social, insuficiência do património) mas também § 87 BGB (impossibilidade de realização do escopo ou contrariedade ao interesse público) e artigo 28 do *Codice Civile* italiano (preenchimento integral ou perda de utilidade do fim, insuficiência patrimonial).

por morte[74]. O instituto já não surge, no entanto, com a configuração que tinha no Direito Comum, mas sob a forma de *transformação de pessoas jurídicas*, e, em especial, *transformação de fundações*. Sublinhe-se que a mudança é apenas de ponto de vista, e não de natureza. No Direito Comum, dada a incipiência da dogmática da personalidade jurídica, olhava-se para o fenómeno através do negócio jurídico que lhe dera origem: a disposição de última vontade. No retorno do instituto, com a segunda codificação, a personalidade jurídica das pessoas colectivas já é manejada com naturalidade, do ponto de vista dogmático, pela doutrina e pela jurisprudência, pelo que a perspectiva adoptada é a do ente sobre o qual a alteração incide.

Deve no entanto sublinhar-se o seguinte aspecto, para que fique clara a identidade dos dois fenómenos: antes da segunda codificação e do retorno do instituto ao *plateau* da discussão jurídica, as *causas pias* já se comportavam no comércio jurídico como pessoas jurídicas, pese embora o tratamento dogmático que lhes era concedido ser focado no respectivo negócio constitutivo[75].

Aconteceu assim em Itália, com a Lei de 17 de Julho de 1890, que regulou a modificação das instituições públicas de beneficência, mas também na Bélgica, com a Lei de 19 de Dezembro de 1864, relativa à transformação de fundações, ou na Áustria, com uma série de decretos da Corte, como o de 21 de Maio de 1841, relativos à transformação de fundações eclesiásticas[76].

Também em Espanha, o Código Civil de 1889 reconhece amplamente o instituto, quer sob a forma de transformação de fundações, quer na inovadora modalidade de transformação de corporações[77]. Na Alema-

---

[74] Neste sentido, RUFFINI, *Trasformazione di Persone Giuridiche...*, cit., 101: "Tutti gli Stati invero furono man mano dalla pressione delle necessità incalzanti e dalla impossibilità irriducibile di mantenere intatti alcuni ordini di disposizioni d'ultima volontà, obbligati ad andar ripescando dalle profondità, ove giaceva abbandonato, l'antico insegnamento."

[75] RUFFINI, *Trasformazione di Persone Giuridiche...*, cit., 107, nota 34.

[76] RUFFINI, *Trasformazione di Persone Giuridiche...*, cit., 102.

[77] Com efeito, o artigo 39.º do Código Civil espanhol de 1889 estabelecia que "Si por haber expirado el plazo durante el cual funcionaban legalmente, ó por haber realizado el fin para el cual se constituyeron, ó por ser ya imposible aplicar á éste la actividad y los medios de que disponían, dejasen de funcionar las corporaciones, asociaciones y fundaciones, se dará á sus bienes la aplicación que las leyes, ó los estatutos, ó las cláusulas fundacionales les hubiesen en esta previsión asignado. Sí nada se hubiere establecido previamente, se aplicarán esos bienes á la realización de fines análogos, en interés de la región,

nha o Código Civil de 1900 admite, no § 87, a transformação do objecto (*Umwandlung des Zweckes*) da fundação, com subsistência da sua personalidade jurídica[78] e o Código Civil Suíço de 1907, no artigo 86.°, estabelece em sentido semelhante a susceptibilidade de transformar o fim da fundação, sem perda de identidade jurídica[79].

Este reintrodução do instituto da transformação de pessoas colectivas na segunda codificação destina-se, sobretudo, a negar a competência exclusiva do Sumo Pontífice para a comutação das disposições de última vontade, vigente no Direito Comum e que incluía, claro está, as disposições que dessem origem a fundações autónomas. Mas este facto, que releva do ponto de vista da história das relações entre a Igreja e o Estado, não altera a conclusão quanto à dogmática das pessoas colectivas: era admitida a sua transformação, independentemente da competência para a supervisão do processo transformativo.

Encontram-se, assim, poucos motivos para questionar esta filiação. A comutação de última vontade do Direito Comum parece ser o ascendente directo da transformação de pessoas jurídicas do direito moderno. Além das razões de identidade dogmática, RUFFINI acrescenta ainda, como argumento para sustentar esta relação de filiação, a referência expressa ao dogma da comutação durante os trabalhos preparatórios da lei italiana sobre as Obras Pias. E sustenta a validade desta filiação para outros ordenamentos, como o alemão, pela identidade das fontes do Direito Comum[80].

O mesmo Autor acrescenta como argumento a linha de continuidade entre o reconhecimento da personalidade jurídica das *prebende canonicali*,

---

provincia ó municipio que principalmente debieran recoger los beneficios de las instituciones extinguidas." Segundo MODESTO FALCÓN, esta norma carece de precedente na história do direito privado espanhol, já que o Código de 1851 não se tinha ocupado autonomamente das pessoas jurídicas (*Código Civil Español Ilustrado con Notas*, *Referencias*, *Concordancias*, *Motivos y Comentarios*, volume 1, Madrid, Centro Editorial de Góngora, 1888, 71-72, nota 1.

[78] § 87: Ist die Erfüllung des Stiftungszwecks unmöglich geworden oder gefährdet sie das Gemeinwohl, so kann die zuständige Behörde der Stiftung eine andere Zweckbestimmung geben oder sie aufheben.

[79] Artigo 86.°: L'autorité cantonale compétente ou, si la fondation relève de la Confédération, le Conseil peut, sur la proposition de l'autorité de surveillance et après avoir entendu le pouvoir supérieur de la fondation, modifier le but de celle-ci, lorsque le caractère ou la portée du but primitif a varié au point que la fondation a manifestement cessé de répondre aux intentions du fondateur.

[80] RUFFINI, *Trasformazione di Persone Giuridiche...*, cit., 104-105.

que se deve a SINIBALDO DEI FIESCHI (i.e., de uma instituição na qual a sub-jectividade patrimonial não pode referir-se a um substrato corporativo), e o reconhecimento da personalidade jurídica das fundações, presente nos trabalhos percursores de HEISE, continuados por SAVIGNY[81,82].

Sublinhe-se que «filiação», no sentido aqui utilizado, não significa absoluta identidade entre as conformações antiga e moderna: só seria esse o caso se todas as disposições de última vontade dessem origem a funda-ções autónomas e se todas as pessoas jurídicas do direito moderno fossem criadas através de disposições de última vontade. O facto de assim não ser (o que se reconhece pacificamente) não invalida no entanto que a filiação seja estabelecida.

Por um lado, a evolução dos institutos na história do direito ensina-nos que, por fenómenos de extensão e limitação do âmbito ou de interpene-tração com outros institutos, a linha de continuidade comporta a evolução (ou antes, de forma mais neutral, a mudança na configuração) dos institu-tos. Por outro, se sabemos que nem todas as disposições de última vontade davam origem a fundações autónomas, também sabemos que algumas efectivamente o deram, e que esse fenómeno, i.e., a comutação de dispo-sições de última vontade que deram origem a fundações, por mera rotação de perspectiva, se converte na *transformação de fundações originadas por comutações de última vontade*. O que muda, de facto, e como já foi refe-rido, é o ponto de vista através do qual a análise é levada a cabo: o objecto dos estudiosos designou-se *comutação de última vontade* enquanto o enfo-que se dirigiu ao negócio jurídico, passando a apelidar-se de *transforma-ção de fundações* quando foi dada atenção à realidade subjacente.

Também sabemos que nem todas as pessoas jurídicas cuja transfor-mação hoje em dia se problematiza são fundações. Mas encontrámos moti-vos suficientes para sustentar que o princípio da transformação de pessoas

---

[81] RUFFINI, *Trasformazione di Persone Giuridiche...*, cit., 110-111. O Autor alerta para o facto de esta continuidade não se descobrir entre a transformação de entes integra-dos na organização administrativa da Igreja e a transformação de pessoas jurídicas do direito moderno, uma vez que a primeira se refere ao Direito Público e a segunda ao Direito Privado.

[82] SAVIGNY, *Sistema del Derecho Romano Actual*, Granada, Comares, 2005, 298-303. Cfr. em especial: "las fundaciones piadosas, frente unas de otras, como con relación al Estado, a las ciudades y a las Iglesias, pueden sostener una multitud de relaciones de dere-cho que necesariamente implican su personalidad" (ob. cit., 302).

Introdução e Evolução Histórico-Dogmática 47

jurídicas, hoje largamente admitido, provém de um fenómeno, nele contido em abstracto, mas que o precedeu temporalmente: a transformação de fundações.

4.1.4. Transformação de pessoas colectivas no Direito português

Como já foi referido (*supra*, I, 1) a doutrina portuguesa que até agora analisou combinadamente a transformação de pessoas colectivas e a transformação de sociedades comerciais opta por autonomizar os dois institutos, caracterizando o primeiro pela mudança de escopo, e o segundo pela mudança de tipo. Esta argumentação[83], além de outras insuficiências que adiante serão assinaladas, parece centrar toda a história da transformação de pessoas colectivas no Decreto-Lei n.° 29.232, de 8 de Dezembro de 1938[84], e no artigo 190.°[85] do Código Civil, o que não parece ser pressuposto isento de problemas.

Com efeito, se a primeira referência relevante à transformação de pessoas colectivas em Portugal tivesse sido, de facto, o artigo 190.° do Código Civil de 1966, poder-se-ia reconduzir o instituto à alteração de escopo e a sua antiguidade ao século XX. Daí, por sua vez, retirar-se-ía um argumento forte contra a existência de um princípio geral de transformabilidade de pessoas colectivas em Portugal: o instituto apenas tinha nascido com o Código Civil, com contornos bastante limitados, pelo que, fora do âmbito de aplicação da referida norma, sempre seria necessária uma previsão expressa na lei para admitir a sua aplicação a um caso concreto[86].

---

[83] Pensamos sobretudo em RAÚL VENTURA, *Fusão, Cisão, Transformação*, cit., 415-479 (em especial 416-418 e 423).

[84] Este diploma ditou a transformação compulsiva das associações patronais em grémios distritais ou concelhios, em atenção à nova organização corporativa do Estado Novo.

[85] Artigo 190.°/1: Ouvida a administração, e também o fundador, se for vivo, a entidade competente para o reconhecimento pode atribuir à fundação um fim diferente: a) quando tiver sido inteiramente preenchido o fim para que foi instituída ou este se tiver tornado impossível; b) quando o fim da instituição deixar de revestir interesse social; c) quando o património se tornar insuficiente para a realização do fim previsto; Artigo 190.°/2: O novo fim deve aproximar-se, no que for possível, do fim fixado pelo fundador; Artigo 190.°/3: Não há lugar à mudança de fim, se o acto de instituição prescrever a extinção da fundação.

[86] Pese embora o risco que se corre quando se tenta a síntese de pensamentos alheios, parece ser esta a posição de RAÚL VENTURA, *Fusão, Cisão, Transformação...*, cit. 415-479 (em especial 458-464).

Da breve análise histórica realizada, a única compatível com a natureza deste estudo, foram recolhidos dados que permitem pensar o contrário. Parece ser possível, de facto, estabelecer uma linha paralela à traçada por Rufini e Ambrosini para o Direito italiano, até porque as fontes de Direito Comum, onde se desenrola a primeira fase da evolução, eram aplicáveis em Portugal. Após a vigência do instituto da comutação de vontades no Direito Comum, em Portugal, o fenómeno registou a letargia imposta pelo liberalismo e pelas resistências conhecidas aos corpos intermédios, em geral, e à Igreja, em especial. Na segunda codificação o instituto reaparece, sob a forma de transformação de pessoas colectivas, sendo possível, por isso, estabelecer uma origem bem anterior ao século XX.

Com efeito, a recepção do Direito Comum em Portugal abrange o *Corpus Iuris Canonici*, que por sua vez contém as Clementinas, sendo uma delas a *Quia Contingit*, que acima foi mencionada[87]. É indubitável também a vigência dos decretos do Concílio de Trento em território nacional[88], entre os quais se destaca, no que ao presente assunto interessa, o *De Reformatione* (Sessão XXII).

Confirmando este ponto, parece ser possível, a título de exemplo, detectar fenómenos históricos de transformação de pessoas jurídicas em Portugal no período do Direito Comum. Pensamos na reforma hospitalar presidida por D. João II, através da qual foram reunidos todos os hospitais de Lisboa no Hospital de Todos os Santos. Muito embora Marcelo Caetano qualifique esta vicissitude como uma fusão de fundações[89], e com o devido respeito, podemos também detectar aqui um efeito transformativo, em relação a cada uma das fundações objecto de fusão.

Na verdade, a maior parte dos estabelecimentos hospitalares fundidos no Hospital de Todos os Santos eram fundações pias autónomas resultantes de disposições de última vontade[90]. Estes estabelecimentos foram fundidos num único hospital, ao qual foram concedidos também alguns bene-

---

[87] Por todos, Nuno Espinosa Gomes da Silva, *História do Direito Português*, 2006, 4.ª edição, revista e aumentada, Lisboa, Fundação Calouste Gulbenkian, 247-258.

[88] Por todos, Marcello Caetano, *Recepção e Execução dos Decretos do Concílio de Trento em Portugal*, Lisboa, FDUL, 1965 (em especial 9-11) e Nuno Espinosa Gomes da Silva, *História do Direito Português*, cit., 265-267.

[89] Marcello Caetano, *Das Fundações – Subsídios para a Interpretação e Reforma da Legislação Portuguesa*, Lisboa, Ática, 1962, 143-144.

[90] Marcello Caetano, *A Antiga Organização dos Mesteres da Cidade de Lisboa*, Lisboa, Imprensa Nacional, 1942, 31.

Introdução e Evolução Histórico-Dogmática 49

fícios eclesiásticos do padroado real e do príncipe, "cujos fructos annuaes não excedessem a quantia de 300 Florins de ouro, de Camera"[91].

Verifica-se, desde logo, que teve nesta altura inteira aplicação a doutrina de CLEMENTE V, já referida, sobre a competência exclusiva do Sumo Pontífice para aprovar a fusão e transformação de disposições de última vontade, uma vez que foi necessária para o efeito a anuência do Papa Sixto IV, concedida através da Bula *Ex debitis solicitudinis*, dada em Roma, a 13 de Agosto de 1479[92]. Aplicando-se a doutrina clementina[93], a propósito da competência para a comutação, parece ser possível detectar o seu objecto típico: disposições de última vontade.

---

[91] SANTOS ABRANCHES, *Fontes de Direito Ecclesiastico Portuguez – Summa do Bullario Portuguez*, Coimbra, França Amado, 1895, 47.

[92] MARCELLO CAETANO, *Das Fundações...*, cit., 144.

[93] Ainda será possível, no início do século XX, encontrar quem atribua à Igreja em exclusivo o poder de comutar as disposições por morte: "Na reducção e commutação [de legados pios] já é diferente. Importa fazer passar todo o valor espiritual do muito para o pouco, e preferir o mais pio, não declarado, ao menos pio declarado. Para isto é necessário um poder directo, proximo e immediato acerca desses objectos. Só a egreja o possue", SILVA CARNEIRO, *Elementos de Direito Ecclesiastico Portuguez e seu respectivo processo*, 7.ª edição (corrigida e ampliada por PAIVA PITTA), Coimbra, Imprensa da Universidade, 1910, 362. Esta referência, no entanto, deve ser contextualizada num quadro de supremacia do poder secular na interpretação e regulação de toda a matéria sucessória, que parece já estar estabilizada na primeira metade do século XVIII. Com efeito, é o que parece poder ser concluído da leitura de COELHO DA ROCHA: "Os praxistas antigos contavão também entre os privilegiados o testamento ad pias causas, no qual não exigião outra solenidade senão a presença de duas testemunhas, conforme o Cap. 11. X de testamentis; disposição que se acha geralmente inserida nas Constituições dos Bispados. Porém como as nossas leis não fazem menção desta espécie, antes a Ord. L. 1. tit. 62. §. 24 exige neste caso as solemnidades de direito, que se entende o civil, tem aquella opinião sido abandonada pelos modernos.", *Instituições de Direito Civil Portuguez*, tomo I, Coimbra, Imprensa da Universidade, 1848, 540. Assim, muito embora os testamentos estivessem sujeitos à forma exigida pela lei civil, e genericamente submetidos à respectiva jurisdição, *na parte não controvertida*, o poder de *comutação* pertencia à Igreja. Aliás, basta atentar no exemplo dado pelo próprio SILVA CARNEIRO para verificar que já no século XVIII o poder de comutação era partilhado pelo soberano temporal, e o poder da autoridade eclesiástica estava bastante comprimido: "Fazendo sua exposição à Nunciatura, a irmandade do Santíssimo da igreja italiana de *Nossa Senhora do Loreto* em Lisboa obteve um Breve de redução e commutação de legados pios, e submetteu-o ao *regio placet:* mas, em vez de se lhe conceder, baixou o Aviso de 8 de Agosto de 1857 (...) remettendo o negocio ao cardeal patriarcha, para *fazer instituir o processo na forma legal, e segundo a praxe seguida, e resolver por elle o que fosse justo*, sobre as reduções e commutações pedidas", (*Elementos...*, cit., 362-363, nota e).

50 *Transformação de Sociedades Comerciais*

Como não parece existir dúvidas quanto à natureza fundacional dos hospitais fundidos, deve registar-se, paralelamente, um igual número de vicissitudes transformativas, uma vez que foram aplicadas a cada um deles novas normas, e foi alterado o respectivo fim.

Assim, será possível afirmar, quer no direito vigente, quer na prática jurídica, (muito) anteriores ao século XX, a existência da transformação de pessoas colectivas, pelo menos sob a forma de comutação de disposições de última vontade (sendo inegável que algumas delas davam origem, também em Portugal, a fundações pias autónomas). Esta existência, que parece inequívoca, é compatível com a ausência de um tratamento dogmático do instituto por várias ordens de razão. A primeira e mais importante corresponde à ausência de um tratamento dogmático paralelo da personalidade colectiva na doutrina portuguesa. Com efeito, na esteira de MENEZES CORDEIRO, podemos fixar que nas Ordenações "faltava um tratamento geral para as pessoas colectivas"[94].

A doutrina portuguesa apenas começou a analisar de forma sistemática esta realidade com BORGES CARNEIRO, que no seu *Direito Civil de Portugal* distingue as «pessoas» das «pessoas moraes ou corporações»[95] e reconhece a estas últimas os atributos que actualmente confluem na personalidade jurídica, se bem que nunca recorrendo à expressão[96]. O Ilustre Jurista, ao lado dos Conselhos, Cidades ou Estados, reconhecia como corporações, e portanto, «pessoas moraes» as "Igrejas, hospitaes e mais casas pias" bem como as "universidades"[97].

---

[94] MENEZES CORDEIRO, *Tratado de Direito Civil Português*, I, tomo III – *Pessoas*, 2007, 2.ª edição, Coimbra, Almedina, 520.

[95] BORGES CARNEIRO, *Direito Civil de Portugal*, tomo I, Lisboa, Impressão Régia, 1826, 70.

[96] BORGES CARNEIRO, *Direito Civil de Portugal*, tomo III, Lisboa, Impressão Régia, 1828: Além da qualificação sistemática ("A corporação se considera como pessoa moral ou mística") o autor reconhece ainda às corporações a susceptibilidade de encabeçarem direitos e obrigações ("Os negócios e os bens da corporação são sujeitos ás regras communs (…) e portanto (…) adquire e perde o domínio e posse das coisas ou, a outro passo o contracto feito com a corporação produz obrigação activa e passivamente, como os dos indivíduos").

[97] BORGES CARNEIRO, *Direito Civil de Portugal*, III, cit., 262-263. Curiosamente, ao enumerar, a título exemplificativo, outras corporações (além das "ecclesiasticas" ou "pias"), faz referência às Companhias Gerais (ex. Companhia Geral do Grão-Pará e Maranhão, Companhia Geral do Commercio de Pernambuco e Paraiba) mas também a "sociedades", às quais parece igualmente reconhecer personalidade jurídica: (ex. "Sociedade das

Vamos encontrar a sistematização intuída por BORGES CARNEIRO já bastante desenvolvida nas *Instituições* de COELHO DA ROCHA: "Diz-se Pessoa no sentido jurídico todo o sugeito a quem competem Direitos. Propriamente estes só podem competir aos indivíduos da espécie humana, aos homens: porém na Jurisprudência admittem-se seres capazes de Direitos, considerados em abstracção dos indivíduos, como uma sociedade, a herança jacente. Daqui nasce a distincção entre Pessoa fysica, e Pessoa moral, ou jurídica"[98]. Não podem restar dúvidas quanto ao reconhecimento da personalidade jurídica dos "corpos de mão morta", que COELHO DA ROCHA alinha ao lado dos restantes tipos de «pessoas moraes»[99]: "Todos os Estabelecimentos ou fundações permanentes, que tem um fim público religioso, de piedade, beneficência, ou instrucção são também pessoas moraes; e por conseguinte susceptíveis de Direitos e obrigações, desde que forão legitimamente auctorisados". Mas é evidente que esta sistematização apenas teve lugar no século XIX, em pleno esplendor do liberalismo.

Assim, ao mesmo tempo que a dogmática da personalidade colectiva evolui, regride a liberdade religiosa e a admissibilidade de corpos intermédios, entre os súbditos e o Estado. Detecta-se então, a partir do século XVIII, a segunda fase, na realidade portuguesa, descrita por RUFINI: adormecimento do instituto da transformação, com o advento do liberalismo. Ainda assim, país de *brandos costumes*, os excessos anti-clericais não são tão violentos como em França: reconhece-se personalidade jurídica aos «corpos de mão morta», desde que tenham sido legitimamente autorizados.

A terceira fase, a da recuperação, é no entanto mais difusa, já que o Código de Seabra – a meio caminho entre a primeira e a segunda codificação – não se refere expressamente à transformação de pessoas jurídicas. O retorno do instituto, através de uma nova perspectiva (focada no sujeito jurídico e não no negócio), surge, já se sabe, pela mão da transformação de pessoas colectivas, primeiro em casos concretos esparsos, depois timi-

---

pescarias e salinas, Sociedade dos Theatros, Sociedade Promotora de Indústria Nacional"), ob. cit., 273-275.

[98] COELHO DA ROCHA, *Instituições*, I, cit., 31.

[99] COELHO DA ROCHA, *Instituições*, I, cit., 41 refere o "Estado, outros estabelecimentos políticos, sociedades, heranças jacentes e, *em certo modo*, as massas dos falidos, os morgados e outros Bens, cuja propriedade não pertence a individuo determinado" [itálico do Autor].

damente na legislação, e por último através da assunção pelos comentadores civis como dado adquirido.

A primeira fase, a da reintrodução do instituto através da sua utilização em casos esparsos, pode ter tido início com a transformação da Mala Real Portuguesa, constituída como parceria marítima em 27 de Junho de 1888. No Diário do Governo de 1892 são publicados os respectivos estatutos, sendo certo que no artigo 1.° pode ler-se que "A parceria marítima denominada «mala real portuguesa», constituída por escriptura publica de 27 de Junho de 1888 (...) continua a sua entidade jurídica, transformada, quanto à forma social, em sociedade anonyma de responsabilidade limitada...".

Tendo em conta que a Mala Real Portuguesa tinha sido constituída como parceria marítima em 27 de Junho de 1888 (i.e., na vigência do Código Comercial de 1833 e do Código de Seabra, antes da entrada em vigor do Código Veiga Beirão), tratava-se de uma parceria marítima, nos termos dos artigos I e seguintes do Título II do Livro Único da Parte II do Código FERREIRA BORGES; *Diz-se parceria maritima a associação, que fazem ou os armadores d'um navio entre si; – ou estes e a equipagem; – ou uns e outros com os proprietários da carga*.

A *parceria maritima* do Código FERREIRA BORGES podia ter lugar por três formas: (A) através de um contrato celebrado entre os armadores ou compartes de um navio (que podia assumir a forma de sociedade, aplicando-se o disposto quanto às sociedades mercantis) [artigos II-VIII]; (B) através de um contrato de navegação a partes, celebrado entre os armadores e os membros componentes da equipagem [artigos IX-XII]; ou ainda (C) através de um contrato entre os proprietários do navio, os membros da tripulação e os proprietários das coisas transportadas. Segundo resulta da leitura destes artigos, e da remissão da primeira espécie de *parceria marítima* para o disposto quanto *às sociedades mercantis*, a parceria nunca configurava um novo sujeito de direito[100].

No entanto, em 1888, no momento da transformação desta *parceria maritima* em *sociedade anonyma de responsabilidade limitada*, é possível concluir que a dogmática da personalidade colectiva já dera mais alguns passos significativos, nomeadamente com a aprovação do Código de

---

[100] Em sentido coincidente, sustentando que apenas as companhias do Código FERREIRA BORGES constituíam novos sujeitos de direito, MENEZES CORDEIRO, *Manual de Direito das Sociedades*, I, cit., 115-118.

Seabra e com a Lei das Sociedades Anónimas, em 1867. É então provável que, em 1888, fosse já reconhecida personalidade jurídica à *parceria marítima*. Como quer que seja, o que interessa relevar é a utilização do mecanismo da transformação fora do âmbito estrito da mudança de forma de sociedades comerciais, por um lado, e fora do âmbito também limitado da mudança de escopo, por outro.

Este movimento, numa segunda fase, é depois assumido pela doutrina, que parece admitir o instituto com uma certa naturalidade, sem fazer referência a uma lei expressa que o fundamente. GUILHERME MOREIRA, em 1907, alinhavava as características do instituto: "As pessoas collectivas, que se proponham a realização dum fim que não esteja de harmonia com os interesses collectivos, podem sofrer uma transformação em virtude da qual substituam esse fim por outro. Quando se verifique esta hypothese, há mudança no objecto da pessoa collectiva, mas não na sua vida, que persiste"[101].

JOSÉ TAVARES, muito antes do Código Civil de 1966 (em 1928), na esteira de FERRARA, já estabelecia que a transformação, tomada em sentido "técnico" significava a modificação que deixa "intacta e idêntica a personalidade" da pessoa colectiva[102]. E CUNHA GONÇALVES, pouco depois, avançava que "pode uma pessoa colectiva mudar de associação em fundação", descobrindo assim uma verdadeira transformação, já que, alterando-se a "estrutura" ou as "funções" permanece, no entanto, "intacta a sua personalidade"[103].

---

[101] GUILHERME MOREIRA, *Instituições do Direito Civil Português*, volume I, Coimbra, Imprensa da Universidade, 1907, 329.

[102] JOSÉ TAVARES, *Os Princípios Fundamentais do Direito Civil*, volume II, Coimbra, Coimbra Editora, 1928, 226.

[103] CUNHA GONÇALVES, *Tratado de Direito Civil*, volume I, Coimbra, Coimbra Editora, 1929, 815. Esta permanência da personalidade jurídica permitia ao autor, aliás, distinguir a transformação das vicissitudes que resultavam na extinção da personalidade, como a "confusão de pessoas jurídicas" ou a "supressão com criação de nova pessoa colectiva". Tendo em conta as semelhanças entre este passo de CUNHA GONÇALVES e a doutrina de FERRARA (exposta na *Teoria delle Persone Giuridiche*, em FIORE, Pasquale / BRUGI, Biagio, *Il Diritto Civile Italiano*, Nápoles / Turim, Eugenio Marghieri / UTET, 1915) pode sustentar-se que o Ilustre Jurista luso não se debruçava expressamente sobre a susceptibilidade de uma associação se transformar em fundação, mas antes aceitava no direito português a doutrina de FERRARA sobre a susceptibilidade de transformação de pessoas colectivas em geral. Com efeito, as semelhanças do texto do autor português que antecede a passagem citada são assinaláveis com "Qui vanno annoverati i casi di trasformazione di

Numa terceira fase, ainda anterior ao Código Civil de 1966, assiste-se à introdução paulatina do instituto na legislação nacional. É exemplo o artigo 385.º do Código Administrativo de 1936, que estabelecia que *se, preenchido o fim do instituto ou tornada impossível a sua prossecução, o governador civil achar inconveniente extinguir o estabelecimento, poderá modificar os estatutos e destinar o respectivo património a outros fins de utilidade pública semelhantes aos visados pelo fundador.* Esta norma era aplicada aos *institutos de assistência ou beneficência, fundados, dirigidos ou sustentados por associações religiosas*, por virtude do disposto no artigo 388.º do mesmo Código[104]. Todas estas normas passariam *ipsis verbis* para as versões do Código Administrativo resultantes das reformas de 1940 e de 1959[105].

É com base nestas últimas normas que MARCELLO CAETANO, ao tratar das vicissitudes das fundações, bem ilustra a filiação da transformação de pessoas colectivas na comutação de últimas vontades do Direito Comum: "Quanto ao segundo princípio, de acordo com o qual em toda a modificação ou alteração se deverá procurar proceder o mais próximo possível da vontade do instituído, é uma regra tradicional que tem orientado o *jus reformandi*, reconhecido primeiramente à Igreja e depois ao Estado, quanto às disposições de última vontade, e que hoje se considera válida em qualquer caso no regime das fundações"[106].

É exemplo ainda de consagração positiva do instituto o Decreto-Lei n.º 29.232, publicado no Diário do Governo de 8 de Dezembro de 1938,

---

persone giuridiche da corporazione in istituzione, da privata in pubblica, da laica in ecclesiastica, da nazionale in straniera o viceversa". Ainda que assim seja, a afirmação de um princípio geral de transformação de pessoas colectivas pode retirar-se da passagem de CUNHA GONÇALVES, e essa conclusão é a que mais interessa para os efeitos deste estudo.

[104] Toda esta matéria era enquadrada pela regra geral constante do artigo 383.º: *Na fundação dos institutos de utilidade local e organização dos respectivos estatutos e regulamentos, respeitar-se-á a vontade expressa do fundador ou fundadores, em tudo o que não contrariar as leis de interesse e ordem pública e os princípios da moral e da ordem social, por forma a realizar-se o fim de utilidade pública por eles visado, salva a hipótese de manifesta impossibilidade de direito ou de facto.* Esta norma também deveria ser considerada aplicável às associações religiosas por virtude do artigo 388.º do mesmo Código. É assinalável a semelhança destas normas com o disposto no § 87 do BGB.

[105] Para a cronologia das sucessivas reformas, por todos, MARCELO CAETANO, *Manual de Direito Administrativo*, volume I, 3.ª reimpressão da 10.ª edição, revista e actualizada por FREITAS DO AMARAL, 1984, 155-164.

[106] MARCELLO CAETANO, *Das Fundações...*, cit., 138-139.

que permite a transformação de associações patronais em grémios distritais ou concelhios (artigo 2.°) ou em uniões de grémios (artigos 3.°)[107], ou o § único do artigo 281.° do Código de Processo Civil de 1939[108], que estabelecia a substituição dos representantes, caso fosse necessária, da pessoa colectiva transformada que fosse parte num litígio judicial, esclarecendo assim que esta operação não implicava a suspensão da instância.

No Código Civil de 1966 viria a ser introduzido um artigo – o 190.° – epigrafado precisamente *transformação* onde pode ler-se que: (1) *Ouvida a administração, e também o fundador, se for vivo, a entidade competente para o reconhecimento pode atribuir à fundação um fim diferente: a) Quando tiver sido inteiramente preenchido o fim para que foi instituída ou este se tiver tornado impossível; b) Quando o fim da instituição deixar de revestir interesse social; c) Quando o património se tornar insuficiente para a realização do fim previsto. (2) O novo fim deve aproximar-se, no que for possível, do fim fixado pelo fundador. (3) Não há lugar à mudança de fim, se o acto de instituição prescrever a extinção da fun-dação.*

Infelizmente, para os estudiosos desta matéria, os únicos trabalhos preparatórios publicados consistiram no anteprojecto de FERRER CORREIA, que não chegaram a ser acompanhados das notas justificativas. No entanto, dadas as semelhanças, é possível determinar que a fonte próxima do artigo 190.° do Código Civil é o artigo 28 do *Codice Civile* italiano[109,110].

---

[107] O acórdão do STJ de 23 de Abril de 1965 viria a confirmar que uma transformação deste tipo não importava a extinção da personalidade jurídica da associação transformada: "Não se tendo dissolvido a Associação Comercial e Industrial de Coimbra, esta permaneceu, embora transformada em União de Grémios, e, assim, também o seu património permaneceu, não se tendo transferido", BMJ, n.° 146 (1965), 424-428. Estes grémios eram qualificados pela doutrina como grémios facultativos, ou seja, gerados pela iniciativa particular. Por todos, a este respeito, SOARES MARTÍNEZ, *Manual de Direito Corporativo*, Lisboa, FDUL, 1967, 312. Assim, pese embora a dificuldade de situar o Direito Corporativo na enciclopédia jurídica, sobretudo no que se refere à *summa divisio* entre Direito Privado e Direito Público, deve sublinhar-se que a iniciativa para criar as associações patronais era privada, nos termos do Decreto de 9 de Maio de 1891. E assim, muito embora as associações patronais que não optassem pela transformação fossem consideradas dissolvidas, nos termos do artigo 7.°, não pode duvidar-se que estas pessoas colectivas tinham características típicas do direito privado, e que foram alterados os conjuntos de normas que lhes eram aplicáveis, sem perda da identidade jurídica.

[108] Retomado pelo artigo 276.° do CPC de 1961 e posteriormente alterado pelo Decreto-Lei n.° 47 690, de 11 de Maio de 1967.

[109] Artigo 28 do *Codice Civile* italiano: [I] *Quando lo scopo è esaurito o divenuto*

Posteriormente, em 1973, o Decreto-Lei n.° 430/73, de 25 de Agosto veio permitir, apesar da proibição genérica de transformação de Agrupamentos Complementares de Empresas em outros tipos de pessoas colectivas (artigo 21.°/1), que sociedades e associações se transformassem em ACE, desde que tivessem sido constituídas com objectivos análogos aos que a lei atribuía a esta figura (artigo 21.°/2)[111]. O ACE dispõe de personalidade jurídica, a partir da sua inscrição no registo, nos termos da Base IV da Lei n.° 4/73, de 4 de Junho.

Em 1980, novo caso de transformação de pessoas colectivas veio a ser introduzido expressamente no direito positivo, quando o artigo 11.° do Decreto-Lei n.° 148/90, de 9 de Maio veio revogar parcial e tacitamente o artigo 21.° do Decreto-Lei n.° 430/73, já referido, ao prever a transformação recíproca de ACE e Agrupamentos Europeus de Interesse Económico, *independentemente de processo de liquidação e sem criação de uma nova pessoa colectiva.*

4.2. TRANSFORMAÇÃO DE SOCIEDADES COMERCIAIS

Pelos motivos indicados (*supra*, I, 4.1.1), fixa-se o Código FERREIRA BORGES como ponto de partida da análise histórica da transformação de sociedades comerciais, atendendo à natureza eminentemente pública das companhias da expansão e das companhias pombalinas[112], que por esse motivo apenas poderiam servir estas indagações históricas com muitas limitações.

---

imposibile o di scarsa utilità, o il patrimonio è divenuto insufficiente, l'autorità governativa, anziché dichiarare estinta la fondazione, può provvedere alla sua trasformazione allontandosi il meno possibile dalla volontà del fondatore.

[110] Em sentido próximo, sublinhado a influência do *Codice* na parte do Código Civil de 1966 relativa às pessoas colectivas, MENEZES CORDEIRO, *Tratado*, I/III, cit., 613-614.

[111] No n.° 1 da Base I da Lei n.° 4/73, de 4 de Junho, pode ler-se que [*a*]*s pessoas singulares ou colectivas podem agrupar-se, sem prejuízo da sua personalidade jurídica, a fim de melhorar as condições de exercício ou de resultado das suas actividades económicas.* O n.° 1 da Base II esclarece que os ACE *não podem ter por fim principal a realização e partilha de lucros,* sendo certo, porém, que o artigo 1.° do já referido Decreto-Lei n.° 430/73 permite esse fim seja prosseguido de forma acessória.

[112] MENEZES CORDEIRO, *Manual de Direito das Sociedades*, I, cit., 105-107.

4.2.1. O Código Comercial de 1833 (FERREIRA BORGES)

O Código Comercial de 1833 consagrou o Título XII do Livro II à matéria das *companhias, sociedades e parcerias commerciaes*. Desprende--se da análise dos vários artigos que compõem este Título XII a recondução destas três figuras à categoria de *associações commerciaes* (artigo I). Desta recondução retiramos que o elemento essencial para o conceito de *associação comercial* é a contribuição de bens ou indústria para a prossecução de uma actividade de interesse comum. Pouco mais nos dá o conceito geral de *associação comercial*.

Na economia do Título XII do Livro II do Código FERREIRA BORGES, apenas as *companhias de commercio*[113] apresentam um avanço dogmático assinalável. Não devem restar dúvidas quanto à sua personalidade colectiva, ainda que incipiente (o artigo XVI faz expressa menção aos terceiros *que tractem com a companhia*[114] e o artigo XVII menciona as *convenções da companhia*) nem tampouco quanto à limitação da responsabilidade (artigo XVIII: *Os accionistas d'uma companhia não respondem por perdas além do montante do seu interesse nella*). No entanto, mantém-se a tradição nacional para a publicização da sociedade anónima[115] (que apenas viria efectivamente a dissolver-se com a Lei das Sociedades Anónimas de 22 de Junho de 1867 e com o princípio da livre constituição, ínsito no respectivo artigo 2.º), na medida em que o artigo XXI ainda estabelecia que *As companhias só podem ser estabelecidas por auctorização especial do governo, e approvação da sua instituição*.

---

[113] As *companhias de commercio* (Secção I, artigos XIII a XXI) são aproximadas por MENEZES CORDEIRO às sociedades anónimas, enquanto que as *sociedades com firma* (Secção II, artigos XXII a XXXI) corresponderiam às sociedades em nome colectivo (*Manual de Direito das Sociedades*, I, cit., 116-117).

[114] Todas as referências relativas ao Código FERREIRA BORGES reportam-se à edição da Imprensa da Universidade de Coimbra, de 1851.

[115] No *Commentario* a este Título XII, RICARDO TEIXEIRA DUARTE avança como argumentos para a intervenção do governo na constituição das *companhias* (A) o regime derrogatório de limitação de responsabilidade, excepcional face ao regime geral dos contratos de sociedade mercantil; (B) a necessidade de garantir a estabilidade dos respectivos empreendimentos e de refrear a temeridade dos investidores, exacerbada pela limitação da responsabilidade; (C) a susceptibilidade de beneficiarem de poderes de autoridade (*Commentario ao Título XII, Parte I, Livro II do Código Commercial Portuguez*, Lisboa, Imprensa Nacional, 1872).

As *sociedades com firma* são configuradas apenas como contrato, não dispondo de personalidade jurídica[116] (artigo XXVI: *os fundos entrados na sociedade com firma para as necessidades do objecto social, são considerados, desde a data do contracto, como propriedade conjunta e commum de todos e cada um dos sócios*) bem como as *sociedades de capital e industria* (artigo LXVI e artigo XXXVIII, que manda aplicar às *sociedades de capital e industria* que tenham firma social as regras das *sociedades com firma*), *as associações em conta de participação* (artigo LI: *Na sociedade em conta de participação o socio ostensivo é o unico, que se obriga para com o terceiro, com quem contracta*), ou ainda as *parcerias mercantis* e as *associações de terceiro à parte d'um sócio*.

Não surpreende, por isso, que o Código Comercial fosse omisso quanto à transformação de sociedades comerciais. Desde logo, porque a única figura verdadeiramente societária que introduziu foi a *companhia de commercio*. E quanto a esta, a conformação ainda é marcada pela herança publicista das companhias coloniais e pelas companhias pombalinas. E não surpreende, por tudo o que fica dito, que a primeira transformação de sociedades assinalada pela doutrina como tal provenha de uma *parceria maritima*, cujo carácter privado é patente, e não de uma *companhia de commercio*.

4.2.2. A Lei de 22 de Junho de 1867 (*Lei das Sociedades Anonymas*) e o Código de Seabra de 1867

Com a Lei de 22 de Junho de 1867 foi dado um grande passo no direito societário português, através da introdução do princípio da liberdade de constituição de sociedades anónimas, no respectivo artigo 2.°: *As sociedades anonymas constituem-se pela simples vontade dos associados, sem dependencia de previa auctorisação administrativa e approvação dos seus estatutos, e regulam-se pelos preceitos d'esta lei*.

A *Lei das Sociedades Anonymas* não faz, no entanto, referência à transformação de sociedades, tendo a sua intervenção nesta matéria sido diferida para o período da vigência combinada com a Lei das Sociedades por Quotas.

O Código de Seabra tampouco veio contribuir directamente para a discussão em apreço. No que agora interessa, assinale-se apenas a codificação da sociedade civil e sublinhe-se a correspondente inserção como

Introdução e Evolução Histórico-Dogmática 59

contrato em particular (artigos 1240.° a 1317.°), ficando assim arredada do Título VI da Parte I, consagrada às *pessoas moraes*.

4.2.3. O Código Comercial de 1888 (VEIGA BEIRÃO)

O Código VEIGA BEIRÃO veio estabelecer três tipos de sociedades comerciais: as sociedades em nome colectivo, as anónimas e as sociedades em comandita. As sociedades cooperativas não podiam ser vistas, segundo a doutrina, como um quarto tipo, já que deviam adoptar uma das três formas anteriormente mencionadas[117].

No que às sociedades em nome colectivo se referia, o § 2 do artigo 151.° estabelecia que *a maioria dos sócios não pode entrar em operações diversas das expressamente especificadas na convenção nem variar ou modificar a espécie de sociedade ou as cláusulas sociais, contra o consentimento de um só dos sócios que seja, salva estipulação em contrário no contrato de sociedade*[118]. Como o artigo 105.° apelidava de *espécies* os três tipos societários enunciados, não restam dúvidas que era admitida a adopção pela sociedade em nome colectivo de outro tipo societário, por deliberação unânime dos sócios.

Ainda com interesse para a discussão havida durante a vigência do regime da transformação aprovado pelo Código Comercial de 1888 cumpre assinalar o n.° 5 do artigo 49.°, que sujeitava a registo comercial "[o]s *instrumentos de constituição e prorrogação de sociedade, mudança de firma, objecto, sede ou domicílio social, modificação nos estatutos, reforma, redução ou integração de capital, dissolução e fusão, cedência da parte de um sócio em nome colectivo noutrem, e, em geral, tôda e qualquer alteração no pacto social*" e o artigo 116.° que sujeitava à forma prescrita para a constituição da respectiva sociedade as vicissitudes enumeradas no artigo 49.°/5. A doutrina maioritária fazia abranger na expressão *toda e qualquer alteração no pacto social* a transformação de sociedades, desco-

---

[116] Neste sentido, MENEZES CORDEIRO, *Manual de Direito das Sociedades*, I, cit., 117.

[117] AZEVEDO E SILVA, *Commentario ao Novo Codigo Comercial Portuguez – 1.° Fascículo*, Lisboa, Typographia Nacional, 1888, 130.

[118] A influência do artigo 108.° do Código Comercial italiano nesta norma é assinalada por RAÚL VENTURA / BRITO CORREIA, *Transformação*, cit., 21.

Transformação de Sociedades Comerciais

brindo assim base para fundamentar a admissibilidade genérica da transformação de sociedades[119].

4.2.4. A Lei de 11 de Abril de 1901 (Lei das Sociedades por Quotas)

A Lei das Sociedades por Quotas (LSQ) veio acrescentar um tipo societário aos enumerados do já referido artigo 105.° do Código Comercial, para preencher o espaço existente entre a sociedade em nome colectivo e a sociedade anónima, através de uma sociedade de responsabilidade limitada, mas em que a limitação era menos intensa do que na sociedade anónima, respondendo os sócios solidariamente pelo montante total das quotas (artigo 16.° LSQ) e não apenas pelo capital subscrito por cada um.

No artigo 52.° estabelecia-se que [n]o *caso de dissolução de uma sociedade anonyma para se transformar em sociedade por quotas, de responsabilidade limitada, poderá dispensar-se a liquidação, se o capital da nova sociedade não for inferior ao da sociedade dissolvida, e se os socios que tomarem parte naquella representarem, pelo menos tres quartas partes do capital d'esta*[120]. O artigo 53.° parecia confirmar que a operação implicava a dissolução da sociedade transformada: [n]a *hypothese do artigo anterior, o activo e passivo da sociedade dissolvida passam para a nova sociedade*[121].

O artigo 54.° da mesma lei estabelecia uma importante variante, a da transformação de *qualquer sociedade ou firma commercial* em sociedade por quotas, quando a mesma estivesse em situação de quebra ou reunisse

---

[119] Neste sentido, entre outros, VISCONDE DE CARNAXIDE, *Sociedades Anonymas*, Coimbra, França Amado, 1913, 229-230; PINTO LOUREIRO, *Transformação de Sociedades*, RT, ano 67.° (1949), n.° 1598, 210.

[120] Nos §§ 1.° e 2.° do referido artigo 52.° podia ler-se, respectivamente, que [a] *parte do activo da sociedade dissolvida correspondente a cada socio calcular-se-ha segundo o balanço que deverá ser submettido á approvação da assembléa geral* e que [a] *approvação deve ser dada nos termos da lei e do contracto de sociedade, devendo, porém, obter sempre a votação de tres quartas partes do capital*. O texto da lei consultado é o que consta de AZEVEDO SOUTO, *Lei das Sociedades por Quotas – Anotações e Fórmulas* (com prefácio de VEIGA BEIRÃO), Lisboa, Guimarães, 1913.

[121] Os §§ 1.° a 5.° deste artigo regulavam os direitos dos sócios discordantes e dos credores da sociedade transformada.

Introdução e Evolução Histórico-Dogmática 61

os pressupostos para a sua declaração. Esta transformação deveria ser aprovada por dois terços dos credores (§ 1.º), que integrariam o substrato pessoal da sociedade transformada, sem que com isso se excluísse a participação de terceiros (§ 2.º). À imagem do que sucedia na transformação por iniciativa dos sócios, a transformação despoletada pelos credores parecia implicar a dissolução da sociedade original: [*a*] *nova sociedade ficará com o activo da sociedade ou firma dissolvida, na parte em que não for absorvido pelo pagamento dos creditos privilegiados e preferentes...* (§ 5.º)[122].

Aparentemente, a LSQ limitava a transformação em sociedades por quotas às sociedades anónimas. Mas como o § 3.º do artigo 3.º LSQ estabelecia que [*t*]*ransformando-se qualquer sociedade ou firma em nome individual em sociedade por quotas, de responsabilidade limitada, pode esta continuar a antiga firma ou denominação social"*, entendia-se que os restantes tipos de sociedades (sociedade em nome colectivo e sociedade em comandita) também podiam transformar-se em sociedades por quotas, mas apenas através de deliberação unânime, aplicando-se o disposto no artigo 151.º, § 2.º do Código Comercial[123].

4.2.5. Estado da discussão antes da aprovação do CSC[124]

Perante estes textos legais – em suma, Código Comercial e LSQ – a questão mais debatida na doutrina nacional foi sempre a de saber se a sociedade transformada mantinha (tese da continuação) ou perdia (tese da novação) a sua personalidade jurídica após esta operação. A questão foi

---

[122] Os artigos 55.º a 60.º LSQ disciplinavam o processo de obtenção do acordo dos credores e a respectiva homologação judicial. Mesmo perante a letra do artigo 52.º e seguintes, autores como JOSÉ TAVARES sustentavam que nos termos gerais do artigo 3.º, § 3.º LSQ a sociedade anónima podia transformar-se em sociedade por quotas sem dissolução (*Sociedades e Empresas Comerciais*, Coimbra, Coimbra Editora, 1924, 591-592).

[123] Neste sentido, AZEVEDO SOUTO, *Lei das Sociedades por Quotas*, cit., 163-164.

[124] Entre a aprovação da LSQ e a entrada em vigor do CSC 86, é possível identificar alguns casos de legislação extravagante em matéria de transformação de sociedades. Veja-se, por exemplo, o Decreto-Lei n.º 36 367, de 23 de Junho de 1947, respeitante à transformação de sociedades concessionárias de explorações mineiras ou o Decreto-Lei n.º 10 634, de 20 de Março de 1925, relativo à transformação de sociedades que exercessem o comércio bancário.

vastamente discutida na doutrina e na jurisprudência, até porque as consequências fiscais de uma ou outra opção não eram despiciendas[125].

A adesão à tese da continuação foi manifestamente maioritária, na doutrina e na jurisprudência civil, desenhando-se duas tendências: uma primeira que sustentava a manutenção da personalidade jurídica da sociedade transformada como princípio geral, não se pronunciando sobre os casos que o pudessem excepcionar, e uma segunda que, propondo a continuação como regra geral, admitia a novação nas transformações previstas nos artigos 52.º e seguintes da LSQ (i.e. transformação de sociedades anónimas em sociedades por quotas – artigos 52.º e 53.º – e transformação de sociedades comerciais em sociedades por quotas por acordo de credores para evitar a falência).

Representativas da primeira tendência são as vozes de GALVÃO TELLES[126] e de FERRER CORREIA[127]. Admitindo como regra especial a novação na LSQ, esgrimiram argumentos Autores como PINTO COELHO[128], SANTOS LOURENÇO[129], MARTINS DE CARVALHO, PALMA CARLOS, JOSÉ TAVARES[130], ou PINTO LOUREIRO[131].

---

[125] O artigo 1.º do Decreto-Lei n.º 31 249, de 5 de Maio de 1941, veio fixar, perante dúvidas suscitadas na doutrina e na jurisprudência, que para efeitos fiscais todas as transformações de sociedades implicavam a alteração da respectiva personalidade jurídica, pelo que era exigível imposto sobre o trespasse com elas conexo. O Decreto-Lei n.º 32 854, de 17 de Junho de 1943, veio esclarecer dúvidas igualmente levantadas na jurisprudência, sujeitando a SISA todas as transformações se entre o activo societário se encontrassem bens imóveis. As transformações de sociedades por acordo de credores estavam isentas de ambos os impostos.

[126] GALVÃO TELLES, *Anotação ao Acórdão da Relação de Luanda de 19 de Outubro de 1957*, OD, ano 90.º (1958), n.º 2, 142-161, se bem que não se pronuncie expressamente sobre a tese da continuação quanto à transformação prevista nos artigos 52.º e 53.º LSQ.

[127] FERRER CORREIA, *Lições de Direito Comercial*, volume II, Coimbra, 1968, 92-96. Este autor tampouco se pronuncia expressamente sobre a transformação especialmente prevista nos artigos 52.º e seguintes da LSQ. No entanto, das suas palavras parece ser possível, salvo melhor opinião, retirar-se uma posição genérica favorável quanto à tese da continuação.

[128] PINTO COELHO, *Lições de Direito Comercial*, 1.º volume, 3.ª edição revista, Lisboa, Centro Tipográfico Colonial, 1957, 289-295.

[129] SANTOS LOURENÇO, *Das Sociedades por Cotas – Comentário à Lei de 11 de Abril de 1911*, volume II, s/d [1926], Lisboa, 255 e ss.

[130] JOSÉ TAVARES, *Sociedades e Empresas Comerciais*, cit., 584 e ss., em especial, 591.

[131] PINTO LOUREIRO, *Transformação de Sociedades*, cit., 228 e 294.

Introdução e Evolução Histórico-Dogmática 63

Martins de Carvalho, a título de exemplo, escudava-se nas expressões empregues nos artigos 49.º/5 e 116.º do Código Comercial, para sustentar que a regra geral nas transformações era a da continuação: "[n]o seu sentido genérico, a alteração do pacto social abrange, por consequência, a transformação das sociedades". Acrescentava um argumento *a contrario*: o artigo 120.º do mesmo Código, que considerava a fusão motivo de dissolução da sociedade, não fazia qualquer referência à transformação[132]. Apenas admitia a transformação com dissolução quando uma regra especial assim o dispusesse, como era o caso, segundo sustentava, das transformações disciplinadas pelos artigos 52.º e seguintes da LSQ. Com efeito, estas disposições legais, ao recorrerem a expressões como «sociedade dissolvida» e «nova sociedade» (artigos 52.º e 53.º LSQ) depunham inequivocamente no sentido da tese da novação.

No mesmo sentido, Palma Carlos caracterizava a transformação como a adopção de um novo tipo societário, não lhe reconhecendo autonomia em relação às demais alterações ou modificações do pacto social. Sustentava, nesse sentido, que a permanência da "unidade económica" e da "entidade orgânica" eram suficientes para justificar a existência e identidade da sociedade, já que a modificação de forma apenas afectava a estrutura externa da sociedade[133]. Segundo este Autor, e à imagem do que propunham algumas vozes já referidas, a esta regra geral opunha-se o regime especial consagrado nos artigos 52.º a 54.º da LSQ, que implicava "a constituição de uma nova sociedade, precedida da extinção de outra, formando-se o património daquela com o activo e passivo que a esta pertenciam" e que não podia reconduzir-se ao conceito de transformação em sentido próprio[134].

Mas encontraram também eco na doutrina portuguesa argumentos que negavam a possibilidade, em absoluto, da manutenção da personalidade jurídica da sociedade num cenário de transformação. Referem-se,

---

[132] Martins de Carvalho, *Transformação de Sociedades – Artigos 231.º e seguintes do Código de Falências*, OD, ano 68.º (1936), n.º 5.º, 133-134. É categórica a opinião avançada a este propósito pelo autor: "Em regra a transformação não importa dissolução" (ob. cit., 133).

[133] Palma Carlos, *Transformação de Sociedades*, Separata da RFDUL, volume XIV, 1962, 6-8, com inúmeras referências bibliográficas e jurisprudenciais.

[134] Palma Carlos, *Transformação de Sociedades*, cit., 10.

a título de exemplo, as vozes de CUNHA GONÇALVES[135] ou de PAIVA JÁCOME[136].

Os argumentos utilizados por estes Autores dirigiam-se, em grande medida, a assinalar a ligação essencial entre as características de cada tipo de sociedade e a sua individualidade jurídica. Servem de exemplo as palavras de PAIVA JÁCOME: "Como cada uma das espécies de sociedade que a lei admite tem características próprias que essencialmente as distinguem umas das outras (...) entendemos que a sua individualidade jurídica está adstrita à espécie adoptada, e que, por conseguinte, a mudança de espécie implica a extinção de uma sociedade e a criação de uma outra"[137].

Num esforço de síntese, RAÚL VENTURA e BRITO CORREIA pesaram os argumentos avançados até então (1973) num e noutro sentido, a propósito da elaboração do Anteprojecto da parte do novo Código das Sociedades Comerciais relativa à transformação de sociedades.

Segundo estes Autores, os argumentos extraídos pelos cultores da tese da continuação dos artigos 116.° e 49.°/5 do Código Comercial não eram conclusivos. Das normas aí contidas apenas se poderia extrair que a transformação estaria sujeita a determinada forma (a prevista para a constituição da sociedade segundo o tipo respectivo) e a registo, mas nada resultava quanto à manutenção da personalidade jurídica[138]. Quanto ao artigo 151.°, § 2.° do mesmo Código, admitiam que aí se fazia referência à transformação em sentido próprio ("variar ou modificar a espécie de sociedade"), mas negavam que a norma oferecesse argumentos conclusivos quanto à manutenção ou perda da personalidade jurídica da sociedade transformada, já que a unanimidade aí exigida era genericamente aplicá-

---

[135] CUNHA GONÇALVES, *Comentário ao Código Comercial Português*, volume I, Lisboa, Empresa Editora J.B., 1914, 257: "Discute-se se as sociedades transformadas constituem novas personalidades jurídicas, ou conservam a sua antiga personalidade (...) mas parece-me que não pode contestar-se a sério que este facto dá origem a uma nova personalidade, por mais de um motivo distinta da anterior". Noutra sede, o autor afasta aquilo que apelida de *conversão* de sociedades em nome colectivo em sociedades anónimas do universo da transformação, porque entende que ao conceito de transformação é essencial a manutenção da personalidade jurídica (*Tratado de Direito Civil*, I, cit., 815 e ss.). Esta conversão, por ser uma *transformação radical*, é então afastada das transformações com manutenção da personalidade, e equiparada a uma *supressão* (ob. cit., 823).

[136] PAIVA JÁCOME, *Anotação ao Acórdão do Tribunal da Relação do Porto de 4 de Outubro de 1929*, GJ, ano 1.° (1929), n.° 6, 104-106.

[137] PAIVA JÁCOME, *Anotação*, cit., 105.

[138] RAÚL VENTURA / BRITO CORREIA, *Transformação de Sociedades*, cit., 93.

Introdução e Evolução Histórico-Dogmática 65

vel, ao longo do código, tanto para vicissitudes extintivas (por exemplo, dissolução, artigo 120.°, § 6.°) como para vicissitudes em que não era posta em causa a continuação da sociedade (por exemplo, modificação de cláusulas sociais, também abrangidas pelo artigo 151.°, § 2.°)[139].

Já a interpretação dos artigos 52.° a 54.° LSQ depunha de forma clara, segundo os autores, a favor da tese da novação, tendo em conta a referência legal à «dissolução» da sociedade anónima que pretende transformar-se e à «nova» sociedade por quotas[140]. E os argumentos daí retirados ganhavam um peso considerável, quando se tivesse em conta que a LSQ era, à altura, o único diploma legislativo que regulava de forma completa e expressa o instituto da transformação de sociedades.

Após esta análise das normas em vigor e dos restantes argumentos – de várias proveniências – avançados pela doutrina nacional e estrangeira, os Autores do Anteprojecto concluíram, *de iure condendo:* "A exposição antecedente demonstrou que nenhuma das teses beneficia de argumentos de ordem legal ou dogmática para se impor decisivamente. Nenhum dos argumentos considerados individualmente faz pender a balança para qualquer dos lados; agrupados, equilibram-se. (…) Temos neste estudo o agradável privilégio de poder abster-nos duma solução *de iure condito. De lege ferenda*, o problema está muito facilitado. Por um lado, ficou demonstrado que as duas teses são teoricamente possíveis, isto é, que a transformação pode ser criada como constituição duma nova sociedade ou como continuação da mesma sociedade; ao legislador competirá escolher. (…) Como primeiro critério de escolha, deve o legislador atender à vontade dos interessados. Suponho que, estando ao alcance destes uma transformação-continuação, é académica a hipótese de eles preferirem uma transformação-dissolução. Mesmo assim, não há motivo para o legislador contrariar qualquer das vontades, mas é indispensável que seja criada uma presunção de vontade, pois raramente haverá uma vontade expressa das partes num ou noutro sentido. Como segundo critério – que será afinal a presumida vontade das partes – o legislador deve preferir a tese da continuação (...) Não seria assim se algum princípio impedisse esse mecanismo, mas ficou visto que tal impedimento não existe; tendo liberdade de escolha, o legislador deve escolher o meio mais simples para realização dos seus propósitos"[141].

---

[139] RAÚL VENTURA / BRITO CORREIA, *Transformação de Sociedades*, cit., 94-95.
[140] RAÚL VENTURA / BRITO CORREIA, *Transformação de Sociedades*, cit., 96-102.
[141] RAÚL VENTURA / BRITO CORREIA, *Transformação de Sociedades*, cit., 118-120.

66   *Transformação de Sociedades Comerciais*

Verifica-se assim que a conformação dual do instituto da transformação, proposta pelos Autores do Anteprojecto e posteriormente acolhida pelo legislador do CSC de 1986, compreendendo uma transformação com manutenção da personalidade e uma transformação com dissolução, não serve qualquer interesse dos credores da sociedade transformada, ou sequer de ordem pública. Aliás, dificilmente se entenderia que assim fosse, porque a transformação extintiva se faz sem liquidação do património da sociedade dissolvida e, portanto, sem que os credores possam atingir o património social, em cuja titularidade sucede automática e globalmente a nova sociedade.

O único critério para a admissão de uma transformação extintiva foi, então, a homenagem à vontade das partes que, se dificilmente configurável, poderia pender para esta alternativa, em detrimento da transformação com manutenção da personalidade jurídica. A improbabilidade desta vontade dos sócios era abertamente admitida pelos Autores do Anteprojecto: "é académica a hipótese de eles preferirem uma transformação-dissolução"[142].

Esta solução, posteriormente acolhida no CSC 1986 é, com o devido respeito, criticável em várias medidas. Num plano normativo, em termos gerais, deve defender-se que à feitura de leis presida um constante aperfeiçoamento técnico-jurídico. Com base neste critério, deveria ter sido abandonada, em 1986, uma solução – a da transformação novatória – que, do ponto de vista dogmático, já era obsoleta. Num plano funcional, sublinhe-se que esta modalidade de transformação não responde às necessidades e interesses económicos das partes. Por último, num plano de ordenação jurídica sistemática, refira-se que a recepção da transformação novatória no CSC veio criar problemas interpretativos consideráveis, como adiante haverá oportunidade de demonstrar (*infra*, II, 2.1 e 4.1.3).

4.2.6. O Código das Sociedades Comerciais e as previsões extravagantes contemporâneas

O Código das Sociedades Comerciais de 1986 veio pela primeira vez dar um tratamento sistemático à transformação de sociedades comerciais, compreendido nos artigos 130.º a 140.º[143]. Quanto a este capítulo do CSC,

---

[142] RAÚL VENTURA / BRITO CORREIA, *Transformação de Sociedades*, cit., 119.

[143] Além das várias alterações introduzidas posteriormente, foi acrescentado a este regime o artigo 140.º-A, pelo Decreto-Lei n.º 76-A/2006, de 29 de Março (artigo 3.º).

Introdução e Evolução Histórico-Dogmática 67

assinala-se a enorme vantagem, para o estudo do instituto da transformação de sociedades, de ter sido publicado o respectivo anteprojecto e notas explicativas[144]. Acresce, no mesmo sentido, que o Prof. RAÚL VENTURA veio a publicar, posteriormente, um comentário extenso às normas que compõem o regime da fusão, cisão e transformação de sociedades comerciais.

O regime resultante da aprovação do CSC e a restante legislação extravagante, actualmente em vigor, serão analisados em detalhe adiante, no capítulo relativo à Análise Problemática do Regime Legal Vigente (*infra*, II, 2).

---

[144] As propostas formuladas no Anteprojecto elaborado por RAÚL VENTURA e BRITO CORREIA, já citado (*Transformação de Sociedades*) foram acolhidas, de forma quase integral, no Projecto do Código das Sociedades, apresentado em 1983, igualmente preparado por RAÚL VENTURA, mas posteriormente revisto por FERNANDO OLAVO e ANTÓNIO CAEIRO. Este último Projecto pode ser consultado em BMJ, n.° 327 (1983), 43-339.

II PARTE

DELIMITAÇÃO DO ÂMBITO
DE APLICAÇÃO DA TRANSFORMAÇÃO
DE SOCIEDADES COMERCIAIS
NO DIREITO PRIVADO PORTUGUÊS

1. ELEMENTOS PARA UMA ANÁLISE CRÍTICA DO ÂMBITO DE APLICAÇÃO DA TRANSFORMAÇÃO DE SOCIEDADES COMERCIAIS

1.1. PERSONALIDADE COLECTIVA

1.1.1. Breve percurso pela história do conceito

A ideia de pessoa, que é actualmente utilizada no Direito para referir a susceptibilidade de ser titular de direitos e obrigações, não encontra as suas origens no Direito romano, muito embora alguns autores sustentem que a sua introdução na dogmática jurídica se deve aos romanistas, seus estudiosos[145]. No Direito romano, a integração dos escravos (*servi*) na *summa divisio de iure personarum* das Instituições[146] (ao lado dos *liberi*) demonstra que o conceito de pessoa não referia, como hoje, os destinatários de normas jurídicas, já que os primeiros eram objecto e não sujeito de direito[147].

---

[145] ARANGIO-RUIZ, *Istituzioni di Diritto Romano*, 40.ª edição revista, Nápoles, Eugenio Jovene, 1998, 43. No mesmo sentido, entre outros, MAX KASER, *Direito Privado Romano*, tradução da versão alemã de 1992, Lisboa, Fundação Calouste Gulbenkian, 1999, 99 e BASILE, *Le Persone Giuridiche* (com a colaboração de MARIA VITA DE GIORGI), em *Trattato di Diritto Privato*, IUDICA / ZATTI (org.), Milão, Giuffrè, 2003, 129.

[146] GAIUS, I.1.9: "Et quidem summa diuisio de iure personarum haec est, quod omnes homines aut liberi sunt aut serui".

[147] Muito embora a condição jurídica dos escravos não tenha sido igual durante toda a história do Direito romano, ou mesmo em todos os locais, podem reduzir-se a duas, com PUGLIESE, as conclusões fundamentais que subsistem para além da diversidade: (A) os escravos não podiam ser titulares de situações jurídicas, de forma absoluta ou pelo menos em grande parte; (B) o poder do *dominus* sobre o escravo era permanente, transmitindo-se por via sucessória ou por negócio *inter vivos* (*Istituzioni di Diritto Romano*, com a colaboração de FRANCESCO SITZIA e de LETIZIA VACCA, Pádua, Piccin, 1986, 84).

Assim sendo, é natural que o Direito romano não apresentasse qualquer conceito análogo ao conceito actual de personalidade colectiva[148], integrado de forma sistemática, e entendido por referência à qualidade, reconhecida a algumas realidades não correspondentes a seres humanos, de ser titular de direitos e estar adstrito a obrigações[149]. É certo que no Direito romano era reconhecida a existência de patrimónios autónomos e comuns, "subtraídos à disposição de cada um"[150]. É igualmente certo que a outros entes – pense-se nos municípios – era reconhecida personalidade judiciária, na medida em que podiam demandar e ser demandados[151]. No entanto, e tendo em conta a ausência já referida de um conceito construído que pudesse significar a *subjectividade jurídica*, com a formação destes patrimónios comuns e com o reconhecimento da capacidade de demandar não eram identificados titulares de direitos e obrigações diferentes dos seres humanos[152].

Precisamente pela ausência de um conceito de *subjectividade jurídica* no Direito romano, e pelo facto de a personalidade colectiva corresponder a uma abstracção sem o suporte da existência física do ser humano, a sua entrada no mundo do direito não se dá tão imediata nem necessariamente como o reconhecimento da personalidade jurídica da pessoa física.

---

[148] Para uma discussão terminológica, em torno da expressão «pessoa colectiva», por todos, MENEZES CORDEIRO, *Tratado*, I, III, 518-522.

[149] Entre nós, por todos, MENEZES CORDEIRO, *Tratado*, I, III, cit., 520: "O Direito romano não elaborou uma designação global e abstracta para o fenómeno da personalidade colectiva" e no mesmo sentido: "Os antecedentes romanos da personalidade colectiva são de reconstituição difícil. O *Ius Romanum* não procedeu à elaboração do conceito: a própria personalidade jurídica, como ideia geral, lhe terá sido estranha" (ob. cit., 522). A este propósito, também, cfr. *Tratado*, I, III, cit., 522-527.

[150] MAX KASER, *Direito Privado Romano*, cit., 116.

[151] MENEZES CORDEIRO, *Tratado*, I, III, cit., 527.

[152] Mesmo na época pós-clássica, onde alguns autores encontram as raízes das fundações actuais – nas *piae causae* –, e na época justinianeia, é duvidoso que se tenha construído um conceito de subjectividade jurídica. Analisando o significado da expressão *piae causae* nos vários textos justinianos, CUGIA conclui que a mesma nunca é empregue para referir um novo sujeito, mas antes para caracterizar, as mais das vezes, o *escopo* de um negócio jurídico. E assim sendo, indirectamente, pode confirmar-se a entrada tardia do conceito de *personalidade colectiva* – apenas durante o século XIII – no leque de conceitos do Direito Privado. STANISLAO CUGIA, *Il Termine «Piae Causae» – Contributo alla Terminologia delle Persone Giuridiche nel Diritto Romano*, em *Studi Giuridici in Onore di Carlo Fadda*, volume V, Nápoles, Luigi Pierro, 1906, 229-264 (em especial 252).

Delimitação do âmbito de aplicação da transformação de Soc. Comer. no DPP   73

O progresso será por isso lento, tanto mais quanto se distancie a realidade não humana das pessoas físicas, único ponto de referência seguro neste labor jus-dogmático. Assim, o progresso na personificação de agrupamentos de pessoas físicas (por exemplo, nas corporações) irá processar-se mais rapidamente que o relativo aos patrimónios (mormente, as fundações)[153].

Mas, em todo o caso, mesmo no que se refere às corporações, os glosadores ainda mantêm a afirmação jus-dogmática do Direito romano: a unidade que estas realidades aparentam não é mais que a soma dos respectivos membros[154]. E é esta lentidão – mais ou menos intensa consoante estejamos perante corporações ou fundações[155] – que explica, então, que ainda no século XIII a *Magna Glosa* afirme que *universitas nihil est, nisi singuli homines qui ibi sunt*[156] ou que a Glosa *Syndicum* explique que o *syndicus* da universidade exerce uma representação *pro pluribus* em vez de o fazer *pro uno*[157].

Assim, o conceito de *universitas* da Baixa Idade Média ainda não equivale a uma nova *subjectividade jurídica*, já que se considera que não exprime mais do que a soma dos homens que a compõem[158]. Pode assentar-se, por isso, que muito embora na prática, por vezes, alguns entes colectivos se tenham comportado como munidos de personalidade jurídica, a respectiva conceitualização não chega ao mundo da dogmática jurídica antes do século XIII.

Segundo alguns autores[159], o passo em frente é dado por SINIBALDO DEI FIESCHI (eleito Papa como Inocêncio IV em 25 de Junho de 1234 e que,

---

[153] Arangio-RUIZ, *Istituzioni di Diritto Romano*, cit., 68.

[154] RUFFINI, *La Classificazione delle Persone Giuridiche...*, cit., 10.

[155] O desenvolvimento mais acelerado do conceito de «corporação» levou a que os glosadores ainda entendessem as fundações pias ou os hospitais como corporações. Esta posição forçava depois a entorses na construção dogmática, que se revelam, por exemplo, na doutrina de PLACENTINO, que enquadrava os hospitais como corporações das pessoas miseráveis (Apud RUFFINI, *La Classificazione delle Persone Giuridiche...*, cit., 11).

[156] Apud ORESTANO, *Il Probleme delle Persone Giuridiche in Diritto Romano*, Turim, G. Giapichelli, 1968, 10.

[157] Apud RUFFINI, *La Classificazione*, cit., 11.

[158] A este propósito, com extensas referências bibliográficas, MARGARIDA SEIXAS, *Personalidade Colectiva no Direito Romano*, separata de AAVV, *Estudos em Homenagem ao Prof. Doutor Raúl Ventura*, Coimbra, Coimbra Editora, 2003, 1053-1064.

[159] RUFFINI, *La Classificazione delle Persone Giuridiche...*, cit., 13 e ss.. Entre nós, por todos, MENEZES CORDEIRO, *Tratado*, I, III, cit., 528.

74 *Transformação de Sociedades Comerciais*

curiosamente, estudou Direito romano com o próprio ACÚRSIO[160]). A este propósito não é de estranhar que um avanço no sentido indicado tenha sido realizado por alguém que empregava a linguagem especialmente sugestiva da teologia da Igreja Católica, a qual, através do mistério da Santíssima Trindade, professa que Deus é um ser trinitário, albergando na unidade três Pessoas distintas, se bem que unas (o Pai, o Filho e o Espírito Santo[161]).

O génio de SINIBALDO ultrapassa assim as limitações das construções dos glosadores, afirmando que o *procurator* de várias pessoas tem vários votos, mas o *procurator* de uma *universitas* apenas dispõe de um, ou estabelecendo que a *universitas*[162] é algo de diverso dos *singuli* que a compõem[163]: "cum collegium in causa universitatis fingatur una persona"[164,165].

---

[160] RUFFINI, *La Classificazione delle Persone Giuridiche...*, cit., 5.

[161] Catecismo da Igreja Católica – Compêndio, 2005, Coimbra, Gráfica de Coimbra 2, 39: "A Igreja exprime a sua fé trinitária confessando um só Deus em três Pessoas: Pai e Filho e Espírito Santo. As três Pessoas divinas são um só Deus, porque cada uma delas é idêntica à plenitude da única e indivisível natureza divina. Elas são realmente distintas entre si, pelas relações que as referenciam umas às outras: o Pai gera o Filho, o Filho é gerado pelo Pai, o Espírito Santo procede do Pai e do Filho".

[162] SINIBALDO utilizava indiferenciadamente os termos *universitas*, *collegium* e *corpus* para referir a sua ideia de personalidade jurídica. As classificações essenciais avançadas pelo autor diferenciam *collegia personalia* e *collegia realia* (consoante a base seja pessoal ou real – em sentido territorial), *collegia necessaria et naturalia* e *collegia voluntaria* (consoante se lhes pertença em razão da origem, domicílio ou outras razões análogas ou, pelo contrário, por livre determinação do sujeito) e *collegia licita* e *collegia illicita*. A distinção entre *collegia personalia* e *collegia realia* distancia-se, em certa medida, da distinção romana entre *universitas personarum* e *universitas rerum*, na medida em que SINIBALDO aproxima as *collegia realia* a entes de base territorial. A este respeito SANTIAGO PANIZO ORALLO, *Persona Jurídica y Ficción...*, cit., 211-225.

[163] Exemplos retirados de RUFFINI, *La Classificazione delle Persone Giuridiche...*, cit., 14.

[164] Comentário feito pelo próprio SINIBALDO no seu *Apparatus (Commentaria)*, às Decretais de Gregório IX (*Praesertium*), apud RUFFINI, *La Classificazione*, cit., 14.

[165] Esta expressão de SINIBALDO tem permitido a grande parte da doutrina atribuir-lhe a paternidade das teorias da *ficção*, que corresponderia a uma subscrição implícita das teorias nominalistas. Reconhece-se que esta aproximação é tentadora: como os nominalistas não reconhecem realidade às noções universais mas apenas às coisas e às pessoas, uma *universitas* (que não é coisa nem pessoa) apenas pode ser uma *ficção jurídica*. No entanto, não é isenta de críticas, e deve ser temperada com o enquadramento filosófico adequado, porque tem vindo a ser realizada através da sobreposição entre a teoria da ficção de SINIBALDO e o nominalismo de GUILHERME DE OCCAM, o que é muito discutível. Com efeito, basta atentar na cronologia das respectivas propostas jus-filosóficas para conhecer

Delimitação do âmbito de aplicação da transformação de Soc. Comer. no DPP   75

SINIBALDO leva, no entanto, a sua construção mais além: se por um lado reconhece a personalidade jurídica da Igreja Universal, das Igrejas particulares, ou dos mosteiros, por outro identifica-a também nos *burgus*, *villa*, *castrum*, *civitas*[166]. O princípio encontrado ganha assim aplicação a realidades civis, que transcendem as preocupações eclesiásticas que dominariam, certamente, o pensamento do Autor.

Após o avanço atribuído a SINIBALDO, os juristas do humanismo ultrapassam nova dificuldade, ao contraporem pessoa singular e pessoa colectiva, num esforço de sistematização profícuo (ALTHUSIUS, 1586). Esta inserção sistemática não iria abandonar mais a discussão técnico-jurídica da personalidade colectiva, ainda que tenha atravessado períodos de desfavor, de que é exemplo paradigmático o *Code Napoléon*, onde os corpos intermédios, pela desconfiança que geravam, não têm lugar.

No princípio do século XIX, com GLÜCK e HEISE, o conceito de «pessoa jurídica» ganha uma relevância sistemática unificadora, comportando a oposição entre pessoas físicas e pessoas colectivas. Fecha-se assim o ciclo sistemático iniciado por ALTHUSIUS que, por ter sido aperfeiçoado, ainda hoje perdura. A partir de SAVIGNY, e com base em leituras diversas da sua obra[167], vêm a desenvolver-se as mais variadas teorias sobre a personalidade colectiva, das quais importa destacar a corrente negativista, iniciada com JHERING, o organicismo de VON GIERKE e o realismo jurídico[168].

---

as limitações de tal sobreposição: o segundo nasceu pelo menos 25 anos depois da morte do primeiro. É certo que o nominalismo já vinha a desenhar-se antes de OCCAM, sobretudo com PEDRO ABELARDO. Mas também é certo que apenas recebeu a sua forma consolidada através de OCCAM e da querela dos universais. Parece assim mais adequado inserir a teoria de SINIBALDO no cruzamento de influências institucionalistas (sublinhando a personalidade jurídica da Igreja como corpo místico) e de influências realistas, de pendor tomista (que reconhecem realidade aos conceitos universais). Pode, por isso afirmar-se que, enquanto o conceito de *ficção* de SINIBALDO era usado metaforicamente para representar um objecto que tinha relevância jurídica *real*, o conceito de *ficção* de SAVIGNY é um instrumento técnico-jurídico criador, quase sempre nas mãos do legislador (mais adiante – *infra*, II, 1.1.1 – far-se-á menção às insuficiências resultantes de uma assimilação imediata entre a teoria da ficção de SAVIGNY e o nominalismo). Neste sentido, SANTIAGO PANIZO ORALLO, *Persona Jurídica y Ficción*, cit., 56-89 e 379-431. Para uma descrição sintética da filosofia jurídica de GUILHERME DE OCCAM e dos antecedentes do nominalismo, cfr. VILLEY, *A Formação do Pensamento Jurídico Moderno*, 2005, São Paulo, Martins Fontes, 221-288.

[166] SANTIAGO PANIZO ORALLO, *Persona Jurídica y Ficción* (1975), 167-210.

[167] MENEZES CORDEIRO, *Tratado*, I, III, cit., 538.

[168] Seguimos, no essencial, o percurso histórico traçado a este respeito por MENEZES CORDEIRO, *Tratado*, I, III, cit., 517-562.

Devido à natureza deste estudo, não é possível assinalar os argumentos avançados para expor as fragilidades de cada uma destas propostas dogmáticas. Interessa antes procurar, na discussão hodierna, bases firmes para superar o impasse em que a teoria da personalidade colectiva pode cair. Com efeito, mais do que descrever a evolução história da discussão, é essencial encontrar hoje conceitos operativos através da análise da problemática da personalidade colectiva, uma vez que o instituto da transformação de sociedades comerciais será inevitavelmente por eles moldado. Para comprovar esta premência basta pensar que uma das características tradicionalmente apontadas pela doutrina como identificadora do instituto é a da continuação da personalidade jurídica do ente transformado.

1.1.2. Teorias modernas

Quase todas as teorias modernas sobre as pessoas colectivas assinalam a impropriedade com que, do ponto de vista linguístico, se emprega a dicotomia pessoas físicas / pessoas jurídicas. Com este binómio não se quer, de facto, sugerir uma dicotomia total entre o mundo físico e o jurídico, por um lado, e não se quer, por outro, sustentar que ambos os conceitos representam géneros de uma mesma espécie – a pessoa enquanto conceito filosófico – e que dela comungam as características principais.

Com efeito, quase todas as teorias que serão convocadas nesta breve análise admitem que as pessoas jurídicas / colectivas têm, tendencialmente, um substrato material, passível de ser descrito pelo aspecto físico, e não somente jurídico[169]. Por seu lado, as pessoas físicas, enquanto fenómenos juridicamente relevantes[170], não estão no exterior do direito. Por último, desconhece-se a existência de autores que modernamente sustentem que as pessoas jurídicas comungam das capacidades de querer e entender que caracterizam a pessoa, enquanto conceito filosófico.

Pode então ultrapassar-se esta imprecisão linguística através da admissão, como ponto de partida para esta breve análise, de fenómenos que, não sendo seres humanos, são tratados pelo Direito como tal, em alguns ou

---

[169] Questão distinta será a de determinar qual a relevância deste substrato material na compreensão do fenómeno da personificação colectiva.

[170] BASILE / FALZEA, *Persona Giuridica (Diritto Privato)*, ED XXXIII, Milão, Giuffrè, 1983, 235.

muitos aspectos juridicamente relevantes[171]. É então na explicação deste fenómeno e na sua análise detalhada que a unanimidade se perde e as construções dogmáticas se afastam.

1.1.2.1. *Teorias negativistas, individualísticas ou instrumentais*

Algumas das propostas hodiernamente avançadas a propósito da personalidade jurídica das pessoas colectivas podem agrupar-se numa corrente denominada, pela maior parte da doutrina, como negativista ou individualística (alguns autores apelidam-na ainda de instrumental). Esta reunião numa mesma corrente pode admitir-se, salvo melhor opinião, ainda que com ela sejam albergadas doutrinas bastantes diversas (baseadas em pressupostos e metodologias também eles distintos), já que uma mesma ideia parece atravessar todas elas: a pessoa colectiva não representa uma subjectividade jurídica distinta dos seus membros. O conceito analisado – a personalidade colectiva – não representa então uma realidade extra-normativa (negativismo), mas refere-se antes e principalmente a um complexo de normas[172] que, em bom rigor, se reconduzem a direitos e deveres dos respectivos membros (individualismo). Sublinha-se a dimensão simplificadora do conceito (instrumentalismo), mas não mais do que isso.

Os fundamentos que sustentam esta linha de pensamento, como se referiu, são distintos e metodologicamente autonomizáveis, se bem que se possam reagrupar em dois blocos: um primeiro, que recusa a existência de uma realidade que sirva de substrato à pessoa jurídica, e um segundo, que contesta a sua qualificação normativa com «sujeito de direito». Se as teses em apreço não forem infirmadas, devem registar-se consequências inegáveis no entendimento do instituto da transformação de sociedades. Serão, também por isso, analisadas em primeiro lugar.

É frequente ver-se atribuída a SAVIGNY a origem das teorias negativistas. A explicação é aparentemente simples: sublinhando SAVIGNY a intervenção criadora do legislador na aquisição da personalidade jurídica por entes diferentes das pessoas físicas, teria sustentado necessariamente que este atributo se baseava numa ficção. Sendo a personalidade jurídica

---

[171] BASILE / FALZEA, *Persona Giuridica*, cit., 235.

[172] D'ALESSANDRO, *Persone Giuridiche e Analisi del Linguaggio*, Pádua, CEDAM, 1989, 17.

das pessoas colectivas uma ficção, poderia então concluir-se que não encontra correspondente na *realidade*, sendo antes uma aparência ou abstracção. E assim sendo, o jurista deveria conseguir atravessar esta nuvem de aparência e determinar a mera existência, como subjectividade jurídica, da pessoa física, destinatário único e último das normas de direito.

Alguns autores têm vindo recentemente a questionar se a paternidade da corrente negativista (e até mesmo das teorias designadas ficcionistas) pode ser atribuída a SAVIGNY. Com efeito, é legítimo duvidar que o Autor que sustenta que o sujeito de direito nas corporações é o «todo ideal» (*idealen Ganz*[173]) possa, sem mais, figurar como fundador das doutrinas que negam a subjectividade jurídica às pessoas colectivas[174,175].

---

[173] SAVIGNY, *System des heutigen römischen Rechts*, II, 2.ª reimpressão da edição de 1840, Berlin, Scientia Aalen, 1981, 243.

[174] Com efeito, SAVIGNY apresenta da seguinte forma o tema das *pessoas jurídicas:* "He tratado de la capacidad jurídica por lo que toca al individuo, y ahora la voy a considerar en relación con otros seres *ficticios*, a los cuales se les llama personas jurídicas, es decir, personas que no existen sino para fines jurídicos, que nos aparecen al lado del individuo como sujetos de las relaciones de derecho" (*Sistema...*, cit., 287, itálico do Autor). Mais adiante, na mesma obra, SAVIGNY vem a afirmar: "Empleo la palabra persona jurídica en oposición a persona natural, es decir, al individuo, para indicar que los primeros no existen como personas, sino para el cumplimiento de un fin jurídico" (ob. cit., 288). A este respeito refira-se também o passo já citado parcialmente: "El carácter esencial de una corporación está en que su derecho descansa, no en uno de sus miembros individualmente considerado, ni aun en todos sus miembros reunidos, sino en un conjunto ideal" (ob. cit., 289). Assim sendo, o facto de SAVIGNY sustentar que as pessoas jurídicas não existem *naturalisticamente* não implica que viesse a concluir pela sua inexistência na realidade. Aliás, a referência constante à *existência* da pessoa como realidade jurídica é prova suficiente que a assimilação tradicional não deve ser mantida. Esta linha de pensamento pode ser complementada com a leitura de outros passos do *Sistema*, onde é distinguida perfeitamente a titularidade do direito de propriedade da corporação da compropriedade (ob. cit., 309). Devem também isolar-se as expressões relativas à natureza *ficcional* das pessoas jurídicas. Na maioria dos casos, SAVIGNY emprega expressões deste tipo para assinalar a ausência na pessoa jurídica de elementos naturalísticos particulares às pessoas físicas, como a capacidade de querer e de entender (ob. cit., 307).

[175] No mesmo sentido, reportando que a leitura clássica de SAVIGNY é actualmente discutida, gerando um problema "sem resposta clara", MENEZES CORDEIRO, *Tratado*, I, III, cit., 539. É de assinalar que alguns autores que podem ser facilmente reconduzidos a esta linha negativista recusam a filiação nas doutrinas de SAVIGNY. É exemplo ASCARELLI, quando afirma que as suas considerações quanto à personalidade jurídica colectiva "non costituiscono una riedizione della teoria savigniana della finzione (che si rifaceva ad un'analogia, normativamente istituita, tra persona giuridica e uomo)", *Considerazioni in*

Delimitação do âmbito de aplicação da transformação de Soc. Comer. no DPP 79

Pode mesmo ser oposta à pretensão agora analisada a mesma crítica formulada à atribuição da paternidade das teorias ficcionistas a SINIBALDO DEI FIESCHI: a teoria da ficção, enquanto teoria negadora da personalidade jurídica das pessoas colectivas, baseia-se necessariamente numa postura que aceita postulados nominalistas[176]. Como acima se assinalou, uma coisa é afirmar a utilização de um mecanismo técnico para assimilar juridicamente as pessoas colectivas às pessoas singulares enquanto sujeitos de direito, outra é negar a realidade das primeiras, reduzindo-as a meros instrumentos linguísticos.

ASCARELLI, nesta linha, e valendo-se das teses de JHERING e KELSEN vem afirmar que a pessoa jurídica não encontra um ponto de referência numa realidade pré-jurídica típica que seja distinta da que subjaz ao conceito de pessoa física. Este facto obriga a reconhecer que a personalidade jurídica é um conceito jurídico opcional, a que o legislador pode ou não deitar mão, consoante queira poupar, ou esteja preparado para realizar, respectivamente, a tarefa de reconduzir as normas destinadas à pessoa colectiva a uma série de situações jurídicas subjectivas dos seus membros[177]. Expressiva é uma afirmação deste Autor a este propósito: "il «collettivo» si riduce appunto a una «relazione» tra uomini e non alla costituzione di «omoni»; si riporta in via definitiva a una dinamica di relazioni tra uomini e non a una statica costituzione di «omoni»"[178].

No entanto, deve reconhecer-se a ASCARELLI, aliás como a muitos dos restantes autores negativistas, um enfoque profícuo nos regimes jurídico-positivos analisados a propósito da personalidade jurídica. Com efeito, perante o perigo de construir um meta-discurso sobre a personalidade jurídica, puramente conceptual, ASCARELLI reclama um regresso ao texto nor-

---

Tema di Società e Personalità Giuridica, em *Saggi di Diritto Commerciale*, Milão, Giuffrè, 1955, 164.

[176] Em sentido comparável, assinalando nesta discussão a "herança filosófico-cultural da querela dos universais", PAIS DE VASCONCELOS, *Teoria Geral do Direito Civil*, 2007, 4.ª edição, Coimbra, Almedina, 132.

[177] ASCARELLI, *Considerazioni...*, cit., 164 e ss. (em especial 164-170). São expressivas estas linhas do autor: "Ma non perciò conviene dimenticare che il ricorso alla «personalità» ha valore strumentale e «reale» (nel mondo giuridico) è la normativa, pur sempre però concernente uomini individui (ed appunto perciò risolubile in diritto e doveri di persone fisiche) e non soggetti diversi" (ob. cit., 169).

[178] ASCARELLI, *Personalità Giuridica e Problemi delle Società*, RS, ano II (1957), 983.

mativo, já que o conceito discutido "esprime una determinata normativa e il ricordo o meno alla personalità si risolve nell'applicabilità o meno di una determinanta normativa, sì che il problema si riduce a quello di identificare da un lato la normativa la cui applicabilità possiamo esprimere facendo capo alla personalità giuridica..."[179].

Em síntese, segundo ASCARELLI, a expressão «pessoa jurídica» vale pelo efeito de recondução a determinada disciplina normativa, mas não tem subjacente qualquer conteúdo implícito que transcenda o regime jurídico convocado[180]. É negada assim à pessoa colectiva a qualidade de elemento normativo, já que se reduz apenas à expressão abreviada de uma disciplina normativa[181].

D'ALESSANDRO, na esteira de ASCARELLI, e fortemente apoiado pelos estudos filosóficos sobre a análise da linguagem jurídica, sustenta que os nomes das pessoas jurídicas são símbolos incompletos, aos quais não corresponde qualquer ente[182]. Afirma, por isso, que finda a (complexa) tarefa de imputação reclamada pela utilização deste símbolo (i.e., deste nome), as obrigações e os direitos são atribuídos aos respectivos membros e a pessoa colectiva deixa de existir como problema[183].

GALGANO, na linha dos Autores anteriormente citados, entende que as pessoas jurídicas são entidades criadas pelo espírito humano, resultantes da redução à unidade da pluralidade de seres humanos[184]. Mas nega-lhes

---

[179] ASCARELLI, *Considerazioni...*, cit., 134. Mais à frente o mesmo autor sublinha esta linha de pensamento: "I problemi che si pongono in tema di persona giuridica si risolvono in problemi circa la normativa e la sua fattispecie" (ob. cit., 170).

[180] ASCARELLI, *Personalità Giuridica...*, cit., 983.

[181] ASCARELLI, *Personalità Giuridica...*, cit., 985.

[182] D'ALESSANDRO, *Persone Giuridiche e Analisi del Linguaggio*, Pádua, CEDAM, 1989, 84-85.

[183] D'ALESSANDRO, *Persone Giuridiche...*, cit., 71: "Questo è infatti quanto si ricava dall'analisi del procedimento d'«imputazione in due tempi», che trova aplicazione quando capo dell'imputazione stessa è apunto una persona giuridica. La conclusione cui l'analisi delineata conduce è che le norme riferite alla persona giuridica – ossia, dal punto di vista prescelto: le proposizioni normative che contengono il nome di una persona giuridica – sono «traducibili» in una o più altre norme ove il nome della persona giuridica non compare più. È ovvio che a questo punto il problema della persona giuridica stessa, inteso soprattutto come problema d'intelligenza o d'interpretazione delle norme che ad essa si riferiscono, non esiste più".

[184] GALGANO, *Persona Giuridica*, em AAVV, *Digesto delle Discipline Privatistiche – Sezione Civile*, volume XIII, Turim, UTET, 1995, 393.

realidade pré-jurídica ou jurídica, preferindo antes reconduzir as pessoas colectivas a concepções doutrinais, recebidas como tal pela linguagem legislativa e, por isso mesmo, substituíveis por outros institutos ou construções. Nesta linha, GALGANO sustenta que não é vinculativa para o intérprete a concepção habitualmente desprendida do direito positivo segundo a qual as pessoas colectivas e as pessoas singulares representam subjectividades autónomas[185].

Em vez de admitir duas modalidades de sujeitos de direito, prefere antes admitir duas modalidades de direitos e obrigações: uns respeitantes às pessoas físicas *qua tale*, e outros, de conteúdo diverso, respeitantes às pessoas físicas enquanto membros da colectividade organizada[186]. É bem expressiva a síntese conclusiva de GALGANO: "La persona giuridica è, in conclusione solo uno strumento del linguaggio giuridico, utile per riassumere – insostituibile, anzi, in questa sua funzione semantica – una complessa disciplina normativa di rapporti intercorrenti tra persone fisiche"[187]. Esta conclusão permite-lhe aproveitar a linha de pensamento iniciada por SCARPELLI, retirando que o intérprete poderá "ogni qual volta lo valuterà opportuno, risalire alle norme giuridiche che di questo strumento linguístico sono le «condizioni d'uso»"[188]. E assim propõe que, por exemplo, a limitação da responsabilidade no direito das sociedades não seja vista como mais que uma soma de privilégios que o legislador concedeu aos sócios[189].

No limite, segundo propõe ERNST WOLF nesta linha negativista, seria possível tratar todo o direito privado sem referência as pessoas colectivas, analisando autonomamente, a propósito de cada instituto singular, as alterações sofridas face ao fenómeno da *personalização*[190].

Face a estas posições podem ser sumariamente convocados os três índices propostos por CANARIS, e acima referidos (*supra*, I, 3.2), para testar a respectiva validade: (A) eficácia, (B) consistência; (C) incompatibilidade com enunciados de base ou enunciados de contraste.

---

[185] GALGANO, *Persona Giuridica*..., cit., 394.
[186] GALGANO, *Persona Giuridica*..., cit., 401.
[187] GALGANO, *Persona Giuridica*..., cit., 403.
[188] GALGANO, *Persona Giuridica*..., cit., 403.
[189] GALGANO, *Persona Giuridica*..., cit., 403.
[190] Apud MENEZES CORDEIRO, *Tratado*, I, III, cit., 563-564.

Quanto à eficácia, cumpre reconhecer que o grande mérito das teorias negativistas é o de salientar que a personalidade colectiva exprime regimes jurídico-positivos[191]. Mas aquilo que é a sua eficácia dogmática logo redunda, reflexamente, numa considerável limitação: a menos que abdiquemos de aprofundar o tema, cumpre explicar o conteúdo e a extensão das diferenças entre estes regimes jurídico-positivos e os que se aplicam de modo singular às pessoas físicas. Assim, salvo melhor opinião, os autores negativistas, se bem que assentes numa intuição proveitosa, não resolvem o problema em apreço: converter todos os direitos e obrigações formalmente reconhecidos pela lei às pessoas colectivas em posições jurídicas dos respectivos membros implica abdicar de encontrar uma explicação para o efeito de alteração da incidência do «modo colectivo»[192] de aplicação de normas jurídicas.

Com efeito, a grande maioria das normas jurídicas de direito privado sofre alterações profundas, ao nível dos pressupostos e dos resultados, quando aplicadas no modo colectivo. A frase de GALGANO já referida ilustra, salvo melhor opinião, esta insuficiência: se a pessoa colectiva é "strumento del linguaggio giuridico, utile per riassumere (...) una complessa disciplina normativa", que se admite distinta da que é acessível à pessoa física em modo singular, fica por explicar em que consiste este modo colectivo e o seu poder de transformação de normas que foram construídas em modo singular. Pense-se, a este propósito, no instituto da representação. É seguro afirmar que a construção do conceito se levou a cabo, sobretudo, em modo singular. Dizer que a pessoa colectiva é um "strumento del linguaggio giuridico, utile per riassumere" a complexidade normativa da representação dita orgânica é, com o devido respeito, abdicar de explicar a essência, os fundamentos e os resultados dessa complexidade[193].

---

[191] MENEZES CORDEIRO, *Tratado*, I, III, cit., 567.

[192] É expressiva a síntese de MENEZES CORDEIRO: "Na hipótese da pessoa colectiva, já se sabe que entrarão, depois, novas normas em acção de modo a concretizar a «imputação» final dos direitos e dos deveres. Digamos que tudo se passa, então, em *modo colectivo:* as regras, que de resto inflectidas pela referência a uma «pessoa», ainda que colectiva, vão seguir canais múltiplos e específicos, até atingirem o ser pensante, necessariamente humano, que as irá executar ou violar", MENEZES CORDEIRO, *Tratado* I, III, cit., 569.

[193] Aliás, é comum assinalar-se hoje em dia na doutrina a dificuldade de explicar inteiramente o instituto da chamada «representação orgânica» através da teoria da representação. Nesta linha, PAIS DE VASCONCELOS, *Teoria Geral do Direito Civil*, cit., 328-329. Apenas porque o Direito civil aproveita "quadros linguísticos e mentais já disponíveis" se

Delimitação do âmbito de aplicação da transformação de Soc. Comer. no DPP   83

Porque, na pureza das propostas negativistas, o representante orgânico da pessoa colectiva (e mesmo o seu representante voluntário) dever-se-ia apresentar – ou pelo menos compreender dogmaticamente – como representante dos respectivos membros, o que não sucede de forma manifesta.

Por outro lado, cumpre sublinhar que esta tentativa de reconduzir todos os direitos e obrigações da pessoa colectiva a direitos e obrigações dos seus membros obriga os autores negativistas a concluir que a afirmação ou negação da personalidade jurídica é resultado, e não causa, da aplicação de determinado regime jurídico-positivo[194]. Esta afirmação – com a qual não se discorda de modo absoluto – pode fazer perder de vista o potencial hermenêutico que tem o conceito. De facto, só pode concluir-se pela personalidade jurídica de determinado ente se tivermos em conta o regime jurídico-positivo. Até aqui pode seguir-se a tese negativista, e até aplaudir este avanço dogmático. Mas os negativistas prosseguem e parecem esquecer-se que, uma vez reconduzido o ente ao universo das pessoas colectivas, fica acessível uma série de princípios e directrizes interpretativas, que permitem descobrir e aplicar outras normas ao referido ente. Basta pensar que, através da recondução de determinada realidade jurídica ao conceito de pessoa colectiva, fica disponível, em condições que não podem ser inteiramente especificadas no âmbito deste estudo, a tutela dos direitos de personalidade, genericamente previstos nos artigos 70.° e seguintes CC[195].

Parecem esquecer, por outro lado, que o legislador, na actualidade, emprega o conceito de personalidade colectiva para referir um determinado *modo* de aplicação do direito, sem o especificar. O regime jurídico do ACE, por exemplo, a quem o legislador reconhece *personalidade jurídica com a inscrição do seu acto constitutivo no registo comercial* (Base IV, Lei n.° 4/73, de 4 de Junho), não se compreende apenas no Regime Jurídico aprovado pela Lei n.° 4/73 e pelo Decreto-Lei n.° 148/90, de 9 de Maio. A referência à *personalidade jurídica* comunica ao intérprete um determinado *modo* de aplicação e produção jurígena, e com isso permite-lhe aceder a um conjunto de normas mais lato, constante de lugares paralelos.

---

fala ainda de representação a este propósito, segundo MENEZES CORDEIRO, *Tratado*, I, III, cit., 653.

[194] Por todos, ASCARELLI, *Considerazioni...*, cit., 171.

[195] Sobre este assunto, por todos, MENEZES CORDEIRO, *Tratado*, I, III, cit., 111-115.

84 *Transformação de Sociedades Comerciais*

Quando à consistência, as teses que acabaram de ser analisadas podem ser analisadas em confronto com os dois principais postulados que propõe. O primeiro – segundo o qual não subjaz à pessoa colectiva qualquer substrato real – é consistente com a existência, hodierna, de fenómenos de personificação formais, onde a existência de uma tal realidade (humana, patrimonial, funcional) não é condição necessária para a aplicação de um conjunto normativo distinto.

Mas é inconsistente com o facto de o conceito de pessoa colectiva resultar da análise de fenómenos de personificação cuja existência e conformação apenas se explicam com recurso aos referidos substratos. Com efeito, num mundo sem interesses supra-individuais, poder-se-ia duvidar do nascimento do conceito normativo da personalidade colectiva, e a limitação da responsabilidade do empresário individual (têm-se em mente a sociedade unipessoal como fenómeno frequentemente invocado para sustentar o carácter formal de algumas personificações) ter-se-ia provavelmente alcançado por outra via.

Quanto ao segundo postulado – o de que a pessoa colectiva não representa uma *alteridade* em relação aos seus membros – as teses em apreço apresentam, salvo melhor opinião, limitações assinaláveis quando pretendem explicar os fenómenos classicamente entendidos como *pessoas colectivas* que careçam de um substrato corporativo. Com efeito, se os postulados individualísticos em que assentam são apelativos, num primeiro momento, quanto às sociedades e às associações, os cultores das teses negativistas são obrigados a sustentar nas fundações que os direitos de que estas são aparentemente titulares devem ser atribuídos, em bom rigor, aos respectivos administradores ou aos beneficiários da fundação[196]. A tese segundo a qual os administradores são os verdadeiros titulares dos direitos da fundação não parece ser admissível – pelo menos nos termos do Direito privado português – tendo em conta a funcionalização ao *fim de interesse social* dos bens a ela destinados pelo instituidor. Mas a tese alternativa – os direitos e deveres da fundação seriam titulados pelos respectivos beneficiários – tampouco parece proceder, dada a indeterminação dos mesmos. Quem seriam, à luz desta tese, os titulares dos direitos e deveres da Fundação Calouste Gulbenkian? Todos os portugueses, na medida em que, directa ou indirectamente, acabam por beneficiar dos inúmeros servi-

---

[196] A síntese é de BASILE, *Le Persone Giuridiche*, cit., 147.

ços prestados à comunidade? O regime constante dos artigos 185.° e seguintes CC não gera, em regra, expectativas juridicamente tuteladas nos beneficiários da actividade fundacional, menos ainda direitos subjectivos.

Ainda a respeito da consistência, mas desta feita a nível jus-filosófico, duvida-se que a aceitação, na sua totalidade, dos postulados em que assentam as teses agora analisadas não obrigue a uma reconsideração mais global: se as pessoas colectivas não são reais, porque não são pessoas físicas nem coisas, também os *direitos das pessoas e os direitos destas sobre as coisas* devem ser qualificados como convenções linguísticas. Com efeito, se for aceite que, em maior ou menor medida, as teses negativistas assentam no nominalismo, deve atribuir-se o mesmo *défice de realidade* quer às associações quer aos direitos destas últimas e das pessoas que as formam.

Por último, pode testar-se as teorias em análise através do confronto com *enunciados de base* retirados do direito positivo, importando assim o *falsificacionismo* de POPPER, na esteira de CANARIS. Desde logo, seguindo BASILE[197], pode assinalar-se a desconformidade entre as propostas negativistas e os postulados hermenêuticos vigentes no direito civil português: pretender que não existe personificação de uma associação ou de uma fundação, nos termos do artigo 158.°/1 e 2 CC, mas antes e exclusivamente a assunção de direitos e deveres pelos seus membros, administradores e beneficiários, não encontra *um mínimo de correspondência verbal, ainda que imperfeitamente expresso*, na letra da lei (artigo 9.°/2 CC).

Mas pense-se também na disciplina das associações com personalidade jurídica. Segundo uma perspectiva negativista, todas as regras referentes à associação, enquanto titular aparente de direitos e obrigações, se podem decompor em regras individuais destinadas aos associados. Se assim é, deve necessariamente explicar-se o artigo 181.°: como uma liberalidade, já que a saída voluntária do associado não lhe confere o direito *de repetir as quotizações que haja pago*, e desencadeia o desaparecimento *do direito ao património social*, sem que pareça existir, porém, *espírito de liberalidade* (artigo 940.°/1 CC).

Por último, e para concluir, pode compulsar-se o fenómeno da compra de acções próprias por uma sociedade anónima (artigos 316.° e seguintes). Se os direitos e deveres aparentemente titulados pela sociedade são, na verdade, dos sócios, a acção apenas representa a quota-parte nesse

---

[197] BASILE, *Le Persone Giuridiche*, cit., 148.

86   *Transformação de Sociedades Comerciais*

mesmo feixe de posições jurídicas. E assim, na compra de acções próprias, cada um dos sócios estaria, simultaneamente, a comprar e vender, aos restantes bem como a si próprio, uma parte no activo da sociedade.

1.1.2.2. *Teorias realistas*

De novo, a reunião de algumas construções dogmáticas sob o título sugerido – *teorias realistas* – esconde a profunda diversidade que uma análise mais profunda revela. No entanto, utilizamos esta designação como forma de expor que a clivagem mais assinalável nesta matéria está, por um lado, num plano jus-filosófico, na dicotomia *nominalismo / realismo* (que recusa ou admite, respectivamente, a realidade dos fenómenos jurídicos[198]), e por outro, num plano dogmático, na negação ou reconhecimento da qualidade de sujeito jurídico às pessoas colectivas. Assim, muito embora sejam assinaláveis as distâncias entre os autores que agora se vão citar, eles aproximam-se, na medida em que reconhecem que a pessoa colectiva, enquanto fenómeno normativo, tem uma realidade comparável às restantes situações jurídicas e representa um sujeito jurídico autónomo em relação aos respectivos membros.

Sob esta aparente unidade, no entanto, importa salientar que alguns dos autores analisados fazem do realismo a trave mestra da sua construção dogmática, frisando que, ainda que se descubra um substrato tendencial, a importância deve ser dada ao papel da ordem jurídica no reconhecimento da personalidade colectiva. Serão reunidos estes autores como dando ênfase ao aspecto jurídico do conceito. Outros, reconhecendo também realidade às pessoas colectivas, sublinham a importância do substrato na natureza do fenómeno.

1.1.2.2.1. *Ênfase na juridicidade do conceito*

Na doutrina portuguesa, pode referir-se MANUEL DE ANDRADE como exemplo desta tendência, que recusando as doutrinas negativistas, sublinha a importância do aspecto jurídico do conceito, em detrimento dos

---

[198] Em sentido semelhante, como já foi referido, PAIS DE VASCONCELOS, *Teoria Geral do Direito Civil*, cit., 132.

Delimitação do âmbito de aplicação da transformação de Soc. Comer. no DPP   87

substratos reais. Segundo este Autor, muito embora a pessoa colectiva tenha "subjacente uma realidade extra-normativa"[199], deve notar-se que "o essencial e dominante (...) reside no *elemento jurídico*, obra da lei, e não no elemento factual, ou seja, nos pressupostos reais, na entidade social sobre que a personalidade assenta"[200].

HÖRSTER, na sua esteira, sublinha o carácter normativo das pessoas colectivas. Muito embora subscreva expressamente a lição do Professor de Coimbra, que acabou de se referir (incluindo a parte em que é admitida a existência tendencial de um substrato extra-jurídico), HÖRSTER frisa que o traço que diferencia as pessoas singulares das colectivas é a preexistência das primeiras em relação à experiência jurídica. A personalidade das pessoas colectivas "como conceito normativo, respeita a outra realidade"[201].

Esta linha de pensamento, se tem o mérito inegável de frisar a realidade jurídica da personalidade colectiva – e de assim evitar a decomposição do conceito em feixes de direitos e deveres de pessoas físicas, tentada pelas doutrinas negativistas – rapidamente encontra os seus limites. Com efeito, é evidente que, não correspondendo a pessoas físicas, e carecendo por isso da dimensão ontológica humana, as pessoas colectivas apenas podem ser titulares de direitos e deveres através de uma intervenção do mundo do direito.

1.1.2.2.2. *Ênfase no substrato*

Como reacção aos exageros que os cultores da teoria da ficção derivaram da lição de SAVIGNY e como representante primeira da procura de um substrato para justificar a pessoa colectiva, impõe-se referir a tese de VON GIERKE. Mais do que assinalar as fragilidades do organicismo defendido por este Autor – segundo o qual estaria subjacente à pessoa colectiva um organismo social "que na sua estrutura orgânica surge, tradicional-

---

[199] MANUEL DE ANDRADE, *Teoria Geral da Relação Jurídica*, volume I – *Sujeitos e Objecto*, reimpressão, Coimbra, Almedina, 1992, 50.

[200] MANUEL DE ANDRADE, *Teoria Geral...*, cit., 51. Noutro passo da mesma obra, o Autor sublinha de novo a ênfase assinalada: "A personalidade colectiva, sem deixar de ter as suas conexões com a realidade social, é pois, primacialmente, uma realidade técnico-jurídica – uma forma jurídica de concentração e unificação de dadas relações (ob. cit., 52).

[201] HÖRSTER, *A Parte Geral do Código Civil Português – Teoria Geral do Direito Civil*, Coimbra, Almedina, 1992, 363.

mente, com um "corpo", com "cabeça" e "membros" e com "órgãos funcionais"[202] – deve frisar-se a referência do Autor à necessidade de uma realidade social que justificasse a atribuição de personalidade jurídica a entes não humanos.

Ainda que não confessadamente, pela tendência de rejeitar as referências orgânicas de VON GIERKE, grande parte da doutrina moderna segue a linha iniciada por este Autor, procurando substratos que justifiquem a personificação jurídica, como forma de refutar o ficcionismo negativista, por um lado, e de sustentar bases para uma utilização não arbitrária do mecanismo, por outro.

Em Portugal, a tentativa de construir o conceito de pessoa colectiva em torno de um substrato é contemporânea das primeiras análises sistemáticas realizadas a este propósito. GUILHERME MOREIRA, refutando o negacionismo de cariz ficcionista, sugere neste campo um raciocínio de tipo analógico: como é reconhecida a personalidade jurídica, i.e., a susceptibilidade de encabeçar direitos subjectivos, a indivíduos desprovidos de vontade, assim também pode ser reconhecida personalidade jurídica a agregados sociais que do mesmo modo não tenham possibilidade de se autodeterminar conscientemente. O conceito, quer num caso quer noutro, não representa uma ficção, "pois existe realmente uma unidade social que é sujeito de direitos e obrigações, que tem interesses garantidos pela ordem jurídica, embora pessoalmente os não possa exercer, e real é também a vontade por meio da qual se supere a sua incapacidade"[203].

Condição essencial para a personalidade colectiva era, para o Autor, a existência de um "agrupamento de pessoas, que possam substituir-se sem que se altere a sua constituição"[204], bem como a existência de interesses que, pelo seu grau de permanência, justificassem a organização colectiva unitária: "interesses colectivos pertencentes a um grupo de pessoas que,

---

[202] Apud MENEZES CORDEIRO, *Tratado*, I, III, cit., 551.

[203] GUILHERME MOREIRA, *Da Personalidade Colectiva*, RLJ, ano 40.° a 42.° (1907--1909; n.os 1732-1804), 451 (ano 40.°). É sugestiva a este propósito a argumentação avançada pelo Ilustre Autor para assentar a sua teoria realista da personalidade colectiva. GUILHERME MOREIRA sustenta que, para se afirmar que a personalidade do Estado não passa de uma ficção, ter-se-ia que demonstrar que "o Estado não tem, como tal e independentemente dos indivíduos que o constituem num determinado momento, existência real, fins próprios, interesses colectivos que de modo algum podem confundir-se com os interesses individuais e a possibilidade de realizar esses interesses." (ob. cit., 466 – ano 40.°).

[204] GUILHERME MOREIRA, *Da Personalidade Colectiva*, cit., 482 (ano 40.°).

Delimitação do âmbito de aplicação da transformação de Soc. Comer. no DPP   89

tendo uma organização unitária, formem um todo diverso de cada uma das pessoas que os compõem, e cuja substituição não tenha influência na sua constituição"[205].

---

[205] GUILHERME MOREIRA, *Da Personalidade Colectiva*, cit., 483 (ano 40.°). A escolha do requisito da independência entre a pessoa colectiva e os membros – expressa por exemplo nesta exigência de subsistência da sociedade na variação dos membros – para o substrato procurado, levará o Autor a negar a personalidade colectiva às sociedades civis e comerciais que não sejam anónimas ou cujo número de sócios não seja ilimitado: "tem graves inconvenientes a ampliação do direito de personalidade às sociedades, em que apenas existe um património com uma certa autonomia e uma administração unitária, e haja uma responsabilidade ilimitada pelas obrigações que os sócios contraírem" (ob. cit., 483, ano 40.°). Assim, enquanto admitia genericamente a personalidade jurídica das corporações, fundações e associações de direito privado, já quanto as sociedades civis e comerciais impunha a distinção entre aquelas em que há responsabilidade pessoal dos sócios pelas dívidas da sociedade, e aquelas em que "a sociedade tem em relação aos sócios uma vida independente" (ob. cit., 19, ano 41.°), atribuindo personalidade jurídica ao segundo grupo, mas negando-a ao primeiro. Confrontado com a letra do artigo 108.° do Código Comercial (*As sociedades comerciais representam para com terceiros uma individualidade jurídica diferente da dos associados*), GUILHERME MOREIRA sustentava que a expressão «individualidade jurídica» não estava utilizada em sentido técnico, mas antes num sentido divergente do que se empregava no Código Civil, referente apenas ao património da sociedade e que as expressões «diferente da dos associados» e «para com terceiros» envolviam uma restrição do direito de personalidade, sob pena de se considerarem uma "excrescência" (ob. cit., 33, ano 41.°). Assim sendo, para este Autor, o artigo 108.° do Código Comercial apenas estabeleceria a autonomia jurídica entre o património dos sócios e o património da sociedade: "Essas palavras referir-se-ão em tal caso ao património da sociedade, significando que este representa, em relação a terceiros e pelo facto de se constituir a sociedade, uma unidade jurídica diferente do património de cada um dos sócios" (ob. cit., 34, ano 41.°). Acrescentava o Autor a dificuldade de compatibilizar responsabilidade ilimitada e personalidade colectiva: "Nas sociedades de responsabilidade ilimitada é tão directa a relação que existe entre o capital social e o património de cada um dos sócios, que aquele não pode considerar-se como tendo um sujeito diverso destes. Todos os lucros e todos os prejuízos da sociedade são lucros ou prejuízos dos sócios, que ficam até responsáveis pessoalmente por estes. Ora esta responsabilidade de modo algum é compatível com a existência de um sujeito de direito diverso dos sócios, pois que, em tal caso, era somente o património dessa pessoa que devia ficar responsável por todas as obrigações que assumisse" (ob. cit., 50-51, ano 41.°). O facto de GUILHERME MOREIRA negar a personalidade jurídica às sociedades comerciais cujo número de sócios não seja ilimitado ilustra bem as insuficiências das tentativas de erigir como fundamento da personificação um único substrato: no caso em apreço a existência de um agrupamento perene. JOSÉ TAVARES, entroncando na sua teoria geral sobre personalidade colectiva, e apoiando-se na expressiva letra do artigo 108.° do Código Comercial já citado, colocava de parte categoricamente a hipótese de se negar a "qualidade de pessoa jurídica a qualquer sociedade comercial", refu-

José Tavares, refutando as teorias ficcionistas[206] e o voluntarismo de Zitelmann[207], parte também em busca de um substrato para a personificação, reconhecendo nas pessoas colectivas um conceito positivo de existência real. Sublinha, a este propósito, que um dos factores relevantes é finalístico, e apreende-se no interesse que é prosseguido através das pessoas colectivas: "as pessoas colectivas são organizações sociais para a realização de um fim, para o desempenho de um serviço. Não são entes vivos com vontade natural, mas sujeitos intelectuais, institutos personalizados[208]." Com efeito, o Autor avança que onde o Estado detecte que uma obra colectiva carece de agir nas relações jurídicas de forma unitária, como um sujeito de direito, aí deve reconhecer-lhe personalidade colectiva, satisfazendo assim uma "real e efectiva necessidade da ordem social e jurídica[209]."

Decompõe em seguida o Autor os dois elementos que estruturam a pessoa colectiva, sendo o primeiro o elemento real, que se surpreende na existência de agrupamentos de homens, unidos para a realização de interesses comuns, ou de massas de bens especialmente afectadas a certos fins. O segundo é o elemento abstracto, que se refere ao tratamento unitário que a ordem jurídica reconhece a essa pluralidade de pessoas ou bens[210]. Em

---

tando assim a proposta de Guilherme Moreira (*Sociedades e Empresas Comerciais*, cit., 158 e ss.).

[206] José Tavares, *Os Princípios Fundamentais...*, cit., 113 e ss. É expressivo o seguinte passo: "Em conclusão, vê-se que a doutrina negativista da personalidade colectiva fica reduzida a um de dois conceitos: ou a existência de patrimónios sobre os quais ninguém, tem direitos, nem mesmo quaisquer poderes jurídicos, o que é inadmissível, e até inconcebível, por ser contrário à própria noção de património; ou então, e esta é a essência das diversas teorias negativistas, trata-se de patrimónios colectivos, que juridicamente são atribuídos a grupos de indivíduos, quer em propriedade, quer em gozo, quer em simples administração." E acrescenta José Tavares que escolher a segunda alternativa equivale a reconhecer a personalidade jurídica da colectividade, já que se lhe reconhece a titularidade do direito de propriedade sobre o património (ob. cit., 124).

[207] Que se reconduziria, segundo o Autor, a uma personificação da vontade, "por meio de um processo que em nada corresponde à realidade das coisas", José Tavares, *Os Princípios Fundamentais...*, cit., 114.

[208] José Tavares, *Os Princípios Fundamentais...*, cit., 119.

[209] José Tavares, *Os Princípios Fundamentais...*, cit., 125.

[210] José Tavares, *Os Princípios Fundamentais...*, cit., 125-126: "O processo é de abstracção, e não ficção, porque esta supõe a invenção de uma cousa que não existia, ao passo que aquela, tendo na sua base uma realidade da vida, simplesmente interpreta e organiza juridicamente um facto natural e realmente existente, pela forma mais adequada à sua regulação".

resumo, JOSÉ TAVARES exige que as pessoas colectivas tenham um substrato pessoal ou patrimonial (organização de pessoas ou bens), ou escopo próprio (comum, por oposição a individual, determinado e duradouro, por oposição a meramente transitório) e que sejam assim reconhecidas pelo Estado.

Modernamente, são representantes desta linha de pensamento em Portugal, entre outros, CARVALHO FERNANDES e PAIS DE VASCONCELOS. O primeiro, que aceita a existência real da pessoa colectiva no plano jurídico, vai mais além, fazendo corresponder a esta última um "substrato – conjunto de homens ou de bens juridicamente organizado – qualquer que seja a modalidade que este revista"[211].

Assim, a pessoa colectiva não é "uma mera forma jurídica sem qualquer ligação com o mundo ou a vida social regulada pelo Direito", sendo certo que a respectiva personificação só se justifica "quando lhe corresponda um substrato dirigido à prossecução de interesses colectivos, em contraposição aos interesses individuais – egoisticamente considerados – prosseguidos pela pessoa singular"[212]. É assim clara para este Autor a exigência de um substrato personificável na pessoa colectiva[213].

Em traços comparáveis, pensamos ser possível alinhar a posição de PAIS DE VASCONCELOS, que refuta as doutrinas negativistas, sublinhando que "a personalidade colectiva, tem uma natureza análoga à da personalidade singular"[214]. Recusa porém que a ênfase seja colocada na normatividade do conceito, preferindo sublinhar a importância da realidade social subjacente à personalidade colectiva[215].

---

[211] CARVALHO FERNANDES, *Teoria Geral do Direito Civil*, volume I, 2007, 4.ª edição actualizada, Lisboa, UCP, 502.

[212] CARVALHO FERNANDES, *Teoria Geral...*, cit., 502.

[213] Este autor concede, no entanto, que "a correspondência da personalidade colectiva a *certa* realidade social diferente do Homem, não exige que ela exista já no momento da *criação* da pessoa colectiva". No entanto, para este Autor, "ainda quando o substrato, como tal, só surja por efeito ou na sequência do acto jurídico criador da pessoa colectiva, não deixa de se verificar uma alteração no meio social e o surgir de uma *nova realidade*, a que a personificação corresponde", ob. cit., 503.

[214] PAIS DE VASCONCELOS, *Teoria Geral...*, cit., 134.

[215] PAIS DE VASCONCELOS, *Teoria Geral...*, cit., 135: "À pessoa colectiva corresponde um regime jurídico, traduzido por um complexo de normas, do qual resulta um centro de imputação autónomo, um sujeito de direito; mas tal não significa que a pessoa colectiva seja ontologicamente *apenas* esse regime jurídico. É redutor desconsiderar a realidade social normalmente que subjaz à personalidade colectiva...". Mais adiante, esta ideia é

Assim, assinala a institucionalização de interesses ou fins de pessoas humanas e a autonomização de massas patrimoniais como realidades subjacentes à personalidade colectiva (compreendendo elementos pessoais, patrimoniais e teleológicos), sendo certo que estas realidades sociais podem preexistir ou ser criadas pela própria pessoa colectiva[216].

Com o devido respeito, pensa-se ser possível apontar duas ordens de críticas à construção do conceito de personalidade colectiva com fundamento no substrato. A primeira destina-se a assinar a distância entre a análise *de jure condendo* e a construção dogmática feita a partir dos textos legais. Com efeito, se pode discutir-se sobre a desejável coincidência, no plano do direito a constituir, entre personificação e substrato, no plano do direito constituído detectam-se, salvo melhor opinião, fenómenos de personificação formais, aos quais não subjaz um substrato, enquanto "conjunto de homens ou de bens juridicamente organizado"[217]. Basta pensar, por exemplo, na sociedade unipessoal ou na sociedade constituída em domínio total inicial. É difícil descobrir nestes fenómenos um *substrato* como o sugerido, ainda que se possa admitir que, *de jure condendo*, fosse preferível a sua existência. Do mesmo modo, pode verificar-se uma constituição meramente formal na sociedade em nome colectivo, sobretudo quando todos os sócios contribuam apenas com a sua indústria (artigo 9.º/1, alínea f)[218].

A este propósito, cumpre também assinalar a ausência de normas que sancionem e desvalorizem os fenómenos de personificação aos quais não esteja subjacente um «substrato». Esta análise, aliás, permite-nos descobrir que o «substrato» é um problema, quando muito, do *tipo* e não da personificação. Pense-se na transformação superveniente de sociedade por quotas em sociedade unipessoal por quotas (artigo 270.º-A/3). A ausência do substrato não implica a perda da personalidade, antes sugere uma alteração do tipo.

---

confirmada: "As pessoas colectivas correspondem a algo que existe com autonomia e com relevância no tecido social, a uma nova subjectividade social e jurídica que é diferente da dos seus fundadores e da dos seus membros, e que é mais do que uma simples técnica jurídica de prossecução de interesses grupais das pessoas singulares ou de prossecução e institucionalização dos seus fins. Não são puras ficções ou construções jurídicas" (ob. cit., 136).

[216] PAIS DE VASCONCELOS, *Teoria Geral*..., cit., 135-137.

[217] A expressão, como se referiu, é de CARVALHO FERNANDES, *Teoria Geral*..., cit., 502.

[218] Neste sentido, MENEZES CORDEIRO, *Manual de Direito das Sociedades*, volume II – *Das Sociedades em Especial*, 2007, 2.ª edição, Coimbra, Almedina, 152.

Delimitação do âmbito de aplicação da transformação de Soc. Comer. no DPP   93

A segunda ordem de críticas deve assinalar que, perante a diversidade de concretizações do fenómeno da personificação colectiva no direito privado de hoje, os autores que procuram um substrato são levados a generalizar de forma crescente as suas construções dogmáticas, até perder o poder explicativo. Como "não há *um* substrato que possa, com razoabilidade, amparar todas as pessoas colectivas que a prática jurídica permite documentar"[219], estes autores são levados a construir o conceito de substrato por justaposição de todos os substratos possíveis, ficando reduzida a respectiva utilidade a uma dimensão descritiva.

Por outro na tentativa de encontrar um substrato substancial comum a todas as pessoas colectivas os autores arriscam descurar uma das utilidades do conceito que, com FERRARA, pode muito bem ser o de evitar esta descrição tão prolixa quanto vazia.

1.1.3. Conceito operativo de personalidade colectiva

A natureza e o objecto deste *iter* de análise não se compadecem com a fixação de um conceito e de uma dogmática da personalidade colectiva com pretensões de definitividade. No entanto, atendendo às consequências que terá no tratamento do instituto da transformação de pessoas colectivas, impõe-se a delimitação de um conceito operativo de personalidade colectiva, se bem que provisório e incompleto, para a restante análise.

Às teorias negativistas foi apontado o mérito – na esteira de MENEZES CORDEIRO[220] – de sublinhar que o conceito de personalidade colectiva exprime "um regime jurídico-positivo". Reflexamente, foi-lhes atrás criticada uma importante insuficiência explicativa e dogmática, quando parecem abdicar de uma explicação para o conteúdo e a extensão deste regime jurídico-positivo, i.e., a personalidade colectiva, quando observado em abstracto, por oposição ao regime jurídico-positivo que se aplica em modo singular[221].

---

[219] MENEZES CORDEIRO, *Tratado* I, III, 556.

[220] MENEZES CORDEIRO, *Tratado* I, III, cit., 567.

[221] Exemplo de uma crítica a esta desistência em explicar a complexidade da personalidade jurídica é dado por RAISER, *Gesamthand und Juristische Person*, AcP, 194 (1994), n.º 5, 496: "So verständigte man sich auf die pragmatische, wenngleich mehr verhüllende als klärende Formel, die juristische Person sei eine Zweckschöpfung des Rechts. Wer der Schöpfer sei und welche Zwecke mit der Figur verfolgt würden blieb allerdings nunmehr in der Schwebe."

No entanto, paradoxalmente, só até certo ponto podemos contar com o conceito de personalidade colectiva para a determinação destes conteúdo e extensão.

Na verdade, o direito das pessoas (*Personenrecht*), enquanto parte do direito civil que congregue pessoas singulares e pessoas colectivas, não pode tratar dos problemas estruturais internos dos entes personificados. Essa é uma tarefa do direito das associações (*Verbandsrecht*). Mas a este último – o direito das associações – tampouco podem pedir-se respostas quanto ao grau de autonomia dos entes personificados, no tráfego jurídico. Essa é tarefa do direito das pessoas[222].

Se estas áreas do edifício do direito privado se cruzam – a extensão da autonomia de alguns entes depende por vezes de questões relativas à concreta estrutura real associativa – é patente que em outras zonas correm separadamente.

A área de cruzamento por excelência será a do regime da responsabilidade, cuja manifestação externa (objecto natural do Direito das pessoas) é determinada em grande parte pela estrutura interna (objecto natural do Direito das associações). Quando a responsabilidade de uma associação é limitada ao respectivo património (aspecto externo) a autonomização em relação aos seus sócios é completada (aspecto interno). Mas as áreas de autonomia entre estas duas dimensões da dogmática jurídica são assinaláveis. Pense-se, por exemplo, nos problemas dogmáticos que partilham associações sem personalidade jurídica e associações personificadas, e que serão objecto de estudo do Direito das associações. O tratamento destas questões – relativas às estruturas internas enquanto formas de organização jurídica – pode ser levado a cabo de forma independente do grau de autonomia com que cada um dos entes se integra no tráfego jurídico[223].

Assim, em bom rigor, o Direito das pessoas apenas pode determinar em parte o conteúdo e a extensão do regime jurídico-positivo aplicado em modo colectivo, abstractamente configurado e naquilo que o distingue do regime jurídico-positivo aplicado em modo singular. A outra fonte profícua de explicação será a do Direito associativo. No entanto, a consideração autónoma destas duas dimensões dogmáticas permite, salvo melhor opinião, aumentar a aderência das construções aos regimes jurídico-positivos

---

[222] JOHN, *Personenrecht und Verbandsrecht im Allgemeinen Teil des Bürgerlichen Rechts- – Werner Flumes Buch über «Die Juristische Person»*, ACP, 185 (1985), n.º 3-4, 215.

[223] Neste sentido, igualmente, JOHN, *Personenrecht und Verbandsrecht...*, cit., 216.

Delimitação do âmbito de aplicação da transformação de Soc. Comer. no DPP 95

em vigor e afastar a discussão de um patamar puramente abstracto, onde estaria limitada a metadiscursos jurídicos[224].

A parte que cabe ao Direito das pessoas é, salvo melhor opinião, a da explicação do fenómeno da personificação nas suas repercussões externas, enquanto titular de direitos e obrigações. Mas referir apenas esta susceptibilidade de encabeçar direitos e obrigações é, em bom rigor, insuficiente.

Podemos, com UWE JOHN, no cruzamento entre o direito das pessoas e o direito das associações, decompor os vários elementos que formam a pessoa jurídica enquanto unidade organizacional juridicamente relevante: organização de actuação (*Handlungsorganisation*), centro de responsabilidade (*Haftungsverband*) e ponto de referência designado (*Identitätausstattung*)[225], enquanto marca de identidade.

Quanto ao primeiro elemento – o da organização de actuação – importa situá-lo na discussão em apreço, que é realizada na área do direito privado. Quer isto dizer que este elemento da personificação deve ser entendido através do respectivo enquadramento numa dimensão em que as decisões com relevância jurídica são tomadas de forma autónoma, por oposição à situação que existiria se um decisor único as tomasse de forma centralizada e heterónoma. A pessoa jurídica representa assim, a este propósito – o da organização de actuação – uma unidade autónoma (de produção) de efeitos[226]. Para poder decidir, no exercício da autonomia que o direito privado lhe concede, a pessoa colectiva necessita de uma organização de actuação, que, em abstracto e na sua dimensão externa (a que interessa a este propósito) é formada (permanentemente) pelos órgãos com poderes de representação e em concreto pelos respectivos titulares. Não

---

[224] Cfr. JOHN, *Einheit und Spaltung im Begriff der Rechtsperson*, QF, n.° 11/12 (1982/83), 963-964.

[225] JOHN, *Personenrecht und Verbandsrecht...*, cit., 217. Utiliza-se a tradução destes três elementos proposta por MENEZES CORDEIRO, *Tratado...*, cit., 564. Em sentido próximo, avançando como elementos caracterizadores da pessoa jurídica a unidade, a identidade, a integridade e a actividade social, RAISER, *Gesamnthand und Juristische Person*, cit., 504. As classificações sobrepõem-se, de certo modo, já que a actividade social pode ser vista como o aspecto dinâmico da *Handlungsorganisation* de JOHN. A unidade e a integridade, se bem que atravessem todas as características da pessoa jurídica, têm relevância máxima na repercussão externa da responsabilidade (a *Haftungsverband* de JOHN). De sublinhar que ambos os autores não dispensam a *identidade* como elemento ou característica essencial.

[226] Segue-se, a este respeito, JOHN, *Einheit und Spaltung...*, cit., 965: "Die Rechtsperson hat also zunächst die Funktion einer selbständigen Wirkungseinheit".

basta assim que a pessoa jurídica seja titular de posições jurídicas: é preciso que possa agir sobre as mesmas[227].

Precisamente porque a pessoa colectiva de direito privado configura um tipo adicional de decisor, ao lado das pessoas físicas, no espaço de produção jurígena autónoma, o exercício desta liberdade não pode deixar de ter consequências práticas (i.e., jurídicas). Como contraponto da liberdade experimentada, a pessoa colectiva responde pelos efeitos da sua actuação. E assim, é também um centro de responsabilidade, na medida em que representa (não só uma unidade de produção como) uma unidade de imputação de efeitos jurídicos[228]. Para a personificação, não é necessário que o centro de responsabilidade da pessoa colectiva seja exclusivo, em relação aos efeitos desencadeados pela sua actuação. Basta pensar que o sócio de uma sociedade por quotas pode responder solidariamente com esta última para com os credores sociais, para além das entradas convencionadas (artigo 198.°/1) e isto não cerceia a personalidade colectiva reconhecida unanimemente ao tipo quotista. É apenas necessário que o sujeito de direito – i.e. a unidade autónoma de produção efeitos jurídicos – seja também um sujeito de responsabilidade[229].

Por último, para funcionar como unidade autónoma de produção e imputação de efeitos jurídicos, a pessoa colectiva precisa de um ponto de referência que a torne reconhecível na área de autonomia, traçada pelo Direito Privado, perante os restantes decisores (individuais ou colectivos). Deve representar, por isso, um ponto de referência designado, como marca de identidade e individualidade[230]. Deve assinalar-se que, ao contrário do ser humano, a pessoa colectiva não tem uma aparência física que a torne imediatamente reconhecível para os restantes sujeitos. Este facto, que é uma evidência e numa primeira análise dispensaria qualquer referência, deve porém ser sublinhado, para que se ganhe consciência da "imediata eficácia técnica" e das fortes "representações ético-normativas"[231] convocadas pelo emprego do conceito de *pessoa*. A pessoa jurídica, que tal como a física actua de forma autónoma no tráfego, deve por isso dispor de um «ponto de referência designado» que permita a respectiva identificação[232].

---

[227] DAMM, *Personenrecht*, AcP 202 (2002), n.° 4/5, cit., 866.

[228] JOHN, *Einheit und Spaltung...*, cit., 967-968.

[229] RAISER, *Gesamthand und juristische Person*, cit., 505.

[230] JOHN, *Einheit und Spaltung...*, cit., 968.

[231] MENEZES CORDEIRO, *Tratado*, cit., 570.

[232] Pese embora as diferenças – éticas, jus-filosóficas e normativas – entre os con-

A proposta dogmática de JOHN, que acaba de se expor, não é, muito provavelmente, apta para determinar de uma vez por todas a natureza jurídica da personalidade colectiva, mas importa sublinhar que tampouco é esse o seu objectivo. Porém, devem ser sublinhadas as suas vantagens, que não parecem despiciendas.

Podem ser autonomizadas duas vantagens de ordem geral, e uma terceira, aplicável especificamente ao presente *iter* de análise.

A primeira, refere-se ao incremento heurístico obtido através da autonomização dos três elementos referidos: através da sua intermediação no entendimento do que seja a *titularidade de direitos e obrigações*, torna-se mais fácil revelar e explicar as especificidades do *modo colectivo* em que é aplicado o regime jurídico-positivo à pessoa colectiva, por oposição ao *modo singular*, aplicável às pessoas físicas[233]. Assim, devolve-se ao conceito de pessoa colectiva uma utilidade aplicativa que, em parte, perdera. A qualificação de determinada realidade ao conceito não pode deixar de ter consequências ao nível da interpretação do regime aplicável, da detecção e integração de lacunas e do desenvolvimento e aplicação de princípios gerais.

Além desta vantagem (i.e., a de aumentar o poder explicativo na análise do fenómeno da personificação), a teoria dos elementos, salvo melhor opinião, tem uma outra, também ela de ordem geral. Ao servir de estrutura de análise para abordar fenómenos regulamentados legalmente, permite ultrapassar a dicotomia abstracto-conceptual que trata a pessoa colectiva enquanto categoria absoluta, de cariz qualitativo, sem compreender gradações. Neste sentido, através da determinação da extensão e limites da actuação, responsabilidade e identidade dos entes no tráfego jurídico, a partir do regime jurídico-positivo, recoloca-se a discussão no plano jurídico-positivo

---

ceitos de pessoa física e pessoa jurídica, que são inegáveis, não são despiciendos os frutos que podem, assim, recolher-se de uma análise conjunta e que raras vezes tem sido tentada no Direito privado português.

[233] Um exemplo para ilustrar este passo é dado por JOHN, *Personenrecht und Verbandsrecht...*, cit., 218. quanto ao direito de propriedade. Se apenas referirmos que a pessoa jurídica é titular de direitos e obrigações, entre os quais pode estar incluído o direito de propriedade, não avançámos muito na compreensão do fenómeno da personificação. Através dos vários elementos, porém, verificamos que o direito de propriedade consubstancia tanto uma destinação de competências, na perspectiva da organização de actuação da pessoa jurídica (pense-se, por exemplo, na funcionalização dos bens ao *fim de interesse social* nas fundações), como um objecto da protecção dos credores, se a perspectiva for a do centro de responsabilidade.

98   *Transformação de Sociedades Comerciais*

e abandona-se a abstracção conceptual. A partir desta análise, estruturada, poderão depois ordenar-se os fenómenos de personificação numa série tipológica, relativizando a oposição entre pessoa e não pessoa[234].

1.1.4. Relativização e funcionalização do conceito de personalidade colectiva

Com efeito, tradicionalmente, a doutrina era colocada perante um dilema: ou reconhecia personalidade colectiva a determinado ente, mesmo que o seu nível de autonomia fosse incipiente, aplicando-lhe a dogmática elaborada com vista a um paradigma de subjectividade plena, ou negava-lhe tal reconhecimento, condenando-a à aplicação de regimes manifestamente desadequados, como a compropriedade ou a "autonomia patrimonial". O sistema de atribuição funcionava assim numa lógica binária, segundo a qual o resultado apenas poderia ser verdadeiro ou falso. Através do abandono do particular, procurava-se o comum nas várias pessoas colectivas, esvaziando-se assim o conceito de conteúdo, inevitavelmente. Neste estado de coisas, pode dizer-se que o conceito de personalidade colectiva era manejado pela ciência jurídica como um conceito geral abstracto[235].

Esta concepção absoluta de personalidade tem vindo a ser colocada em causa na doutrina contemporânea[236]. Foi criticada, nomeadamente, por gerar insuficiências na compreensão do próprio fenómeno da personificação, por um lado, e dos problemas de fronteira, como o da desconsideração da personalidade[237] ou da sociedade em liquidação[238], por outro. A refe-

---

[234] JOHN, *Einheit und Spaltung...*, cit., 970. Este Autor conclui, de forma sugestiva, e depois de exposta a sua proposta de análise dos fenómenos de personificação baseada nos três elementos identificados, qual a resposta a dar à questão de saber se o conceito de pessoa jurídica é ou não unitário: "«ja-aber» (…) genauer vielleicht: mit einem «sowohl – als auch»: Mehr notwendige Differenzierung schafft um so mehr mögliche Einheit. Welcher Jurist konnte eigentlich etwas anderes erwarten?" (ob. cit., 971).

[235] Para a comparação entre o conceito geral abstracto e o conceito geral concreto (fortemente influenciado por HEGEL), LARENZ, *Metodologia...*, cit., 650-655. Entre nós, PAIS DE VASCONCELOS, *Contratos Atípicos*, 2002, reimpressão da 1.ª edição de 1995, Coimbra, Almedina, 33-36.

[236] Para uma breve história desta tendência recente, MENEZES CORDEIRO, *Tratado* I, III, cit., 563 e ss.

[237] JOHN, *Personenrecht und Verbandsrecht...*, cit., 224.

[238] JOHN, *Personenrecht und Verbandsrecht...*, cit., 234-240.

Delimitação do âmbito de aplicação da transformação de Soc. Comer. no DPP   99

rida concepção padece também dos problemas apontados tradicionalmente aos modelos estanques do pensamento abstracto-conceptual[239], na medida em que dificulta a compreensão das gradações nos regimes de personificação positivamente previstos pelo legislador.

Com efeito, e quanto a este último aspecto, porque a ciência do Direito se debruça sobre uma ordem valorativa e, em última análise, sobre a própria vida em sociedade, rebelde a uma recondução a categorias conceptuais rígidas, "não pode (...) causar espanto que o ideal de um sistema abstracto, fechado em si e isento de lacunas, construído com base em conceitos abstractos, nem mesmo no apogeu da «Jurisprudência dos conceitos» tenha sido plenamente realizado"[240]. O esvaziamento dos conceitos, em direcção a uma crescente abstracção, deixou muitas vezes pelo caminho as referências valorativas e éticas que caracterizam os objectos catalogados, tornando-se assim inútil para as tarefas com que se enfrenta a ciência do Direito. Por outro lado, e na medida em que o pensamento conceptual-abstracto se baseia em distinções baseadas na exclusão recíproca, para possibilitar que, através de meras operações lógicas, se possa percorrer o sistema (piramidal), tem dificuldade em admitir a formação de conceitos híbridos, que reúnam, com diferente intensidade, características que serviram para formar (e mutuamente excluir) conceitos abstractos de nível superior.

---

[239] Com efeito, pode colocar-se em causa a valia que um sistema externo (assente apenas na formação de conceitos abstractos) pode trazer para a ciência do Direito. A necessária abstracção que a ele presidisse impediria que fossem relevadas as "pautas de valoração" e os "princípios jurídicos subjacentes" à regulação jurídica (LARENZ, *Metodologia...*, cit., 649). Na verdade, a formação de conceitos abstractos a partir de "factos-tipo" regulados juridicamente implica que, em sentido ascendente, numa pirâmide, sejam abandonadas notas específicas particulares, presentes nos conceitos abstractos inferiores, para a obtenção de conceitos crescentemente abstractos, até à identificação de (poucos) conceitos superiores (LARENZ, *Metodologia...*, cit., 621-622). Por meras operações lógicas, poder-se-ia percorrer em sentido ascendente a pirâmide conceptual, abdicando das notas particulares presentes nos conceitos da base, ou em sentido contrário – descendente – acrescentando e relevando os referidos traços distintivos. A compreensão dos conceitos da base seria máxima, enquanto que no topo da pirâmide, embora a extensão da realidade abarcada aumente, a compreensão diminuiria proporcionalmente (PAIS DE VASCONCELOS, *Contratos Atípicos*, cit., 24-26). Com isto não se quer negar utilidade ao pensamento conceptual na ciência jurídica, mas antes, como se verá adiante, chamar a atenção para a necessidade de um correcto enquadramento, que tome em consideração as correspondentes limitações.

[240] LARENZ, *Metodologia...*, cit., 645.

100   *Transformação de Sociedades Comerciais*

A doutrina portuguesa que se debruçou sobre o tema das pessoas colectivas através do emprego do pensamento conceptual abstracto colocava-as, como conceito abstracto de nível superior, a par das pessoas físicas. Está bom de ver que através deste método se alcança uma verdade insofismável mas que, pela sua evidência, é conquista bem limitada: uma pessoa singular não é colectiva e uma pessoa colectiva não é singular. No entanto, esta mútua exclusão, conseguida através do emparelhamento de conceitos de nível superior, obrigava a que, na recondução de um objecto a uma das categorias, se verificassem de forma inequívoca as características fundamentais presentes no conceito. E assim sendo, como antes foi sublinhado, dificultava o tratamento sistemático dos objectos "híbridos", tendo resultado na exclusão, que atravessa praticamente toda a doutrina portuguesa moderna, da chamada «personalidade colectiva parcelar».

A teoria dos elementos acima descrita – na medida em que relativiza o conceito de personalidade colectiva e permite ordenar numa série os fenómenos de personificação – aproveita as vantagens usualmente reconhecidas ao pensamento tipológico[241]. À imagem do conceito, o tipo tam-

---

[241] É de assinalar que o pensamento tipológico também opera mediante a determinação, em cada objecto sobre o qual verse, de "certas propriedades gerais, relações ou proporções, designando-as com um nome". Nessa medida, o método é comparável ao adoptado pelo pensamento conceptual-abstracto. Ao lado do conceito, o tipo também é geral e abstracto. Mas, e nisto se distinguem, o pensamento tipológico "mantém unidas as notas distintivas do tipo e serve-se delas unicamente para descrever o tipo como uma nota distintiva do todo". É possível assim ao pensamento tipológico "conservar, também no plano da apreensão intelectual, a totalidade da imagem dada na intuição" (LARENZ, *Metodologia...*, cit., 658). O pensamento tipológico não isola, então, as notas distintivas observadas em cada objecto numa direcção cada vez mais geral, e assim sendo não se distancia tanto do objecto analisado como o conceito abstracto. A ordenação dos tipos é antes horizontal, em "séries e planos", uma vez que estes "não se relacionam uns com os outros verticalmente, em pirâmide, como os conceitos gerais abstractos" (PAIS DE VASCONCELOS, *Contratos Atípicos*, cit., 37). PAIS DE VASCONCELOS avança cinco critérios para distinguir tipos de conceitos gerais e abstractos: (A) a abertura, na medida em que tipo, diferentemente do conceito, não contém um número fixo de notas "cuja verificação seja necessária e suficiente para um juízo de inclusão", o que leva a que o tipo seja insusceptível de definição, apenas se deixando descrever; (B) a graduabilidade, na medida em que a recondução de um objecto a um tipo se faz primacialmente através de juízos de intensidade, sendo dispensáveis juízos de inclusão / exclusão; (C) a totalidade, na medida em que os objectos designados pelo tipo "são eles próprios e cada um deles também constituintes do mesmo tipo"; (D) o sentido, na medida em que "existe um sentido que ordena as características" do tipo e explica "o modo como se relacionam"; (E) a plasticidade, na medida em que

Delimitação do âmbito de aplicação da transformação de Soc. Comer. no DPP 101

bém ordena a realidade através de estruturas intelectuais. A diferença é então de grau: em comparação com o conceito, o tipo é mais concreto, e por conseguinte menos abstracto[242].

Ao contrário do que acima se referiu quanto ao pensamento puramente conceptual-abstracto, um sistema que tenha também em conta uma metodologia tipológica[243] permite a ordenação dos fenómenos estudados em série. A esta ordenação preside a qualidade que seja adoptada como ponto de vista e através dela é aberto lugar aos objectos híbridos[244], que partilham, com intensidades variáveis, as características escolhidas.

"permitem apreender e entender com particular transparências as realidades designadas, discernir os nexos de sentido que as entreligam, e intuir os pontos de vista valorativos e funcionais que lhes constituem o cerne (ob. cit., 41-52). LARENZ, *Metodologia...*, cit., 663--664, sem preocupações de exaustividade, assinala que o pensamento tipológico, aplicado à ciência do Direito, pode produzir, três modalidades de tipos: (A) o tipo de frequência empírica, que se reconduz aos comportamentos socialmente esperados (ex. o comportamento social médio a que faz referência o conceito de "bons costumes"); (B) o tipo real normativo, que combina dados empíricos com elementos normativos (ex. encarregado de um assunto, mandatário comercial); (C) o tipo jurídico-estrutural, que se refere a um conjunto concatenado de regulamentação normativa (ex. direitos de personalidade ou direitos potestativos enquanto tipos de direitos subjectivos).

[242] ENGISCH, *La Idea de Concreción en el Derecho y en la Ciencia Juridica Actuales*, tradução da 1.ª edição do original alemão intitulado *Die Idee der Konkretisierung in Recht und Rechtwissenschaft unserer Zeit*, Pamplona, EUNSA, 1968, 417.

[243] É certo que o pensamento tipológico não deve ser erigido, só por si, em principal ferramenta metodológica da ciência do direito: para compreender as conexões existentes entre as regulações supra-tipológicas (ex. Direito dos Contratos, Direito das Associações) e os "princípios e bases de valoração do ordenamento jurídico no seu conjunto" não é suficiente o pensamento tipológico, sendo fundamental a detecção dos princípios jurídicos que formam o sistema «interno» a que LARENZ faz referência (*Metodologia...*, cit., 674),

[244] É esta uma das vantagens vulgarmente reconhecidas ao pensamento tipológico: "os tipos, precisamente por causa da variabilidade dos seus elementos, podem transformar--se uns aos outros, de tal modo que alguns elementos desaparecem totalmente, outros novos surgem ou passam a primeiro plano, sendo a transição entre os tipos, uma vez mais «fluida» "(LARENZ, *Metodologia...*, cit., 669). Atente-se a este propósito, também, no seguinte passo: "Numa «série de tipos», os tipos que são afins entre si, mas que, não obstante, hão-de distinguir-se, são alinhados de modo a que as coisas em comum e as diferenças e, portanto, também os fenómenos de transição sejam claros como tais", (ob. cit., 669). Enquanto que as categorias jurídicas, originadas por um pensamento conceptual-abstracto apenas permitem, em questões de subsunção, uma resposta afirmativa ou negativa, nos tipos, com limites fluidos, "colocam-se dúvidas bem fundadas sobre a inclusão de um objecto; o objecto corresponde ao tipo «até um certo grau» (ENGISCH, *La Idea de Concrecion...*, cit., 423).

Não deve assim causar admiração que o pensamento tipológico tenha valia na própria construção de conceitos gerais: "[a] construção lógica dos conceitos, pela abstracção, pressupõe uma delimitação prévia do âmbito da realidade a ser abrangida pelo conceito. É dentro do âmbito material de amplitude do conceito que vão ser abstraídas as características incomuns e reunidas no conceito as comuns. Mas a escolha das características a reter no conceito e daquelas que vão ser abstraídas pressupõe uma visão tipológica da realidade abrangida" (...). O juízo, na construção do conceito, sobre a relevância ou irrelevância das características e sobre o âmbito material do conceito exige a mediação do tipo e de um processo tipológico do pensamento do geral a conceptuar"[245].

A aplicação do pensamento tipológico a esta matéria não permite reconduzir a pessoa colectiva a um tipo jurídico-estrutural (sobre este conceito, cfr., mais detalhadamente, *infra*, II, 1.3.1). A própria história, que já se descreveu, e a sua utilização nas várias sistematizações, obriga antes a reconhecer um papel conceptual à expressão. Não houve uma transcrição pelo legislador, mediante regulamentação, dos fenómenos de personalidade colectiva colhidos na realidade jurídica, mas antes o aproveitamento do conceito para, por abstracção, explicar os fenómenos que, não sendo pessoas físicas, comungavam de alguns aspectos juridicamente relevantes.

No Código Civil de 66, esta tarefa sistematizadora é evidente: as pessoas colectivas aparecem ao lado das pessoas singulares, em capítulos do Subtítulo I do Título II, consagrado genericamente às Pessoas. Por outro lado, não pode extrair-se das disposições gerais dos artigos 157.º a 166.º uma regulamentação da personalidade colectiva, que permita que a expressão passe a designar um tipo jurídico-estrutural.

Assim, as virtudes do pensamento tipológico não podem aplicar-se aqui na sua forma mais comum, a da formação de tipos de personificações, ordenados em série.

Mas a intervenção da metodologia tipológica nesta área pode introduzir uma ideia de concretização, passando a utilizar-se assim o conceito de pessoa colectiva, não de forma geral e abstracta, mas antes de maneira funcionalmente orientada. Através da teoria dos elementos, adopta-se assim o conceito de pessoa colectiva, não como métrica de arrumação sistemática, mas antes como ferramenta conceptual orientada em termos funcionais. Tem-se aqui presente a noção de conceito jurídico determinado

---

[245] Pais de Vasconcelos, *Contratos Atípicos*, cit., 51.

pela função de LARENZ. O conteúdo destes conceitos exprime "a relação de sentido subjacente a uma regulação, com base num princípio determinante (...) em tal medida que, mesmo que necessariamente abreviada, continua a ser identificável"[246]. A responsabilidade e a actuação no tráfego perante terceiros não são vistos assim como meras características, que excluem ou incluem o caso no conceito, mas como expressão de uma "relação de sentido subjacente" à regulação de determinado ente, em relação ao qual se questiona a qualidade de pessoa colectiva.

Com a utilização da teoria dos elementos, espera-se ultrapassar o resultado mais nefasto do emprego do pensamento puramente conceptual nesta matéria e que se verificou, salvo melhor opinião, nas categorias conceptuais inferiores.

A análise da conceitualização de segundo nível, que separa pessoas colectivas de direito público e pessoas colectivas de direito privado não pode ter aqui lugar. Para o estudo em apreço interessa antes observar a conceitualização de terceiro nível, que separa de entre as pessoas colectivas de direito privado as corporações e as fundações, consoante o substrato dominante sejam pessoas ou bens. E, num quarto nível, as corporações seriam separadas em sociedades e associações.

O emprego da metodologia abstracto-conceptual a este propósito permitiu que se desconsiderassem as referências valorativas e éticas que caracterizam os objectos catalogados e, mais que tudo, as mútuas relações. Com efeito, porque se destinava a erigir um sistema onde fosse possível a navegação através de raciocínios lógicos de mútua exclusão, impediu que fossem descobertas as relações entre objectos que comungam de características presentes em vários conceitos superiores, se bem que com intensidade diferente. Não foi assinalado, por exemplo, que a distância entre uma associação e uma sociedade em nome colectivo ou uma sociedade civil pura pode ser bem menor do que aquela que separa estas últimas de uma sociedade anónima aberta. E sugeriu, no que tem sido a consequência mais nefasta para o estudo da transformação de pessoas colectivas, que entre os vários conceitos reciprocamente excludentes existia uma diferença de *natureza* de ordem tal que impediria a mútua transformação.

Entende-se, antes, que a pessoa colectiva deve ser analisada através dos elementos estruturais acima identificados, o que permitirá a respectiva

---

[246] LARENZ, *Metodologia...*, cit., 686.

seriação horizontal (que assumirá conformações distintas consoante o ponto de vista que se adopte). Este método permitirá, por exemplo, que adoptando como ponto de vista a medida em que os fenómenos estudados aparecem para o exterior como uma individualidade susceptível de encabeçar direitos e obrigações, sejam incluídos numa das extremidades da série os casos de personificação parcelar[247]. E possibilitará, por outro lado, que sejam sublinhadas as características comuns aos vários tipos de personificação colectiva bem como as suas diferenças.

Assim, partindo do regime normativo que cada tipo recebe da lei, e sempre norteado pelos princípios jurídicos que formam o sistema «interno», o intérprete poderá procurar os obstáculos à transformação de determinado tipo de pessoa colectivo nas diferenças verificadas entre o regime que se lhe aplica e aquele que pretende adoptar. Terão a este propósito protagonismo crucial os princípios da tutela da confiança e da protecção do tráfego jurídico. Mas, no que parece ser um avanço metodológico considerável, a resposta à questão da transformabilidade mútua será dada pelo regime aplicável a cada tipo, interpretado teleológica e sistematicamente, e não por argumentos meramente lógico-conceptuais, vazios das valorações próprias a um sistema axiológico.

Daqui se retira, também, a terceira vantagem, específica para este *iter* analítico, do emprego da proposta estrutural de JOHN.

Através da teoria dos elementos, a análise de cada regime legal permitirá descobrir fenómenos de personificação que, afastando-se do paradigma da autonomia plena da pessoa colectiva (em todos os aspectos), podem ainda ser considerados pessoas colectivas. Com efeito, onde existir uma organização de actuação, um centro de responsabilidade e um ponto de referência e identidade, ainda que ténues, poderá ser descoberta uma pessoa colectiva parcelar. Trata-se assim de uma disposição dos vários entes numa série tipológica, em que se seguirão às pessoas colecti-

---

[247] A expressão "personificação parcelar" é aqui utilizada para referir os casos em que um determinado ente (por exemplo, segundo se defenderá, a sociedade civil externa) reúne as características da pessoa colectiva, e por isso pode ser reconduzido ao conceito, mas fá-lo numa intensidade menor do que os casos paradigmáticos (por exemplo, o da sociedade anónima). O emprego desta expressão, que no fundo consubstancia uma adesão à proposta de relativização da pessoa colectiva, não implica necessariamente a adesão paralela ao conceito de "personalidade rudimentar". Sobre este último conceito, que não pode ser analisado com profundidade nesta ocasião, MENEZES CORDEIRO, *Tratado*, I, III, cit., 571 e ss.

Delimitação do âmbito de aplicação da transformação de Soc. Comer. no DPP   105

vas *perfeitas* – o paradigma será a sociedade anónima, com máxima limitação da responsabilidade, estrutura organizativa e identidade autónomas – as pessoas colectivas parcelares, com decrescentes índices de autonomia, organização e identidade.

Esta linha de pensamento tem sido desenvolvida na Alemanha por parte da doutrina contemporânea, encontrando base de apoio, sugestivamente, na nova lei das transformações de 1994 (*Umwandlungsgesetz*).

No domínio da legislação anterior[248], vigorava na doutrina uma certa unanimidade quanto à *summa divisio* das estruturas jurídicas a que uma união de pessoas com um objectivo comum podia deitar mão: a pessoa jurídica (*juristische Person*) e a comunhão em mão comum (*Gesamthandgemeinschaft*). Esta linha doutrinal, que remonta a OTTO VON GIERKE e a GEORG BESLER – que por sua vez alicerçaram as suas construções nas tradições do direito germânico – impunha que uma determinada união real de pessoas fosse catalogada através de um ou outro modelo, de forma mutuamente exclusiva. Perante uma união de pessoas observada no plano dos factos cumpria ao jurista reconduzi-la ao universo das pessoas jurídicas ou, ao invés, caracterizá-la como uma comunhão em mão comum. Neste sentido, entendia-se, por exemplo, que a sociedade civil, a sociedade em nome colectivo e a sociedade em comandita eram exemplos de *Gesamthandgemeinschaften* e que a sociedade anónima, a sociedade em comandita por acções, a sociedade de responsabilidade limitada e a cooperativa deviam ser reconduzidas ao universo das pessoas jurídicas[249].

No domínio da UmwG de 1969 esta concepção era corroborada, já que se limitava a transformação com manutenção da identidade jurídica (*identitätswahrende Umwandlung*) aos casos em que a antiga e a nova forma jurídica correspondessem a pessoas jurídicas (§§ 362 e seguintes AktG, entretanto revogados), ficando consequentemente de fora as vicissitudes através das quais fossem adoptadas formas jurídicas oriundas do

---

[248] Tem-se em mente, sobretudo, a UmwG 1969. Para uma história da evolução do direito alemão da *Formwechsel*, por todos, SCHMIDT, *Gesellschaftsrecht*, cit., 340 e ss., e LUTTER (org.), *Umwandlungsgesetz*, cit., 88 e ss.

[249] RAISER, *Gesamthand und Juristische Person*, cit., 495-496. O BGB não adoptou nominalmente a distinção, até porque a mão comum não aparece aí regulada como tal, mas pode dizer-se que a mesma estava subjacente à separação sistemática entre pessoas jurídicas (§§ 21-89, Título 2 [Pessoas Jurídicas] da Secção 1 [Pessoas] do Livro 1 [Parte Geral]) e sociedades civis (§§ 705-740, Título 16 [Sociedade] da Secção 8 [Relações Obrigacionais Especiais] do Livro 2 [Direito das Relações Obrigacionais]).

universo das pessoas jurídicas por parte de sociedades de mão comum (*Gesamthandgesellschaft*). Segundo a antiga UmwG[250], este último tipo de transformação (*errichtenden Umwandlung*) implicava, em bom rigor, a constituição de uma nova sociedade, com a forma de pessoa jurídica que houvesse sido escolhida, e a transmissão do património da antiga sociedade, que se extinguiria em seguida. Obstava à manutenção da identidade, segundo a doutrina subjacente a esta versão da UmwG, a diferença radical entre os dois universos convocados: o das pessoas jurídicas e o da mão comum[251].

Ainda no domínio da UmwG 1969 foram feitas algumas tentativas para superar esta distinção estanque. FLUME tentou explicar as diferenças entre pessoa jurídica e mão comum através da dicotomia grupo / organização[252]. Para este Autor, sendo ambas as figuras «unidades de efeitos supra-individuais» (*überindividuelle Wirkungseinheiten*), e portanto actuando ambas no tráfego jurídico de forma unitária (em relação aos seus membros), distinguiam-se na medida em que a natureza da mão comum se deveria aferir no grupo de pessoas nela unidas, enquanto que a pessoa jurídica se deve compreender através da organização enquanto tal (*die Organisation als solche*) [253]. Na mão comum os membros formam o *grupo*, enquanto que na pessoa jurídica são vistos como uma parte funcional da organização, ao lado de outras[254]. Desta forma, FLUME referia-se, em última análise, ao critério da autonomia entre a organização e os respectivos membros, retomando, de certa forma, a distinção de Direito romano entre *societas* e *universitas*. Na medida em que esta dicotomia se baseia mais em características sociológicas e semânticas do que propriamente em aspectos do regime, foram assinaladas por alguns autores contemporâneos as limitações da construção de FLUME[255,256]. Além do mais, não supera o

---

[250] §§ 16, 19, 21 e seguintes, 41 e 47 UmwG 1969.

[251] Atribuindo esta limitação da UmwG 1969 a verdadeiros atrasos na dogmática da titularidade jurídica ("Rückständigkeiten in der Dogmatik der Rechtsträger"), SCHMIDT, *Integrationswirkung des Umwandlungsgesetzes*, em AAVV, *Festschrift für Peter Ulmer zum 70. Geburtstag am 2. Januar 2003*, Berlin, De Gruyter, 2003, 561.

[252] FLUME, *Allgemeiner Teil des Bürgerlichen Rechts*, I/1 – *Die Personengesellschaft*, Berlin / Heidelberg / New York, Springer, 1977, 1 e ss.; 54 e ss.

[253] FLUME, *Allgemeiner Teil*, I/1, cit., 89.

[254] FLUME, *Allgemeiner Teil*, I/1, cit., 89.

[255] JOHN, *Personenrecht und Verbandsrecht...* cit.; RAISER, *Gesamthand und Juristische Person*, cit., 502-503.

[256] Curiosamente, esta posição parece ter adeptos em Portugal. É o caso, salvo

Delimitação do âmbito de aplicação da transformação de Soc. Comer. no DPP 107

esquema metodológico conceptual-abstracto, mutuamente excludente, devendo reconduzir-se uma figura ou à mão comum ou à pessoa jurídica.

Se FLUME tem ou não razão em manter a dicotomia tradicional na doutrina alemã entre pessoa jurídica e comunhão em mão comum é questão que não pode ser resolvida no presente estudo, que incide sobre o direito português. Cabe no entanto sublinhar, com relevância para este itinerário de análise, a caracterização da comunhão em mão comum como *unidade de efeitos supra-individuais*, feita por este Autor na esteira de RITTNER, bem como o reconhecimento das semelhanças existentes entre o modelo de participação das duas figuras no tráfego jurídico.

Partindo dos regimes jurídico-positivos das várias modalidades de figuras anteriormente catalogadas de forma dicotómica, RAISER sugere precisamente que uma das linhas de superação da dicotomia em análise é a do reconhecimento da subjectividade jurídica (enquanto capacidade de ser titular autónomo de direitos e deveres) em muitas das figuras anteriormente reconduzidas ao universo da *Gesamthandgemeinschaft*, referindo também a esse propósito o reconhecimento pela jurisprudência de capacidade jurídica na sociedade civil[257]. Sublinha também que o § 718 BGB[258] reconhece autonomia patrimonial à sociedade de direito civil (tradicionalmente reconduzida à mão comum), o que vem esbater ainda mais a dicotomia criticada.

---

melhor opinião, de RICARDO COSTA, *Sociedades: de dentro para fora do Código Civil*, em AAVV, *Comemorações dos 35 Anos do Código Civil e dos 25 Anos da Reforma de 1977*, volume II, 2006, Coimbra, Coimbra Editora, 343, quando afirma que: "a distinção entre pessoas singulares ou humanas e pessoas colectivas ou jurídicas em sentido estrito não tem que ser radicalmente esgotante. Aceitam-se *sujeitos colectivos ou grupos organizados não personificados*, marcados por uma subjectividade plena (sem diminuições), e, assim, titulares de situações jurídicas que deixam de se referir aos seus membros" [itálicos do Autor].

[257] RAISER, *Gesamthand und Juristische Person*, cit., 503-504: "die *Fähigkeit, selbständig Träger von Rechten und Pflichten zu sein*, also die Rechtssubjektivität" [itálico do Autor].

[258] BGB § 718 (1) Die Beiträge der Gesellschafter und die durch die Geschäftsfuhrung für die Gesellschaft erworbenen Gegenstände werden gemeinschaftliches Vermögen der Gesellschafter (Gesellschaftsvermögen). (2) Zu dem Gesellschaftsvermögen gehört auch, was auf Grund eines zu dem Gesellschaftsvermögen gehörenden Rechts oder als Ersatz für die Zerstörung, Beschädigung oder Entziehung eines zu dem Gesellschaftsvermögen gehörende Gegenstands erworben wird.

Reflexamente, RAISER critica os critérios tradicionalmente utilizados pela doutrina para distinguir os dois universos antagónicos[259]. Se a razão está com RAISER, o critério da subjectividade jurídica, enquanto capacidade de participar autonomamente no tráfego com uma identidade própria, atrai as formas classicamente reconduzidas à *Gesamthandgemeinschaft* para o universo das pessoas jurídicas, o que pode tornar obsoleto aquele conceito[260]. A UmwG de 1994 veio reforçar esta linha de argumentação, ao prever que no pólo de destino de uma transformação com manutenção de identidade (*identitätswahrende Umwandlung*) pode estar uma sociedade de direito civil (§ 191, II, 1 UmwG) e que em ambos os pólos podem estar sociedades em nome colectivo, cuja personalidade jurídica ainda é negada pela doutrina maioritária na Alemanha (§ 191, 1, 1 e 2, 2 UmwG). Ao colocar a sociedade em nome colectivo em ambos os pólos da transformação, juntamente com as sociedades de capitais, o legislador da UmwG admitiu implicitamente que a *identitätswahrende Umwandlung* se pode aplicar à conversão de uma sociedade em nome colectivo em sociedade de capitais e vice-versa[261].

---

[259] Nesta linha, é criticada também pelo autor a possibilidade de distinguir de forma segura os dois universos através dos critérios da independência entre estrutura jurídica e membros, sobretudo em cenários de morte de um deles, já que os §§ 736 e seguintes e 138 e seguintes HGB prevêem casos de continuação de sociedades de mão comum após a morte de um dos sócios. A oposição entre auto e hetero-gestão tampouco serve, segundo RAISER, para fundar a dicotomia analisada, já que existem pessoas jurídicas onde a auto-gestão é dominante, de que são exemplo as cooperativas e as sociedades em comandita por acções (ob. cit., 508).

[260] Segundo RAISER, é aliás a capacidade jurídica o único critério seguro para estabelecer uma organização jurídica das associações de pessoas: "Als Resultat der vorstehenden Analysen ist festzuhalten, daß sich nur das Merkmal der Rechtsfähigkeit als für die rechtliche Gliederung der Personenverbände geeignet erweist", ob. cit., 510. Quanto à mão comum como categoria dogmática do direito das associações e sociedades, RAISER sugere que, muito embora possa ter feito sentido durante o século XIX, para permitir a participação no tráfego jurídico a entes aos quais não era reconhecida a personalidade jurídica, a sua utilidade desapareceu durante o século XX. O legislador da UmwG 1994 é assim aplaudido por este autor, na medida em que estabeleceu a manutenção da identidade em todas as transformação, mesmo nos casos em que o ente de origem fosse tradicionalmente enquadrado na mão comum (ob. cit., 512).

[261] No entanto, como assinala SCHMIDT, *Integrationswirkung*..., cit., 560-564, se bem que tenha acrescentado alguns argumentos no sentido defendido por RAISER, a UmwG 1994 – por ter utilizado como conceito central o de titular jurídico (*Rechtsträger*) – não inviabilizou que se prossiga a discussão, na doutrina, sobre a qualidade de pessoa

Delimitação do âmbito de aplicação da transformação de Soc. Comer. no DPP 109

Em certas figuras anteriormente excluídas do universo das pessoas jurídicas podem detectar-se intensidades menores de autonomia e titularidade de direitos e obrigações. Mas, no limite, este facto apenas obrigará o intérprete a assinalar as diferenças entre esta personalidade parcelar e a personalidade jurídica plena do paradigma sociedade anónima.

Esta terceira vantagem, aplicada especificamente ao universo societário, será especialmente relevante na análise que deverá ser feita quanto à transformação recíproca entre sociedades civis puras e sociedades comerciais (*infra*, II, 4.1.4 e 4.1.5) já que é tradicionalmente negada na doutrina portuguesa personalidade jurídica às primeiras.

1.1.5. Síntese

Pelos motivos que acabam de ser expor, adopta-se para a restante análise, na esteira de UWE JOHN, um conceito de pessoa colectiva estruturado em torno de três elementos: organização de actuação (*Handlungsorganisation*), centro de responsabilidade (*Haftungsverband*) e ponto de referência designado (*Identitätausstattung*)[262].

Afastam-se assim os postulados propostos pelas teses negativistas, acima descritas, nas suas duas conclusões principais (*supra*, II, 1.1.2.1), sustentando-se, ao invés, que a pessoa colectiva existe como realidade jurídica estruturada e autónoma.

Aproveita-se, no entanto, do contributo negativista, a ênfase na normatividade do conceito de personalidade colectiva: com ele se representa a aplicação de um regime jurídico-positivo, em modo colectivo. Será precisamente com o propósito de determinar as diferenças entre este modo colectivo e o modo singular, aplicável às pessoas físicas, por um lado, e de aproveitar o potencial heurístico do conceito, por outro, que se deita mão dos três elementos já enunciados.

---

jurídica das figuras tradicionalmente enquadradas como casos de mão comum. Recorde--se que a determinação da susceptibilidade de transformação deve ser completada com a delimitação concreta do universo de novas formas jurídicas cuja adopção é permitida, e que aparece regulada caso a caso. Assim, como já se antecipou, as sociedades comerciais de pessoas apenas podem adoptar como nova forma jurídica a cooperativa registada ou uma forma oriunda do universo das sociedades comerciais de capitais.

262 JOHN, *Einheit und Spaltung*, cit., 965-971.

Se os elementos estruturais de que se trata estiverem presentes em determinado fenómeno jurídico, este representará um sujeito de direito e uma realidade jurídica autónoma e diferenciável dos respectivos membros (que podem nem sequer existir, como no caso das fundações)[263]. Esta qualificação será crucial, por sua vez, para identificar as normas e princípios a aplicar a este sujeito, que irão complementar o regime jurídico expressamente estabelecido pelo legislador.

Não se nega, a este respeito, que os propósitos que presidiram à formação e desenvolvimento histórico dos vários tipos de personificação jurídica se referiam a um ou vários substratos, observados no plano dos factos. Simplesmente, cumpre também assinalar que a técnica da personalização sofreu durante o último século um fenómeno acentuado de formalização, sendo hoje impossível afirmar que os referidos substratos subjazem sempre, no plano dos factos, a cada personificação. A pessoa colectiva é uma realidade juridicamente estruturada, e pensada para acolher pessoas, bens e interesses comuns e para intervir num meio social crescentemente complexo[264].

Como realidade estruturada e organizada, ela existe, no plano do direito. É certo que, por vezes, não será fácil descobrir um feixe de pessoas, bens e interesses comuns que permitam no plano dos factos a diferenciação entre a pessoa colectiva e pessoas físicas individualizadas. Pense-se, por exemplo numa sociedade unipessoal, que seja utilizada exclusivamente como instrumento *formal* de limitação da responsabilidade. Mas, salvo melhor opinião, este facto apenas pode alertar o intérprete para os limites das construções dogmáticas.

---

[263] RAISER, *Der Begriff der juristischen Person. Eine Neubesinnung*, AcP, 199 (1999), cit., 137, sublinha o carácter ilimitado da capacidade jurídica: "Juristische Personen können demnach definiert werden als *im sozialen Leben als eigenständige Einheiten auftretende handlungsfähige Verbände und Organisationen, welche das geltende Recht gleich natürlichen Personen als prinzipiell uneingeschränkt rechtsfähig anerkennt*" [itálico do Autor].

[264] Sustentá-lo não implica necessariamente que se coloque a pessoa colectiva no mesmo plano de análise da realidade do ser humano. Admitir esta diferença, por seu lado, não implica tampouco sustentar que a pessoa colectiva é uma ficção sem qualquer realidade subjacente. Pode haver assim uma *via intermédia*, que, aceitando a diferença de planos, reconheça a semelhança entre os objectos, enquanto unidades autónomas de produção e imputação jurídica, reconhecidas como tal pelo ordenamento. Neste sentido, DAMM, *Personenrecht*, cit., 869.

No entanto, cumpre também assinalar que, na maior parte dos casos, a unidade que a pessoa colectiva representa no tráfego jurídico terá subjacente uma multiplicidade de pessoas, bens e interesses, e será acrescentada uma *realidade social* à realidade jurídica já assinalada. Aliás, a este propósito importa ainda referir que é patente a *realidade* das pessoas colectivas também a outro nível, enquanto instrumento de modelação da própria realidade social[265].

Os graus de actuação, responsabilidade e identidade de um determinado fenómeno jurídico podem ser diferentes, e, ainda que diminutos, não resultam necessariamente na respectiva exclusão do universo (normativo) das pessoas colectivas. A inclusão neste universo – sublinhe-se novamente – tem um importante potencial heurístico, quer na compreensão do regime aplicável (pelo acesso a normas não incluídas expressamente no regime jurídico-positivo de cada tipo de pessoa colectiva) quer na formulação e utilização de princípios gerais.

1.2. AUTONOMIA PRIVADA

1.2.1. Considerações conceptuais

No Direito privado, a transformação de uma pessoa colectiva tem na base – regra geral –, uma deliberação dos membros do ente a transformar[266]. Será assim claramente no domínio das sociedades comerciais (artigos 130.º e seguintes), mas também nas associações (por exemplo, artigo 21.º/1 do Decreto-Lei n.º 430/1973, de 25 de Agosto e artigo 175.º do Código Civil), nos ACE e nos AEIE (artigo 11.º do Decreto-Lei n.º 148/1990, de 9 de Maio).

Segundo aquela que parece ser a melhor doutrina, a deliberação – típica da formação orgânica da vontade das pessoas colectivas – deve ser enquadrada como negócio jurídico *sui generis*, na categoria dos negócios

---

[265] Assinalando a possibilidade desta perspectiva dupla, DAMM, *Personenrecht*, cit., 865-866.

[266] Apenas não será assim na transformação de fundações que, como se verá (*infra*, II, 5.4.1), não têm membros, no sentido a que agora se faz referência, formando-se a respectiva vontade através da intermediação dos seus órgãos.

plurais[267]. Com efeito, a deliberação constitui um acto com relevância jurídica que pressupõe liberdade de celebração e de estipulação, e nessa medida pode ser vista como um *negócio jurídico*. No entanto, a sua recondução a uma das categorias do binómio conceptual *negócio unilateral / / negócio bilateral* não é fácil: se por um lado se verifica a pluralidade das partes envolvidas, por outro apenas a vontade da maioria vincula a pessoa colectiva, num único sentido. A contraposição das vontades dos membros da pessoa colectiva pode ter relevância jurídica, mas apenas a nível interno, já que existirá uma repercussão externa unívoca, no tráfego jurídico, da vontade colectiva.

A integração da deliberação (de transformação) no universo dos negócios jurídicos – ainda que com as dificuldades assinaladas – permite aceder a um acervo dogmático da maior utilidade, que foi sendo obtido pela doutrina civilística dedicada a estudar as relações entre esta modalidade de acto jurídico (i.e., o negócio) e a autonomia privada[268].

Na esteira de SOUSA RIBEIRO, segundo o qual é possível a adopção de dois pontos de vista na análise da interacção entre autonomia privada e contrato, entende-se que é profícuo assinalar a existência de tal dicotomia na análise das relações entre o negócio jurídico de transformação (i.e., a deliberação de transformação) e a autonomia privada, ainda que aquele não configure um contrato, como já se referiu.

O "modelo do consenso", puramente dogmático, através do qual são analisadas as manifestações e limites da autonomia privada no processo de formação e conclusão contratual, centra-se, sobretudo, nas declarações das partes intervenientes no negócio. Já o modelo de cariz funcional dará antes relevo ao conteúdo e à função desempenhada pelo negócio jurídico, sublinhando as respectivas conexões externas e "a sua inserção no «mundo da vida»"[269].

Será dado relevo, neste *iter*, ao segundo modelo de análise, sublinhando o carácter funcional da deliberação de transformação e a repercus-

---

[267] MENEZES CORDEIRO, *Tratado* I, I, cit., 462-463.

[268] São ilustrativas, a este propósito, as palavras de PAIS DE VASCONCELOS, *Teoria Geral...*, cit., 409: "Numa perspectiva substantiva material, os *negócios jurídicos* são actos de autonomia privada que põem em vigor uma regulação jurídica vinculante para os seus autores, com o conteúdo que estes lhe quiserem dar, dentro dos limites jurídicos da autonomia privada".

[269] SOUSA RIBEIRO, *O Problema do Contrato – As Cláusulas Contratuais Gerais e o Princípio da Liberdade Contratual*, Coimbra, Almedina, 1999, 11-17.

Delimitação do âmbito de aplicação da transformação de Soc. Comer. no DPP 113

são que experimenta no tráfego jurídico, através da sua integração no «mundo da vida». As questões em que se centra o primeiro modelo de análise, focado no consenso, não apresentam, segundo parece, quanto ao objecto deste estudo – a transformação de sociedades –, uma autonomia relevante: aplicar-se-ão, nas sociedades comerciais, as regras constantes dos artigos 56.° e seguintes. Isto não quer dizer que uma das questões importantes a ter em consideração, segundo o modelo funcional, não seja a da protecção dos sócios ou membros discordantes com a transformação. Mas essa protecção pode ser perfeitamente autonomizada, pelo menos em termos abstractos, do processo de formação e manifestação da vontade dos sócios que participam na deliberação.

Autodeterminação e Autonomia Privada

Seguindo de novo SOUSA RIBEIRO, entende-se útil distinguir entre autodeterminação e autonomia privada. A autodeterminação, como conceito de valor, pré-jurídico, refere-se ao poder "de cada indivíduo gerir livremente a sua esfera de interesses, orientando a sua vida de acordo com as suas preferências"[270]. É um dado que decorre da análise ontológica do ser humano[271] e que se funda no personalismo ético, comummente aceite como esteio do direito privado[272]. A autonomia privada é o princípio operativo, no campo jurídico, da autodeterminação, sendo-lhe portanto instrumental. Sem a autonomia privada, entendida como liberdade de configu-

---

[270] SOUSA RIBEIRO, *O Problema do Contrato...*, cit., 21-22.

[271] E nesta tensão se encontram os limites da autodeterminação. Esta só subsistirá enquanto persistir um acto de escolha que ainda faça sentido, "como expressão da personalidade do agente", SOUSA RIBEIRO, *O Problema do Contrato...*, cit., 43-44: "só pode dizer-se do acto que ele foi autodeterminado quando ao agente foi dada oportunidade efectiva de uma opção em que um dos seus termos, pelo menos, contemplava de forma tal os seus interesses que apresentava para si um suficiente conteúdo de valor". Esta concepção de autodeterminação levará o autor, mais adiante, a afirmar que "a partir de determinado limite, ou em certas formas de vulnerabilidade, não pode mais afirmar-se que a parte mais fraca goze, em relação a um certo tipo de actos, de autodeterminação, no sentido de capacidade para uma autónoma defesa dos interesses próprios" (ob. cit., 45-46).

[272] Sobre a relação entre personalismo ético, enquanto princípio subjacente a todo o direito privado e autonomia privada, PAIS DE VASCONCELOS, *Teoria Geral...*, cit., 11 e ss. (em especial, 15 e ss).

ração de relações jurígenas intersubjectivas, a autodeterminação poderia, em certa medida, reduzir-se a uma fórmula vazia, sem consequências práticas[273].

A autodeterminação, enquanto decorrência ontológica do ser humano, não conhece então as suas fronteiras na alteridade, como a formulação clássica parece sugerir, já que deve ser vista como instrumental à realização do fim último do homem[274].

Assim considerada, é apenas convocada pelo Direito nas dimensões da realização humana que implicam e confrontam a alteridade. E assim

---

[273] SOUSA RIBEIRO, *O Problema do Contrato...*, cit., 21-30. Como componente essencial da autonomia privada – no sentido proposto de liberdade jurígena – encontramos a liberdade contratual, que é também a sua "mais relevante manifestação". Em sentido comparável, mas não inteiramente idêntico, MENEZES CORDEIRO distingue entre autonomia privada em sentido amplo, como o "espaço de liberdade reconhecido a cada um dentro da ordem jurídica", englobando "tudo quanto as pessoas podem fazer, num prisma material ou num prisma jurídico", e autonomia privada em sentido restrito, como o "espaço de liberdade jurígena", *Tratado* I, I, cit., 391. Esta dicotomia é criticada por SOUSA RIBEIRO, que assinala que a perspectiva ampla de autonomia privada faz com que o conceito venha a "abranger todos os mecanismos jurídicos que conferem aos sujeitos liberdade na tutela dos seus interesses", perdendo-se assim a "nota específica do conceito de autonomia privada, confundindo-o com uma ideia genérica de liberdade" (ob. cit., 50). Como adiante ficará expresso, e com o devido respeito, entende-se fazer sentido a distinção entre autodeterminação (ou autonomia em sentido amplo), como categoria filosófica, imediata e necessariamente decorrente da condição humana, e autonomia privada enquanto liberdade de produção jurígena. Se situamos este segundo termo no Direito, não podemos no entanto olvidar que os seus intérpretes são seres pessoais, caracterizados pela capacidade de entender e de querer. E assim sendo, apenas relevam como actos de autonomia privada os actos jurídicos em que a produção jurígena é entendida e querida pelo agente, e não os actos materiais, que podem ter consequências jurídicas, mas que não são ordenados à sua produção. Assim, em relação à posição de SOUSA RIBEIRO, parecem poder acrescentar-se ao universo da autonomia privada os actos jurídicos em sentido estrito. Em relação à posição de MENEZES CORDEIRO, acima identificada, parecem poder excluir-se, para a clarificação da dicotomia, os actos materiais.

[274] Parece ser também este o sentido das palavras de SOUSA RIBEIRO: "Em primeiro lugar, e desde logo, sendo a autodeterminação um pensamento conotado com a auto-realização de si, transmite uma imagem de efectividade, de um pôr em acto aquilo que se é ou se quer ser. Ora, não tendo o Direito a ver com um puro *Selbstsein*, mas antes com o ser com os outros e em relação com eles, a liberdade referida só pode ser a de actuação no meio social" (*O Problema do Contrato...*, cit. 34). Mas se o Ilustre Autor define a autodeterminação como conceito pré-jurídico, é necessário admitir que o mesmo não se refere só à realização do homem em sociedade, a não ser que se defenda que a realização do fim último do homem apenas se pode compreender na alteridade terrena.

Delimitação do âmbito de aplicação da transformação de Soc. Comer. no DPP 115

sendo, tendo em conta a relação instrumental entre autonomia privada e autodeterminação, deve situar-se a autonomia privada na área de realizações humanas convocadas pela alteridade. Haverá outras dimensões da autodeterminação que dispensam a alteridade, e quanto a essas a autonomia privada nada tem a acrescentar (nos domínios, por exemplo, da religião, da ética ou da moral).

Situada então no plano do *jurídico*, a autonomia privada – entendida como liberdade de configuração de relações jurígenas intersubjectivas – sofreu hodiernamente o influxo do pensamento político e económico do liberalismo. É entendida actualmente através do pressuposto de que a manifestação das preferências de cada sujeito no plano jurídico é a forma mais adequada para alcançar e promover o bem-estar comum. São por isso desadequadas, no tratamento da autonomia privada, as referências a qualquer critério externo ao próprio sujeito que a exerça[275]. A autonomia privada é vista assim como liberdade de acção – i.e., como a acção livre de impedimentos. E, nesta linha, parece ter sido eleita como o único instrumento técnico-jurídico que permite, no plano do Direito, assegurar a autodeterminação dos sujeitos.

Deve, a favor desta tese, sublinhar-se que a autonomia privada é de facto instrumental à autodeterminação, e que uma ordem jurídica onde não seja reconhecida a liberdade de produção jurígena aos indivíduos rarefaz a autodeterminação dos mesmos, na área em que mais precisam de ajuda externa: nas relações intersubjectivas.

No entanto, é importante acentuar que a limitação da autonomia privada à liberdade de agir sem impedimentos é uma concepção redutora, típica de uma concepção filosófica de cariz individualista.

Deve por isso afirmar-se a importância da autonomia privada enquanto manifestação instrumental da autodeterminação, mas para a enquadrar justamente no marco jus-filosófico apropriado: a autodeterminação, enquanto categoria filosófica, que só pode ser vista no plano da realização dos fins últimos do ser humano, o qual, para o Direito, não aparece isolado mas antes integrado numa determinada comunidade.

Determinada a prevalência (mas não exclusividade) da autonomia privada como instrumento técnico-jurídico da autodeterminação dos indivíduos, pode, na fixação de terminologia, assentar-se que a mesma será

---

[275] Com extensa bibliografia, SOUSA RIBEIRO, *O Problema do Contrato...*, cit., 25-28, nota 28.

considerada como *poder de dar normas a si próprio*, e não simplesmente como ausência de impedimentos a produzir direito. Aceita-se, a este propósito, que a produção jurígena livremente desencadeada por um sujeito é exercício de autonomia privada, ainda que o mesmo vá encontrar posteriormente limites, tácita ou expressamente admitidos, a um novo exercício. Esta posição é tributária, refira-se, de Sousa Ribeiro: "Se o sujeito da decisão fica, depois de a ter tomado, impedido de actuar de maneira diferente daquela a que se obrigou, nem por isso se pode dizer que ele foi constrangido a tal, pois assumiu livremente compromisso que o limita"[276]. A autonomia privada é assim "um modo de ordenação com força vinculativa própria"[277].

No entanto, ao contrário do que é sustentado por Sousa Ribeiro, e com o devido respeito, sustenta-se que na autonomia privada estão incluídos todos os fenómenos de produção jurígena, e não apenas as manifestações de liberdade negocial[278].

Não se nega, porém, que é no domínio negocial, e mais especificamente no domínio contratual, que a autonomia privada – concretizada em liberdade contratual – se manifesta dogmática e estatisticamente com maior intensidade. Com efeito, no domínio do contrato, a autonomia privada assume-se como verdadeiro instrumento da autodeterminação no domínio jurídico – portanto, no domínio da alteridade – possibilitando a convergência de vontades autónomas e a produção normativa conjunta.

Que a vontade não explica totalmente o fenómeno da vinculação contratual é posição a sustentar: se assim fosse, uma posterior alteração na

---

[276] Sousa Ribeiro, *O Problema do Contrato*..., cit., 31.

[277] Sousa Ribeiro, *O Problema do Contrato*..., cit., 227.

[278] Sousa Ribeiro, *O Problema do Contrato*, cit., 51. Se é fácil aceitar que não estão incluídos os actos materiais na autonomia privada, já temos dificuldade em aceitar a exclusão de actos jurídicos em sentido estrito, uma vez que nestes últimos ainda é possível detectar o exercício do poder jurígena pelo indivíduo. Com efeito, ou o acto não tem relevância jurídica, e não integra a categoria de acto jurídico, ou goza da mesma, e é inegável a sua produtividade jurídica. No mesmo sentido, admitindo a presença de autonomia privada em actos que, à luz da doutrina dominante em Portugal, seriam qualificados como actos jurídicos em sentido estrito, Flume, *El Negocio Jurídico*, tradução da 4.ª edição inalterada, de 1992, da versão em alemão de *Allgemeiner Teil des Bürgerlichen Rechts*, II, *Das Rechtsgeschäft*, Madrid, Fundación Cultural del Notariado, 1998, 31. O facto de Flume entender que a configuração unilateral de relações jurídicas é excepcional não impede que detecte aí o pulsar da autonomia privada.

vontade de uma das partes poderia por termo ao contrato sem a anuência da contraparte.

No domínio dos negócios jurídicos, a ordem jurídica concede assim aos sujeitos a liberdade para conjuntamente criarem direito. E, como acima se disse, o respeito a este micro-ordenamento criado pelas partes ainda é exercício de autonomia privada e não a sua negação. É de assinalar, porém, que sendo a autonomia privada um instrumento ao serviço da autodeterminação (bem como, necessariamente, a liberdade negocial, enquanto principal espécie do género), encontra os seus limites, precisamente, na intangibilidade desta última (i.e., da autodeterminação). Quando a liberdade negocial conduza tipicamente a resultados contrários à autodeterminação de uma das partes, então não faz sentido conceder aos sujeitos autonomia privada, substituindo-se a liberdade de conformação jurígena conjunta por disposições imperativas[279].

1.2.2. Fundamentos da autonomia privada

Perguntar-se-á, então, onde encontrar o fundamento para a eficácia jurígena da autonomia privada e da liberdade contratual, sua expressão máxima: na vontade dos sujeitos, entendida de forma autárcica, ou combinando esta vontade com um dado externo aos sujeitos, que é o ordenamento jurídico?

A posição tradicional voluntarista, baseada no dogma da vontade, encontra hoje dificuldades aparentemente intransponíveis. O sujeito jurídico criaria direito porque a isso orientava a sua vontade. Pese embora o seu desenvolvimento tardio, parece ser possível afirmar que o voluntarismo provém da mesma clivagem jurídico-filosófica encetada por OCCAM, já referida[280] (*supra*, II, 1.1.1).

As críticas a esta tese não podem, no entanto, ensombrar o seu fundo de verdade – nas áreas onde as partes têm poder jurígena autónomo, é a correspondente vontade, isolada ou combinadamente, um dos fundamen-

---

[279] Para uma descrição detalhada e crítica da teoria da "garantia de justeza" do mecanismo contratual enquanto instituição, de SCHMIDT-RIMPLER, SOUSA RIBEIRO, *O Problema do Contrato...*, cit., 75 e ss.

[280] VILLEY, *Essor et Décadence du Volontarisme Juridique*, em *Leçons d'Histoire de la Philosophie du Droit*, Paris, Dalloz, 1962, 273.

tos para a produção de efeitos jurídicos[281]. Mas esta caracterização já inclui a limitação ao poder explicativo das teses puramente voluntaristas: a vontade das partes não pode aceder à produção jurígena em áreas onde o que é de cada um se decide de forma heterónoma. Nem podem dois sujeitos distribuir bens exteriores que, por impositivo legal, não são distribuíveis.

FLUME representa nesta discussão uma posição intermédia: por um lado afasta-se de um voluntarismo puro, ao estabelecer que "[l]a autonomía privada exige conceptualmente la existencia correlativa del Ordenamiento jurídico. Los particulares sólo pueden configurar relaciones jurídicas que sean figuras jurídicas propias del Ordenamiento jurídico". Avança assim que "[l]a configuración autónomo-privada de relaciones jurídicas está determinada, por tanto, por el Ordenamiento jurídico en su forma y en su posible contenido". Esta posição leva FLUME a extrair uma conclusão quanto à verdadeira extensão da autonomia privada: "El Ordenamiento jurídico contiene, para la configuración autónomo-privada, un *numerus clausus* de tipos de actos y de relaciones jurídicas configurables por ellos". Segundo este Autor, a autonomia privada seria limitada em duas dimensões distintas: a primeira referir-se-ia ao *numerus clausus* de tipos de actos e relações jurídicas fixadas pelo ordenamento, e a segunda às proibições gerais e especiais que restringem as suas possíveis actuações[282].

Esta posição de FLUME deve ser aplaudida na medida em que afasta o dogma da vontade enquanto fundamentação da eficácia jurígena da autonomia privada. Introduz então a relevância do ordenamento jurídico no fenómeno jurígena da autonomia privada. No entanto, e com o devido respeito, a segunda conclusão, a da dupla limitação da autonomia privada, não parece passível de ser acolhida no direito civil português[283].

---

[281] Assim, se dois sujeitos jurídicos decidem respectivamente comprar e vender uma coisa, após celebração do contrato é *devido* ao comprador a entrega da coisa e é *devido* ao vendedor o pagamento do preço. Os efeitos jurídicos têm origem, não só mas também, e sobretudo, neste encontro de vontades. Dar a cada um o que lhe é devido implica perguntar em que medida as vontades das partes convergiram. E por isso, não é suficiente a crítica ao voluntarismo puro que coloca todo o peso argumentativo na possibilidade de uma das partes mudar de ideias. Esta linha crítica parece partir de uma perspectiva, altamente contestável, segundo a qual o único traço identificativo do direito é a coercibilidade.

[282] FLUME, *El Negocio Jurídico...*, cit., 24.

[283] Nem tampouco, segundo LARENZ, no direito alemão: "No que toca aos direitos subjectivos, a distinção entre «absolutos» e «relativos» é apenas uma distinção conceptual;

Atente-se na articulação entre os artigos 397.°, 398.° e 405.° do Código Civil. *A obrigação é o vínculo jurídico por virtude do qual uma pessoa fica adstrita para com outra à realização de uma prestação* (397.°). O conteúdo, negativo ou positivo da prestação é fixado pelas partes livremente, dentro dos limites da lei (398.°). Sendo o contrato fonte de obrigações, *as partes têm a faculdade de fixar livremente* o seu conteúdo" (405.°, n.° 1).

O único *numerus clausus* que aqui se descortina é o de que através do contrato se criam, necessariamente, obrigações, encaradas como vínculos jurídicos destinados à realização de uma prestação. Mas o conceito de *obrigação* não é um tipo legal, antes uma categoria dogmática que descreve determinada vinculação jurídica entre dois ou mais sujeitos. Se entendermos que no Direito das obrigações só se estudam vínculos jurídicos deste tipo, não estamos a limitar a autonomia privada, estamos a descrever uma realidade jurídica através de categorias científicas. Não parece existir assim um *numerus clausus* de actos e relações jurídicas. Apenas se pode admitir – e ainda assim com dificuldade –, que a ciência jurídica consegue arrumar todas as produções jurígenas das partes em categorias dogmáticas limitadas.

Assim, no que interessa ao mundo dos contratos, as partes podem, nos limites das proibições impostas pelo ordenamento, decidir sobre a sua vinculação à realização de prestações, por um lado, e sobre o conteúdo das mesmas, por outro. Dizer que, em qualquer caso, escolhem entre constituir um vínculo jurídico ou não, é remeter a discussão para uma categoria dogmática, assumida pelo legislador para efeitos de arrumação sistemática, e não para um tipo legal.

O fundamento do poder jurígena dos privados que exercem a autonomia privada há-de descobrir-se, então, no cruzamento entre a respectiva vontade e o ordenamento jurídico, que reconheceu aquele espaço para a produção livre não heterónoma[284].

---

as diferentes espécies de direitos, segundo o seu conteúdo, como direitos de personalidade, direitos de família pessoais, direitos de domínio sobre coisas e sobre outros bens, créditos, direitos de cooperação, direitos potestativos e expectativas jurídicas são tipos, não conceitos. Não existe por isso um numerus clausus de tais tipos jurídicos; a formação de outros tipos dessa espécie seria inteiramente possível.", *Metodologia...*, cit., 648.

[284] Parece ser esta, também, a posição de PAIS DE VASCONCELOS, *Teoria Geral...*, cit., 15-16: "A Autonomia privada é jurígena. Nos negócios e nos contratos com que se regem, não é a Lei que atribui a consequência jurídica, mas sim as próprias pessoas que

Direito Privado Português e Autonomia Privada

O Direito privado português é indubitavelmente marcado pela autonomia privada. Basta confrontar a norma matricial do artigo 398.º, n.º 1 para tal concluir: *As partes podem fixar livremente, dentro dos limites da lei, o conteúdo positivo ou negativo da prestação.* Como foi dito, a autonomia privada não pode ser vista individualisticamente, como a liberdade de agir sem impedimentos. Desde logo porque a conformação da autonomia privada deve ser determinada à luz do princípio da autodeterminação, ao serviço do qual se encontra e este princípio tampouco se conforma com uma perspectiva individualista.

Mas também porque a autonomia privada não pode ser vista, em cada situação de vida, como um instrumento de exercício único. Não é um foguete que se lança e, uma vez explodido, fica inutilizado. É antes um balão cheio de ar, cuja forma se vai alterando, à medida que é manuseado. Após a fixação do conteúdo positivo da prestação, as partes já não podem optar, juridicamente, por deixar de a realizar. Mas, se conformarem a sua conduta à vinculação pré-estabelecida, não se pode dizer que actuam fora do exercício da autonomia privada, pois a obrigação foi livremente assumida. Exercida num primeiro momento a autonomia privada, o balão muda de forma, mas não perde o ar que continha – este apenas se desloca e concentra noutra parte, no seu interior.

Esta concepção de autonomia privada permite-nos extrair um princípio hermenêutico da maior importância no direito privado português: após a produção jurígena por um indivíduo, em relação a uma situação de vida, dever-se-ão procurar os limites, tácita ou expressamente admitidos, decorrentes do acto inicial. Mas, encontrados esses limites, volta a desenhar-se um leque de possibilidades, não taxativamente previstas, mas tendencialmente ilimitadas.

Assim sendo, no direito das sociedades, após o acto constitutivo, os sócios encontram, de facto, limites ao exercício posterior da autonomia privada. Mas, fora desses limites, o ar concentra-se numa área posterior do seu balão de autonomia. E, assim, para responder sobre a licitude de uma conduta societária, deverão ser encontrados limites, decorrentes da restrição inicial ao exercício jurígena pelas partes ou das suas decisões poste-

---

são autores do negócio (...). A lei limita-se a reconhecer essas vicissitudes jurídicas, dentro dos limites em que a autonomia se encerra".

Delimitação do âmbito de aplicação da transformação de Soc. Comer. no DPP 121

riores. Na ausência de tais limites, não é necessária uma norma que expressamente legitime a conduta: a mesma é permitida.

Com efeito, não se nega que a procura dos limites da autonomia privada, no plano societário, deverá ser efectuada em confronto com a autodeterminação das contrapartes. Tomem-se por exemplo os credores da sociedade, que se autodeterminaram e, através do instrumento jurídico «autonomia privada», criaram espaços jurígenas com a sociedade. Mas, se não forem os *outros* a estabelecer o limite, quer vistos de forma individualizada, quer através da referência agregada sob o conceito de tutela do tráfego jurídico, a sociedade pode produzir direito livremente.

Obviamente que a intervenção do princípio da maioria, nesta área especial de confluência entre autonomia privada e negócio jurídico, que é a das deliberações, pode levantar problemas quanto à justiça do resultado. Com efeito, à imagem do que sucede com o contrato, pode questionar-se se o mero facto de a maioria dos membros de uma colectividade decidir em sentido idêntico assegura, por si só, a justiça da solução final[285].

---

[285] Na «sociedade de direito privado», vista como aquela em que o direito privado desempenha um papel constitutivo, ao regular os domínios principais da vida jurídica e económica, é possível enunciar três posições alternativas, que representam, segundo CANARIS, três linhas de argumentação representativas da discussão actual sobre as relações entre liberdade contratual e justiça contratual na Alemanha. (*A Liberdade e a Justiça Contratual na «Sociedade de Directo Privado»* em AAVV, *Contratos: Actualidade e Evolução*, Porto, UCP, 1997, 53 e ss.): A primeira linha de pensamento é representada por FLUME, segundo o qual, fora dos casos excepcionais em que a lei não reconhece o contrato celebrado pelas partes, é inútil questionar sobre a "justificação" das consequências jurídicas do contrato, uma vez que estas se encontram fundadas no exercício de autodeterminação subjacente (FLUME, *El Negocio Jurídico...*, cit., 28). Na medida em que a autodeterminação através do exercício da autonomia privada tenha relevância jurídica, "não é aplicável qualquer regulação externa, nem sequer a decisão do juiz" (ob. cit., 29). O reconhecimento dos efeitos jurídicos decorrentes do exercício da autonomia privada dá-se independentemente de que a liberdade subjacente tenha sido direccionada num sentido ideal (ob. cit., 30). Assim, conclui FLUME, a configuração de relações jurídicas através de um exercício de autodeterminação conforme ao ordenamento repudia posteriormente que se verifique da justiça do resultado alcançado. Com efeito, sustenta FLUME, na medida em que a autonomia privada tenha relevância jurídica, não existe uma outra norma jurídica com base na qual se possa formular um juízo sobre a justiça das relações assim configuradas (ob. cit., 31). Na posição oposta, encontram-se as linhas iniciadas por ZWEIGERT e KÖTZ, segundo as quais a liberdade contratual apenas existe "para contratos entre grandes empresas a propósito de objectos atípicos" (Apud CANARIS, *A Liberdade e a Justiça Contratual...*, cit., 54). Nos restantes casos, dada a assimetria entre a capacidade económica e social das partes, a justiça do contrato é sempre perturbada em favor da mais forte

No Direito Civil português parece vigorar um modelo semelhante ao de SCHMIDT-RIMPLER, segundo o qual existe um mecanismo intrínseco no contrato através do qual é garantida uma justeza (*Richtigkeit*) dos efeitos jurídicos desencadeados, mas numa vertente negativa[286]. Não existem regras que exijam que do contrato decorram relações jurídicas «justas», como não existem mecanismos expressamente destinados a assegurar essa justeza. No entanto, existe uma série de normas destinadas a possibilitar que os resultados manifestamente injustos sejam evitados, tomando-se aqui a injustiça em sentido próprio (dar a cada um o que é seu) mas também como conveniência social. Basta pensar, para a primeira dimensão de justiça na anulabilidade do negócio usurário (artigo 282.º CC), e no campo específico das deliberações, nas deliberações abusivas (artigo 58.º/1, alínea b), e para a segunda, na nulidade cominada pelo n.º 2 do artigo 280.º CC aos negócios contrários à ordem pública ou ofensivos aos bons costumes.

Assim, pode fixar-se que, muito embora as relações decorrentes do negócio jurídico admitam um juízo de justiça (contrariando-se assim a posição de FLUME[287] a este respeito), esse juízo está reservado no direito português para as injustiças graves, admitindo-se que em todos os outros casos a manifestação da autodeterminação das partes é indício de justiça dos resultados daí decorrentes. Indício, no entanto, não equivale a uma presunção jurídica relativa à justiça ou equilíbrio dos resultados de uma contratação (o que corresponderia à consagração legal das posições mais arrojadas de SCHMIDT-RIMPLER). Parece antes que o reconhecimento da inviabilidade do modelo alternativo – no fundo, o do estabelecimento de

---

e em detrimento da mais fraca. A terceira tese referida por CANARIS foi avançada por SCHMIDT-RIMPLER, que sustenta a existência de um mecanismo intrínseco no contrato através do qual é garantida uma justeza (*Richtigkeit*) dos efeitos jurídicos desencadeados (ob. cit., 55). Segundo o Autor, o conceito de *justeza* é utilizado por SCHMIDT-RIMPLER tanto no sentido de justiça nas relações entre as partes como no sentido de concordância com os objectivos do bem comum. Com efeito, porque não é de esperar que alguém conceda em contratar em termos mais desfavoráveis do que os que resultariam da ausência de contrato, os efeitos decorrentes do mesmo devem entender-se como adequados à justeza, já que resultam do encontro de vontades de duas partes livres, que podem sempre recusar a conclusão (SOUSA RIBEIRO, *O Problema do Contrato...*, cit., 75-78).

[286] Vide nota anterior. A vertente negativa da teoria de SCHMIDT-RIMPLER é aliás assinalada por CANARIS como a mais promissora, *A Liberdade e a Justiça Contratual...*, cit., 58.

[287] Vide nota 282.

disciplinas imperativas em substituição do reconhecimento do poder jurígena dos particulares – subjaz à ausência de uma cláusula geral no nosso ordenamento que proíba o desequilíbrio contratual / negocial.

1.2.3. Limites à autonomia privada

Observou-se que no Direito Civil português é concedida aos sujeitos de direito uma ampla margem de conformação e produção jurígena. Estabelecida a sua origem ética e ontológica (na autodeterminação, como categoria filosófica), estabelecidos os seus fundamentos jurídicos (através da recusa de uma perspectiva puramente voluntarista), interessa agora determinar os seus limites.

Com efeito, se é o ordenamento que reconhece efeitos jurídicos à actividade dos sujeitos, também lhe cabe determinar os limites em que a produção jurígena individual pode ter lugar. O acolhimento da autonomia privada – sempre num determinado ordenamento político-jurídico – não implica um alheamento total em relação à conveniência dos resultados que possam surgir da livre conformação jurígena pelas partes. Entender o contrário implicaria colocar em risco a própria autodeterminação, ao serviço da qual se encontra a autonomia privada enquanto instituto jurídico. Com efeito, numa área de livre autonomia jurídica com total indiferença pelos resultados obtidos, é bem provável que fossem traduzidas para o plano jurídico as assimetrias económicas e sociais registadas entre as partes.

No Direito privado português, cumpre no entanto perguntar quais são os verdadeiros limites à autonomia privada. São verdadeiros limites os tipos contratuais e as previsões expressas do legislador? O facto de o legislador se pronunciar sobre determinado quadro negocial implica necessariamente um limite à autonomia privada das partes?

É impossível responder de forma unívoca a estas questões. Uma solução rigorosa para o problema implica a correcta interpretação das normas em jogo. É bom salientar, a este propósito, que as normas de conteúdo dispositivo não correspondem a um exercício académico ou a uma manifestação de erudição do legislador: elas incorporam "uma certa concepção de justiça da comunidade jurídica"[288]. Mas deve também negar-se a posição

---

[288] Baptista Machado, *Introdução ao Direito e ao Discurso Legitimador*, 13.ª reimpressão, Coimbra, Almedina, 2002, 98.

oposta, que corresponderia à recondução dos regimes tipificados pelo legislador civil português a limitações implícitas à autonomia privada. Com efeito, mesmo na presença de normas dispositivas, as partes podem escolher exercer o seu poder jurígena e dispensar parcial ou totalmente a sugestão do legislador. As virtudes das regras dispositivas (que se detectam, nomeadamente, no exercício da autonomia privada por leigos, para os quais seria demasiado onerosa uma regulamentação autónoma e individualizada do conteúdo de um contrato que pretendessem celebrar) não devem confundir o intérprete quanto à sua natureza.

Apenas perante regras de conteúdo imperativo devem as partes suster o seu poder jurígena, e conformar-se com as fronteiras que se lhes antepõem. Estaremos, neste caso, perante "interesses que o ordenamento, na sua valoração soberana, considera infringíveis, quer ver acautelados a todo o transe, pelo que subtrai a sua regulamentação à autonomia privada dos sujeitos intervenientes"[289].

Esta relação – entre a autonomia privada e as normas de conteúdo imperativo – parece confirmar-se no plano positivo, no Direito português. Com efeito, nos artigos 280.º, 281.º e 294.º CC, foram determinados os limites mais importantes ao exercício jurígena dos particulares. No que mais interessa a este estudo, atenda-se aos artigos 280.º e 294.º CC, que estabelecem como limite à ordenação autónoma pelas partes a conformidade do objecto negocial (280.º, n.º 1) e, mais genericamente, do próprio negócio jurídico (294.º) com a lei. Assinale-se que estas normas são enunciadas de forma negativa, cominando com a legalidade a desconformidade do objecto negocial e, mais genericamente, do negócio jurídico com a lei / disposição legal de carácter imperativo.

Assim (sobretudo quando articuladas com os artigos 405.º e 398.º CC) parece poder extrair-se destas normas que os limites à autonomia privada no Direito privado português se encontram de forma negativa, nas normas imperativas, pelo que o intérprete, na ausência destas últimas, fica dispensado de procurar uma norma permissiva ou legitimadora. Assim, ainda que existam tipos legais – de natureza dispositiva – as partes somente encontram um verdadeiro limite aos seus poderes jurígenas, no Direito privado português, perante uma norma imperativa.

Ao contrário do que sucede no Direito público, os poderes jurígenas dos particulares não estão assim, no Direito privado português, vinculados

---

[289] Sousa Ribeiro, *O Problema do Contrato...*, cit., 224-225.

Delimitação do âmbito de aplicação da transformação de Soc. Comer. no DPP 125

a um "molde conformativo predeterminado"[290], estabelecendo-se, pelo contrário, uma amplitude de livre conformação, desligada de uma apreciação heterónoma das intenções que presidiram ao exercício dos respectivos poderes jurígenas.

Ao extrair este postulado sistemático – na ausência de limites, o poder de ordenação das partes é juridicamente relevante – não se subscreve por isso que os limites a que se referem os artigos 280.º e 294.º CC constem exclusivamente de disposições legais expressas. Antes pelo contrário, entende-se que a letra dos preceitos em apreço permite que se desenhem como limites à autonomia privada normas jurídicas descobertas por outros processos interpretativos, desde que se lhes reconheça carácter imperativo[291].

Concluindo, é possível avançar que o Direito privado português oferece aos sujeitos de direito uma ampla liberdade na ordenação das relações jurídicas. Esta amplitude é limitada apenas de forma negativa, através do estabelecimento de fronteiras, como a licitude, a ordem pública ou os bons costumes. Assim, quando questionado sobre uma possibilidade de ordenação jurídica autónoma, o intérprete deverá detectar uma disposição imperativa expressa ou descobrir uma norma jurídica, de carácter igualmente imperativo, que a proíba. Na sua ausência, a ordenação jurídica autónoma é possível.

Com efeito, perante a dúvida sobre a possibilidade de uma determinada ordenação jurídica autónoma, decorrente da falta de norma habilitadora expressa, o intérprete descobrirá – através da função integradora – uma norma imperativa proibitiva, ou concluirá pela possibilidade do exercício jurígena das partes: *tertium non datur.*

1.2.4. **Autonomia privada e pessoas colectivas**

Se uma teoria geral da autonomia privada não fica completa sem uma referência sistemática ao poder jurígena que assumem hodiernamente

---

[290] SOUSA RIBEIRO, *O Problema do Contrato...*, cit., 229.

[291] Neste processo hermenêutico podem desempenhar um papel considerável as normas dispositivas que incorporem "uma certa concepção de justiça da comunidade jurídica". Mas o seu papel será então, unicamente, o de aclarar a natureza imperativa de uma norma jurídica descoberta através da interpretação e não o de corporizar, no próprio tipo legal, um limite à autonomia privada.

sujeitos de direito que não são pessoas físicas[292], esta referência é insubstituível numa análise sumária do conceito – como esta – que permita obter dados operativos com que abordar a problemática da transformação de sociedades.

À imagem do que acima se referiu, podem ser adoptados, também a este propósito, dois pontos de vista complementares: um primeiro, que foca as condições do "consenso", através do qual são analisadas as manifestações e limites da autonomia privada no processo de formação e conclusão contratual, onde terá especial importância, a este propósito, a formação da vontade colectiva, e um segundo, funcional, em que é dado relevo ao conteúdo e à função desempenhada pelo acto jurígena da pessoa colectiva.

Se a justificação dogmática para a constituição de pessoas colectivas no direito privado é, seguramente, dada pela autonomia privada, após a sua constituição as pessoas colectivas "são, elas mesmas, pessoas em sentido jurídico e como tais agem, de um ponto de vista doutrinal, também com a sua autonomia própria e de acordo com o princípio formal da igualdade jurídica"[293].

Assim, a decisão de transformação de uma pessoa colectiva já é uma decisão do ente jurídico e não dos seus sócios ou associados (se bem que a vontade da pessoa colectiva se obtém através da intervenção destes).

Além dos limites gerais – que já enumerámos sumariamente – podem ser autonomizadas duas ordens de restrições ao exercício do poder jurígena pela pessoa colectiva: (A) as ditadas pela necessidade de assegurar a igualdade e a auto-determinação dos sócios / associados; (B) as ditadas pela projecção *real* da pessoa colectiva, enquanto centro *externo* de produção / imputação de normas jurídicas[294].

Serão estes os dois índices que serão empregues na restante análise, a propósito dos limites de ordem geral que se impõem ao exercício da

---

[292] COCO, *Sulla Volontà Collettiva in Diritto Privato*, Milão, Giuffrè, 1967, 2.

[293] HÖRSTER, *A Parte Geral do Código Civil Português...*, cit., 359. O Autor propõe no entanto que a visão individual da autonomia privada seja complementada com a ponderação do peso dos grupos sociais e económicos gerados pela criação de pessoas colectivas por pessoas colectivas.

[294] Nesta última medida relevarão, por exemplo, as regras relativas ao *numerus clausus* de pessoas colectivas e, mais remotamente, ao *numerus clausus* de sociedades. Esta problemática será analisada autonomamente, quando for tratada a matéria da tipicidade (*infra*, II, 1.3).

Delimitação do âmbito de aplicação da transformação de Soc. Comer. no DPP   127

autonomia privada por uma sociedade (ou outro ente) que pretende iniciar um processo de transformação. Na sua ausência, aplica-se no entanto o critério hermenêutico também já descrito: não é necessária norma habilitadora para que a pessoa colectiva dê normas a si própria.

1.3. PESSOAS COLECTIVAS DE DIREITO PRIVADO E TIPICIDADE

1.3.1. Enquadramento da questão

A sugestão da adopção de uma metodologia que tenha em linha de conta os avanços do pensamento tipológico, enquanto forma de apreensão da realidade jurídica, em matéria de personalidade colectiva fez-se (*supra*, II, 1.1.3 e 1.1.4), obviamente, num plano diferente da análise que se segue, a propósito de uma eventual tipicidade legal que exista no nosso ordenamento, no que respeita às pessoas colectivas de direito privado.

O pensamento com recurso ao tipo (como o pensamento conceptual-abstracto, com o qual é usualmente comparado) é uma ferramenta de apreensão da realidade, potencialmente aplicável a todas as ciências sociais (e por conseguinte também à ciência jurídica), e tem relevância, no que ao Direito interessa, sobretudo no plano da construção dogmática. O tipo corresponde assim, neste plano, a uma estrutura do pensamento, que ordena a realidade, e que, em relação ao conceito, está mais próxima do concreto e, reflexamente, mais distante da abstracção e da generalidade[295].

Mas a ciência do Direito também recorre ao conceito de tipo numa outra acepção, a do "tipo jurídico propriamente dito, o *tipo dentro da norma*"[296] ou, na terminologia de LARENZ, adoptada entre nós por PAIS DE VASCONCELOS, o tipo jurídico-estrutural, enquanto conjunto de regulações

---

[295] ENGISCH, *La Idea de Concreción...*, cit., 417-418. Como sugere PAIS DE VASCONCELOS (*Contratos Atípicos*, cit., 24), devem também assinalar-se as semelhanças: "Tanto os tipos como os conceitos gerais abstractos situam-se fora do campo do individual. Constituem modos de referir e de exprimir, de designar, algo de plural, são modos diferentes de pensamento do geral. Neste sentido, os conceitos gerais abstractos e os tipos têm um parentesco e uma proximidade importantes: as mesmas realidades plurais podem ser expressas ou referidas através de conceitos gerais abstractos ou de tipos, conceptual ou tipologicamente".

[296] OLIVEIRA ASCENSÃO, *A Tipicidade dos Direitos Reais*, Lisboa, Minerva, 1968, 33 [itálico do Autor].

jurídicas condicionadas reciprocamente[297],[298]. Na identificação e delimitação de um tipo jurídico-estrutural, foca-se, como ponto de partida, o conjunto de regulamentação que a lei estabelece. O tipo será então deduzido "das disposições particulares na sua união dotada de sentido" e serve, reflexamente, "para melhor compreender e mais acertadamente apreciar estas disposições, o seu alcance e a sua importância para a coordenação ao tipo"[299].

Quando o legislador recorre a uma tipologia na formulação de normas jurídicas, comunga de algumas das vantagens habitualmente reconhecidas ao pensamento tipológico, já que não se distancia tanto do concreto como sucederia se recorresse a um conceito[300]. Mas abdica conscientemente de outras, como a da fluidez e indeterminação de fronteiras, que permitem a ordenação em contínuo de séries de tipos. Com efeito, quando faz uso de uma tipologia, o propósito do legislador pode ser precisamente o contrário: o de limitar directa ou indirectamente, e de forma absoluta ou relativa a figura legal a que se refere[301].

---

[297] LARENZ, *Metodologia*..., cit. 665: "entre estes traços, que na sua globalidade constituem o tipo, existe uma relação de sentido tal que eles se condicionam ou reclamam reciprocamente até um certo grau, ou pelo menos são compatíveis entre si." Mais adiante, LARENZ volta a definir o tipo jurídico-estrutural: "complexos de regulação relacionados entre si, cujos elementos são conteúdos normativos conjuntamente com as relações da vida neles tidos em conta. Pelo menos alguns destes elementos podem variar de caso para caso ou estar ausentes no caso particular, sem que por isso desapareça a pertença ao tipo" (ob. cit., 668).

[298] Utilizando o conceito de tipo jurídico estrutural proposto por LARENZ, PAIS DE VASCONCELOS sublinha a sua valia metodológica: "Os tipos jurídicos estruturais constituem um instrumento hábil e adequado para a apreensão e entendimento e para a descrição e a expressão de relações jurídicas, bem como para explicitar as suas qualidades ou características essenciais, quer dependam de uma valoração de interesses quer de uma observação sociológica média", *Contratos Atípicos*, 57.

[299] LARENZ, *Metodologia*..., cit., 667.

[300] OLIVEIRA ASCENSÃO, *A Tipicidade dos Direitos Reais*, cit., 34: "Também o tipo jurídico, como todo o tipo, é algo de mais concreto que o conceito".

[301] Há quem conteste, a este propósito, a utilização da terminologia gerada à luz do pensamento tipológico quanto às enumerações tipológicas legais. Nestas últimas, de facto, não se descobre a fluidez própria do pensamento tipológico, já que a subsunção a uma das categorias legais (pense-se nos tipos de sociedades comerciais) tem que ser feita com uma resposta negativa ou positiva peremptória, e não admite portanto uma resposta quantitativa. Uma sociedade comercial, de facto, não pode ser, em certa medida anónima e em certa medida em nome colectivo. Mas, segundo aquela que parece ser a melhor doutrina,

Delimitação do âmbito de aplicação da transformação de Soc. Comer. no DPP 129

O facto de se ter sugerido que a excessiva abstracção e rigidez conceptual com que a doutrina tem tratado o instituto da personalidade colectiva podem ser atenuadas através do recurso parcial ao pensamento tipológico, não implica, necessariamente, que se afirme a existência, neste campo, em toda a linha, de uma *tipologia taxativa*.

Na verdade, a aplicação do pensamento tipológico à análise de um fenómeno jurídico, como o da personalidade colectiva, é profícua, independentemente da liberdade experimentada pelos sujeitos jurídicos na conformação autónoma de regimes atípicos (ou da margem de que o intérprete disponha para descobrir e integrar lacunas). A aceitação das virtudes do pensamento tipológico processa-se, sobretudo, a um nível dogmático, enquanto que a determinação da margem de autonomia jurígena dos sujeitos para extravasar os tipos oferecidos pela lei se processa, maioritariamente, ao nível da interpretação e aplicação do direito.

Como foi previamente referido (*supra*, II, 1.1.4), não parece possível reconduzir a pessoa colectiva a um tipo jurídico-estrutural, ainda que esparsamente regulamentado. As referências normativas principais à personalidade colectiva, no Direito privado, constam da sistemática do Código Civil e das normas que reconhecem *personalidade jurídica* a determinadas realidades diferentes do ser humano (por exemplo, o artigo 5.°), e que são muito diferentes entre si. Não há, por isso, uma regulamentação legal que permita erigir a pessoa colectiva num tipo jurídico-estrutural, do qual penderiam os vários tipos e subtipos, como a associação, a fundação ou a sociedade anónima.

Confrontando-se a utilização habitual do conceito – em termos excessivamente gerais e abstractos, segundo se julga –, sugeriu-se a atenuação da rigidez conceptual-abstracta através das virtualidades do pensamento tipológico, que por sua vez permitiram descobrir a valência *funcional* da personalidade colectiva. Através desta postura metodológica espera-se obter, no plano da interpretação e aplicação do direito, soluções semelhantes para realidades que comunguem, se bem que em diferentes medidas, dos mesmos traços funcionais. Na recondução de uma determinada figura ao universo da personalidade colectiva – que tem, seguramente,

---

ainda aqui se pode utilizar o conceito de tipo – aproveitando aliás a sua polissemia – uma vez que as categorias utilizadas na enumeração tipológica legal encerram um sentido específico, no sentido da concretização, dentro de uma fronteira estabelecida por um conceito jurídico, obtido através da abstracção (no caso em apreço, o de pessoa colectiva).

repercussões aplicativas –, as respostas não se dariam, então, em termos de "sim ou não", mas antes em termos de "sim, mas" ou de "sim, em certa medida", tendo em conta as funções por ela desempenhadas.

O caso mais expressivo, que será analisado adiante com mais detalhe (*infra*, II, 4.1.2), é o da sociedade civil: num quadro puramente conceptual-abstracto, a maioria das sociedades civis obteria uma resposta negativa quanto à sua subsunção no conceito de pessoa colectiva, porque a sua inserção sistemática se fez ao lado dos contratos em especial, e porque entre a sociedade e os sócios não existe uma autonomia patrimonial plena. Num quadro atenuado pela intervenção do pensamento tipológico, e orientado funcionalmente, chega-se à conclusão de que a maioria das sociedades civis é, em certa medida, uma pessoa colectiva, sendo-o algumas, sublinhe-se, na mesma medida que entes tradicionalmente aceites como tal (por exemplo, as associações).

1.3.2. Taxatividade da tipologia de pessoas colectivas de Direito privado

Neste capítulo, sem perder de vista o enquadramento do conceito de personalidade jurídica que se sugeriu, pretende-se analisar a taxatividade dos tipos jurídico-estruturais de pessoas colectivas.

Anteriormente, num plano mais conceptual e dogmático, avançaram-se soluções metodológicas para a tarefa de recondução das realidades jurídicas ao conceito de pessoa colectiva. Agora, num plano hermenêutico, pretende-se determinar se os sujeitos jurídicos podem ou não criar novas categorias de pessoas colectivas, para além dos modelos estruturados pelo legislador. A resposta a esta questão passa pela análise da natureza da tipologia existente no direito privado português.

E a este propósito, cumpre referir que a doutrina privatística portuguesa é unânime no reconhecimento de uma regra de tipicidade das pessoas colectivas, no sentido mais comum do termo, e explicado mais à frente em detalhe (*infra*, II, 3), o da tipologia taxativa[302] (jurídico-estrutural). Com

---

[302] OLIVEIRA ASCENSÃO, *Direito Civil – Teoria Geral*, volume I – *Introdução. As Pessoas. Os Bens*, Coimbra, Coimbra Editora, 1997, 203; MENEZES CORDEIRO, *Tratado*, I, III, cit., 601-602; PAIS DE VASCONCELOS, *Teoria Geral...*, cit., 146. É também exemplo desta linha de pensamento HÖRSTER, *A Parte Geral...*, cit., 358: "Todavia, a respeito das

Delimitação do âmbito de aplicação da transformação de Soc. Comer. no DPP   131

efeito, decorre de forma clara do regime jurídico-positivo que aos privados não é reconhecido poder jurígena autónomo para criar novos tipos de pessoas colectivas, que representassem, portanto, centros de imputação de direitos e deveres.

A este propósito, no Direito privado português, pode aliás distinguir--se uma tipicidade de primeiro grau – a das pessoas colectivas – e, em alguns casos, tipicidades de segundo grau – relativas a determinados tipos de pessoas colectivas. No primeiro plano, superior, teremos como tipos principais a associação, a fundação, a sociedade, a cooperativa e o agrupamento complementar de empresas (ACE). No segundo plano, inferior, teremos subtipos. Se escolhermos no plano superior a sociedade, no plano inferior encontraremos os vários tipos de sociedades comerciais e a sociedade civil pura[303].

Esta perspectiva em dois planos é expressiva, e não deve por isso ser abandonada. A sua utilização requer, no entanto, dois esclarecimentos.

O primeiro refere-se ao plano superior de análise, o dos tipos de pessoas colectivas. Deve advertir-se a este propósito que nem todos eles correspondem a tipos jurídico-estruturais. Um dos casos em que tal não sucede é dado pelas sociedades. Na esteira de PAIS DE VASCONCELOS, pode afirmar-se que os tipos de sociedades se relacionam em série, num mesmo plano (e que, no modelo apresentado, seria o plano inferior). Apenas se pode induzir, através da abstracção "um conceito geral de sociedade comercial que constitua o vértice de uma pirâmide que tenha na base as

---

pessoas colectivas existe um «numerus clausus» (Typenfixierung), de modo que só se podem constituir as pessoas colectivas admitidas como tipos legais que, de resto, abarcam uma multiplicidade impressionante de realidades da vida social"

[303] A análise detalhada do regime jurídico-positivo aplicável às sociedades civis puras, e a delimitação das respectivas fronteiras com as sociedades comerciais são tarefas a encetar mais adiante (*infra*, II, 4.1.1). Neste momento, sublinha-se que a inserção da sociedade civil pura no mesmo plano dos vários tipos de sociedades comerciais é proposta com base na ausência de um tipo geral de sociedade comercial (que fosse oponível às sociedades civis) e nas afinidades entre a sociedade civil pura e alguns tipos de sociedades comerciais (em especial, a sociedade em nome colectivo). Não se desconhece que a sociedade civil é "um tipo menos estrito e no qual afloram vectores que encontrámos em todo o Direito das sociedades e que irão ressurgir nos diversos tipos de sociedades comerciais" (MENEZES CORDEIRO, *Manual de Direito das Sociedades*, I, cit., 31). No entanto, esta característica parece ser compatível com a ordenação em série da sociedade civil com os demais tipos societários, que permite sublinhar as semelhanças em vez de acentuar as (poucas diferenças).

espécies de sociedades, as sociedades em especial"[304]. Assim, o tipo geral de sociedade, presente no plano superior de análise é, em bom rigor, um conceito geral e abstracto.

O segundo esclarecimento é respeitante ao plano inferior de análise. Com excepção da sociedade, os restantes tipos de pessoas colectivas apenas em aparência dão origem a subtipos jurídico-estruturais. Em bom rigor, e focando nas associações, quando se consideram as associações de estudantes ou as associações de defesa do consumidor não se tem em vista a identificação de subtipos jurídico-estruturais, mas antes a descrição de regimes especiais a que podem acolher-se as associações.

Tendo em conta estes esclarecimentos, pode manter-se, pela sua valia expositiva, esta análise dual das pessoas colectivas de direito privado. Quanto se quiser convocar um sentido técnico-jurídico, far-se-á referência ao conceito de tipo jurídico-estrutural.

Enunciado o princípio da taxatividade, cumpre agora analisar as razões que lhe subjazem. A este propósito, são tradicionalmente enumerados argumentos de ordem pública e segurança jurídica como fundamento para a regra da tipologia taxativa de pessoas colectivas de direito privado. Na medida em que irão aparecer no tráfego jurídico invocando direitos e titulando deveres, as pessoas colectivas não podem surpreender os restantes sujeitos jurídicos, com estruturas de organização e responsabilidade atípicas e inesperadas, funcionando em *modo colectivo*[305].

---

[304] Pais de Vasconcelos, *A Participação Social nas Sociedades Comerciais*, 2006, Coimbra, Almedina, cit., 37. Este Autor nega à sociedade civil pura "o papel de conceito geral abstracto de sociedade em geral ao qual devam ser subsumidos, como sociedades em especial, todos os diversos tipos de sociedades comerciais" (ob. cit., 30). A ordenação seriada a que procede na obra citada apenas abrange as sociedades comerciais. Estes factos não se opõem, no entanto, segundo se julga, à inserção da sociedade civil pura no mesmo plano dos vários tipos de sociedades comerciais, se na ordenação se fizer referência, como adiante se fará (*infra*, II, 4.1.1), tanto ao (muito) que as aproxima, como às diferenças que as separam. Aliás, encontra-se apoio para este entendimento numa outra obra de Pais de Vasconcelos, já que a sociedade civil é enumerada como subtipo de sociedade, ao lado dos restantes tipos do artigo 1.º/2 (*Teoria Geral...*, cit., 146).

[305] São sugestivas as palavras de Paulo Videira Henriques, a propósito da tipicidade no direito das associações: "Cumpre ter presente, na realidade, que a organização de interesses instituída através do acordo associativo modifica os termos da afectação dominial (não só pelo tratamento específico dos bens que, eventualmente, sejam postos em comum, mas também pela alteração dos critérios de responsabilidade pessoal, por conseguinte, da instituição ou do cancelamento de garantias); deve, pois, ponderar-se a impor-

Delimitação do âmbito de aplicação da transformação de Soc. Comer. no DPP   133

Esta regra tem consequências assinaláveis na matéria da transformação de pessoas colectivas no direito privado: o universo de origem e destino da operação está perfeitamente delimitado, porque não é possível, por analogia ou através da autonomia privada, construir novos tipos de pessoas colectivas. Assim, a questão da susceptibilidade de transformação de uma determinada pessoa colectiva de direito privado pode colocar-se sempre perante um universo de destino limitado e cognoscível.

Esta tipicidade é, no entanto, aberta, na medida em que a cada tipo de pessoa colectiva não corresponde uma delimitação exaustiva e completa das respectivas características juridicamente relevantes. Se bem que em medidas diferentes, cada tipo de pessoa colectiva oferece "um quadro ou descrição fundamental, mas não exclui que fora dele se encontrem ainda elementos relevantes para a realidade que se tipifica"[306]. Esta abertura não pode deixar de abranger as vicissitudes passíveis de serem experimentadas pelas pessoas colectivas. A título de exemplo, refira-se que a contenção do legislador quanto às vicissitudes a que podem submeter-se as associações não tem sido vista, na doutrina[307], como limite à respectiva fusão e cisão.

1.3.3. **Taxatividade da tipologia de sociedades comerciais**

Também em matéria de sociedades é assinalada a vigência de uma regra de tipicidade taxativa, sem que com isto se pretenda assimilá-la a uma tipicidade fechada[308]. Os motivos subjacentes a esta regra são idênti-

---

tância para o tráfico jurídico desta disciplina, que podemos designar por *efeitos erga omnes* do negócio associativo (e, em geral, dos negócios organizatórios); ou seja, fundamentalmente: as disposições sobre a responsabilidade pessoal (limitada ou não) e sobre a autonomia patrimonial que há pouco localizámos no plano das relações com terceiros. Neste domínio, estamos em crer que os objectivos de tutela da segurança do crédito e da celeridade do tráfico justificam restrições à contingência individual e, por isso, o espaço de livre conformação dos interessados talvez não deva ir além da possibilidade de optar por um dos vários esquemas de regras legalmente fixados." (*O Regime Geral das Associações*, em AAVV, *Comemorações dos 35 Anos do Código Civil e dos 25 Anos da Reforma de 1977*, 2006, Coimbra, Coimbra Editora, 283).

[306] OLIVEIRA ASCENSÃO, *A Tipicidade dos Direitos Reais*, cit., 304.

[307] MENEZES CORDEIRO, *Tratado*, I, III, cit., 750.

[308] Quanto à tipicidade das sociedades comerciais, por todos, a título de exemplo, FERRER CORREIA, *Lições de Direito Comercial*, reimpressão, Lisboa, LEX, 1994, 213: "Com efeito, não domina neste campo o princípio da autonomia da vontade ou da liberdade con-

cos aos assinalados quanto às pessoas colectivas: o interesse público em conhecer a conformação típica de sujeitos actuantes no tráfego.

Pode no entanto ser concretizado este fundamento, autonomizando--se, ao lado do interesse geral, a tutela dos sócios, que poderão antever os riscos a que se expõem com a vinculação à sociedade e o interesse dos credores, que assim têm um instrumento para avaliar as garantias oferecidas na interacção com a sociedade[309]. É tradicional, nesta matéria, o recurso a estes dois pólos – o modo de participação dos sócios e o regime da responsabilidade pelas dívidas da sociedade[310] –, para diferenciar os vários tipos de sociedades comerciais[311].

Chega-se, então, à mesma conclusão acima enunciada, quanto ao universo societário: na transformação de uma sociedade comercial, a adopção

---

tratual: as partes não podem, ao constituir uma sociedade comercial, modelar como bem entendem o organismo que pretendam criar, antes têm de se ajustar a um dos tipos que a lei enumera. De modo idêntico ao que se passa noutros domínios do direito, o legislador, por razões de ordem pública, sancionou aqui o princípio do *numerus clausus* ou da tipicidade – oposto à regra geral vigente em matéria de negócios jurídicos (Cód. Civ., art. 405.º n.º 1). Cada uma das espécies legais de sociedades caracteriza-se e distingue-se das outras, *inter alia*, pela presença ou ausência de responsabilidade pessoal dos sócios perante os credores sociais, e pela extensão dessa responsabilidade." Mesmo quanto à tipicidade das sociedades comerciais, cumpre assinalar que o reconhecimento da taxatividade da tipologia legal não implica uma recondução dos vários tipos previstos à modalidade de tipos fechados. Antes pelo contrário, a doutrina portuguesa tem sido unânime em considerar que os tipos de sociedades comerciais são tipos abertos. Por todos, OLIVEIRA ASCENSÃO, *A Tipicidade dos Direitos Reais*, cit., 64.

[309] Neste sentido, MENEZES CORDEIRO, *Manual de Direito das Sociedades*, I, cit., 255-257.

[310] A elasticidade dos tipos societários pode assim beneficiar os sócios, que dispõem de maior autonomia para conformar o ordenamento societário aos seus interesses, mas deve ter em conta a tutela dos credores. Para uma crítica à amplitude reconhecida pela recente reforma do direito societário italiano aos sócios na conformação do contrato de sociedade, precisamente pelas repercussões que pode ter face a terceiros, SABATO, *Autonomia Privata e Tipicità delle Società*, em AFFERNI / VISINTINI (org.), *Principi Civilistici nella Riforma del Diritto Societário*, 2005, Milão, Giuffrè, 20-21.

[311] A este respeito, é clássica a obra de SPADA, *La Tipicità delle Società*, Pádua, CEDAM, 1974, 20-45. Este autor elege como binómio para a caracterização e distinção dos tipos os pólos da "disciplina della participazione all'operazione" e do "rilievo reale" da sociedade (ob. cit., 28). Entre nós, não está distante a posição de PAIS DE VASCONCELOS, quando elege como critérios de ordenação dos vários tipos societários a posição pessoal dos sócios, a estrutura orgânica das sociedades e a responsabilidade patrimonial (*A Participação Social...*, cit., 38-45).

de um novo regime societário, por referência a um outro tipo, não pode surpreender os credores e sócios, já que o universo de destino está limitado aos modelos elencados taxativamente pelo legislador.

Caso os sócios decidam introduzir cláusulas atípicas em relação ao modelo societário escolhido, os problemas que se levantam não são diferentes se comparados com os que se colocam na constituição de uma sociedade com cláusulas estranhas ao tipo. Com efeito, cumpre referir a este propósito a relação entre tipicidade e qualificação. Se bem que esta tensão esteja presente no plano superior de análise que foi referido – o da tipicidade de pessoas colectivas de direito privado –, é com mais frequência associada à tipicidade de sociedades comerciais.

Os tipos jurídico-estruturais em apreço não são, obviamente, meros exercícios académicos do legislador, mas antes poderosas ferramentas para a selecção e aplicação de normas a situações carentes de regulação[312]. Perante uma determinada realidade societária, cabe ao aplicador a respectiva recondução a um dos tipos constantes do artigo 1.°/2, sendo a qualificação proposta pelas partes meramente indicativa. Importa antes aferir, nesta tarefa, o respeito pelos preceitos inderrogáveis e pelos *princípios informadores* de cada um dos tipos (artigo 2.°).

Pode acontecer que uma sociedade qualificada pelos sócios como sociedade por quotas deva ser qualificada, tendo em conta os preceitos inderrogáveis e os princípios informadores do tipo, como sociedade anónima. Não estaremos aqui perante uma transformação, porque a qualificação das partes é irrelevante face à qualificação do aplicador, alicerçada no regime jurídico-positivo e nos princípios hermenêuticos do nosso direito privado.

Caso diferente será o da transformação de uma sociedade por quotas em sociedade anónima com introdução no contrato de cláusulas estranhas ao tipo de destino. Bem como o de uma sociedade, correctamente qualificada pelas partes como sociedade por quotas, que, sem recurso à transformação, introduz alterações no seu contrato ao ponto de se tornar irreco-

---

[312] Ilustram esta tensão, se bem que referindo-se especialmente ao domínio contratual, as palavras de PAIS DE VASCONCELOS: "A qualificação de um certo contrato como deste ou daquele tipo tem consequências determinantes no que respeita à vigência da disciplina que constitui o modelo regulativo do tipo. Como direito injuntivo e como direito dispositivo, o modelo regulativo do tipo dá sempre um contributo importantíssimo para a disciplina do contrato julgado típico" (*Contratos Atípicos*, cit., 160).

136   *Transformação de Sociedades Comerciais*

nhecível como tal, e susceptível de recondução ao tipo de sociedade anónima. Ambos os casos se situam nas fronteiras do objecto desta análise.

Tendo em conta, porém, que o objecto central deste estudo é o da delimitação do âmbito de aplicação da transformação, considerada como adopção expressa de um novo regime jurídico, aplicável em modo colectivo, por referência a um tipo, o problema não poderá ser analisado nesta ocasião.

2. ANÁLISE PROBLEMÁTICA DO REGIME LEGAL VIGENTE

A disciplina legal expressa da transformação de sociedades comerciais, actualmente em vigor, encontra-se compreendida, em grande parte, nos artigos 130.º a 140.º-A do Código das Sociedades Comerciais. A este propósito, cumpre ainda referir, de modo complementar: (A) as normas que regulam a transformação de sociedades pluripessoais por quotas em sociedades unipessoais, constantes dos n.º 2 a 4 do artigo 270.º-A do mesmo código; (B) a norma que regula a transformação de um estabelecimento individual de responsabilidade limitada (EIRL) em sociedade unipessoal por quotas (SUQ), constante do n.º 5 do artigo 270.º-A; (C) a transformação de uma sociedade anónima europeia em sociedade anónima regulada pela lei portuguesa, constante do artigo 23.º do Decreto-Lei n.º 2/2005, de 4 de Janeiro; (D) a transformação de uma sociedade em ACE, prevista no artigo 20.º do Decreto-Lei n.º 430/73, de 25 de Agosto; (E) a transformação de clubes desportivos em sociedades anónimas desportivas, constante da alínea a) do artigo 3.º do Decreto-Lei n.º 67/97, de 3 de Abril[313].

Em todos estes textos legais é empregue indistintamente a expressão «transformação» de ou em sociedade comercial. Vozes autorizadas sustentam, no entanto, que em alguns deles o termo não é utilizado em sen-

---

[313] Esta modalidade de transformação não será analisada detalhadamente, já que implicaria um duplo esforço – de qualificação dogmática quer dos clubes desportivos quer das sociedades anónimas desportivas – que não pode ser realizado nesta ocasião. A este respeito, reconduzindo a sociedade desportiva a um novo tipo legal societário e assinalando como principal diferença a ausência de lucro subjectivo, MARIA ANTÓNIA PEREIRA, *O Direito aos Lucros nas Sociedades Desportivas*, 2003, Lisboa, Quid Juris?, 196-197 e 235-236.

Delimitação do âmbito de aplicação da transformação de Soc. Comer. no DPP   137

tido próprio[314]. Cumpre então compulsar o regime geral da transformação de sociedades, constante dos artigos 130.º e seguintes, para tentar consolidar um conceito que sirva para o confronto posterior com os restantes fenómenos que têm obtido a mesma designação pelo legislador. Este conceito de transformação, depois, há-de servir à indagação central deste trabalho, que é a de determinar o âmbito de aplicação da transformação no Direito privado português.

Sem prejuízo de outras sistematizações possíveis, a análise problemática do regime geral da transformação de sociedades comerciais, constante dos artigos 130.º e seguintes, pode ser abordada satisfatoriamente através do enfoque em três núcleos normativos, que, por sua vez, apenas podem ser apreendidos com referência a um mesmo princípio geral que é o da identidade. Este último será o objecto inicial da análise problemática proposta.

Em seguida serão compulsados os três núcleos normativos centrais indicados, que se referem (I) à delimitação do âmbito da transformação de sociedades, (II) à tutela dos credores e (III) à tutela dos sócios[315]. Se bem que logicamente anterior, o problema da delimitação do âmbito da transformação de sociedades será analisado em último lugar, tendo em conta as dúvidas suscitadas pela doutrina, a começar pelo apuramento terminológico reclamado e atendendo à centralidade da questão para o presente estudo. Espera-se, com esta ordenação, que da análise dos dois núcleos

---

[314] É exemplo desta posição, quanto à transformação de sociedades pluripessoais por quotas e de EIRL em sociedades unipessoais por quotas, RICARDO COSTA, *A Sociedade por Quotas Unipessoal...*, cit., 277-284, nota 261. Segundo este autor, numa posição que será analisada em detalhe adiante, o fenómeno previsto no artigo 270.º-A/2 CSC deve ser apelidado de conversão, já que "há apenas uma alteração do número de sócios produzida pelas operações adequadas a esse efeito", enquanto que o fenómeno previsto no artigo 270.º-A/5 CSC deve ser reconduzido à constituição *ex novo* de uma sociedade unipessoal por quotas, "em que a transmissão (vulgo trespasse) do EIRL funciona como acto de realização da entrada a que o sócio (anterior titular do EIRL) está vinculado".

[315] Em relação a estes dois últimos núcleos, seguimos a sistematização proposta por DIOGO COSTA GONÇALVES, *Direitos Especiais e Direito de Exoneração em Sede de Fusão*, 2006, Separata de OD, II, Coimbra, Almedina, 314. O Autor identifica ainda um terceiro núcleo central de questões ou interesses a que o legislador da fusão, cisão e transformação deu guarida, e que é o do "objectivo interesse sócio-económico" dos fenómenos em causa, e que o teria levado, por exemplo, a uma redução da tutela dos credores, face aos benefícios das concentrações económicas e financeiras.

138   *Transformação de Sociedades Comerciais*

normativos relativos à tutela dos credores e dos sócios se retirem, além disso, alguns princípios que permitam uma melhor delimitação do âmbito da transformação.

2.1. O PRINCÍPIO DA IDENTIDADE

O n.º 1 do artigo 130.º dispõe que as sociedades constituídas segundo um dos tipos enumerados no n.º 2 do artigo 1.º, i.e., sociedade em nome colectivo (SNC), sociedade por quotas (SQ), sociedade anónima (SA), sociedade em comandita simples (SCS) e sociedade em comandita por acções (SCA) podem adoptar posteriormente um outro desses tipos, salvo proibição da lei ou do contrato[316]. Mas logo no n.º 3 do mesmo artigo 130.º se descobre que essa adopção de um novo tipo societário *não importa a dissolução* da sociedade transformada, a menos que assim tenha sido expressamente deliberado pelos sócios.

A transformação de sociedades opera-se então com manutenção da personalidade jurídica do ente transformado e, por isso, com manutenção dos direitos e obrigações que estavam na sua titularidade no momento anterior à transformação[317]. A simplicidade deste princípio da identi-

---

[316] É assim admitida no direito societário português, de forma expressa, quer a transformação dita progressiva, que arranca de tipos de sociedades de pessoas, menos sofisticados do ponto de vista técnico-jurídico, para tipos de sociedades de capitais (ex. transformação de SNC em SA) quer a transformação dita regressiva, que arranca de tipos de sociedades de capitais para tipos de sociedades de pessoas (ex. transformação de SQ em SCS).

[317] Como já se referiu, a maioria das (poucas) decisões jurisprudenciais que versam sobre a transformação de sociedades comerciais aborda quase exclusivamente a questão da manutenção da personalidade jurídica da sociedade transformada, para daí retirar a subsistência das relações jurídicas por ela anteriormente encabeçadas. É exemplo desta linha jurisprudencial o Ac. RP de 19/05/97 (PAIVA GONÇALVES): "Tendo a executada (sociedade comercial por quotas) sido transformada em sociedade anónima, a sociedade transformada continua a manter a sua personalidade jurídica, pelo que a sociedade anónima em que a primeira se transformou não tem a qualidade de terceiro para deduzir embargos relativamente à penhora de bens efectuada". No mesmo sentido, o Ac. RP de 23/02/95 (SOUSA LEITE): "A citação de uma sociedade comercial, identificada como sociedade por quotas (...), por carta registada com aviso de recepção, quando ela fora anteriormente transformada em sociedade anónima (...), não traduz um erro de identidade, pois essa transformação não determina a constituição de uma nova sociedade, pelo que não se observa assim, qualquer irregularidade numa citação dessas". Cfr. também Ac. RLX de 04/07/91 (ALMEIDA VALA-

Delimitação do âmbito de aplicação da transformação de Soc. Comer. no DPP 139

dade[318] dispensa uma disciplina extensa[319]: não é necessária a regulação da transmissão dos direitos e obrigações da entidade que mudou de forma, porque não há nada a transmitir. E como não há nada a transmitir, evita-se uma transmissão do património societário que, na ausência de regra em contrário, seria regida pelo princípio da especialidade: cada objecto seria transmitido segundo as regras particulares ditadas pela respectiva natureza jurídica[320].

DAS): "A mudança de tipo de sociedade, transformada de sociedade anónima em sociedade por quotas, não prejudica a conversão ou a continuação das suas relações jurídicas" e Ac. RLX de 09/07/03 (ABRANTES GERALDES): "A transformação de uma sociedade anónima numa sociedade por quotas não interfere na personalidade jurídica, mantendo-se a mesma sociedade, embora com outro estatuto jurídico" (todos consultados em 28 de Julho de 2007, em www.dgsi.pt).

318 SCHMIDT, *Gesellschaftsrecht*, cit., 361 elege a identidade como principal instrumento técnico-jurídico utilizado na mudança de forma (*Formwechsel*), na UmwG 1994. Numa das obras clássicas na doutrina italiana sobre o assunto, GASPERONI afirma que "o coração do conceito" de transformação "está na continuidade". A continuidade, no pensamento deste Autor, deve no entanto ser aproximada da identidade, já que GASPERONI exclui do conceito de transformação aquelas vicissitudes em que tem lugar a extinção ou supressão da situação jurídica originária, mesmo quando em seu lugar seja colocada uma nova situação, que com a anterior estabeleça uma conexão (*La Trasformazione delle Società*, Milão, Giuffrè, 1952, 7-8). Em Portugal, pronunciaram-se contra a essencialidade da identidade na compreensão do conceito de transformação RAÚL VENTURA/BRITO CORREIA, *Transformação de Sociedades – Anteprojecto e Notas Justificativas*, Separata do BMJ n.º 218, 219 e 220, Lisboa, cit., 14-16. Segundo estes Autores, o enfoque devia antes ter sido colocado na continuidade, já que reservar "o conceito de transformação para as hipóteses em que a situação mantenha a sua identidade é (…) arbitrário". Assim, a substituição de um ente inicial por um ente final novo é também transformação, "desde que essa substituição se apresente como uma evolução ou modificação da situação ou ente originário" (ob. cit., 14). Foi seguramente alicerçada nesta leitura dogmática do instituto a proposta que os Autores vieram a formular quanto às duas modalidades de transformação actualmente constantes do artigo 130.°: a transformação apelidada *formal* (com manutenção da identidade) e a transformação dita *novatória* (com dissolução da sociedade inicial). Com efeito, pode ler-se ainda nos estudos preparatórios realizados pelos Autores citados que "as duas teses são teoricamente possíveis, isto é, que a transformação pode ser criada como constituição duma nova sociedade ou como continuação da mesma sociedade; ao legislador competirá escolher" (ob. cit., 119).

319 Assinala precisamente o carácter supérfluo de uma regulamentação extensa, face ao princípio da identidade, RAISER, *Gesamthand und juristische Person...*, cit., 498.

320 Em bom rigor, na sucessão universal evita-se também a aplicação da transmissão singular de cada objecto do património societário, uma vez que a dissolução da sociedade não é acompanhada por uma liquidação, mantendo-se assim os vínculos funcionais entre os vários objectos, que podem ser transmitidos como uma unidade.

O que caracteriza então a transformação é a adopção de um novo conjunto de regras para aplicação a uma mesma realidade, anteriormente regulada por um conjunto normativo distinto. Se a realidade à qual são aplicáveis sucessivamente os dois conjuntos de normas se mantém inalterada (esta ideia é claramente confirmada através das expressões *não importa a dissolução desta* e *sucede automática e globalmente à sociedade anterior* no artigo 130.°/3, 5 e 6) e se essa identidade é que define o conceito de transformação, importa então identificar este *quid* incólume na transformação, para caracterizar dogmaticamente o instituto. De facto, se da aplicação do novo conjunto de normas – resultante da transformação – adviesse uma alteração que descaracterizasse a realidade subjacente, não poderia afirmar-se que *a transformação de uma sociedade (...) não importa a dissolução dela* (artigo 130.°/3).

Utilizando os dados da dogmática tradicional das pessoas colectivas[321], podemos procurar qual a realidade que se mantém inalterada no ente transformado e que assim caracteriza o instituto da transformação, por referência aos vários elementos das pessoas colectivas. A análise continua circunscrita aos artigos 130.° e seguintes, para que os respectivos resultados se mantenham a salvo das dúvidas terminológicas acima descritas e aproveitem da presunção segundo a qual o legislador não terá utilizado num único artigo o mesmo termo em sentidos distintos (artigo 9.°/3 CC).

Quanto ao elemento pessoal e atentando ao disposto no artigo 137.°, verifica-se que pode estar previsto no contrato um direito de exoneração para os sócios discordantes num cenário de transformação da sociedade. Assim sendo, a adopção de um outro dos tipos constantes do artigo 1.°/2 pode fazer-se com alteração do elemento pessoal, se alguns sócios exercerem o direito estatutariamente previsto e a sociedade puder adquirir ou fazer adquirir as respectivas participações (artigo 137.°/1 e 2). Além do mais, a transformação pode ser combinada com alterações subjectivas, sem que fique descaracterizada (pense-se, a título de exemplo, na transformação de uma SQ em SA, em que pode ser necessária a entrada de novos sócios).

No que ao elemento teleológico se refere, verificamos que é o próprio artigo 130.° que admite expressamente a transformação de uma sociedade

---

[321] MANUEL DE ANDRADE, *Teoria Geral da Relação Jurídica*, I, 57. Quanto à sua aplicação no domínio das sociedades comerciais, MENEZES CORDEIRO, *Manual de Direito das Sociedades*, I, cit., 243.

civil pura – que não pode ter por objecto a prática regular de actos de comércio (artigo 1.º/3, *a contrario*) – em sociedade comercial. Assim, o objecto imediato do ente pode alterar-se sem que se caia fora do âmbito da transformação.

Quanto ao elemento formal, verificamos que é precisamente o que se pretende alterar na transformação, porque o novo conjunto de normas aplicáveis ao *quid* inalterado vai ser encontrado por referência a um outro tipo jurídico-estrutural.

Resta então o elemento patrimonial. Com efeito, uma das preocupações do legislador na transformação foi a de assegurar que este elemento real existe efectivamente antes da transformação: pense-se nas normas constantes das alíneas a) e b) do artigo 131.º/1. Mas pode também ser objecto de alterações. Considerem-se, por exemplo, os casos de exoneração de sócios discordantes, em que a transformação só pode ser levada a cabo se os respectivos direitos puderem ser satisfeitos através da liquidação das respectivas partes, o que irá importar necessariamente uma alteração no elemento patrimonial (artigos 105.º, 137.º/2 e alíneas a) e b) do 140.º-A/2).

A análise infrutífera pelos elementos da dogmática tradicional das pessoas colectivas não permite ao intérprete desistir deste *iter* já que não se pode falar de identidade sem encontrar um *quid* que se mantenha inalterado. Até porque, embora comporte alterações no elemento pessoal e patrimonial, a sociedade terá sempre pelo menos um sócio e património após a transformação.

Ora, continuando na dogmática da personalidade colectiva, verificamos que o único *quid* que se mantém verdadeiramente inalterado é a personalidade jurídica enquanto *modo colectivo* de produção e aplicação de normas jurídicas. Nos casos previstos na lei que são seguramente modalidades de transformação, i.e. os descritos no artigo 130.º, aquilo que se mantém é precisamente a identidade do *modo colectivo* com que se continuam a produzir e aplicar normas jurídicas.

A *identidade* refere-se então à personalidade jurídica do ente transformado, que pode ver alterado o seu elemento subjectivo, o seu escopo e até parte do seu património. De facto, ainda que se exonere um ou mais sócios, os restantes continuam a ser sócios *do mesmo ente*. Ainda que o património seja parcialmente alterado, o património subsistente é, também ele, *do mesmo ente*. E o novo conjunto de regras, que pode ou não implicar uma alteração do escopo, aplicar-se-á, mantendo o modo colectivo, *ao mesmo ente*[322]. Não se esconde que na transformação subsistirá sempre um elemento pessoal e um elemento patrimonial. Simplesmente, como não se consegue encontrar a identidade nestes elementos – nem nos restantes, como vimos –, ela terá de facto de se procurar no ponto em referência ao qual as regras jurídicas são aplicadas, em *modo colectivo*, quer aos sócios, quer ao património, quer ao fim.

A manutenção da personalidade jurídica da sociedade transformada, ou da sua identidade jurídica, refere-se então ao terceiro dos elementos estruturais através dos quais foi analisada a pessoa colectiva enquanto unidade organizacional juridicamente relevante (*supra*, II, 1.1.3). Através da transformação, altera-se assim o regime jurídico que disciplina a sociedade enquanto organização de actuação (*Handlungsorganisation*) e enquanto centro de responsabilidade (*Haftungsverband*), sem que seja modificado o ponto de referência de aplicação e produção jurígena (*Identitätausstattung*).

Não é de mais sublinhar a importância deste avanço técnico-dogmático, e os efeitos de simplificação que dele advêm[323]: apesar da mudança no regime aplicável a determinado ente (que pode implicar alterações consideráveis na sua conformação jurídica), assegura-se-lhe a plena continuidade na titularidade de direitos e deveres[324]. Desde o princípio ao fim do processo de transformação, o ente que a ele se submete pode ser sempre designado através de um mesmo ponto de referência e identidade[325].

A identidade a que se refere o texto deve ser compreendida de um ponto de vista *jurídico*, porque é uma estrutura *jurídica*, também, a pessoa

---

[322] NICOLETTA MARZONA, *Trasformazione e Fusione di Enti*, ED XLIV, Milão, Giuffrè, 1010: "In quest'ottica, parrebbe così di poter accogliere, per la "trasformazione", la definizione secondo cui si tratterebbe di ogni vicenda relativa ad un soggetto, tale da non comportare estinzione del medesimo e creazione di un nuovo soggetto, *ma solo una modificazione del soggetto originario che non intacca la individualità*" [itálico nosso].

[323] SCHMIDT, *Gesellschaftsrecht*, cit., 354, refere até que, agora que se tornou acessível ao nível dogmático e prático, deixou de ser suficientemente apreciada a relevância do efeito de esclarecimento e simplificação deste princípio da identidade.

[324] SCHMIDT, *Integrationswirkung…*, cit., 564.

[325] São decisivas para compreender o fenómeno, porque concisas e sugestivas, as palavras de KARSTEN SCHMIDT, *Integrationswirkung…*, cit., 565: "Das Rechtsbild der Identität ist, wie dasjenige des nicht-natürlichen Rechtsträgers überhaupt, eine rechtsdogmatische Chiffre für kontinuierliche Zusammenfassung von Rechten und Pflichten bei einem in den Stand eines Rechtssubjectks erhobenen Zurechnungsendpunkt: dem Träger dieser Rechte und Pflichten".

Delimitação do âmbito de aplicação da transformação de Soc. Comer. no DPP 143

a que se refere. Pode avaliar-se da sua relevância quando se comprove que a manutenção da identidade foi escolhida como regime supletivo da transformação, sendo necessária uma deliberação expressa dos sócios no sentido da dissolução, para a sociedade perder a personalidade jurídica de que gozava antes da transformação (artigo 130.°/3, última parte e artigo 130.°/5)[326].

É difícil configurar, aliás, qual o interesse prosseguido pelas partes numa transformação com dissolução. Segundo resulta da consulta do Anteprojecto referido[327], e como já foi referido (*supra*, I, 4.2.5), a sua previsão aparece mais em homenagem à discussão sobre a natureza jurídica da transformação, que ocorreu precisamente entre a tese da novação e a tese da continuação, do que propriamente como alternativa de valor acrescentado à transformação com manutenção da identidade. Os Autores do Anteprojecto invocaram a título principal, também, uma eventual vontade das partes dirigida à transformação novatória, que ficaria assim assegurada, muito embora reconhecessem a respectiva improbabilidade[328].

---

[326] São elucidativas as palavras dos autores do Anteprojecto já referido: "Como primeiro critério de escolha, deve o legislador atender à vontade dos interessados. Suponho que, estando ao alcance destes uma transformação-continuação, é académica a hipótese de eles preferirem uma transformação dissolução. Mesmo assim, não há motivo para o legislador contrariar qualquer das vontades, mas é indispensável que seja criada uma presunção de vontade, pois raramente haverá uma vontade expressa das partes num ou noutro sentido. Como segundo critério – que será afinal a presumida vontade das partes – o legislador deve preferir a tese da continuação. Reconhecido que a tese da dissolução deve ser acompanhada por providências que façam a nova sociedade suceder nas relações jurídicas da antiga, dispensando a liquidação que normalmente segue a dissolução, não há motivo para não ser dado mais um passo e assentar a continuação das relações jurídicas na continuação da pessoa-sujeito. Não seria assim se algum princípio impedisse esse mecanismo, mas ficou visto que tal impedimento não existe; tendo liberdade de escolha, o legislador deve escolher o meio mais simples para realização dos seus propósitos, RAÚL VENTURA / BRITO CORREIA, *Transformação* ..., cit., 119-120.

[327] RAÚL VENTURA / BRITO CORREIA, *Transformação...*, ob. cit., 76-120, em especial 118 e ss.

[328] RAÚL VENTURA / BRITO CORREIA, *Transformação...*, ob. cit., 119. Sublinhe-se que a redacção do artigo inicial do Anteprojecto agora citado foi acolhida quase totalmente pelo legislador do artigo 130.° CSC. Posteriormente, RAÚL VENTURA descreveu deste modo a opção do legislador: "É difícil descobrir vantagens na transformação extintiva que leve os interessados a escolhê-la e é fácil descobrir-lhe inconvenientes, sobretudo no campo fiscal, por ter havido transmissão de bens e por haver diferentes espécies de participações sociais. No entanto, o legislador curvou-se perante uma eventual vontade dos interessados.", *Fusão, Cisão, Transformação...*, cit., 448-449.

144   *Transformação de Sociedades Comerciais*

Na transformação dita formal, a personalidade jurídica do ente em transformação mantém-se, pelo que não opera qualquer transmissão. Na transformação dita novatória, a sociedade anterior extingue-se[329] e sucede--lhe automaticamente, no património não liquidado, a sociedade constituída segundo um novo tipo.

Descobrir qual o interesse verdadeiro desta segunda modalidade de transformação é tarefa difícil de levar a bom porto[330]. Com efeito, duas alternativas de interpretação se oferecem: ou a expressão *sucessão automática e global* está utilizada em sentido técnico, e então a transformação novatória deve reconduzir-se a um exercício conceptual; ou está utilizada em sentido impróprio, e o património da sociedade anterior passa pela esfera dos sócios, depois da respectiva extinção, quedando aí em compropriedade até que estes constituam uma nova sociedade, realizando o capital através da sua entrada em espécie.

As referências avançadas por Raúl Ventura à sucessão universal (com que a doutrina alemã explicava a transformação antes da UmwG de 1994[331]) no comentário ao artigo 130.º/2 são argumento considerável em favor da primeira interpretação. De resto, a maior parte da doutrina portuguesa tem vindo a entender a referência à *sucessão automática e global* em sentido técnico[332].

Se assim é, na transformação novatória a deliberação de transformação origina simultaneamente a extinção da sociedade anterior, a constituição de uma nova sociedade e a sucessão automática e global no património societário indiviso. Esta simultaneidade apenas se justifica, aliás, para

---

[329] Raúl Ventura, *Fusão, Cisão, Transformação...*, cit., 451, sublinha que o termo «dissolução» está usado, no artigo 130.º/2, no sentido de verdadeira extinção.

[330] Neste sentido, entre outros, Pinto Furtado, *Curso de Direito das Sociedades*, 2004, 5.ª edição, revista e actualizada com a colaboração de Nelson Rocha, Almedina, Coimbra cit., 539.

[331] Já foi descrito um breve percurso histórico pela situação jurídico-positiva anterior à UmwG 1994, e pelas posições doutrinais então assumidas (*supra*, II, 2.1). Especificamente sobre a sucessão universal enquanto proposta dogmática entretanto ultrapassada, no direito alemão, Karsten Schmidt, *Intergationswirkung...*, cit., 565-566, Lutter, *Umwandlungsrecht*, cit., 112.

[332] Pinto Furtado, *Curso de Direito das Sociedades...*, cit., 539: "Neste caso, estaremos em presença, não apenas de uma nova organização societária, mas de outra pessoa jurídica; e porque a *dissolução* referida no preceito não é seguida de liquidação, estaremos consequentemente em face de uma pessoa colectiva que "sucede automática e globalmente à sociedade anterior" [itálico do Autor].

Delimitação do âmbito de aplicação da transformação de Soc. Comer. no DPP   145

evitar o resultado nefasto que poderia decorrer da passagem do património indiviso da sociedade pela esfera jurídica dos sócios.

Sublinhe-se, porém, que uma vez aceite a tese da identidade esta técnica da sucessão automática e global não é de todo necessária para a transformação. Apenas se justifica nos casos de fusão e cisão, quanto estão em jogo dois ou mais sujeitos jurídicos. Na transformação, como se pretende mudar apenas o conjunto de regras aplicável a um mesmo sujeito jurídico, por referência ao respectivo tipo legal, falar em extinção e sucessão universal implica apenas complicar uma dogmática que, após o reconhecimento da transformação com manutenção de identidade, se tornara simples[333].

Não se nega que os efeitos de ambas as modalidades, em termos jurídico-civis sejam idênticos[334]. Na transformação formal não existe transmissão, porque não há qualquer mudança na titularidade do património societário. Na transformação novatória, como a sucessão estabelecida pelo legislador é *automática e global*, o património da sociedade extinta é transmitido para a nova sociedade, sem que passe pela esfera dos sócios. Em ambas as modalidades, o património societário fica imune a eventuais pretensões de credores ou de sócios minoritários.

Assim, não se detectam interesses dignos de tutela, susceptíveis de homenagem pelo estabelecimento da alternativa comentada, i.e., a transformação novatória. Na base da constatação desta dificuldade não está uma pretensão de omnisciência que, a verificar-se, permitiria antecipar, em abstracto, todos os interesses e motivações possivelmente prosseguidos pelas partes. O problema é antes outro: a sucessão automática e global na transformação apenas se justificava como proposta dogmática perante textos legais aprovados numa época em que o princípio da identidade não era aceite na transformação e em que o próprio legislador impunha a dissolução da sociedade transformada. Basta pensar, a título de exemplo, nos artigos 52.º e seguintes LSQ, que impunham a dissolução da sociedade transformada e se referiam expressamente à sociedade resultante da transformação como «nova sociedade».

---

[333] No mesmo sentido, assinalando que a transformação com transferência do património se torna obsoleta a partir do momento em que se aceite a transformação com manutenção da identidade, Raiser, *Gesamthand und Juristische Person...*, cit., 499.

[334] É o próprio Raúl Ventura quem o admite: "Qual o valor prático relativo das duas espécies de transformação será dito pelo futuro. A diferença essencial entre elas não reside nos efeitos últimos, que são semelhantes." (*Fusão, Cisão, Transformação...*, cit., 448).

Cumpre sublinhar que a evolução da dogmática jurídica tornou este expediente jurídico obsoleto e que isso deveria ter ditado o abandono posterior da transformação com dissolução pelos legisladores modernos: sendo a tese da continuação e a tese da novação duas propostas dogmáticas para explicar um mesmo regime, existente antes da aprovação do CSC de 1986, não parece fazer sentido, no momento da sua reformulação, desdobrar este mesmo regime em dois processos autónomos, para homenagear as duas posições doutrinais.

O facto de a transformação novatória ter sobrevivido à ponderação subjacente ao CSC de 1986 não deve porém impedir o intérprete de configurar dogmaticamente o instituto da transformação com base no princípio da identidade. Poder-se-á contrapor, a este propósito, que um instituto não pode ser configurado dogmaticamente com base numa característica de que as partes podem abdicar. Mas esta crítica não é irrespondível. Desde logo porque são os próprios Autores do Anteprojecto a revelar a dificuldade em antever um cenário de recurso à dissolução do ente em transformação que apresente alguma vantagem para as partes. Mas também porque a previsão desta segunda modalidade de transformação se consegue explicar em termos histórico-dogmáticos, mas ultrapassados pela evolução técnico-jurídica.

Fica então o intérprete colocado perante um dilema. Elege o princípio da identidade como característica essencial da transformação, ciente de que as partes podem abdicar do mesmo por troca com um seu sucedâneo (i.e., a continuidade) e obtém um vector sistemático e funcional para erigir uma construção dogmática do instituto. Ou tenta antes construir um conceito híbrido, que abarque a identidade da transformação formal e a continuidade da transformação extintiva, em homenagem a uma modalidade prevista pelo legislador por motivos meramente históricos, e conforma-se com uma solução descritiva, sem potencialidade dogmática.

Por ser claramente preferível – e legítima, pelos motivos que acabaram de se avançar – a primeira alternativa, fixa-se para a restante análise que, com o devido respeito pelas opiniões contrárias, a identidade é característica essencial do instituto da transformação.

Para uma síntese conclusiva a este propósito, cumpre invocar a voz autorizada de KARSTEN SCHMIDT e referir que a legislação sobre transformações não serve para criar *ex novo* mecanismos de reestruturação antes inacessíveis. Os processos de transformação actualmente previstos na lei seriam possíveis, com maior ou menor esforço, sem a intervenção do

Delimitação do âmbito de aplicação da transformação de Soc. Comer. no DPP 147

legislador, através de combinações imaginativas de liquidação e constituição de sociedades bem como de transmissão da totalidade ou de parte do património societário. A intervenção do legislador torna-se útil na medida em que facilita estes processos de reestruturação, através do estabelecimento de mecanismos unitários e simplificados, que substituam as combinações referidas[335]. Na mudança de forma de sociedades comerciais do direito alemão (*Formweschel*), o mecanismo de simplificação utilizado é o da identidade, que torna perfeitamente dispensável a sucessão universal (*Gesamtrechtsnachfolge*)[336]. Esta última apenas se justifica nos casos em que a reestruturação implique uma pluralidade de sujeitos, como nos casos de fusão e cisão.

Assim sendo, na dogmática da transformação, a modalidade novatória deve ser analisada tendo em conta o substrato histórico-dogmático acima descrito. Deve atender-se, então, ao facto de que a discussão sobre a natureza jurídica da transformação, como acima ficou demonstrado (*supra*, I, 4.2.5), estava ainda por resolver na década de 70, oscilando-se entre a tese da identidade e a tese da novação. Os próprios Autores do Anteprojecto manifestaram esta indefinição: "A exposição antecedente demonstrou que nenhuma das teses beneficia de argumentos de ordem legal ou dogmática para se impor decisivamente. Nenhum dos argumentos considerados individualmente faz pender a balança para qualquer dos lados; agrupados, equilibram-se"[337].

Mas, em bom rigor, e com o devido respeito, cumpre também sublinhar que o mero facto de se consagrar expressamente na lei uma norma como a do n.º 3 do artigo 130.º (*A transformação de uma sociedade, nos termos dos números anteriores, não importa a dissolução desta*) depõe definitivamente em favor da tese da identidade, já que, como os próprios Autores do Anteprojecto admitiam, contra esta tese não se esgrimiam outros argumentos além dos puramente dogmáticos.

E assim, prevista na lei a identidade do sujeito jurídico submetido a um processo de transformação, carece de sentido a subsistência de uma

---

[335] No mesmo sentido, referindo o efeito de simplificação do UmwG, LUTTER, *Umwandlungsgesetz*, cit., 113. As modalidades de reestruturação do UmwG devem assim ser vistas no mesmo plano que outras técnicas de reestruturação anteriormente utilizadas, e que continuam ao dispor das partes.

[336] SCHMIDT, *Gesellschaftsrecht*, cit., 338-339.

[337] RAÚL VENTURA / BRITO CORREIA, *Transformação*, cit., 118.

148 Transformação de Sociedades Comerciais

construção jurídica que assentava, senão exclusivamente, pelo menos de forma principal, no pressuposto de que não era possível transformar um ente com manutenção da respectiva personalidade jurídica.

Assim, na análise de um conceito operativo de transformação de sociedades, para os efeitos deste estudo, assumir-se-á que um dos princípios fundamentais do instituto é o da identidade. Aceite este princípio por via legislativa, a transformação dita novatória parece ficar remetida ao esquecimento, que será ditado, sobretudo, pela prática jurídica. Como este estudo pretende contribuir para o estabelecimento de conclusões teóricas que constituam uma «base para a solução de problemas práticos concretos»[338] que nesta matéria proliferam, entendemos ser legítima, do ponto de vista metodológico e dogmático, a eleição da identidade como princípio do instituto da transformação de sociedades[339].

A esta eleição presidem não só os benefícios práticos que do princípio da identidade advêm, e que já foram devidamente sublinhados, como também as respectivas potencialidades heurísticas: na transformação, ape-

---

[338] CANARIS, Función..., cit., 34.

[339] Quando vista em paralelo com o regime constante dos artigos 130.º e seguintes, a UmwG de 1994 apresenta antecedentes históricos comparáveis. Na verdade, após um período em que era apenas permitida a transformação de sociedades em comandita por acções em sociedades anónimas, o legislador da GmbHG de 1892 veio permitir, nos §§ 80 e seguintes, a adopção por sociedades anónimas já existentes da nova forma jurídica da sociedade de responsabilidade limitada. Mas o § 80 da GmbHG, na sua versão antiga, impunha a dissolução da sociedade anónima, e apenas dispensava a sua liquidação, transmitindo-se o respectivo património por via da sucessão universal (§ 80 III GmbHG, na antiga versão). Se bem que estas normas tenham sido revogadas pela AktG de 1937, no sentido de dispensar a dissolução e permitir a transformação com manutenção da personalidade jurídica, o legislador societário alemão continuou convencido da existência de impedimentos de ordem dogmática à transformação sem dissolução de sociedades entre sociedades de pessoas e sociedades de capitais, até 1994. Apenas com a UmwG de 1994 – que tirou as devidas consequências da titularidade de direitos e deveres das sociedades de pessoas – foi ultrapassado o obstáculo de ordem dogmática em apreço, sendo hoje em dia expressamente prevista a manutenção da personalidade jurídica em todos os casos regulados de mudança de forma (Formwechsel), entre os quais se contam as transformações entre sociedades de pessoas e sociedades de capitais (§ 202 I, n.º 1 UmwG). No entanto, e ao contrário do que sucedeu no CSC de 1986, cumpre assinalar que o legislador alemão levou até às últimas consequências o princípio da identidade, e reservou para os casos estritamente necessários (fusão e cisão) o mecanismo da sucessão universal. Sobre o percurso histórico que antecedeu a UmwG de 1994, por todos, no que se refere à mudança de forma, SCHMIDT, Gesellschaftsrecht, cit., 340-342 e 355-358.

Delimitação do âmbito de aplicação da transformação de Soc. Comer. no DPP   149

sar da descontinuidade em termos organizativos e associativos, há uma continuidade total em termos de imputabilidade, cuja melhor representação dogmática é dada pela manutenção da personalidade jurídica do ente transformado[340].

Alias, cumpre sublinhar, que a proposta dogmática da sucessão universal na transformação de sociedades comerciais, devido à complexidade inerente ao movimento triplo de dissolução / constituição / transmissão universal, peca ainda por desviar a atenção dos verdadeiros problemas do instituto, que são o da protecção dos credores e dos sócios discordantes[341]. São precisamente esses os problemas que se abordam em seguida.

2.2. TUTELA DOS CREDORES

As principais normas destinadas a proteger os credores da sociedade que se pretende transformar podem ser reagrupadas em torno de dois princípios.

O primeiro é o da protecção da integralidade do capital social, sendo certo que as respectivas normas tomam a forma de impedimentos à transformação (alíneas *a* e *b* do 131.°). Assim, a alínea a) do artigo 131.° impede a sociedade de se transformar caso o capital não esteja integralmente liberado ou não estiverem totalmente realizadas as entradas convencionadas no contrato, enquanto que a alínea b) do mesmo artigo estipula o mesmo efeito impeditivo quando o balanço da sociedade mostrar que o valor do seu património é inferior à soma do capital e da reserva legal. Estas normas materiais são complementadas com normas que regulam o processo de transformação e que visam garantir uma fiscalização do desiderato comentado[342].

---

[340] SCHMIDT, *Gesellschaftsrecht*, cit., 354.

[341] Neste sentido, SCHMIDT, *Gesellschaftsrecht*, cit., 354-355: "Die übertragende Umwandlung alten Rechts war eine überflüssige, der Natur der Sache nicht entsprechende Begriffkonstruktion, nach der uno actu die alte Gesellschaft erlosch, eine neue Gesellschaft enstand und das Gesamtvermögen der alten Gesellschaft aud die neue überging. Keiner dieser drei Vorgänge dient der *Darstellung des entscheidenden Kernproblems der Umwandlung*" [itálico do Autor].

[342] Contam-se entre estas normas instrumentalmente orientadas as relativas à organização do relatório justificativo da transformação, na parte em que obrigam a que o mesmo seja acompanhado do balanço do último exercício ou de um balanço especialmente

150   *Transformação de Sociedades Comerciais*

Quanto ao primeiro aspecto, cumpre assinalar que sendo diferente o momento e o modo de cumprimento, bem como a extensão da obrigação de entrada nos vários tipos de sociedades, bem se compreende a exigência de liberação integral do capital e de realização da totalidade das entradas convencionadas no contrato[343].

No que ao momento da realização se refere, é importante ter em conta que, não sendo possível o diferimento das entradas nas sociedades em nome colectivo ou das entradas em espécie para qualquer tipo de sociedade, já nas sociedades por quotas o artigo 202.°/2 vem autorizar o diferimento de metade das entradas em dinheiro, desde que *o quantitativo global dos pagamentos feitos por conta destas, juntamente com a soma dos valores nominais das quotas correspondentes às entradas em espécie*, perfaça o capital mínimo do tipo societário[344]. Nas sociedades anónimas, o legislador foi mais longe e admitiu o diferimento de entradas que ascendam a 70% do valor nominal das acções, faculdade essa que não abrange o prémio de emissão, que deve ser imediatamente satisfeito (artigo 277.°/2).

Quanto ao modo da liberação, deve tomar-se em conta o regime de responsabilidade dos sócios pela falta de realização do capital subscrito por um deles (artigo 207.°), estabelecido para as sociedades por quotas, mas que não encontra paralelo nas sociedades anónimas. A exigência comentada tende então a assegurar que os credores não sejam prejudicados com a transformação, através da alteração das regras aplicáveis ao tempo e ao modo da liberação do capital[345].

---

preparado, caso a antiguidade do balanço existente na sociedade exceda os seis meses (alínea *a* do n.° 1 do artigo 132.°), a norma que obriga a administração da sociedade a assegurar que a situação patrimonial respectiva não sofreu modificações significativas desde a data a que o referido balanço se reporta (n.° 2 do artigo 132.°) e a norma que obriga a deliberação autónoma de aprovação do balanço ou da situação patrimonial da sociedade (alínea *a* do artigo 134.°).

[343] Tendo em conta o n.° 3 do artigo 9.° CC, deve procurar-se um sentido autónomo para as expressões "liberação integral do capital" e "realização total das entradas". RAÚL VENTURA sugere que a segunda expressão não será coincidente com a primeira quando o valor das entradas convencionadas exceda o valor do capital (*Fusão, Cisão, Transformação...*, cit., 483). Pode ser, com efeito, o caso do prémio de emissão, que é configurado como entrada no artigo 277.°/2, mas não está reflectido no valor nominal do capital social

[344] Este montante é, como se sabe, fixado em € 5.000 pelo artigo 201.°.

[345] RAÚL VENTURA, *Fusão, Cisão, Transformação...*, cit., 482-483. É certo que a alteração comentada apenas seria prejudicial para os credores quando o tipo societário adoptado oferecesse regras mais flexíveis na realização do capital e que mesmo esta difi-

Delimitação do âmbito de aplicação da transformação de Soc. Comer. no DPP   151

Já as regras relativas à suficiência do património social têm como principal objectivo assegurar que, após a transformação, as novas participações sociais reflectem o valor do capital subscrito e subsistente.

> Pense-se na transformação de uma sociedade anónima com o capital nominal de € 50.000 em sociedade por quotas, deliberada num momento em que se verificasse a perda de um quarto do capital. O valor nominal das novas cinco quotas seria de € 10.000, mas os sócios não tinham qualquer obrigação de realizar o capital perdido, ao contrário do que sucederia se quisessem constituir uma sociedade *ex novo* com o mesmo montante de capital nominal. Esta preocupação do legislador percebe-se se tivermos em conta as razões paralelas, que estão subjacentes às medidas de reconstituição do capital perdido, estabelecidas no artigo 35.º.

O segundo princípio é o da manutenção dos regimes preferenciais de que beneficiam os credores societários, e que se concretiza quer na manutenção da responsabilidade ilimitada dos sócios, quer na ultra-actividade do regime aplicável aos credores obrigacionistas.

2.2.1. A responsabilidade ilimitada dos sócios

Quanto à responsabilidade ilimitada dos sócios, os credores da sociedade mantêm as pretensões preferenciais contra aqueles que respondessem pessoal e ilimitadamente antes da transformação, no que respeita às dívidas contraídas durante esse período (artigo 139.º/1). Registe-se que esta ultra-actividade da responsabilidade ilimitada é cumulada com o património geral da sociedade transformada, que responde pelas dívidas da sociedade contraídas antes da transformação, por virtude do princípio da identidade, já referido.

É o que sucederá com a responsabilidade do sócio da SNC[346], subsidiária em relação à sociedade e solidária com os outros sócios (n.º 1 do artigo 175.º) ou com a responsabilidade do sócio da SQ que tenha assu-

---

culdade poderia ser ultrapassada com uma ultra-actividade destes conjuntos normativos, ainda que estranhos ao tipo adoptado. Por questões de segurança e simplicidade, segundo parece, foi adoptada a solução constante da alínea a) do artigo 131.º/1.

[346] E que abrange, inclusivamente, as obrigações contraídas pela sociedade anteriormente à data do seu ingresso (n.º 2 do artigo 175.º).

mido (nos termos do artigo 198.° e em derrogação da norma supletiva contida no artigo 197.°/2) uma responsabilidade solidária com a sociedade ou subsidiária em relação a esta, que exceda a responsabilidade solidária pelas entradas convencionadas (cfr. artigo 197.°/1). Esta ultra-actividade da responsabilidade pessoal e ilimitada ocorrerá também em relação aos sócios comanditados nas sociedades em comandita, uma vez que respondem nos termos já referidos a propósito dos sócios da SNC (cfr. n.° 1 do artigo 465.°).

Os credores societários de obrigações contraídas na vigência destes regimes preferenciais de responsabilidade pessoal dos sócios beneficiam da sua ultra-actividade, ainda que no tipo societário adoptado por virtude da transformação a responsabilidade do sócio fique limitada às entradas convencionadas no contrato (cfr. para as SQ o artigo 197.°/1) ou ao valor das acções subscritas (cfr. para as SA o artigo 271.°).

2.2.2. **Os credores obrigacionistas**

Continuam a aplicar-se também, de forma inalterada, após a transformação, as normas do regime de que beneficiavam antes os credores obrigacionistas, ainda que o novo tipo societário não comporte a emissão de obrigações (artigo 138.°). O principal motivo para que se conceda aos credores obrigacionistas uma tutela mais intensa do que a dispensada aos credores comuns reside, salvo melhor opinião, na intersecção entre esta forma de financiamento e o mercado de valores mobiliários. Com efeito, haverá na emissão de obrigações "um potencial contacto com o público aforrador"[347], cuja participação no mercado de financiamento das empresas deve ser incentivado e protegido.

---

[347] A expressão é de Paulo Câmara, que elege o cruzamento da emissão de obrigações com o mercado de valores mobiliários como fundamento maior do regime especial de que beneficiam os credores obrigacionistas, *O Regime Jurídico das Obrigações e a Protecção dos Credores Obrigacionistas*, separata de AAVV, *Direito dos Valores Mobiliários*, volume IV, Coimbra, Coimbra Editora, 2003, 309. O fundamento menor, em sua opinião, seria a interferência no "equilíbrio económico e financeiro das sociedades" gerada pela emissão de obrigações. Deve no entanto, salvo melhor opinião, reduzir-se a importância deste último fundamento na hora de explicar o regime preferencial em apreço, já que praticamente todas as formas de hetero-financiamento da sociedade, porque onerosas, tenderão a interferir no respectivo referido equilíbrio financeiro.

Delimitação do âmbito de aplicação da transformação de Soc. Comer. no DPP 153

A importância desta ultra-actividade do regime aplicável aos credores obrigacionistas deve ser sublinhada. Actualmente, no universo societário, apenas podem emitir obrigações as sociedades anónimas (artigos 348.º e seguintes), as sociedades em comandita por acções (artigo 478.º) e as sociedades por quotas (Decreto-Lei n.º 160/87, de 3 de Abril)[348]. No entanto, como se pode verificar, a emissão de obrigações por uma sociedade não obsta à sua transformação – salvo nos casos em que as obrigações sejam convertíveis em acções e ainda não tenham sido totalmente reembolsadas ou convertidas (alínea d) do n.º 1 do artigo 131.º –, apenas se estabelecendo uma ultra-actividade do bloco normativo que regulava os direitos dos obrigacionistas (artigo 138.º).

Pense-se então na transformação de uma sociedade anónima ou de uma sociedade por quotas emitente de obrigações em sociedade em nome colectivo ou em sociedade em comandita simples. A aplicação do artigo 138.º neste caso implica a aceitação na sociedade transformada de um corpo normativo completamente estranho ao tipo adoptado[349], o que permite algumas conclusões quanto ao próprio instituto da transformação.

Basta pensar que numa sociedade em nome colectivo ou numa sociedade em comandita simples as informações relativas ao hetero-financiamento serão tendencialmente sigilosas, desde logo porque, na falta de um regime especial, o hetero-financiamento societário não está sujeito a registo ou publicações (como resulta *a contrario* do artigo 3.º, n.º 1, alínea *l* CRC). Mas também porque as contas da SNC e da SCS apenas estão sujeitas a registo nos casos muito particulares do n.º 1 do artigo 70.º-A e que corresponderão, na prática societária, segundo se supõe, a excepções[350].

---

[348] Com interesse para este estudo pode referir-se que é também reconhecida capacidade para emitir obrigações aos Agrupamentos Complementares de Empresas, quando compostos exclusivamente por sociedades anónimas (Base II, n.º 4 da Lei n.º 4/73, de 4 de Junho), aos Agrupamentos Europeus de Interesse Económico (artigo 7.º do Decreto-Lei n.º 148/90, de 9 de Maio e artigo 23.º do Regulamento CEE n.º 2137/85) e às cooperativas (artigo 30.º do Código Cooperativo).

[349] PAULO CÂMARA sugere, numa perspectiva comparável, que a própria possibilidade de sociedades por quotas emitirem obrigações não é isenta de reparos, tendo em conta que as mesmas "apresentam menores garantias quanto à fiscalização dos documentos de prestação de contas societárias" (*O Regime Jurídico das Obrigações…*, cit., 312-313).

[350] Nos termos do n.º 1 do artigo 70.º-A a prestação de contas das SNC e as SCS apenas está sujeita a registo quando (A) todos os sócios de responsabilidade ilimitada sejam sociedades de responsabilidade limitada ou sociedades não sujeitas à legislação de um Estado membro da União Europeia, mas cuja forma jurídica seja igual à das socieda-

A partir da aplicação do regime dos créditos obrigacionistas, por virtude da aplicação do artigo 138.° estas sociedades verão uma das suas formas de hetero-financiamento exposta publicamente no registo comercial (alínea *l* do n.° 1 do artigo 3.° CRC) e através de publicações obrigatórias (alínea *a* do n.° 1 do artigo 70.° CRC)[351].

Não se argumente, em sentido contrário, que estas obrigações, se devidamente cumpridas, ficam cristalizadas no momento da emissão das obrigações, que é feita ainda segundo as regras do tipo societário que comporta este género de operações. Desde logo porque o representante comum dos obrigacionistas tem o direito de *assistir às assembleias gerais dos accionistas* bem como de receber e examinar *toda a documentação da sociedade, enviada ou tornada patente aos accionistas, nas mesmas condições estabelecidas para estes* (alíneas *c* e *d* do n.° 1 do artigo 359.°). Estas disposições, por virtude do artigo 138.°, serão aplicáveis, com as devidas adaptações, à SNC ou à SNS, no cenário proposto, após a transformação. Assim, após a transformação, os sócios da SNC ou da SNS

---

des de responsabilidade limitada; (B) todos os sócios de responsabilidade ilimitada se encontrem eles próprios organizados sob a forma de sociedade de responsabilidade limitada ou segundo uma formas de responsabilidade limitada prevista num ordenamento de um Estado que não seja membro da União Europeia. Cfr. também alínea n) do n.° 1 do artigo 3.° CRC.

[351] Para uma crítica da sujeição a registo da emissão de obrigações, baseada na comparação com o carácter sigiloso de outras formas de financiamento societário, como o crédito bancário e até as obrigações de caixa, PAULO CÂMARA, *O Regime Jurídico das Obrigações...*, cit., 315-318. O autor advogava no texto citado uma alteração legislativa urgente, que substituísse "o registo comercial pelo registo mobiliário na CMVM, nas emissões de obrigações realizadas através de oferta pública". Esta sugestão foi parcialmente acolhida na nova redacção da já citada alínea l) do n.° 1 do artigo 3.° CRC e na nova redacção do artigo 351.°, dada pelo Decreto-Lei n.° 107/2003, de 4 de Junho, que, lidos de forma articulada, apenas sujeitam a registo as emissões de obrigações realizadas através de oferta particular. Mesmo estas últimas ficam dispensadas do registo comercial quando, dentro do prazo para requerer o registo (dois meses nos termos do artigo 15.°/2 CRC) tiver ocorrido a admissão das obrigações à negociação em mercado regulamentado de valores mobiliários. Não foi esta aliás a única crítica ao regime jurídico da emissão de obrigações constante do CSC formulada pelo autor que obteve eco nas alterações ao direito das sociedades ocorridas entretanto. A título de exemplo, atente-se na duplicação do limite de emissão de obrigações, constante do artigo 349.°/1, que fora alvo de crítica na obra referida (ob. cit., 318-322) ou na equiparação dos deveres informativos a que estão sujeitos os emitentes de acções e de obrigações, nos termos da actual redacção do artigo 248.° CMV (ob. cit., 337-344).

Delimitação do âmbito de aplicação da transformação de Soc. Comer. no DPP   155

estão obrigados a tolerar uma intromissão na vida da sociedade que é completamente estranha ao tipo societário adoptado[352].

Acresce que, no caso de as obrigações estarem admitidas à negociação em mercado regulamentado, os deveres de informação não ficam cristalizados no momento da emissão, repetindo-se ao longo do tempo – caso tenha acontecido uma transformação dita *regressiva* – as ocasiões em que a sociedade emitente está obrigada a deveres estranhos ao tipo social adoptado.

Pense-se a este propósito na transformação de uma sociedade anónima, que emitiu obrigações negociadas em bolsa, em sociedade por quotas. Se a sociedade por quotas não ultrapassar os limites impostos no artigo 262.º/2, está dispensada de revisão legal das suas contas por um revisor oficial. No entanto, após a transformação, a sociedade por quotas ficará sujeita, entre outros deveres, a enviar para a CMVM o relatório de gestão, as contas anuais e um relatório elaborado por um auditor registado na referida comissão, cujo conteúdo compreenderá (A) os elementos correspondentes à certificação legal de contas, uma vez que a mesma não é exigida por outra norma legal e (B) uma opinião relativa às previsões sobre a evolução dos negócios e situação económica e financeira da sociedade (artigos 244.º e 245.º/1 e 2 CVM). Acrescem os deveres de divulgação de informação relevante (artigo 248.º CMV)[353] que serão tanto mais estranhos quanto o tipo societário adoptado após a transformação se aproxime do paradigma da sociedade de pessoas (SNC).

Nenhuma das obrigações assinaladas, cuja ultra-actividade é ditada pela necessidade de tutelar o interesse dos credores, especialmente nos

---

[352] Sublinhe-se de novo que, segundo se estima, as SNC e as SNS estão dispensadas de sujeitar a registo as contas do exercício (artigo 70.º-A) na maior parte dos casos. Recorde-se também o carácter eminentemente pessoal das assembleias gerais das SNC, em que os sócios apenas se podem fazer representar *pelo seu cônjuge, por ascendente ou descendente ou por outro sócio* (artigo 189.º/4). Esta disposição deve considerar-se aplicável às SNS por virtude da regra remissiva geral constante do artigo 474.º.

[353] Nos termos do referido artigo os emitentes de obrigações admitidas à negociação em mercado regulamentado – bem como de quaisquer outros valores mobiliários – estão obrigados a divulgar imediatamente *toda a informação que lhes diga directamente respeito ou aos valores mobiliários por si emitidos, que tenha carácter preciso, que não tenha sido tornada pública e que, se lhe fosse dada publicidade, seria idónea para influenciar de maneira sensível o preço desses valores mobiliários ou dos instrumentos subjacentes ou derivados com estes relacionados* bem como qualquer alteração à informação tornada pública.

mercados públicos de aforro, causa perplexidade. No entanto, devem ser assinaladas as repercussões interpretativas desta opção do legislador, que poderia ter decidido, simplesmente, pela proibição da transformação dita regressiva, de sociedades anónimas, em comandita por acções e por quotas, em sociedades em nome colectivo e em comandita simples[354]. Resolveu o dilema a favor da transformação, compensando a tutela dos credores com a ultra-actividade de regimes especialmente protectores em tipos societários onde estes são completamente estranhos.

Extrai-se desta ultra-actividade, assim, um princípio hermenêutico de *favor* da transformação, compensado, quando as circunstâncias o justifiquem, com a ultra-actividade de blocos normativos que eram aplicados ao tipo abandonado.

2.2.3. Assimetrias na tutela toleradas pelo legislador da transformação

Pelo breve percurso já efectuado verifica-se que a compreensão do instituto da transformação de sociedades comerciais não pode ser feita sem recurso ao acervo normativo destinado a proteger os credores do ente transformado. Mas, paralelamente, interessa também sublinhar a protecção que podia ter sido conferida aos credores societários e não o foi. Neste sentido, é de sublinhar que, ao mesmo tempo que estabeleceu a ultra-actividade de alguns blocos normativos, como acima referido, o legislador societário prescindiu desta solução para outros, que também poderiam ser vistos como especialmente destinados à tutela dos credores.

Com efeito, basta a interpretação articulada do artigo 130.º com algumas normas que regulam os vários tipos constantes do n.º 2 do artigo 1.º para verificar que o legislador autorizou expressamente a transformação

---

[354] Ou por condicionar a adopção de um tipo que não comportasse a existência de obrigações ao consentimento unânime de todos os credores obrigacionistas ou à satisfação integral (ou correspondente garantia) dos créditos, como era sugerido no artigo 9.º do Anteprojecto já referido, elaborado por RAÚL VENTURA / BRITO CORREIA (*Transformação...*, cit., 10). No Projecto do CSC, apresentado em 1983, a sugestão foi abandonada, adoptando-se em substituição a regra actualmente vigente da ultra-actividade: *Seja qual for o tipo que a sociedade transformada adopte, os direitos dos obrigacionistas anteriormente existentes mantêm-se e continuam a ser regulados pelas normas aplicáveis a essa espécie de credores.*

Delimitação do âmbito de aplicação da transformação de Soc. Comer. no DPP   157

de sociedades onde impera a responsabilidade subsidiária e ilimitada dos sócios (SNC, SCS e SCA) em sociedades onde essa mesma responsabilidade está limitada (SQ e SA). Já vimos, no entanto, que esta possibilidade é temperada com a ultra-actividade da responsabilidade ilimitada dos sócios, quanto às dívidas contraídas antes da transformação.

Mas o legislador autorizou também expressamente, em sentido inverso, a transformação de sociedades com diminuição assinalável das garantias dos credores quanto ao controlo da situação patrimonial societária, sendo o caso mais acentuado, porventura, o das regras relativas à fiscalização da sociedade.

2.2.3.1. *Assimetrias toleradas e fiscalização de sociedades*

A este propósito, pense-se na diferença que se verifica ao nível da fiscalização dos vários tipos de sociedades. Aceitando a repartição em cinco esquemas de fiscalização, proposta por MENEZES CORDEIRO, centramo-nos (A) na fiscalização efectuada por um órgão a tanto destinado e (B) na fiscalização exercida por um corpo profissional independente, devidamente habilitado (os revisores oficiais de contas) [355],[356], já que parecem

---

[355] Com a recente reforma do Direito das sociedades iniciada pela aprovação do Decreto-Lei n.° 76-A/2006, de 29 de Março, assinala-se uma tendência para a "segregação" das funções de fiscalização e revisão de contas, aproveitando a expressão de GABRIELA FIGUEIREDO DIAS, *Fiscalização de Sociedades e Responsabilidade Civil (Após a Reforma do Código das Sociedades Comerciais)*, 2006, Coimbra, Coimbra Editora, 18 e ss. Segundo a Autora, esta segregação assenta bem aos modelos de governo anglo-saxónico e germânico, previstos actualmente nas alíneas b) e c), respectivamente, do artigo 278.°/1. As funções de fiscalização política da sociedade ficam atribuídas, respectivamente, à comissão de auditoria e ao conselho geral e de supervisão, sendo a revisão de contas atribuída ao ROC, em relação ao qual tem sido detectada uma "ausência de vocação para o controlo político da sociedade" e para a "detecção e evicção de fraudes através da fiscalização política e jurídica". Quanto ao modelo dito latino, previsto na alínea a) do mesmo artigo 278.°/1, a segregação é possível quando se opte pela autonomização funcional do ROC (que não integrará o conselho fiscal). Esta autonomização é inclusivamente obrigatória para as sociedades anónimas que adoptem o modelo previsto na alínea a) do artigo 278.°/1 e que excedam os limites constantes da alínea a) do n.° 2 do artigo 413.°. Cfr. também, da mesma Autora, *A Fiscalização Societária Redesenhada: Independência, Exclusão de Responsabilidade e Caução Obrigatória dos Fiscalizadores*, em AAVV, *Reformas do Código das Sociedades*, 2007, Coimbra, Almedina, 279 e ss.

[356] Segundo a arrumação proposta pelo Autor citado, os tipos referidos ocupam a

ser os dois casos onde os interesses dos credores aparecem tutelados em primeira linha, se bem que, no primeiro caso, subordinados ao interesse dos sócios[357].

No que diz respeito ao primeiro esquema de fiscalização – fiscalização efectuada por um órgão a tal destinado –, basta pensar que no próprio universo das sociedades de capitais se detectam diferenças consideráveis. Enquanto que na sociedade anónima a existência de um órgão de fiscalização é obrigatória, na sociedade por quotas é meramente opcional (artigo 262.º/1). Na sua ausência, o relatório de gestão e demais documentos financeiros são sujeitos apenas à apreciação e aprovação dos sócios, quando todos forem gerentes (artigo 263.º/2 e 3).

A assimetria acentua-se caso seja considerada na comparação a sociedade em nome colectivo ou a sociedade em comandita simples, que carecem de uma estrutura de fiscalização tipificada.

---

segunda e terceira posição, respectivamente, de uma série iniciada com "a fiscalização comum levada a cabo por qualquer dos sócios" e que termina, num grau crescente de heteronomia, com "a fiscalização pelo Ministério Público" (artigos 172.º e 173.º) e a "fiscalização levada a cabo pelas entidades de supervisão", como o Banco de Portugal, o Instituto de Seguros de Portugal ou a Comissão de Valores Mobiliários (MENEZES CORDEIRO, *Manual de Direito das Sociedades*, I, 943). Se no primeiro esquema parece prevalecer, quase exclusivamente, o interesse dos sócios, sendo a tutela dos credores meramente reflexa, nos dois últimos prevalece o interesse público (se bem que, de novo, exista uma tutela reflexa dos credores).

[357] Com efeito, os avanços registados nas últimas décadas no que se refere à governação das sociedades (geralmente designada pelo termo inglês *corporate governance*), gerados sobretudo no âmbito das sociedades abertas, são recolhidos, em primeira linha, pelos correspondentes accionistas. É certo que preocupações de interesse público (ex. manutenção da fiabilidade das informações trocadas nos mercados regulamentados quanto às sociedades cotadas) também são relevantes, mas os principais beneficiários de uma melhor governação societária são os próprios detentores de acções de sociedades cotadas, que irão basear as suas decisões de investimento e desinvestimento de modo mais informado. No entanto, cumpre sublinhar que uma maior independência e idoneidade dos órgãos de fiscalização societária, almejada pelos trabalhos desenvolvidos nesta sede, permite que credores societários recolham benefícios reflexos, decorrentes da maior qualidade e fiabilidade das informações tornadas públicas, por um lado, e de um controle mais efectivo da actividade do órgão de administração. Quanto à fiscalização das contas da sociedade por órgão especializado – os revisores oficiais de contas – não há dúvida que prevalece o interesse de credores e o interesse público, já que a justificação para a respectiva intervenção tem que ver com a divulgação pública e comparabilidade das contas societárias.

Delimitação do âmbito de aplicação da transformação de Soc. Comer. no DPP 159

A este propósito, cumpre assinalar que a existência de um órgão de fiscalização não só releva em termos funcionais, como pode traduzir-se numa garantia adicional para os credores sociais, nos casos em que a insuficiência do património social para a satisfação dos respectivos créditos se fique a dever a uma *inobservância culposa das disposições legais ou contratuais* destinadas à sua protecção e que possa ser imputada aos respectivos membros (artigo 78.°/1, *ex vi* do artigo 81.°/1)[358]. Nestes casos, os membros do órgão de fiscalização respondem directamente perante os credores[359].

Quanto ao segundo esquema de fiscalização referido – fiscalização exercida por um corpo profissional, os revisores oficiais de contas[360] –, a diferença também se detecta logo no universo das sociedades ditas de capitais. Com efeito, entre a apreciação anual da situação de duas socie-

---

[358] Os credores sociais podem ainda exercer contra os membros do órgão de fiscalização o direito de indemnização de que a sociedade seja titular, se esta ou os sócios não o fizerem, nos termos articulados dos artigos 78.°/2, 72.° e 81.°/1.

[359] Acresce que, com a recente reforma do direito das sociedades, todos os membros dos órgãos de fiscalização se encontram obrigados ao caucionamento da responsabilidade acima referida nos termos dos artigos 418.°A/1 e 445.°/3. Este caucionamento pode no entanto ser dispensado, por deliberação da assembleia geral ou constitutiva que eleja o órgão de fiscalização, ou por disposição do contrato de sociedade, quando a designação tenha sido aí realizada. Esta possibilidade não se aplica às sociedades abertas e às sociedades anónimas que reúnam os critérios do artigo 413.°/2, alínea a) (artigo 396.°/4, *ex vi* do artigo 418.°-A/1 e 445.°/3). A este propósito, GABRIELA FIGUEIREDO DIAS, *A Fiscalização Societária Redesenhada...*, cit., 319 e ss.

[360] Basta compulsar as várias funções atribuídas ao fiscal único e ao conselho fiscal (que podem, por isso, ser assumidas por um ROC), para comprovar a importância desta presença na vida societária (artigo 420.°). A título de exemplo, sublinhe-se a verificação da *regularidade dos livros, registos contabilísticos e documentos que lhe servem de suporte* (alínea *c*, artigo 420.°/1) e a verificação da adequação das *políticas contabilísticas* e dos *critérios valorimétricos adoptados pela sociedade* no sentido de permitirem uma *correcta avaliação do património e dos resultados* (alínea *f*, artigo 420.°/1). Acresce que ao revisor oficial de contas são atribuídas competências específicas, como a de *comunicar, imediatamente, por carta registada, ao presidente do conselho de administração ou do conselho de administração executivo os factos de que tenha conhecimento e que considere revelarem graves dificuldades na prossecução do objecto da sociedade, designadamente reiteradas faltas de pagamento a fornecedores, protestos de títulos de crédito, emissão de cheques sem provisão, falta de pagamento de quotizações para a segurança social ou de impostos* (artigo 420.°-A/1 e artigo 420.°/4). Para um enquadramento orgânico e funcional detalhado dos revisores oficiais de contas, GABRIELA FIGUEIREDO DIAS, *Fiscalização de Sociedades...*, cit., 30-36.

160   *Transformação de Sociedades Comerciais*

dades aparentemente comparáveis, como a sociedade anónima e sociedade por quotas, assinala-se uma diferença considerável. Na sociedade anónima as contas da sociedade estão obrigatoriamente sujeitas a revisão legal, por revisor oficial de contas (artigo 451.°/3), enquanto que uma sociedade por quotas que não ultrapasse os limites estabelecidos no n.° 2 do artigo 262.° apenas verá as suas contas apreciadas pelos sócios, nos termos da alínea e) do n.° 1 do artigo 246.°, quando a sociedade opte por prescindir do ROC.

A sociedade em nome colectivo e a sociedade em comandita simples nem sequer estão sujeitas à obrigação de registar as contas da sociedade, quando todos os sócios forem pessoas físicas (artigo 70.°-A).

Contra o exposto poder-se-ia argumentar que numa transformação de sociedade anónima em sociedade por quotas os credores beneficiariam com uma responsabilidade acrescida dos sócios. Mas tendo em conta a alínea a) do n.° 1 do artigo 131.°, a transformação apenas se dará quando estiverem realizadas as entradas convencionadas no contrato, pelo que a responsabilidade acrescida do sócio da sociedade por quotas (artigo 197.°/1) já está consumida por esta exigência.

Não se invoque, também, que a protecção que o credor da sociedade anónima perde com a transformação em sociedade em nome colectivo, pela diminuição das regras atinentes à apreciação anual da situação societária é recuperada através da responsabilidade ilimitada dos sócios[361]. Como se sabe, esta responsabilidade ilimitada será tanto mais uma vitória de Pirro quanto esteja depauperado o património do próprio sócio.

Por outro lado, acrescente-se que a obrigatoriedade de revisão legal de contas não só aumenta o grau de fiabilidade e comparabilidade das contas da sociedade, como acrescenta um responsável ao universo que pode ser atingido pelos credores societários, nos termos do artigo 82.°/2[362].

---

[361] Este argumento poderia ser sustentado numa «pretensa perigosidade» das sociedades em nome colectivo, assumida pelo legislador do CSC, decorrente do risco maior a que ficam expostos os sócios e traduzida na proibição de constituição entre cônjuges (artigo 8.°/1, *a contrario*) ou na protecção implícita no artigo 11.°/5 CSC contra a participação de sociedades comerciais em sociedades em nome colectivo. Sobre esta «pretensa perigosidade», MENEZES CORDEIRO, *Manual de Direito das Sociedades*, II, cit., 147-148.

[362] Sublinhe-se que o ROC responderá nos termos do artigo 81.° quando actue como membro do órgão de fiscalização. Tem-se por boa assim a posição de GABRIELA FIGUEIREDO DIAS, segundo a qual a aplicação do artigo 82.° fica reservada para os casos em que o ROC actue "no exercício da função profissional que lhe é específica, de acordo com o art. 420.°, n.° 4, do CSC e com o art. 40.°, n.° 1, do EORCO" (*Fiscalização de Sociedades...*, cit., 38).

Delimitação do âmbito de aplicação da transformação de Soc. Comer. no DPP 161

Com efeito, os revisores oficiais de contas não só podem responder perante a sociedade e os sócios (artigo 82.º/1), como respondem directamente perante os credores societários quando pela *inobservância culposa das disposições legais ou contratuais destinadas à protecção destes, o património se torne insuficiente para a satisfação dos respectivos créditos* (artigo 78.º/1 *ex vi* do artigo 82.º/2). Acresce que, ao contrário do que sucede com os membros dos órgãos de administração e fiscalização, o caucionamento da responsabilidade dos ROC não pode ser dispensado (artigo 73.º do Estatuto da Ordem dos Revisores Oficiais de Contas, aprovado pelo Decreto-Lei n.º 487/99, de 16 de Novembro)[363].

Assim, verifica-se que o legislador societário, pese embora as diferenças de regime de cada tipo, relativas à tutela dos credores, não mostrou preferência por nenhum deles. Poderia tê-lo feito, alinhando os vários tipos numa série, em que o índice fosse a protecção dos credores, autorizando a transformação apenas no sentido ascendente, no sentido de uma maior protecção. Não parece assim ter considerado particularmente digna de tutela a expectativa do credor na manutenção do regime de responsabilidade dos sócios ou de protecção da integralidade do capital em relação a obrigações futuras. E, assim sendo, uma transformação de uma sociedade comercial pode obrigar os credores a adaptarem a maneira como interagem com a sociedade transformada.

2.2.4. Tutela dos credores: síntese

A este propósito, e em jeito de conclusão, pode assentar-se que, em matéria de tutela dos credores por ocasião da transformação de sociedades comerciais, é possível identificar uma clivagem fundamental.

São inteiramente salvaguardados os direitos subjectivos dos credores da sociedade, cuja consolidação nas respectivas esferas jurídicas seja anterior à transformação, garantindo-se assim o *status quo ante*. Esta garantia opera, sobretudo, através da ultra-actividade dos regimes especialmente

---

[363] O montante mínimo garantido por seguro pessoa de responsabilidade civil profissional é de € 500.000 por cada facto ilícito, sendo certo que este montante pode subir, multiplicado pelo número de sócios e de revisores oficiais de contas a ela vinculados através de contrato de prestação de serviços, no caso das sociedades de revisores (n.º 1 e n.º 2 do artigo 73.º do Decreto-Lei n.º 487/99).

protectores dos direitos de crédito em apreço[364]. Bem se compreende esta solução, porque seria inaceitável a alternativa oposta, que redundaria numa alteração unilateral, pelo devedor, do regime jurídico aplicável ao direito de crédito. Porém, sublinhe-se que esta solução traz subjacente um *favor* à transformação, já que o legislador societário poderia ter optado por proibir as transformações que implicassem a adopção de tipos societários onde os regimes mais favoráveis aos credores fossem inaplicáveis (cfr. o que se disse quanto aos créditos obrigacionistas).

Não se passa o mesmo em relação ao futuro, e aqui reside a clivagem já antecipada. Ao permitir que, através da transformação de sociedades, sejam adoptados regimes comparativamente menos favoráveis aos credores, o legislador não os isentou de um esforço de adaptação em relação ao futuro, que se tornará tanto mais necessário quanto mais ténues forem os esquemas de fiscalização autónoma e heterónoma da vida societária. Pode desta maneira concluir-se que a expectativa na manutenção de determinados regimes, que se esperavam ver aplicados no futuro (por exemplo, em sede de fiscalização), não é tutelada juridicamente.

2.3. TUTELA DOS SÓCIOS

Quanto ao regime de tutela dos sócios, assinala-se a existência de quatro preocupações fundamentais do legislador das transformações do Código das Sociedades Comerciais: (A) a protecção contra transformações precipitadas e ineficientes; (B) a manutenção das posições relativas; (C) a manutenção dos direitos especiais; e (D) a protecção contra a assunção de responsabilidade ilimitada. Estas preocupações foram acauteladas através da institucionalização do processo de transformação e da consagração de direitos de oposição à vontade da maioria que configuram, expressa ou tacitamente, verdadeiros impedimentos à transformação[365].

---

[364] FRANCISCO MENDES CORREIA, *Transformação de Sociedades: algumas considerações*, Separata de OD, IV, 2006, Almedina, Coimbra, 882.

[365] Vide, por exemplo, artigos 131.°/1, alínea c), 132.°, 133.°/2 e 136.°/1.

Delimitação do âmbito de aplicação da transformação de Soc. Comer. no DPP   163

2.3.1. A protecção contra transformações precipitadas e ineficientes

A protecção contra transformações precipitadas e ineficientes foi claramente uma preocupação do legislador societário. Está bom de ver que esta protecção nunca pode ser absoluta, uma vez que rege nesta matéria a autonomia privada dos sócios, que possibilita precisamente, entre outras, a realização de transformações precipitadas e ineficientes. A única alternativa seria a de, através de um esforço de abstracção, encontrar situações jurídicas e materiais típicas que deveriam estar necessariamente subjacentes a um processo de transformação. Esta alternativa deve ser excluída com veemência, pelo carácter paternalista óbvio: os sócios estão em melhores condições para avaliar a conveniência de uma transformação.

Assim sendo, o objectivo do legislador foi o de assegurar, na medida do possível, que as decisões neste âmbito sejam ponderadas e esclarecidas.

Ainda que de forma acessória – porque o objectivo principal é o da tutela dos credores – este desiderato subjaz às alíneas a) e b) do artigo 131.º/1. Se o capital da sociedade ainda não está integralmente liberado (ou não estão realizadas as entradas convencionadas no contrato), o conjunto de regras originalmente adoptado pode ainda não ter mostrado a sua adequação aos interesses prosseguidos pelos sócios na sua constituição. Se o capital da sociedade e a reserva legal estão perdidos, o problema mais premente da sociedade é de natureza patrimonial, e não se refere por isso às regras jurídicas aplicáveis – a transformação será ineficiente na medida em que consome esforços que devem ser concentrados na ultrapassagem da questão principal.

Mas as normas primacialmente destinadas a assegurar a ponderação e o esclarecimento dos sócios nos processos de transformação constam do artigo 132.º. Por um lado, a administração da sociedade que pretende a transformação está obrigada a organizar um relatório justificativo, de forma a revelar aos sócios a situação patrimonial da sociedade coetânea da discussão sobre a transformação[366] e a antecipar quais as novas regras que

---

[366] Nos termos da alínea a) do n.º 1 do artigo 132.º o relatório justificativo é acompanhado *do balanço do último exercício, desde que tenha sido encerrado nos seis meses anteriores à data da deliberação de transformação ou de um balanço reportado a uma data que não anteceda o 1.º dia do 3.º mês anterior à data da deliberação de transformação.* Aliás, no relatório justificativo a administração deve assegurar que a situação patrimonial da sociedade se encontra fielmente reflectida no balanço apresentado ou assi-

164   *Transformação de Sociedades Comerciais*

irão reger a actividade societária[367]. Por outro, o relatório justificativo da transformação é submetido à apreciação do órgão de fiscalização da sociedade, quando exista, para que sobre ele emita parecer (artigo 99.°/1, *ex vi* do artigo 132.°/3)[368].

Cumpre ainda salientar, a este respeito, que o legislador estabeleceu a obrigatoriedade de uma deliberação autónoma em relação ao balanço que preside à decisão de transformação, à própria transformação e ao contrato pelo qual a sociedade passará a reger-se (artigo 134.°). Esta autonomização dos objectos da decisão dos sócios destina-se, também, a assegurar uma formação esclarecida da respectiva vontade.

2.3.2. A manutenção das posições relativas

O desiderato agora referido é prosseguido pelo artigo 136.° mas, em bom rigor, sempre decorreria do princípio da identidade acima comentado[369]. Por um lado, se a sociedade transformada não se dissolve e continua a sua existência mantendo a personalidade jurídica, a identidade das participações dos respectivos sócios seria um corolário lógico. Por outro lado, compreende-se o objectivo do legislador ao sublinhar esta consequência: a participação do sócio apenas se pode apreender na sua máxima extensão quando se considere o respectivo peso relativo, quer a nível económico quer, sobretudo, a nível político. Com efeito, do ponto de vista dos interesses do sócio, a sua participação na sociedade define-se, em grande medida, pelo poder (ou respectiva ausência) de influenciar a vida societá-

---

nalar as modificações significativas ocorridas desde a data a que o mesmo se reporta (artigo 132.°/2). Sobre esta obrigação da administração, Ac. STJ de 26/04/95 (RAÚL MATEUS), BMJ, n.° 446 (1995), 302.

[367] É neste sentido que o projecto do contrato pelo qual a sociedade passará a reger-se deve acompanhar o relatório justificativo (artigo 132.°/1, alínea b).

[368] Além da submissão à apreciação pelo órgão de fiscalização, ou em substituição dela, quando a sociedade não tenha órgão de fiscalização, o relatório justificativo da transformação deve ser examinado por revisor oficial de contas, que elaborará um parecer (artigo 99.°/2 e 3, *ex vi* do artigo 132.°/3). No entanto, a este propósito, deve ser assinalado que o n.° 6 do artigo 99.°, acrescentado pelo Decreto-Lei n.° 76-A/2006, de 29 de Março, também se deve considerar actualmente aplicável em sede de transformação: o exame do relatório justificativo pelo revisor oficial de contas pode ser dispensado por acordo de todos os sócios da sociedade que pretende a transformação.

[369] SCHMIDT, *Gesellschaftsrecht*, 370-371.

Delimitação do âmbito de aplicação da transformação de Soc. Comer. no DPP 165

ria[370]. Em bom rigor, esta realidade pode ser detectada em todos os tipos de sociedade, com as devidas diferenças de escala: quanto menor for o peso relativo do sócio (e menor a sua capacidade de influência política) mais este tenderá a representar de forma económica a sua participação social[371].

Embora o artigo 136.°/1[372] exija a manutenção do *montante nominal da participação* e da *proporção de cada participação relativamente ao capital*, é esta última exigência que assegura a manutenção das posições relativas, já que a primeira apenas faz sentido nos casos em que a transformação não seja acompanhada de uma redução ou de um aumento de capital[373]. Se for este o caso, devem conjugar-se as regras da transforma-

---

[370] Tendo em conta a natureza deste estudo, não se toma posição quanto à questão de saber se as situações jurídicas activas participativas dos sócios devem ser configuradas como direitos subjectivos (mais concretamente, como direitos abstractos), ou como poderes. No primeiro sentido, por todos, MENEZES CORDEIRO, *Manual de Direito das Sociedades*, I, cit., 571-575. No segundo sentido, reconduzindo estas situações jurídicas activas a poderes, uma vez que "correspondem à disponibilidade de meios jurídicos para a prossecução do fim próprio do direito subjectivo global do sócio", PAIS DE VASCONCELOS, *A Participação Social...*, cit., 69 e ss.

[371] No universo das sociedades abertas, e devido à dispersão do capital social, existem milhares de accionistas com participações ínfimas no capital, cujos interesses são, sobretudo, financeiros, atendendo à dificuldade de influenciar a vida societária. No universo das sociedades por quotas, por exemplo e por oposição, os sócios com participações ínfimas serão proporcionalmente menos, mas a sua dificuldade de influenciar a vida societária será comparável e nessa medida tenderão a representar a sua participação na sociedade de um ponto de vista (quase) exclusivamente financeiro.

[372] No direito alemão, encontra-se a norma equivalente no § 202, II UmwG.

[373] De facto, pode acontecer que numa transformação com manutenção do valor nominal das participações sejam alteradas as posições relativas, se a mesma for contemporânea, por exemplo, de um aumento do capital social (muitas vezes necessário para respeitar as regras reguladoras do novo tipo). O contrário não é necessariamente verdade: uma alteração do valor nominal das participações não resulta necessariamente numa alteração das posições relativas. Basta pensar nos casos em que o valor de todas as participações é aumentado ou reduzido proporcionalmente ou nos casos previstos no n.° 2 do artigo 136.°. Estes últimos correspondem às transformações de SNC e de SCS com sócios de indústria em SQ e SA, onde a sua presença não é admitida. Como o valor de contribuição em indústria do sócio não era computado no capital social da SNC ou da SCS que se transforma (artigo 178.°/1), é necessário atribuir-lhe uma participação segundo as regras do novo tipo social, que será feita à custa da redução proporcional das participações dos restantes (artigo 136.°/2). No entanto, não pode dizer-se com propriedade que as posições relativas se alterem necessariamente, porque já tinha sido atribuído à indústria do sócio um

166   *Transformação de Sociedades Comerciais*

ção com as regras aplicáveis ao aumento ou redução de capital, segundo o antigo ou o novo tipo, consoante esta deliberação seja anterior ou posterior à deliberação de transformação.

Deve ser assinalado, a este propósito, que a norma constante do artigo 136.° não é mais do que manifestação de um princípio de tutela da posição relativa do sócio, que atravessa o direito das sociedades português[374]. As suas expressões normativas são, entre outras: (A) a regra geral da participação de cada sócio no aumento do capital por incorporação de reservas na proporção do valor nominal da sua parte social, apenas derrogável por estipulação de um critério especial no contrato (artigo 92.°/1); (B) a atribuição proporcional a cada accionista de novas acções no exercício do direito de preferência por ocasião do aumento de capital de uma sociedade anónima por entradas em dinheiro[375].

Este princípio, no entanto, encontra limites, quando o interesse individual na manutenção da posição relativa colida com o interesse social em aumentar o capital. Nestes casos, o sócio é tutelado através da intangibilidade tendencial do direito de preferência, que apenas poderá ser suprimido em casos muito especiais (artigo 460.°/1 e 2), mas a deliberação de aumento do capital será tomada por maioria, ainda que o sócio discordante não tenha condições para o subscrever.

---

valor para efeitos de repartição de lucros e perdas (alínea *b* do artigo 176.°/1), sendo certo que o mesmo não estava impedido de votar (artigo 190.°/1 e 2). Assim, a nova participação no capital da sociedade pode atribuir ao sócio de indústria, segundo as novas regras aplicáveis, o mesmo peso relativo nas decisões e nos benefícios de que gozava anteriormente.

[374] Assinalam a existência deste princípio, entre outros, CASSIANO DOS SANTOS, *Estrutura Associativa e a Participação Societária Capitalística (Contrato de Sociedade, Estrutura Societária e Participação do Sócio nas Sociedades Capitalísticas)*, 2006, Coimbra, Coimbra Editora, 509; MENEZES CORDEIRO, *Da Preferência dos Accionistas na Subscrição de Novas Acções; Exclusão e Violação*, ROA, ano 50.° (1990), 349-350. Segundo CASSIANO DOS SANTOS, a fundamentação para esta tutela reside na natureza não-social do interesse do sócio na manutenção da posição relativa, sendo certo que esta natureza "resulta de não ter sido tal interesse colocado na comunhão societária e de a lei (também) não o colocar no domínio da maioria" (*Estrutura Associativa...*, cit., 510).

[375] Além destes dois casos, CASSIANO DOS SANTOS, *Estrutura Associativa...*, cit., 509, refere ainda, a este propósito, o artigo 231.°/4 (que estipula a proporcionalidade na aquisição preferencial dos sócios, quando uma sociedade por quotas recuse o consentimento para a alienação de uma participação social e delibere a respectiva aquisição), o artigo 367.° (que estabelece a proporcionalidade na subscrição de obrigações convertíveis) e os artigos 103.°/2, alínea c) e 127.° (que estabelecem a regra da proporcionalidade nas alterações aos elementos subjectivos das sociedades participantes em fusões e cisões).

Delimitação do âmbito de aplicação da transformação de Soc. Comer. no DPP   167

Assim, com CASSIANO DOS SANTOS, podemos concluir que "o sócio tem apenas direito a não ver a sua posição relativa diminuída enquanto se mantiver a situação inicialmente definida para a sociedade quanto ao capital fornecido pelos sócios, e a mantê-la ao longo das alterações que a maioria, dentro dos seus poderes, decidir"[376].

Ora uma transformação não acompanhada de aumento ou redução de capital é precisamente um dos casos em que se mantêm as posições relativas iniciais, compreendendo-se, por isso, a regra estabelecida no artigo 136.°. No entanto, quando a transformação seja precedida ou acompanhada por um aumento do capital, o sócio discordante, que não possa acompanhar a subscrição, fica impossibilitado de paralisar a alteração societária em apreço, porque à deliberação do aumento serão aplicadas as regras de maioria concernentes a cada tipo (artigo 85.°/2).

Assim sendo, sublinha-se que o âmbito de aplicação do artigo 136.° é mais limitado do que uma leitura apressada poderia sugerir: a unanimidade apenas é exigida para a alteração das posições relativas dos sócios que decorra apenas da própria transformação e não para uma mudança de posições relativas que decorra de outro tipo de alterações ao contrato de sociedade[377,378].

De regresso ao artigo 136.°/1 verifica-se que a falta de unanimidade pode ser considerada como um verdadeiro impedimento à transformação, ao lado, por exemplo, da oposição dos sócios titulares de direitos especiais, já que a discordância de um sócio inviabiliza a transformação.

No regime que vigorou até à recente reforma do direito das sociedades, e ao contrário do que sucedia quanto à fusão e cisão, era contemplado um direito de exoneração em favor dos sócios que não tivessem votado favoravelmente a deliberação de transformação[379]. No entanto, mesmo

---

[376] CASSIANO DOS SANTOS, *Estrutura Associativa...*, cit., 510-511.

[377] Desta frase não se deve retirar qualquer conclusão a propósito da natureza jurídica da transformação ou da subsunção do fenómeno a uma pretensa categoria geral de "alterações" ao contrato de sociedade. Apenas se aproveita, para efeitos expositivos, a sistemática do CSC, que ao lado da transformação prevê outras «alterações» como o aumento ou a redução do capital.

[378] Sobre a possibilidade de cumular a mudança de forma (*Formwechsel*) com modificações no elemento subjectivo dos entes jurídicos em transformação, por todos, KARSTEN SCHMIDT, *Gesellschaftsrecht*, 370-371.

[379] Com efeito, já nessa altura, apenas era regulamentado quanto à fusão e cisão o *exercício* do direito de exoneração, carecendo o mesmo, para vigorar, de disposição legal

durante a vigência da antiga redacção do artigo 137.°/1, já se deveria entender que a falta de unanimidade quanto à alteração das posições relativas não poderia ser ultrapassada através da exoneração do sócio discordante.

Com efeito, se a regra da unanimidade – dirigida à obtenção de consensos necessários – pudesse na altura ser ultrapassada através da exoneração do sócio discordante, não existiria qualquer diferença entre esse regime e as deliberações maioritárias previstas no artigo 133.°, para as sociedades de capitais. De facto, se fosse outra a interpretação correcta, poderiam existir sócios discordantes até ao limite do quórum deliberativo estabelecido no artigo 133.° e com isso, na prática, seria suprimida a unanimidade. Pelo contrário, parecia decorrer do regime anterior que a regra da unanimidade, quanto à manutenção das posições relativas e quanto à assunção de responsabilidade ilimitada, deveria ser interpretada no sentido de exigir a obtenção de um consenso unânime, não podendo ser ultrapassada através do mecanismo da exoneração.

Após a alteração do n.° 1 do artigo 137.°, que suprimiu o direito de exoneração dos sócios discordantes[380], a questão não oferece dúvidas: a falta de unanimidade quanto à alteração das posições relativas é um verdadeiro obstáculo à transformação.

---

expressa ou de previsão estatutária. Para uma crítica a esta assimetria, entretanto corrigida pelo Decreto-Lei n.° 76.°-A/2006, de 29 de Março, DIOGO COSTA GONÇALVES, *Direitos Especiais...*, cit., 344-348.

[380] Recorde-se que o n.° 1 do artigo 137.° (anteriormente epigrafado *Protecção dos sócios discordantes*) tinha a seguinte redacção até à entrada em vigor do Decreto-Lei n.° 76-A/2006, de 29 de Março: *Os sócios que não tenham votado favoravelmente a deliberação de transformação podem exonerar-se da sociedade, declarando-o por escrito, nos 30 dias seguintes à publicação da deliberação.* O referido diploma legal, que aprovou a reforma do direito das sociedades, revogou ainda o n.° 3 e o n.° 4 do mesmo artigo, cuja redacção era a seguinte: *3. Findo o prazo de exercício do direito de exoneração dos sócios, a administração da sociedade verificará se é possível dar cumprimento ao disposto no número anterior sem afectar o capital social, nos termos do artigo 32.°; não o sendo, convocará novamente a assembleia para deliberar sobre a revogação da transformação ou redução do capital; 4. O sócio discordante só se considera exonerado na data da escritura de transformação.* Manteve-se na nova versão do artigo a antiga redacção do n.° 2.

Delimitação do âmbito de aplicação da transformação de Soc. Comer. no DPP 169

2.3.3. A manutenção dos direitos especiais dos sócios

O artigo 131.º/1 alínea c) estabelece como impedimento à transformação a oposição de sócios titulares *de direitos especiais que não possam ser mantidos depois da transformação.*

Para a interpretação deste preceito cumpre determinar sumariamente o significado do conceito de «direitos especiais», empregue pelo legislador. Da interpretação conjugada das normas constantes dos vários números do artigo 24.º e do artigo 257.º/3, resulta que o direito especial será descoberto por oposição aos direitos gerais do sócio. Esta descoberta depende então da determinação dos direitos «comuns» dos sócios de determinada sociedade, a que apenas se poderá chegar através de um esforço interpretativo. Segundo parece, é preferível empregar um critério qualitativo na análise do binómio generalidade / especialidade, que atenda aos objectivos que subjazem à atribuição do direito, em vez de determinar a especialidade pelo número de sócios que dele gozam[381,382].

---

[381] MENEZES CORDEIRO, *Manual de Direito das Sociedades*, volume I, cit., 567. Contra, sustentando que os direitos especiais devem ser encontrados por oposição aos direitos gerais dos sócios, caracterizados como aqueles que são "pertença efectiva de *todos* os sócios", PAULO OLAVO CUNHA, *Os Direitos Especiais nas Sociedades Anónimas: as Acções Privilegiadas*, Coimbra, Almedina, 1993, 15-26. O critério predominante, neste caso, é o quantitativo, que fica também expresso no seguinte passo: "Um direito que seja inicialmente concebido como atribuindo um privilégio ao seu titular e posteriormente vem a ser alargado a todos os sócios, generaliza-se e passará a integrar a categoria dos direitos gerais", ob. cit., 23. Utilizando também um critério eminentemente quantitativo, sustentado na expressão *«de algum sócio»* constante do artigo 24.º, RAÚL VENTURA entende que "Não há direitos especiais pertencentes a todos os sócios, mas apenas direitos especiais pertencentes a *algum sócio*", *Direitos Especiais dos Sócios (Parecer)*, OD, ano 121.º (1989), I, 215.

[382] Este critério qualitativo pode levar a que sejam também qualificados como direitos especiais – e sujeitos por isso ao regime de tutela do artigo 24.º – aqueles "poderes que, embora abstractamente atribuídos a todos os sócios, cumprem o objectivo de defender cada um dos sócios, individualmente considerado, contra uma possível deliberação maioritária que possa ser tomada contra o seu voto", PAIS DE VASCONCELOS, *A Participação Social...*, cit., 250. Esta construção tem o condão de incluir no âmbito dos direitos especiais regras de protecção das minorias, como a estabelecida no artigo 392.º/6, que permite que no contrato se atribua a uma minoria de accionistas, representando 10% do capital, o direito de designar pelo menos um administrador, caso tenha votado contra a proposta que fez vencimento na eleição dos administradores. Se esta possibilidade for efectivamente prevista num contrato de sociedade, a sua inserção na categoria dos direitos especiais

Em ambos os preceitos citados (artigos 24.º e 257.º/3), expressa ou tacitamente, revela-se a possibilidade de as partes estabelecerem a derrogabilidade dos direitos especiais. No artigo 24.º/5 a referência a uma "regra legal ou estipulação contratual expressa" em sentido contrário é patente. Mas também da interpretação do artigo 257.º/3 resulta que quem pode o mais pode o menos: quem pode estabelecer no contrato um direito especial à gerência inderrogável também o pode estabelecer derrogável (desde que, por analogia com o n.º 5 do artigo 24.º a derrogabilidade seja expressa). Assim, com RAÚL VENTURA, podemos concluir que a inderrogabilidade não é característica essencial do conceito de direito especial[383].

Encontrado um conceito operativo de «direito especial», volta-se à alínea c) do artigo 131.º/1, para concluir que, salvo melhor opinião, esta norma deve ser vista como uma concretização, no âmbito específico da transformação, de um princípio geral que atravessa o direito das sociedades, segundo o qual os direitos especiais só podem ser suprimidos com o consentimento dos respectivos titulares. A existência deste princípio geral retira-se da interpretação do n.º 5 do artigo 24.º (que se situa, recorde-se, na parte geral), onde pode ler-se que *os direitos especiais não podem ser suprimidos ou coarctados sem o consentimento do respectivo titular, salvo regra legal ou estipulação contratual expressa em contrário*. Outra sua concretização encontra-se no artigo 257.º/3, que aplica a regra do consentimento necessário à supressão do direito especial à gerência constante do contrato de sociedade[384,385].

---

coloca-a a salvo de uma derrogação pela maioria, por virtude do artigo 24.º/5. No entanto, em abstracto, ela é atribuída a todos os sócios, desde que colocados na posição descrita.

[383] RAÚL VENTURA, *Direitos Especiais dos Sócios (Parecer)*, em OD, ano 121.º (1989), I, 213.

[384] Artigo 257.º/3: *A cláusula do contrato de sociedade que atribuía um sócio um direito especial à gerência não pode ser alterada sem consentimento do mesmo sócio. Podem, todavia, os sócios deliberar que a sociedade requeira a suspensão ou destituição judicial do gerente por justa causa e designar para tanto um representante especial.*

[385] O artigo 982.º/2 CC já estabelecia regra semelhante para as sociedades civis: *Se o contrato conceder direitos especiais a algum dos sócios, não podem os direitos concedidos ser suprimidos ou coarctados sem o assentimento do respectivo titular, salvo estipulação expressa em contrário.* Na vigência da Lei das Sociedades por Quotas, perante uma lacuna na lei e as dúvidas suscitadas, foi tirado no STJ o seguinte assento, de 26 de Maio de 1961: "Para alteração dos direitos especiais de um sócio, concedidos no pacto de uma sociedade por quotas, não basta a maioria referida no artigo 41.º da Lei de 11 de Abril de 1901, sendo ainda indispensável o consentimento do respectivo sócio, em BMJ, 107 (1961), 352-359.

Assim, no âmbito da transformação, caso o novo tipo adoptado não comporte a manutenção do direito especial, a sociedade é colocada perante o mesmo dilema que confronta quando a maioria dos sócios pretende suprimir um direito especial: o passo em frente só pode ser dado com o consentimento do respectivo titular.

No entanto, devem também assinalar-se as diferenças entre as situações previstas no artigo 24.º/5 e as situações previstas no artigo 131.º/1, alínea c). Enquanto a primeira norma se reporta a situações de supressão, o artigo 131.º/1, alínea c) refere-se a situações em que o direito especial *não pode ser mantido*. Assim sendo, parece ser aqui possível, na esteira de DIOGO COSTA GONÇALVES, encontrar casos em que o direito especial do sócio, após a transformação, não é formalmente idêntico, mas é equivalente em termos materiais[386] e por isso pode ser «mantido», para efeitos da norma citada.

Se assim for, a oposição dos sócios[387] num cenário de transformação só releva enquanto impedimento quando segundo as novas regras aplicáveis à sociedade transformada o sócio não encontre ao seu dispor um direito especial, materialmente equivalente.

---

[386] DIOGO COSTA GONÇALVES, *Direitos Especiais...*, cit., 319 e ss. Este Autor, interpretando de forma sistemática o artigo 131.º/1, alínea c), já referido, e os artigos 98.º/1, alínea j) e 119.º, alínea j), aplicáveis à fusão e à cisão, respectivamente, entende que «direitos mantidos» [artigo 131.º/1, alínea c)] e «direitos assegurados» [artigos 98.º/1, alínea j) e 119.º, alínea j)] devem receber a mesma interpretação, através do referido critério da equivalência material. Os artigos 98.º/1, alínea j) e 119.º, alínea j) exigem que do projecto de fusão e cisão, respectivamente, constem *os direitos assegurados pela sociedade incorporante ou pela nova sociedade* (nos casos de fusão) e *os direitos assegurados pelas sociedades resultantes da cisão* aos sócios titulares de direitos especiais antes da fusão ou da cisão, nas sociedades incorporadas ou fundidas, e nas sociedades cindidas. Segundo o critério da equivalência material, o direito especial está assegurado (ou é mantido), "ainda que configurando uma situação diversa da anteriormente titulada [desde que] permita a manutenção do mesmo interesse próprio consagrado pelo direito especial em causa" (ob. cit., 323).

[387] Esta oposição deve ser deduzida pelo titular do direito especial que tenha votado contra a transformação, por escrito, no prazo de um mês a contar da respectiva aprovação (artigo 131.º/2 e artigo 137.º/1 CSC). Nas sociedades anónimas e nas sociedades em comandita por acções, em que os direitos especiais dos accionistas são atribuídos necessariamente a categorias de acções (artigo 24.º/4), a oposição poderá ser deduzida por aqueles no dobro do prazo referido (artigo 131.º/3 CSC).

2.3.4. A protecção contra a assunção de responsabilidade ilimitada

A limitação da responsabilidade dos sócios é seguramente um dos princípios gerais do direito das sociedades[388]. Com efeito, nos termos do artigo 20.º, as situações passivas dos sócios serão, em princípio, apenas a obrigação de entrada e a obrigação de quinhoar nas perdas[389]. Se bem que possam existir diferenças assinaláveis quanto à responsabilidade pelas entradas dos sócios, a assimetria principal, a este propósito, refere-se à limitação da responsabilidade pelas dívidas da sociedade, ou seja, à medida em que o sócio irá quinhoar nas perdas.

Com efeito, nas sociedades anónimas e nas sociedades por quotas – as chamadas sociedades de responsabilidade limitada – o montante máximo da responsabilidade do sócio é perfeitamente determinável. Nas sociedades anónimas, o sócio apenas responde pelas entradas próprias (artigo 271.º) e nas sociedades por quotas, no cenário mais desfavorável, responderá por todas as entradas dos sócios que estarão sempre, de resto, determinadas no contrato de sociedade (artigo 192.º/1). Caso diferente é o dos sócios da SNC, que respondem ilimitada e subsidiariamente pelas dívidas da sociedade (175.º/1). Assim, nas sociedades de responsabilidade limitada o sócio consegue sempre antever o limite máximo da sua responsabilidade, enquanto nas sociedades em nome colectivo, a responsabilidade é ilimitada e, por isso mesmo, tendencialmente imprevisível.

Bem se compreende então que a assunção de responsabilidade ilimitada por efeito de uma transformação exija a anuência dos sócios. Esta aprovação abrangerá todos os sócios, quando o tipo adoptado for a sociedade em nome colectivo (artigo 175.º/1) e os sócios comanditados, quanto a sociedade for em comandita (artigo 465.º/1). Apesar do Anteprojecto já referido consagrar solução contrária[390], a opção que prevaleceu no CSC

---

[388] Neste sentido, por todos, MENEZES CORDEIRO, *Manual de Direito das Sociedades*, I, cit., 241-242.

[389] Com excepção dos sócios de indústria na sociedade em nome colectivo e nas sociedades em comandita simples (neste último caso só quanto aos sócios comanditados, *a contrario* do artigo 468.º), que em princípio não respondem pelas perdas sociais (178.º/1, 2 e 3).

[390] O artigo 10.º/2 do Anteprojecto estabelecia expressamente que [a] *responsabilidade pessoal e ilimitada dos sócios criada pela transformação da sociedade abrange as dívidas sociais anteriores à transformação.*

Delimitação do âmbito de aplicação da transformação de Soc. Comer. no DPP   173

foi a de limitar a responsabilidade ilimitada assumida através da transformação às dívidas sociais contraídas após a vicissitude em apreço (artigo 139.º/2).

2.3.5. Assimetrias na tutela toleradas pelo legislador da transformação

À imagem da breve análise efectuada quanto às assimetrias toleradas pelo legislador quanto à tutela dos credores, cumpre também referir, ainda neste âmbito, que são possíveis transformações com diminuição da tutela concedida aos sócios em alguns aspectos da vida societária.

Atente-se, a título de exemplo, ao direito à informação. Nas sociedades em nome colectivo "a informação dos sócios sobre a vida da sociedade é praticamente total"[391]. A afirmação assenta, sobretudo, na amplitude com que o referido direito é consagrado no artigo 181.º, mas também no facto de que todos os sócios, em princípio, participarem na gerência (artigo 191.º/1).

Este direito é crescentemente restringido – passando pelas sociedades por quotas (214.º/1[392]) – até chegar às sociedades anónimas, onde aparece limitado à titularidade de 1% do capital social (artigo 288.º). Aqui, além do requisito relativo à percentagem da participação no capital, o accionista deve alegar «motivo justificado» para quando solicita a informação e o respectivo conteúdo – pelo menos no "grau mínimo de informação"[393]

---

[391] Pais de Vasconcelos, *A Participação Social...*, cit., 205 e ss. A este propósito – o da variação do direito à informação nos diversos tipos de sociedades – seguimos, de modo geral, a obra citada. Cumpre no entanto salientar que este Autor, como foi já referido (*supra*, nota 370), reconduz o direito de informação dos sócios à categoria dogmática de *poder*, integrante, assim, da complexidade do direito subjectivo do sócio (ob. cit., 69 e ss.).

[392] Tendo em conta que a letra do artigo 181.º/1 (aplicável às SNC) é idêntica à letra do artigo 214.º/1 (aplicável às SQ), o facto de a possibilidade de regulamentação do direito à informação no contrato de sociedade estar prevista apenas para as SQ e não para as SNC (214.º/2) pode implicar uma maior susceptibilidade de restrição do referido direito no primeiro tipo societário. Aliás, é de referir que no regime das SQ é expressamente prevista a possibilidade de recusa de prestação de informações pela gerência, nos casos previstos no artigo 215.º/1 CSC, quando nas SNC essa possibilidade parece estar afastada (Pais de Vasconcelos, *A Participação Social...*, cit., 206-207.

[393] A expressão é de Pais de Vasconcelos, *A Participação Social...*, cit., 209.

estabelecido no artigo 288.°/1 – é mais limitado do que o previsto para as SNC e para as SQ.

No que respeita ao direito de participar nos órgãos da sociedade, também se assinalam diferenças, se os vários tipos societários forem ordenados numa série, utilizando como índice este critério[394].

No que respeita ao órgão de administração, todos os sócios da SNC são gerentes, salvo estipulação em contrário, e a designação para a gerência de pessoas estranhas à sociedade requer uma deliberação unânime (artigo 191.°/ 1 e 2). Nas SQ pode acontecer que todos os sócios sejam gerentes, mas não existe uma regra supletiva nesse sentido[395], sendo certo que a designação de gerentes estranhos à sociedade não requer uma deliberação unânime (artigo 252.°). Nas SA a administração também pode ser assumida por estranhos à sociedade, e é proibido, ao contrário do que sucede nas sociedades por quotas, a atribuição a uma determinada categoria de acções o direito de designar administradores (artigo 391.°/2, última parte; cfr. 257.°/3).

2.3.6. Tutela dos sócios: síntese

Verifica-se, então, que o legislador, perante uma série dos vários tipos societários, não vedou as transformações que implicassem uma diminuição da tutela dos sócios. Apenas concretizou no regime da transformação princípios que atravessam todo o Direito societário e até o Direito privado: a manutenção das posições relativas, a salvaguarda de direitos especiais, a protecção contra a criação por terceiros de obrigações em esferas jurídicas alheias, sem o respectivo consentimento.

Mas o contrário tampouco se verificou. O legislador não assumiu um paternalismo que o levaria a autorizar apenas as transformações ditas pro-

---

[394] Segue-se de novo, quanto à ordenação dos vários tipos societários numa série, cujo índice se refere ao poder de participar nos órgãos da sociedade, Pais de Vasconcelos, *A Participação Social...*, cit., 217-220.

[395] A menos que faltem definitivamente todos os gerentes designados, caso em que todos os sócios assumem os poderes de gerência, temporariamente, até que sejam designados novos gerentes (253.°/1). Existe até, em certa medida, uma regra de sentido inverso, já que a gerência atribuída no contrato de sociedade a todos os sócios não se entende conferida aos que só posteriormente adquiram essa qualidade (252.°/5).

Delimitação do âmbito de aplicação da transformação de Soc. Comer. no DPP   175

gressivas, na direcção dos tipos societários mais sofisticados[396]. Conclui-se assim que, à imagem do que sucedeu com os credores, o legislador não isentou os sócios de um esforço de adaptação ao novo conjunto de regras aplicáveis à vida societária.

Dir-se-á, em oposição ao exposto, que o sócio discordante da alteração de regras aplicáveis pode sempre ameaçar com o exercício do direito de exoneração e, com isso, colocar os restantes sócios perante um dilema: avançar com a transformação e promover a aquisição da participação do sócio discordante pela sociedade, pelos sócios ou por terceiros ou abandonar a operação. Este dilema poderia, *de facto*, redundar num verdadeiro obstáculo, quando a aquisição da participação do sócio discordante não pudesse ser realizada, por insuficiência patrimonial da sociedade e dos sócios. E se assim fosse, o sócio discordante veria tutelada a sua expectativa na manutenção das regras aplicáveis, pelo que não se poderia sustentar, com rigor, que a transformação era completamente tolerada pelo legislador.

Esta linha argumentativa tinha bases de sustentação na anterior versão do artigo 137.º, segundo a qual os sócios ausentes, que se abstivessem ou votassem desfavoravelmente a deliberação de transformação, poderiam exercer o direito de exoneração nos trinta dias seguintes à respectiva publicação. Esta norma permitia que parte da doutrina invocasse a gravidade da transformação como fundamento para a existência do direito em análise[397]. Porém, já então era possível afastar a pretensa «gravidade» da transformação como motivo para o direito de exoneração, e enquadrar esta última como uma vicissitude *normal* e como uma concretização do princípio geral de alterabilidade societária[398].

---

[396] Já era essa a opinião de autores como RAÚL VENTURA e BRITO CORREIA, antes da aprovação do CSC actual, ao recusarem a ideia "de que a transformação legislativamente regulada estimule ou deva estimular um *iter*, efectivamente verificado na vida das sociedades, desde os tipos de organização mais rudimentar, cerrada e ligada às pessoas dos sócios, até aos tipos mais "ágeis", apurados e separados das pessoas dos sócios (*Transformação...*, cit., 19).

[397] Assim RAÚL VENTURA falava do reconhecimento pela lei de uma gravidade da transformação que justificava o direito de exoneração (*Fusão, Cisão, Transformação...*, cit., 520), enquanto DANIELA FARTO BAPTISTA referia que o legislador teria visto na transformação uma modificação societária de tal forma grave que, por si só, constituía fundamento para a saída voluntária dos accionistas discordantes (*O Direito de Exoneração dos Accionistas*, Coimbra, Coimbra Editora, 2005, 243).

[398] FRANCISCO MENDES CORREIA, *Transformação de Sociedades...*, cit., 877-878.

Mas importa sublinhar que a disciplina da exoneração do sócio discordante foi harmonizada – pelo legislador da reforma de 2006 –, com o disposto em matéria de fusões e cisões (artigo 105.°, aplicável à cisão *ex vi* do artigo 120.°). Actualmente, o sócio que tenha votado contra a deliberação de transformação[399] apenas terá direito à exoneração quando os estatutos ou legislação especial assim o estabelecerem, já que o artigo 137.° se limita a disciplinar o respectivo exercício quando, em alguma destas sedes, o direito estiver contemplado.

Pode assim verificar-se que o legislador estabeleceu como regime supletivo, em matéria de transformação, a inexistência do direito de exoneração do sócio discordante, donde se pode extrair uma conclusão em sentido positivo quanto à recondução da transformação a uma vicissitude *normal* – e não *excepcional* –, da sociedade comercial. Posto isto, pode afirmar-se, salvo melhor opinião, que a maioria dos sócios pode impor à minoria uma transformação que implique a adopção de um conjunto de normas menos conveniente, pelo menos em abstracto, à posição de sócio, com os limites que se acabaram de descrever, quanto à manutenção das posições relativas, dos direitos especiais e da limitação da responsabilidade.

Esta recondução da transformação ao universo das vicissitudes *normais* permite ao intérprete trabalhar com a dogmática da alteração do contrato de sociedade, que chega a ser vista por parte da doutrina como *cogente*[400]. De uma perspectiva institucional, os argumentos para a alterabilidade do contrato apelam ao carácter *instrumental* da organização, em relação ao fim prosseguido, e referem a necessidade de adequação da estrutura ao fim. De uma perspectiva contratualista, a *alterabilidade* do contrato decorre da *alterabilidade* do contrato (artigo 406.° CC), com as especificidades resultantes da natureza societária (sendo a mais relevante a da possibilidade de alteração por maioria).

---

[399] Note-se que a substituição da expressão «sócios que não tenham votado favoravelmente», constante da antiga redacção, pela de «sócio que tenha votado contra a deliberação de transformação» parece excluir do âmbito de aplicação do artigo 137.°/1, na redacção actual, o sócio que se abstiver bem como o sócio ausente.

[400] Neste sentido, Raúl Ventura, que aceitava a proposta interpretativa feita pela doutrina alemã, segundo a qual uma cláusula que determinasse a inalterabilidade de todo ou de parte do contrato seria ilegal e nula (*Alterações do Contrato de Sociedade*, Coimbra, Almedina, 1986, 14).

Delimitação do âmbito de aplicação da transformação de Soc. Comer. no DPP   177

Com esta aproximação da transformação ao universo das «alterações normais» do contrato de sociedade não se pretende sustentar que a transformação é, apenas e só, mais um caso de alteração ou modificação contratual. Esta caracterização, aliás, será rebatida adiante (*infra*, III, 1). Por agora é suficiente referir que a transformação, não se limitando a uma alteração do contrato, também a implica, e nessa medida pode extrair-se o princípio hermenêutico da sua «normalidade» ou, pelo menos, negar-se o princípio oposto da sua «excepcionalidade» (ou, como prefeririam alguns Autores, da sua «gravidade»).

Para comprová-lo, basta verificar que a deliberação de transformação, como a de alteração, é tomada em conformidade com o disposto para cada sociedade (artigos 85.º/2 e 133.º/2) e que as excepções ao princípio da maioria que já foram descritas quanto à transformação – por serem concretizações de princípios gerais –, também encontram aplicação em matéria de alteração. Pense-se, a título de exemplo, no artigo 86.º/2, que estabelece a ineficácia para os sócios discordantes de alterações que envolvam o aumento das prestações que lhes eram impostas pelo contrato (próxima, portanto, da norma constante do artigo 133.º/2), ou no artigo 24.º/5[401], que proíbe a supressão de direitos especiais sem o consentimento dos titulares (próxima, portanto, da alínea *c* do artigo 131.º/1).

Assim, não parecem subsistir razões para negar que a presunção de *normalidade* que é aplicável às alterações contratuais (por virtude da regra geral da maioria e das restantes considerações dogmáticas já referidas) se possa estender à transformação[402]. Com a alteração do artigo 137.º/1 operada pela recente reforma do direito societário foram assim extintos os últimos argumentos que, segundo alguns autores, subsistiam para fundamentar a «gravidade» da transformação.

Salvo melhor opinião, desapareceram (se é que alguma vez existiram, como se questionou noutro lugar[403]) os motivos para concluir do regime jurídico-positivo uma presunção *contra* a transformabilidade de uma sociedade comercial. Actualmente, em conjugação com o enquadramento

---

[401] Não se encontram motivos para contestar a aplicabilidade desta norma às alterações contratuais.

[402] Contra, RAÚL VENTURA, *Alterações do Contrato de Sociedade*, cit., 23 e ss.

[403] FRANCISCO MENDES CORREIA, *Transformação de Sociedades...*, cit., 876-878 e 888-892.

178   *Transformação de Sociedades Comerciais*

do referido regime no campo da autonomia privada (*supra*, II, 1.2), parece até poder extrair-se o princípio hermenêutico contrário: o do *favor* à transformação.

2.4. Breve recapitulação das conclusões extraídas do regime legal constante dos artigos 130.º e seguintes e fixação preliminar da natureza jurídica da transformação de sociedades comerciais

Da análise problemática do regime da transformação constante dos artigos 130.º e seguintes até este ponto efectuada topou-se com um princípio de especial intensidade – o da identidade. Na transformação, os participantes de determinado ente jurídico pretendem alterar o conjunto de normas que lhes são aplicáveis, sem perder a unidade pessoal, patrimonial e funcional. Ainda que se entenda que a transformação extintiva apresenta autonomia dogmática – posição que, pelos motivos acima indicados (*supra*, II, 2.1), não parece de acolher –, sempre terá de se assinalar a presença de um princípio de continuidade, comparável ao princípio da identidade já referido. Com efeito, mesmo com a dissolução, as partes não pretendem liquidar o património do ente jurídico em transformação, e nessa medida pretendem também aplicar um novo conjunto de normas a uma mesma realidade.

Assim, pôde concluir-se, utilizando a teoria dos elementos de John (*supra*, II, 1.1.3), que muito embora o ente transformado continue a dispor de uma organização de actuação e de um centro de responsabilidade, as regras (e os substratos pessoal e patrimonial) que a eles se referem serão certamente diferentes. O que não muda, na transformação, é o ponto de referência designado, que congrega os restantes, e lhes preserva a identidade. Pese embora poderem ver alteradas as regras que disciplinam a produção e imputação de efeitos jurídicos, e, até, o substrato pessoal e patrimonial que lhes serve de suporte, a organização de actuação e o centro de responsabilidade continuam a ser organização e centro do *mesmo ente*. E assim, por se manterem funcionalizados ao mesmo *ente*, não é necessária a extinção das relações jurídicas que subsistam após a operação de transformação[404].

---

[404] Adiante (*infra*, II, 4.1.2) poder-se-á concluir que, em casos especiais, este *ponto de referência* que se mantém incólume não tem ainda, antes da transformação, uma reper-

Delimitação do âmbito de aplicação da transformação de Soc. Comer. no DPP   179

De acordo com a metodologia seguida, e já referida (*supra*, I, 3.2), sujeitam-se estas conclusões preliminares à falsificação. Recorde-se a este propósito que "se as teorias jurídicas são comprováveis, então são também em princípio falsificáveis"[405]. Assim, testa-se "a adequação objectiva das proposições derivadas, que decorrem da teoria, sobre o que é normativamente vigente"[406].

A primeira crítica a que esta conclusão se sujeita refere-se a uma modalidade de transformação expressamente admitida, que é a da transformação extintiva. Nesta, como acima se verificou, dá-se a dissolução da sociedade em transformação, nascendo no seu lugar uma outra, que lhe sucede automática e globalmente. Ora se acontece uma sucessão global e automática, devem necessariamente existir dois sujeitos jurídicos distintos. Torna-se evidente, então, que não há neste caso uma *identidade* necessária – porque esta modalidade de transformação comporta alterações *essenciais* no ente jurídico em transformação – mas apenas *continuidade*.

A resposta a esta crítica foi já antecipada (*supra*, II, 2.1) e compreende duas linhas de argumentação: a primeira sublinha as origens histórico-dogmáticas da modalidade de transformação extintiva, assinala as insuficiências que apresenta no plano prático e explica porque é a mesma não deve ser levada em conta na construção dogmática actual do instituto. A segunda ressalta que na transformação extintiva é aplicado um mecanismo técnico sucedâneo da identidade – a continuidade, exigindo-se também que nesta modalidade se encontre à partida e à chegada da transformação uma personalidade colectiva, ainda que rudimentar.

A segunda crítica a que esta conclusão se expõe refere-se à utilização, no argumentação que a precedeu, da transformação de uma sociedade civil pura em sociedade comercial, a qual, segundo alguma doutrina, apenas pode resultar de uma transformação extintiva[407]. Se esta crítica procedesse, a manutenção da personalidade jurídica não poderia ser identificada como o *quid* inalterado, porque a transformação novatória implica a criação de uma nova personalidade jurídica. Esta posição, no entanto, parte do pressuposto da carência de personalidade jurídica das sociedades civis

---

cussão externa suficiente para que se descubra a personalidade jurídica no ente que se sujeita a esta vicissitude. Será o caso, marginal é certo, da transformação de sociedades civis puras sem personalidade jurídica em sociedades comerciais.

[405] Larenz, *Metodologia…*, cit., 643.
[406] Larenz, *Metodologia…*, cit., 644.
[407] Raúl Ventura, *Fusão, Cisão, Transformação…*, cit., 458-464.

puras, o que está longe de recolher aprovação unânime. Quando for analisada detalhadamente esta transformação – de sociedades civis puras em sociedades comerciais (*infra*, II, 4.1.4) – será possível voltar a este aspecto.

Pode ainda questionar-se, na sujeição destas teses à falsificação, se as mesmas resistem ao confronto com as restantes modalidades de transformação previstas na lei.

No próprio CSC, como acima foi referido, estão previstas – além da transformação recíproca entre os tipos societários enumerados no artigo 1.º/2 –, a transformação de sociedades pluripessoais por quotas em SQU, prevista nos artigos 270.º-A/2 e 3, e a transformação de um EIRL em SQU, constante do n.º 5 do artigo 270.º-A. Em legislação extravagante, encontram-se, também, a transformação de uma sociedade anónima europeia em sociedade anónima regulada pela lei portuguesa, constante do artigo 23.º do Decreto-Lei n.º 2/2005, de 4 de Janeiro, a transformação de uma sociedade em agrupamento complementar de empresa, prevista no artigo 20.º do Decreto-Lei n.º430/73, de 25 de Agosto e a transformação de clubes desportivos em sociedades anónimas desportivas, constante da alínea a) do artigo 3.º do Decreto-Lei n.º 67/97, de 3 de Abril.

Em todas estas modalidades, com excepção da transformação de um EIRL em SQU, existe um ponto de referência designado de uma pessoa colectiva. Parece então possível fixar, preliminarmente, esta característica essencial da transformação de sociedades comerciais, cabendo a uma análise detalhada posterior (*infra*, II, 4.2.4) a resolução da aparente incoerência assinalada, relativa ao EIRL, a quem a doutrina é unânime em negar personalidade jurídica.

A análise do regime legal da transformação, constante do CSC, possibilitou também a delimitação das formas de tutela concedidas aos credores e aos sócios a este propósito.

Quanto aos credores, sublinhou-se que a tutela se limita à garantia de direitos subjectivos já adquiridos. Não é tutelada, reflexamente, a expectativa que os credores poderiam ter na manutenção de regimes legais que lhes sejam mais favoráveis e correspondente aplicação a futuras situações jurídicas por si tituladas. Referiu-se também que a garantia dos direitos subjectivos encabeçados pelos credores se faz, por vezes, através da ultra-actividade de regimes que não seriam em princípio aplicáveis ao novo tipo adoptado. Desta ultra-actividade, conjugada com a desprotecção da expectativa na manutenção de regimes mais favoráveis pôde então, salvo melhor opinião, extrair-se um princípio hermenêutico em favor da transformação.

Delimitação do âmbito de aplicação da transformação de Soc. Comer. no DPP 181

No que se refere aos sócios, chegou-se a conclusões semelhantes, no sentido de limitar a tutela que lhes é concedida às situações jurídicas já adquiridas[408], ficando reflexamente desprotegidas as expectativas que poderiam ter na manutenção de regimes mais favoráveis. Reconduziu-se assim a transformação ao universo das vicissitudes *normais* de adaptação da sociedade, podendo então confirmar-se o princípio hermenêutico já intuído, favorável à transformação.

A restante análise tratará – espera-se –, de confirmar ou infirmar estas conclusões preliminares.

3. SOCIEDADES COMERCIAIS COMO PONTO DE ORIGEM E DESTINO DE OUTRAS TRANSFORMAÇÕES: LACUNA OU UMA ENUMERAÇÃO TAXATIVA?

Verificou-se ao longo da análise levada a cabo até ao momento que o legislador previu expressamente alguns tipos de transformação em que a sociedade comercial figura como ponto de origem ou destino. Nas transformações homogéneas em sentido estrito – entre os vários tipos previstos no artigo 1.º/2 –, é simultaneamente ponto de origem e destino. Estas são as transformações expressamente contempladas no regime constante dos artigos 130.º e seguintes.

Nas demais transformações, as sociedades comerciais apenas são ponto de origem ou destino, já que envolvem sociedades não previstas no artigo 1.º/2, ou outro tipo de pessoas colectivas. Nas transformações homogéneas em sentido lato – as transformações dentro do universo das sociedades –, é ponto de origem ou destino nas transformações que envolvam sociedades civis puras, sociedades unipessoais por quotas e sociedades europeias e é ponto de destino na transformação de EIRL. Nas transformações heterogéneas expressamente previstas, é ponto de origem na transformação em ACE.

Estas últimas modalidades de transformação, expressamente previstas pelo legislador, serão analisadas em detalhe, para que se possa determinar com rigor as fronteiras do instituto da transformação de sociedades comerciais. Para levar essa tarefa a bom porto, cumpre no entanto desco-

---

[408] Independentemente, já se referiu, da problemática relativa à sua recondução dogmática a direitos subjectivos ou a poderes que o integrem.

brir se a falta de previsão expressa do legislador no que se refere a outros tipos de transformação deve ser atribuida ao carácter taxativo da tipologia prevista, ou se antes consubstancia uma lacuna[409]. Com efeito, não se pode em bom rigor falar de lacuna, a este propósito, se da interpretação das normas que prevêem expressamente os casos de transformação se puder concluir que as possibilidades de aplicação do instituto estão enumeradas através de uma tipologia taxativa[410].

Na análise que se segue, a autonomização dos elementos interpretativos a considerar destina-se apenas a obter uma maior clareza expositiva. Não se pretende, com isso, sugerir que constituem métodos hermenêuticos autónomos, sobre os quais pode incidir a escolha arbitrária do intérprete. É o próprio artigo 9.°/1 CC que inviabiliza essa interpretação, estabelecendo a inter-relação entre os vários elementos referidos. Esta inter-relação não é, no entanto, e salvo melhor opinião, de mera justaposição. Começa-se por isso esta análise pelo elemento literal, já que o mesmo "delimita a interpretação possível de uma disposição", o que faz com que se torne "recomendável começar por ele"[411].

3.1. ELEMENTOS LITERAIS E LÓGICO-SISTEMÁTICOS[412]

A letra do artigo 130.° e das restantes disposições legais que prevêem casos de transformação em que a origem ou o destino seja uma sociedade

---

[409] Não podem restar dúvidas quanto à existência de uma lacuna, se for impossível concluir-se pela taxatividade da enumeração legal. Com efeito, a área não regulada está longe do «espaço livre de Direito» dos comportamentos sociais ou dos fenómenos comportamentais do foro puramente interno e por isso reclama uma ordenação jurídica.

[410] Adoptamos a expressão tipologia, na esteira de OLIVEIRA ASCENSÃO (*O Direito. Introdução e Teoria Geral*, cit., 452-454), para assinalar as diferenças entre a tipologia ou a tipificação legal, enquanto mecanismo utilizado pelo legislador, e o pensamento tipológico, enquanto proposta metodológica oposta ao pensamento conceptual-abstracto, que não se restringe obviamente ao pensamento jurídico. Por outro lado, a expressão *tipologia* parece comportar melhor, no discurso jurídico actual, as modalidades de *exemplificação* ou *delimitação*, enquanto que a expressão *tipicidade* parece sugerir, modernamente, o carácter *taxativo* da enumeração. Sobre estes aspectos, por todos, OLIVEIRA ASCENSÃO, *A Tipicidade...*, cit., 19 e ss.

[411] LARENZ, *Metodologia...*, cit., 485-488 (488).

[412] Com a expressão «elementos lógico-sistemáticos» pretende abarcar-se apenas a "interpretação a partir do sistema exterior da lei", ou seja, apelar às "conclusões retiradas

Delimitação do âmbito de aplicação da transformação de Soc. Comer. no DPP   183

comercial não parece ser inequívoca, num ou noutro sentido, para a questão colocada, i.e., a de saber se existe uma tipologia taxativa de transformações que envolvam sociedades comerciais, ou antes uma lacuna (mais precisamente, várias lacunas) em relação a transformações não expressamente previstas.

Com efeito, o n.° 1 do artigo 130.° estabelece que *as sociedades constituídas segundo um dos tipos enumerados no artigo 1.°, n.° 2 podem adoptar posteriormente um outro desses tipos* e o n.° 2 do mesmo dispositivo legal estatui que "*as sociedades constituídas nos termos do artigo 980.° e seguintes do Código Civil podem posteriormente adoptar algum dos tipos...*" (sublinhados nossos).

Da leitura da norma não resulta imediatamente que as sociedades comerciais apenas podem adoptar um dos outros tipos enumerados no artigo 1.°/2, por um lado, mas tampouco se pode concluir que as sociedades comerciais podem adoptar todos os tipos de pessoas colectivas a que os privados podem recorrer na fase de constituição de um ente. É possível, em relação a ambas as interpretações da norma, encontrar bases para uma correspondência verbal com a letra da lei (artigo 9.°/2 CC).

Contra isto poder-se-ia argumentar que uma enumeração taxativa típica empregará expressões que indiquem claramente a limitação que se pretende impor. No direito português, pense-se no artigo 457.° CC (*A promessa unilateral de uma prestação só obriga nos casos previstos na lei* – sublinhado nosso) donde a maior parte da doutrina tem retirado a tipicidade dos negócios jurídicos unilaterais[413]. A este propósito, convém lembrar também o § 1, 2 UmwG para comprová-lo: "*Eine Umwandlung im Sinne des Absatzes 1 ist außer in den in diesem Gesetz geregelten Fällen*

---

da localização de um preceito em determinado livro, secção ou conexão de parágrafos, da sua configuração como proposição autónoma ou como mera parte de uma proposição", CANARIS, *Pensamento Sistemático e Conceito de Sistema na Ciência do Direito*, 3.ª edição, 2002, Tradução da 2.ª edição de 1983 do original alemão intitulado *Systemdenken und Systembegriff in der Jurisprudenz*, Lisboa, Fundação Calouste Gulbenkian, 158. A relevância do sistema como ordem axiológica ou teleológica será considerada a propósito dos elementos teleológico-sistemáticos (*infra*, II, 3.3).

[413] Por todos, MENEZES LEITÃO, *Direito das Obrigações*, volume I, 2005, 4.ª edição, Coimbra, Almedina, 259-262. Ainda assim, cumpre assinalar a existência de vozes autorizadas que discordam desta posição, em maior ou menor medida, como são exemplo MENEZES CORDEIRO, *Tratado*, I, I, 461, e de PAIS DE VASCONCELOS, *Teoria Geral...*, cit., 509 e ss., em especial 511.

nur möglich, wenn sie durch ein anderes Bundesgesetz oder ein Landesgesetz ausdrücklich vorgesehen ist"[414].

Porém, nem sempre será assim. Mesmo que a enumeração não estabeleça expressamente o seu carácter taxativo, esta conclusão pode extrair-se através do emprego de outros critérios, como o sistemático ou o teleológico. Pode referir-se, a título de exemplo, que a doutrina portuguesa é unânime na formulação de um princípio de tipicidade taxativa das pessoas colectivas de direito privado[415], sem que exista uma norma onde conste o elenco completo dos vários tipos, ou onde se faça menção expressa a essa tipologia. Na verdade, a ausência de referência legal expressa quanto à admissibilidade de determinado fenómeno jurídico consubstancia por vezes um "silêncio eloquente"[416] no sentido da correspondente inadmissibilidade[417].

Conclui-se então que o elemento literal tem uma utilidade muito marginal na fixação do carácter taxativo ou exemplificativo / delimitativo da tipologia de transformações previstas na lei, já que a sua principal função é a de delimitar os vários sentidos possíveis[418], e quer a tipologia taxativa quer a tipologia exemplificativa / delimitativa podem acolher-se à letra do artigo 130.º[419].

---

[414] No direito português, se bem que a propósito de outros tipos de pessoas colectivas, pense-se no artigo 21.º/2 do Decreto-Lei n.º 430/73, de 25 de Agosto, onde pode ler-se que *os agrupamentos complementares de empresas não podem transformar-se*, ou no artigo 80.º do Código Cooperativo, que estabelece a nulidade da *transformação de uma cooperativa em qualquer tipo de sociedade comercial, sendo também feridos de nulidade os actos que procurem contrariar ou iludir esta proibição legal*.

[415] Por todos, MENEZES CORDEIRO, *Tratado*, I, III, cit., 601-602.

[416] A expressão é de LARENZ, *Metodologia...*, cit., 525.

[417] Nesses casos não pode falar-se propriamente em lacuna, já que a regulação dos fenómenos (admitidos e proibidos) é completa.

[418] LARENZ, *Metodologia...*, cit., 487: "Ao sentido literal possível e ao contexto cabe, nestes termos, sobretudo uma função delimitadora. Adentro dos limites assim traçados são, com frequência, possíveis várias interpretações".

[419] Utilizamos a terminologia avançada por OLIVEIRA ASCENSÃO, *A Tipicidade...*, cit., 50 e ss., quanto às várias conformações possíveis das tipologias legais. Segundo este autor, a tipologia delimitativa estaria a meio caminho entre a taxativa e a exemplificativa, na medida em que impediria a livre expansão a novos tipos (à imagem do que sucede com a taxativa) mas permitiria a expansão analógica a novas figuras (aproximando-se assim da exemplificativa). No entanto, enquanto que na tipologia exemplificativa seria admitida tanto a *analogia legis* como a *analogia iuris*, na tipologia delimitativa apenas seria possível recorrer à *analogia legis*. Neste momento da análise importa saber se é taxativa a enu-

Delimitação do âmbito de aplicação da transformação de Soc. Comer. no DPP 185

Recorrendo ao elemento lógico-sistemático, parece difícil extrair um argumento contra a taxatividade da enumeração do facto de os casos expressamente previstos não estarem (todos) reunidos[420] no Código das Sociedades Comerciais (ex. transformação de sociedades em ACE, transformação de sociedades em *Societas Europaea*). Em tese, é possível que a uma enumeração taxativa, plasmada em determinado momento legislativo, venham a acrescer novos casos pontuais, em legislação extravagante, quando se entenda que a lista fechada em vigor não é suficiente[421,422].

Mas tampouco se retira, apenas com base em argumentos lógico-sistemáticos, a tese contrária, i.e. a da taxatividade. A previsão de casos de transformação de sociedades comerciais em legislação extravagante comporta perfeitamente a interpretação segundo a qual o legislador pretendeu desvanecer as dúvidas quanto à sua admissibilidade, por um lado, e estabelecer um regime especial para o processo, por outro, deixando ao intérprete (ou a posteriores intervenções legislativas) a possibilidade de encontrar normas que permitam outros tipos de transformação[423].

---

meração das transformações de sociedades comerciais. Logicamente, a recondução da tipologia a uma das outras duas modalidades apenas faz sentido se a resposta à primeira questão for negativa.

[420] Não se nega que, na aprovação do CSC 1986, a matéria da transformação de sociedades comerciais ficou intencionalmente concentrada, em exclusivo, nos artigos 130.º e seguintes do referido diploma legal. Mas este facto é perfeitamente compreensível se for tido em conta que a lei societária pretendia regular globalmente as matérias atinentes ao direito das sociedades comerciais e que por isso a preocupação do legislador foi a de disciplinar os fenómenos de transformação dentro do universo societário. Como a transformação de sociedades comerciais em outras pessoas colectivas – pense-se nas associações ou nas fundações – colocava problemas societários mas também problemas próprios de outros ramos de direito, não cabia ao legislador societário tomar (pelo menos sozinho) uma decisão a esse respeito.

[421] A este propósito, é sugestiva a seguinte passagem de OLIVEIRA ASCENSÃO, *A Tipicidade...*, cit., 43-44: "Se a norma prescrever expressamente que *só* se verificam aqueles casos há uma justaposição entre as figuras enumeradas e as figuras típicas; e mesmo então, há sempre a possibilidade de que uma lei posterior venha a aditar um novo tipo (...) Só a interpretação nos permitirá dizer se há outras situações que caem dentro daquela série de tipos, embora não tenham sido abrangidas pela enumeração".

[422] Para quem entenda que a *Societas Europaea* constitui um novo tipo de sociedade comercial, a sua consagração legal em 2005 vem provar o que ficou dito. A enumeração (taxativa) dos tipos de sociedades comerciais já não se pode fazer apenas com recurso ao CSC, mas implica a consideração de legislação extravagante.

[423] Esta tem sido a conclusão a que a maioria da doutrina italiana tem chegado quanto à admissibilidade de outros tipos de transformação para além dos elencados pelo

Para que este elemento lógico-sistemático fosse determinante, ter-se-ia de demonstrar que a intenção reguladora era a de circunscrever no Código das Sociedades Comerciais *todo* o universo de transformações em que poderiam estar envolvidas, como origem ou destino, sociedades comerciais. Se este intuito regulador ficasse demonstrado, então estaríamos de facto, quando muito, perante uma insuficiência em termos de política legislativa, mas já não perante uma lacuna, caso ficasse igualmente provada a conveniência de uma pronúncia legislativa quanto à admissibilidade e regime de outro tipo de transformações[424]. Com efeito, só se deve falar de lacuna nos casos em que, segundo o plano de regulamentação, era de esperar a existência de uma norma que está em falta[425].

No entanto, tendo em conta que o Código das Sociedades Comerciais não é a sede própria para regular vicissitudes que afectem outros tipos de pessoas colectivas, parece ser possível afirmar que a intenção reguladora (i.e. o plano de regulamentação) do legislador tampouco era a de delimitar *todo* o universo de transformações de sociedades comerciais, mas antes e apenas o de disciplinar os vários processos de transformação que ope-

---

legislador da reforma de 2003. Recorde-se que o novo regime da transformação do direito italiano foi muito além das modalidades de transformação anteriormente discutidas na doutrina, prevendo diversas modalidades de transformação homogénea e heterogénea. Tendo em conta a extensão da regulamentação resultante da reforma, a tentação para sustentar que o legislador quisera pronunciar-se definitiva e imperativamente sobre as modalidades de transformação admitidas era grande. A doutrina, no entanto, vai em sentido contrário. É exemplo desta tendência DI SABATO (*Diritto delle Società*, 2.ª edição, Milão, Giuffrè, 2005, 502-504), quando sustenta que o silêncio do legislador quanto à possibilidade de sociedades de pessoas serem transformadas em consórcios, associações ou fundações deve ser resolvido em sentido positivo, através da descoberta e aplicação, a este propósito, de princípios gerais. No mesmo sentido, GAIA CESARONI, *Della Trasformazione*, em MAFFEI ALBERTI (org.), *Il Nuovo Diritto delle Società*, volume IV, Pádua, CEDAM, 2005, 2452: "Le ipotesi di trasformazione eterogenea casuisticamente previste dal legislatore non sono da ritenersi tassative quanto piuttosto espressione di un principio generale applicabile in via analogica anche ad altri casi. In altri termini, una volta riconosciuta la trasformazione eterogenea nei termini individuati dal legislatore, non si può sostenere che il principio di omogeneità causale ancora esiste, salvo le eccezioni espressamente individuate dal legislatore".

[424] Mesmo que assim fosse, não estava excluída à partida a possibilidade de superar esta insuficiência legislativa através de um desenvolvimento do Direito superador da lei. Sobre as condições e pressupostos deste método, LARENZ, *Metodologia...*, cit., 588-610.

[425] SCHNORBUS, *Analogieverbot und Rechtsfortbildung im Umwandlungsrecht*, DB, 31 (2001), 1654-1655.

Delimitação do âmbito de aplicação da transformação de Soc. Comer. no DPP 187

rassem exclusivamente dentro do universo das sociedades comerciais (o que abrange, para este efeito, logicamente, as sociedades civis que são regidas pelas normas do código, por adoptarem a forma comercial)[426]. Aliás, se o legislador do CSC tivesse regulado extensamente o instituto da transformação *fora* do universo societário, poderia até questionar-se se o âmbito do seu mandato não teria sido excedido.

3.2. ELEMENTOS HISTÓRICO-SUBJECTIVOS

Na tarefa interpretativa em curso não deve ser descurada "a intenção reguladora cognoscível e as decisões valorativas do legislador histórico subjacentes à regulação legal, a não ser que estejam em contradição com as ideias rectoras da Constituição actual ou com os seus princípios juridicamente reconhecidos"[427].

Na verdade, parecem superadas na actualidade as teses que, na defesa de um sentido subjectivista ou objectivista para a interpretação da lei, negavam qualquer valia hermenêutica (de forma quase maniqueísta) às posições opostas.

É possível afirmar, julga-se, que a concepção da interpretação como a procura do "sentido normativo da lei" colhe a aprovação da maior parte da doutrina hodierna e que nesse percurso hão-de prevalecer considerações objectivas. Mas, ao contrário do que terá sucedido anteriormente, não se nega totalmente o préstimo que as considerações de índole subjectiva possam ter neste labor: "o sentido da lei que há-de ser considerado juridi-

---

[426] Recorde-se que, na versão inicial do Código das Sociedades Comerciais, a única transformação que envolvia uma pessoa colectiva estranha ao universo das sociedades comerciais era, em bom rigor, a transformação de uma sociedade civil pura em sociedade comercial. Facilmente se explica, no entanto, este fenómeno, tendo em conta as afinidades decorrentes da sua inserção no universo societário, *lato sensu*, e da proximidade com o fenómeno da transformação de sociedades civis sob forma comercial, cuja regulação deveria constar, logicamente, daquele diploma legal. Basta pensar, em abono desta tese, que o legislador societário de 1986 presumiu a existência de um conceito geral de sociedade – provavelmente constante do artigo 980.º CC – quando estabeleceu que *são sociedades comerciais aquelas que tenham por objecto...* (sublinhado nosso). Ainda a este propósito deve sublinhar-se que a previsão de transformações em que intervêm entes não personificados (como a transformação de EIRL em sociedade por quotas unipessoal) é posterior à arrumação sistemática inicial do código.

[427] LARENZ, *Metodologia...*, cit., 448.

camente determinante tem de ser estabelecido atendendo à intenção de regulação e às ideias normativas concretas do legislador histórico, e, de modo nenhum, independentemente delas[428]."

O respeito (parcelar, é hoje dado assente) que o intérprete-aplicador deve à intenção reguladora do legislador histórico atribui-se sobretudo ao princípio da separação de poderes. Se na aplicação da lei fosse desrespeitada a intenção normativa do legislador em detrimento das concepções normativas particulares do juiz, seria este último, simultaneamente, fazedor e aplicador da lei. E é em atenção a este fundamento que se deve distinguir claramente entre a intenção reguladora do legislador, por um lado, e "as ideias normativas concretas das pessoas que tomaram parte na assessoria e redacção do texto legislativo"[429], por outro. Num Estado de Direito democrático, o poder legislativo está entregue a órgãos perfeitamente identificados, cuja responsabilização – através de inúmeros mecanismos – se torna assim possível. Ainda que os órgãos com poder legislativo se socorram da ajuda de especialistas, a decisão sobre a aprovação de determinada norma para valer como lei geral e abstracta não pode ser imputada a estes últimos, pelo que a sua posição sobre os problemas subjacentes à regulação apenas pode ser tida em conta indirectamente.

Assim, se quanto à intenção normativa do legislador o aplicador deve o respeito já referido, quanto às ideias normativas concretas de quem interveio na preparação da lei o intérprete servir-se-á delas consoante os préstimos que possam oferecer no labor interpretativo, e deverá sempre admitir, ainda que hipoteticamente, que "as ideias normativas dos autores da lei ficam geralmente aquém das possibilidades de aplicação da norma, mesmo quando se não apoiam de antemão numa avaliação errónea da situação normativa"[430].

Dito isto, fica devidamente delimitada a utilidade que pode ter, a este propósito, o Anteprojecto da autoria de RAÚL VENTURA e de BRITO CORREIA, publicado em 1973. A similitude entre o articulado proposto por estes Autores e o capítulo XI da Parte Geral do CSC pode valer como cri-

---

[428] LARENZ, *Metodologia...*, cit., 448. O Autor continua, a este propósito: "[O sentido normativo da lei é] antes o resultado de um processo de pensamento em que todos os momentos mencionados, ou seja, tanto os «subjectivos» como os «objectivos» hão-de estar englobados e, como já se apontou, nunca chega ao seu termo" (ob. cit., 449).

[429] LARENZ, *Metodologia...*, cit., 464.

[430] LARENZ, *Metodologia...*, cit., 464-465.

Delimitação do âmbito de aplicação da transformação de Soc. Comer. no DPP 189

tério de fixação da «intenção normativa do legislador», já que este último acolheu aquela proposta e, presume-se, a correspondente fundamentação.

Mas a fundamentação do Anteprojecto pode também ter outro tipo de utilidade para o intérprete: precisamente a de expor os pressupostos dogmáticos e analíticos que presidiram à sua feitura e que podem consubstanciar uma "avaliação errónea da situação normativa" ou, pelo menos, explicar a distância entre as "ideias normativas dos autores" e as "possibilidades de aplicação da norma".

Além do mais, e como já ficou referido, o propósito do Anteprojecto em análise era, desde o início, marcado pela posterior integração no Código das Sociedades Comerciais. E esta integração marcou, reflexamente, os limites da tarefa dos seus autores: não se tratava de disciplinar todo o direito privado português, mas antes e só de regular a transformação no interior do universo das sociedades comerciais.

Assim, ainda que seja possível reconstituir o pensamento destes Autores quanto à admissibilidade de outras transformações para além das expressamente previstas, a relevância deste posicionamento dogmático sofre duas limitações: uma, relativa à limitação dos elementos históricos e subjectivos no quadro geral da interpretação jurídica; a outra, relativa aos limites sistemáticos da tarefa incumbida aos Autores do Anteprojecto em apreço.

3.3. ELEMENTOS TELEOLÓGICO-SISTEMÁTICOS

3.3.1. **Segurança jurídica**

A tipificação legal é um instrumento, ao lado de outros, ao dispor do legislador. Como foi sublinhado, o legislador pode sempre preferir o emprego de um conceito à utilização de uma enumeração tipológica. Se for relevado "o carácter finalista de toda a criação normativa" facilmente se conclui que "é pelo *prisma* do efeito prático que se recortam as realidades que se têm em vista" e que presidiram ao estabelecimento de uma tipologia legal[431]. Deverá ser feito um esforço, então, para descobrir a preocupação que norteou a tipologia legal constante do artigo 130.º. Através

---

[431] OLIVEIRA ASCENSÃO, *A Tipicidade...*, cit., 44.

deste *iter* de análise espera-se colher pistas quanto ao respectivo carácter taxativo ou enunciativo.

Com efeito, e em conformidade com o que tem sido sublinhado, a mera existência de uma tipologia não faz presumir o seu carácter taxativo e, por consequência, uma proibição de analogia. Cumpre relevar que o "recurso à analogia tem na sua base considerações de valor muito forte, no sentido do tratamento idêntico de casos semelhantes"[432]. Mas, segundo aquela que parece ser a melhor doutrina, mesmo que se encontre uma razão igualmente forte para a tipologia[433] – será o caso, as mais das vezes, da segurança jurídica – não fica imediatamente provado o respectivo carácter taxativo[434]. Pode eventualmente ficar afastada a possibilidade de reconduzir a enumeração a uma tipologia exemplificativa, mas estará ainda aberta a porta para, através da interpretação, a qualificar como delimitativa.

Da análise já realizada aos artigos 130.º e seguintes pôde concluir-se, salvo melhor opinião, que as razões de segurança jurídica que preocuparam o legislador se referem, principalmente, aos interesses dos credores sociais e dos sócios minoritários[435]. Pode acrescer a estas preocupações a intenção de tutelar, genericamente, a segurança e o tráfego jurídico, evitando "a constituição de vinculações com um conteúdo injusto ou inadequado sob o ponto de vista económico-social"[436]. Serão assim estes três

---

[432] Oliveira Ascensão, *A Tipicidade...*, cit., 59.

[433] Devem ser, de facto, colocadas exigências consideráveis quando se afere o objectivo prosseguido pelo legislador como uma tipologia taxativa – paralisante de analogias – já que esta potencia o tratamento desigual de casos semelhantes, podendo colocar em causa o princípio da igualdade. Neste sentido, Schnorbus, *Analogieverbot...*, cit., 1655.

[434] Neste sentido, por todos, Oliveira Ascensão, *A Tipicidade dos Direitos Reais*, cit., 59-61.

[435] Esta conclusão sai reforçada com a síntese constante do ponto 13 do preâmbulo do Decreto-Lei n.º 262/86, de 2 de Setembro, que aprovou o Código das Sociedades Comerciais: "A transformação de sociedades, cuja essência e contornos foram penosamente determinados pela doutrina e jurisprudência portuguesas, recebe pela primeira vez tratamento legislativo desenvolvido (artigos 130.º a 140.º), orientado para a defesa dos sócios minoritários e dos credores sociais."

[436] Segundo Pais de Vasconcelos, *Teoria Geral...*, cit., 511, é este um dos argumentos frequentemente avançados para contestar os regimes de *numerus apertus*.

Delimitação do âmbito de aplicação da transformação de Soc. Comer. no DPP   191

principais índices para analisar qual o reflexo das preocupações de segurança jurídica[437] do legislador na conformação da tipologia em apreço.

Quanto à tutela dos credores, é profícuo, salvo melhor opinião, convocar o que acima foi dito (*supra* II, 1.2.3 e 1.2.4) quanto à autonomia privada e à heteronomia. O legislador não pode permitir que a deliberação de transformação, enquanto negócio jurídico *sui generis* dentro do universo dos negócios plurais, venha a prejudicar os sujeitos jurídicos que não tenham participado na sua formação.

Mas estes terceiros, que invocam a tutela contra a transformação, devem estar munidos de direitos subjectivos e não de meras expectativas carentes de tutela jurídica. Será esse o caso dos credores da sociedade em relação aos direitos de crédito que titulam, e que tenham sido constituídos segundo determinado regime de responsabilidade dos sócios. Da análise do regime legal actualmente em vigor concluiu-se que os credores nestas condições são protegidos através da ultra-actividade dos regimes de responsabilidade pessoal e ilimitada dos sócios e do regime dos créditos obrigacionistas. No entanto, da mesma análise também se retirou que, salvo melhor opinião, o legislador prevê expressamente transformações que implicam assimetrias na tutela dos credores, nomeadamente ao nível da fiscalização da actividade social e que assim os obrigam a um esforço de adaptação às novas regras que disciplinam a actividade dos respectivos devedores.

Deve então distinguir-se entre a protecção dos direitos subjectivos titulados pelos credores sociais, e as respectivas expectativas, não tuteladas juridicamente, dirigidas à manutenção de regimes que lhes são mais convenientes. Como foi o próprio legislador das transformações societárias, a estabelecer a regra da ultra-actividade de determinadas normas, parece difícil, atendendo ao princípio da segurança jurídica, sustentar a inadmissibilidade de outras transformações, a menos que a regra da ultra-actividade não possa ser aplicada analogicamente ou que os direitos subjectivos titulados por terceiros fiquem irremediavelmente perdidos. Com efeito, o argumento, contrário a uma transformação não prevista expressamente, segundo o qual o credor fica em pior posição, por exemplo no que se refere à fiscalização da actividade do ente transformado, iria sempre

---

[437] A justificação do recurso à tipologia taxativa ou à proibição de analogias com preocupações de segurança jurídica é recorrente na literatura. Por todos, SCHNORBUS, *Analogieverbot...*, cit., 1654-1656.

esbarrar com o facto de o legislador ter admitido assimetrias idênticas dentro do próprio universo societário.

Quanto à concretização do princípio da segurança jurídica na matéria especial da tutela dos sócios da sociedade transformada, verificou-se também, da análise ao regime vigente, que a preocupação do legislador se dirigiu a assegurar direitos subjectivos: os direitos especiais, a limitação da responsabilidade ínsita na participação social, a posição relativa face aos demais sócios. E assim, deve também qualificar-se a expectativa na manutenção de um regime mais favorável ao sócio como (genericamente) carente de tutela jurídica[438].

Por último, cumpre frisar a existência de dois argumentos que levam a concluir pela impossibilidade de, através da transformação, os membros de determinado ente constituírem "vinculações com um conteúdo injusto ou inadequado sob o ponto de vista económico-social"[439].

O primeiro refere-se à eficácia protectora da regra do *numerus clausus* das pessoas colectivas de direito privado: na transformação de pessoas colectivas de direito privado, o universo de origem e destino está sempre delimitado, tendo em conta a tipologia taxativa actualmente em vigor, pelo que através da operação em análise os membros de determinado ente apenas podem alterar o conjunto normativo aplicável, de entre um leque prédelimitado pelo legislador. Na verdade, impor-se-iam – muito provavelmente – limites à transformação de pessoas colectivas se vigorasse uma regra de *numerus apertus* no direito português. Não é isso, porém, que sucede, e assim se verifica que a regra da tipologia taxativa de pessoas colectivas dispensa, em princípio, uma igual tipologia de transformações.

O segundo argumento manifesta-se se for tido em conta que "além dos impedimentos erigidos expressamente pelo legislador como *impedimentos à transformação* (...) a sociedade que adopte um tipo diferente deverá conformar-se com a regulamentação específica do tipo, nomeadamente no que se refere ao número mínimo de sócios ou ao capital social mínimo. O legislador não estabeleceu uma regra expressa nesse sentido,

---

[438] Como acima se referiu, do artigo 137.º, na sua redacção actual, pode concluir--se que o legislador não concedeu ao sócio discordante um direito geral de exoneração da sociedade nos casos de transformação, à imagem do que já era estabelecido para as fusões e cisões.

[439] A expressão, como já se referiu, é de PAIS DE VASCONCELOS, *Teoria Geral...*, cit., 511.

Delimitação do âmbito de aplicação da transformação de Soc. Comer. no DPP   193

porque não precisava de o fazer: com a adopção do novo tipo vem a obrigação de respeitar a sua regulamentação legal, fazendo pouco sentido que
uma sociedade por quotas que adopte o tipo de sociedade anónima ficasse
eximida das regras que regulamentavam a sociedade por quotas... e ao
mesmo tempo ficasse dispensada de se conformar com as regras imperativas do novo tipo de sociedade anónima. Um afloramento deste princípio
surge no n.° 3 do artigo 136.°: o princípio da manutenção do valor nominal e relativo das participações dos sócios cede perante os preceitos legais
que imponham um montante mínimo para as referidas participações"[440,441].

Conclui-se assim que tampouco se podem retirar argumentos definitivos a favor do carácter taxativo da enumeração a partir do princípio da
segurança jurídica, nas suas concretizações de defesa dos sócios, tutela de
credores e protecção genérica do tráfego jurídico.

Salvo melhor opinião, os elementos teleológico-objectivos que poderiam depor a favor de uma tipologia taxativa esgotaram-se na análise que
acaba de se realizar, a propósito da segurança jurídica, sem que tenha
resultado uma conclusão sólida nesse sentido. Antes pelo contrário, come-
çam a surgir fundadas dúvidas em torno da utilidade de uma tipologia
taxativa numa área em que já existe, como pano de fundo, um *numerus
clausus* de pessoas colectivas de direito privado. Analisam-se em seguida os
elementos teleológico-objectivos que depõem *contra* a tipologia taxativa.

3.3.2. Princípio da igualdade

Em primeiro lugar, devem ser devidamente enquadradas as considerações sobre o princípio de segurança jurídica que acabam de ser feitas:
elas não podem ser vistas isoladamente, uma vez que os seus resultados
comprimem um outro princípio, o da igualdade. Na verdade, ao impor um
leque limitado de opções, o legislador – confiado na correcta avaliação de

---

[440] FRANCISCO MENDES CORREIA, *Transformação de Sociedades...*, cit., 872.

[441] Neste sentido, RAÚL VENTURA / BRITO CORREIA, *Transformação...*, cit., 209:
"O remédio óbvio consiste em fazer ajustamentos do capital e das quotas ou acções, antes
da transformação, de modo que, ao realizar-se esta, nenhuma dificuldade se depara; nem
sempre será possível, pois há o perigo de causar desequilíbrios entre as participações dos
vários sócios. Para alguns casos, poderá encarar-se a constituição de compropriedade
sobre uma quota ou certo número de acções formados pelo saldo deixado pelo ajustamento
dos valores das quotas e acções de todos os sócios".

todas as hipóteses possíveis que terá presidido à redacção da lei – impede que uma situação carente de regulação jurídica, mas em tudo comparável às expressamente reguladas, obtenha o mesmo tratamento pelo direito, só porque escapa à enumeração legal.

É difícil exagerar a importância do princípio da igualdade na interpretação do regime em apreço. Interessa, a este propósito, analisar a forma como a doutrina alemã tem trabalhado conceitos normativos idênticos.

Como já se referiu, a UmwG de 1994 colige quatro técnicas de transformação (*Umwandlung*): a fusão, a cisão, a transmissão unitária (total ou parcial) de património (*Vermögensübertragung*) e a mudança de forma (*Formwechsel*). É esta última que corresponde à transformação cuja disciplina, no direito português, consta dos artigos 130.º e seguintes CSC.

A mudança de forma é admitida num campo de aplicação que transcende em muito o universo das sociedades comerciais. Como ponto de origem da *Formwechsel*, o § 191, 1 UmwG admite sociedades comercias de pessoas [sociedades em nome colectivo e em comandita] e *Partnerschaftsgesellschaften*, sociedades de capitais [sociedades de responsabilidade limitada, anónimas e em comandita por acções], cooperativas registadas, associações com capacidade jurídica, mútuas de seguros e corporações e instituições de direito público. Como ponto de destino da *Formwechsel*, o § 191, 2 UmwG admite sociedades de direito civil, sociedades comerciais de pessoas e *Partnerschaftsgesellschaften*, sociedades comerciais de capitais e cooperativas registadas.

Sobre este leque de técnicas de transformação e de titulares jurídicos (*Rechtsträger*) aptos a adoptá-las incide, no entanto, o § 1, 2 UmwG. Segundo a doutrina maioritária[442], a norma referida contém duas tipologias taxativas: uma primeira, relativa às técnicas de transformação e uma segunda, relativa aos titulares jurídicos que podem beneficiar das mesmas. Em relação a ambas vigora assim, segundo é admitido de forma unânime, uma proibição de analogia (*Analogieverbot*). Mas mesmo perante uma letra da lei tão adversa, parte da doutrina apressou-se a assinalar os limites da norma aí contida[443]: a proibição de analogia não prevalece perante

---

[442] Por todos, SCHMIDT, *Gesellschaftsrecht*, cit., 363 e SCHNORBUS, *Analogieverbot...*, cit., 1656.

[443] Esta proibição de analogia foi contestada logo na fase de discussão da lei. No entanto, o legislador não foi sensível às inúmeras opiniões emitidas em sentido contrário, e manteve a redacção do § 1, 2 que houvera projectado. Esta opção, segundo SCHMIDT, fez lembrar os maus hábitos dos codificadores do Iluminismo e não encontra justificações em

Delimitação do âmbito de aplicação da transformação de Soc. Comer. no DPP   195

o princípio da igualdade, contido no artigo 3.°, 3 GG, pelo que quando faltem motivos de segurança jurídica e proporcionalidade para a diferenciação, está aberto o caminho para o desenvolvimento do direito (*Rechtsfortbildung*) conforme à constituição. Sugere-se a título de exemplo, a inclusão da herança jacente (*Erbengemeinschaft*) e da *Partenreederei* na lista de titulares jurídicos aptos a beneficiar das técnicas de transformação, já que não se vislumbram motivos de segurança jurídica, ou outros, para o seu tratamento diferenciado[444].

Assim, e como já foi adiantado, "de entre os critérios de interpretação teleológico-objectivos, que decorrem dos fins objectivos do Direito, mais rigorosamente: da ideia de justiça, cabe uma importância decisiva ao princípio da igualdade de tratamento do que é (segundo as valorações gerais do ordenamento jurídico) igual (ou de sentido idêntico). A diferente valoração de previsões valorativamente análogas aparece como uma contradição de valoração, que não é compaginável com a ideia de justiça, no sentido de «igual medida». Evitar tais contradições de valoração é, portanto, uma exigência tanto para o legislador como para o intérprete"[445].

---

termos de política legislativa (*Gesellschaftsrecht*, cit., 363). SCHNORBUS avança como razões prováveis para a manutenção da redacção proposta, mesmo depois da vaga de críticas que motivou, as experiências de transformações na fase final da República Democrática Alemã e nos novos estados federados (*Analogieverbot*, cit., 1657). Estas experiências teriam revelado a necessidade de garantir regras precisas quanto à atribuição da propriedade dos bens e direitos dos sujeitos jurídicos participantes em operações de transformação, atendendo aos mecanismos da manutenção de identidade (*Identitätswahrung*) e da sucessão jurídica especial (*Sonderrechtnachfolge*). Quanto a esta problemática – a das transformações de estruturas jurídicas da antiga República Democrática Alemã, por todos, LUTTER (org), *Umwandlungsgesetz*, cit., 90-91.

[444] Neste sentido, SCHMIDT, *Gesellschaftsrecht*, cit., 363-365. Contra, SCHNORBUS, *Analogieverbot...*, cit., 1658-1659. Segundo este Autor, o princípio da separação de poderes opõe-se ao desenvolvimento do direito contrário à vontade inequívoca do legislador. Como essa mesma vontade – no sentido da proibição de analogias – teria ficado plasmada no § 1, 2 UmwG, está vedado ao intérprete, segundo SCHNORBUS, a criação de novos tipos de transformação bem como a ampliação da capacidade de participar nas técnicas previstas na UmwG. Como a intenção do legislador da UmwG não admite outra interpretação que não a da proibição de analogias, a respectiva autonomia – i.e., do legislador – apenas fica assegurada se os tribunais lhe devolverem a competência para conformar a lei à constituição. O intérprete e aplicador não pode, por isso, com base na desconformidade à Constituição da UmwG, substituir-se ao legislador e admitir novos intervenientes no universo das transformações.

[445] LARENZ, *Metodologia...*, cit., 471-472. No mesmo sentido: "Um princípio que é

196   *Transformação de Sociedades Comerciais*

Não se deve contestar que o problema da igualdade dificilmente se coloca, já que os regimes jurídico-positivos que regulam a origem e o destino, na transformação, são diferentes. É que é precisamente por esta diferença existir que os membros pretendem a transformação. Através desta vicissitude, almejam mudar o conjunto de regras que disciplina a vida do ente e os feixes de relações jurídicas existentes.

Por outro lado, a este propósito, cumpre relembrar que a transformação, tal como ela é configurada no CSC 1986, não permite a obtenção de resultados que, de outra forma, seriam inacessíveis aos sócios. De um ponto de vista funcional, a vantagem acrescentada pela transformação é a da simplificação de um processo que, levado a cabo de outro modo, poderia ameaçar os vínculos (pessoais, patrimoniais, funcionais, teleológicos) subjacentes à sociedade existente. A sociedade anónima poderia *converter-se* em sociedade por quotas através da dissolução da sociedade, seguida da respectiva liquidação. Todos os sócios contribuiriam posteriormente com os bens distribuídos na liquidação para o capital de uma nova sociedade, através de entradas em espécie. Mas neste processo, os bens seriam ameaçados pelos credores individuais dos sócios, já que passariam pelo seu património, e os consensos gerados anteriormente seriam de novo postos em causa. O resultado seria, então, imprevisível.

Esta simplificação operada pela transformação é justificada, sobretudo, por um prisma funcional. Para preservar aquilo que existe na sociedade a transformar – o tal nexo funcional, pessoal, patrimonial e teleológico, consubstanciado nas relações jurídicas por ela tituladas e agregado através de um mesmo ponto de referência – permite-se que a mesma adopte um novo conjunto normativo sem que perca a identidade jurídica.

Não se exige, em termos substantivos, que este nexo consubstancie um valor acrescido em relação à soma dos respectivos componentes. Assim, é inútil a tentativa de provar que a transformação tem como requisito legal a existência de uma *empresa* na titularidade da sociedade a transformar. Mas pode ter-se em conta, como critério hermenêutico, que a sociedade comercial é aquela que se dirige à prática de actos de comércio,

---

inerente a toda a lei porque e na medida em que pretende ser «Direito», é o do *tratamento igual daquilo que é igual*. Se uma lei regula uma determinada situação de facto A de uma maneira determinada, mas não contém nenhuma regra para o caso B, que é semelhante àquele no sentido da valoração achada, a falta de uma tal regulação deve considerar-se uma lacuna da lei" (*Metodologia*..., cit., 531 – itálicos do Autor).

Delimitação do âmbito de aplicação da transformação de Soc. Comer. no DPP 197

e que para o efeito existirá, na normalidade das situações, uma unidade económica funcionalmente orientada[446].

Assim, para que se descubra uma situação igual, não regulada, que reclame idêntico tratamento, terá de se identificar na origem ou no destino, um ente capaz de titular uma unidade económica, em termos comparáveis aos que se presumem existir no universo societário. Atente-se, no entanto, que este critério opera a nível hermenêutico geral, e não para avaliar uma transformação em concreto, de dois entes identificados no plano dos factos.

> Não pode então extrair-se destas considerações que a sociedade A, S.A. está impedida de se transformar numa sociedade por quotas porque não dispõe de uma empresa, mas deve antes perguntar-se, quando se pondera a admissibilidade da transformação de sociedades em associações, se estas estão, no plano geral e abstracto, impedidas de formar e explorar unidades económicas funcionais.

Assim, se bem que o princípio da igualdade permita extrair uma presunção hermenêutica contra a tipologia taxativa quanto à questão em apreço, as suas consequências mais profundas apenas podem ser determinadas se e quando, perante a inexistência de uma tal tipologia, se ponderar pela admissibilidade dos vários tipos de transformações, em que a sociedade comercial apareça como origem ou destino.

3.3.3. **Princípio da autonomia privada**

Na análise deste elemento teleológico e sistemático – em sentido próprio – importa também relembrar que a discussão em apreço se faz no

---

[446] Em sentido semelhante (se bem que centrando a análise no conceito de empresa, acolhido pelo legislador italiano), referindo-se às razões de política legislativa que levaram o legislador italiano a estender o instituto da transformação para além das fronteiras do universo societário, GALGANO, *Il Nuovo Diritto Societario*, tomo I, 2.ª edição, Pádua, CEDAM, 2004, 538: "La ragione di politica legislativa che in questa materia ha mosso il legislatore risiede in quella generale già ricordata línea reformatrice, enunciata anche dalla legge delega, che consiste nel dare alle imprese la piú amplia libertà di ricercare, nell'evolversi delle situazioni aziendali o di mercato, le forme giuridiche piú congeniali al loro sivilupo, oppure nel salvaguardare la continuità dell'impresa e la sua efficienza produttiva, rendendo l'impresa immune alle mutevoli vicende che possono riguardare i loro titulari".

campo do direito privado, onde vigora o princípio da autonomia privada. Acima foi verificado (*supra*, II, 1.3.1) que a tipologia taxativa das pessoas colectivas de direito privado se deveria entender, precisamente, como limite de ordem pública à autonomia privada, dadas as repercussões *externas* da constituição de um ente personificado.

Mas, relembra-se, após a sua constituição as pessoas colectivas "são, elas mesmas, pessoas em sentido jurídico e como tais agem, de um ponto de vista doutrinal, também com a sua autonomia própria e de acordo com o princípio formal da igualdade jurídica"[447].

Ora tendo em conta o que já se disse, a propósito da desnecessidade tendencial de normas habilitadoras para a conformação jurígena autónoma no Direito privado, a tipologia taxativa deve sempre ser vista como recurso excepcional, pelas limitações que impõe. Reflexamente, pode sustentar-se "que o sistema do *numerus apertus* beneficiava duma presunção que se viria a revelar decisiva. Sendo a civilização ocidental dominada pelo princípio da autonomia privada, este conduziria ao reconhecimento da validade de todas as estipulações que não embatessem em regra legal proibitiva"[448].

A relevância proposta da autonomia privada enquanto critério hermenêutico apto para excluir a tipologia taxativa, na questão em apreço, sai reforçada se for tomado em consideração o princípio constitucional da liberdade de associação. Não se pretende sustentar que a interpretação da norma constante do artigo 130.º no sentido da sua taxatividade é desconforme à constituição. Na verdade, se constasse da lei em vigor uma proibição de transformação de pessoas colectivas de direito privado em sociedades comerciais fora dos casos previstos no artigo 130.º, o núcleo principal da liberdade de associação não pareceria estar afectado.

---

[447] HÖRSTER, *A Parte Geral do Código Civil*..., cit., 359. O Autor propõe no entanto que a visão individual da autonomia privada seja complementada com a ponderação do peso dos grupos sociais e económicos gerados pela criação de pessoas colectivas por pessoas colectivas.

[448] A passagem é de OLIVEIRA ASCENSÃO (*A Tipicidade*..., cit., 85), que vem depois expor as razões pelas quais não concorda totalmente com este postulado. Em suma, chama a atenção para a existência de proibições resultantes de normas de índole geral que, por conseguinte, não são estabelecidas em regras legais proibitivas. A objecção, no entanto, e salvo melhor opinião, não invalida que se utilize a presunção de favor ao *numerus apertus* como critério hermenêutico: na falta de proibição legal, resultante de norma expressa ou de cláusula geral, as estipulações engendradas pela autonomia das partes são válidas.

Delimitação do âmbito de aplicação da transformação de Soc. Comer. no DPP 199

No entanto, a consideração, no plano hermenêutico, da liberdade de associação pode iluminar a interpretação das normas constantes nos artigos 130.º e seguintes, permitindo ao intérprete escolher o sentido mais conforme ao da norma de valor hierárquico superior e que é, sem dúvida, o da prevalência da autonomia privada, como mecanismo que devolve aos membros de determinado ente a decisão sobre a escolha de um conjunto de normas mais adequado para a actividade da pessoa colectiva.

3.3.4. Adequação em termos de política legislativa

Por último, importa assinalar, em contraponto ao princípio da segurança jurídica, as desvantagens de uma tipologia taxativa em termos de política legislativa: "todo o *numerus clausus* é um colete de forças imposto à vida. A espontaneidade social tem por si a capacidade de forjar na maioria dos casos os instrumentos que mais adequados se revelem a determinada situação. Essa mesma espontaneidade permite acompanhar a evolução, criar para o amanhã o que não existia ontem, matar o que já não serve hoje. A imposição de um *numerus clausus* significa estratificar a vida social em determinado momento histórico, absolutizando o que era relativo por fazer secar a fonte da evolução"[449].

No caso em apreço, a existência de uma tipologia taxativa impediria precisamente que as necessidades sentidas pelos privados, dirigidas à preservação de empreendimentos colectivos, interpelassem o intérprete e o aplicador do direito e desencadeassem a descoberta de novas modalidades de transformação. Este obstáculo seria tanto mais prejudicial quanto são, por natureza, parcialmente conceptuais as diferenças entre os vários tipos de pessoas colectivas.

Com efeito, pretender que a necessidade de transformação entre diferentes tipos de pessoas colectivas é rara, dada a diversidade funcional nesta matéria, equivale a presumir que as estratificações conceptuais existentes (lucro / beneficência, corporação / fundação) conseguem abarcar complexidade da realidade social.

Por outro lado, sublinhe-se que as diferenças entre os vários tipos de pessoas colectivas são preservadas pela negação de uma tipologia taxativa de transformações, ao contrário do que à primeira vista poderia parecer. Na verdade, aparentemente, permitir com amplitude a transformação recí-

---

[449] OLIVEIRA ASCENSÃO, *A Tipicidade...*, cit., 76.

200 *Transformação de Sociedades Comerciais*

proca de diferentes tipos de pessoas colectivas parece contribuir para a atenuação das respectivas fronteiras. Mas, salvo melhor opinião, esta conclusão não resiste a uma segunda análise. Permitir a transformação entre tipos de pessoas colectivas diferentes obriga os respectivos membros a uma ponderação sobre as vantagens e desvantagens do regime que se abandona e do regime que se pretende adoptar, clarificando as respectivas diferenças. Impedi-la promove a erosão dos elementos caracterizadores de cada tipo, já que os membros tenderão a adoptar, de facto, as regras e comportamentos que pretendiam assumir juridicamente.

3.4. Síntese conclusiva

Verifica-se então, salvo melhor opinião, a existência de uma lacuna[450] no direito societário português, consistente na falta de regulação expressa quanto à admissibilidade, em primeiro grau, e ao regime aplicável, em segundo, da transformação de pessoas colectivas de direito privado em sociedades comerciais e de sociedades comerciais em pessoas colectivas de direito privado, para além dos casos expressamente previstos na lei[451]. É assim, simultaneamente, uma lacuna de previsão e de estatuição[452].

Chegou-se a esta conclusão, em suma, por se ter verificado que (I) o princípio da segurança jurídica (nas suas vertentes aqui relevantes de protecção de sócios, tutela de credores e defesa genérica do tráfego jurídico) não impõe uma tipologia taxativa, atendendo a que o *numerus clausus* de pessoas colectivas de direito privado concede protecção suficiente a um outro nível; (II) o princípio da igualdade permite extrair uma directriz interpretativa contra a tipologia taxativa, desde que se consiga determinar, em abstracto, que estão presentes noutros tipos de transformação, em que a sociedade comercial seja origem ou destino, os mesmos elementos que ditaram a construção desta vicissitude simplificada; (III) o princípio da

---

[450] Enquanto verdadeira *"incompleição que contraria o plano"* do sistema jurídico, como enuncia expressivamente Oliveira Ascensão, *Interpretação das Leis. Integração das Lacunas. Aplicação do Princípio da Analogia*, ROA, ano 57.° (1997), 919 [itálico do Autor].

[451] Segundo a terminologia de Larenz, *Metodologia...*, cit., 535 e ss., esta lacuna é «patente», já que a lei não contém regulação para um grupo de casos que dela carecem segundo "a intenção reguladora que lhe serve de base".

[452] A terminologia é de Oliveira Ascensão, *Interpretação...*, cit., 917.

Delimitação do âmbito de aplicação da transformação de Soc. Comer. no DPP 201

autonomia privada – complementado com argumentos de política legislativa – resolve a dúvida subsistente no sentido da exclusão da tipologia taxativa, impondo a devolução aos membros da pessoa colectiva a escolha quanto ao conjunto de normas a aplicar-lhe.

A enunciação constante no artigo 130.º deve então reconduzir-se à categoria da tipologia delimitativa, segundo a classificação de OLIVEIRA ASCENSÃO. A tipologia delimitativa opõe-se à exemplificativa, já que nesta última o tipo é conformado normativamente em abstracto, não excluindo assim a criação pelas partes de "novas figuras igualmente integradas no conceito, e de que representam uma especificação"[453].

Ao contrário desta, a tipologia delimitativa baseia-se em razões de segurança, excluindo o livre recurso à analogia, mas permitindo-a a partir dos tipos existentes[454]: "Se não é possível a livre expansão a novos tipos, ao contrário do que acontece na tipologia exemplificativa, também não está vedada toda e qualquer expansão, ao contrário do que acontece na tipologia taxativa. Antes, é possível a elaboração de novas figuras, mas somente se forem análogas a algum dos tipos normativamente previstos"[455]. A segurança jurídica, como já foi demonstrado, não impõe nesta sede a taxatividade, mas basta-se com a existência de alguns elementos que marcam presença nos tipos expressamente previstos, para viabilizar a aplicação analógica da norma permissiva do artigo 130.º (mormente a personalidade jurídica dos entes envolvidos, tendo em conta a taxatividade dos tipos de pessoas colectivas de direito privado).

3.5. ENQUADRAMENTO GERAL PARA A INTEGRAÇÃO DA LACUNA DETECTADA[456]

Na tarefa de integração de lacunas, os elementos interpretativos já referidos serão novamente considerados. Adopta-se quanto a este aspecto

---

[453] OLIVEIRA ASCENSÃO, *A Tipicidade...*, cit. 52.

[454] OLIVEIRA ASCENSÃO, *A Tipicidade...*, cit., 57.

[455] OLIVEIRA ASCENSÃO, *A Tipicidade...*, cit., 53.

[456] Segue-se, neste ponto, como noutros, a posição de OLIVEIRA ASCENSÃO: "Detectada a lacuna, está meio caminho andado no sentido da solução. Mas, acabamos de ver, a associação do raciocínio que leva a detectar a lacuna e do processo de solução não é fatal; pode em vários casos afirmar-se que há uma lacuna sem nenhum compromisso quanto à solução" (*Interpretação...*, cit., 920.

202   *Transformação de Sociedades Comerciais*

a posição que parece ser preferível: entre a interpretação e o desenvolvimento do direito mediante integração de lacunas[457] a diferença é de grau e não de género. E, se assim é, "não pode surpreender que, além disso, sejam também de importância decisiva para preencher as lacunas da lei os mesmos critérios que desempenham um papel na interpretação, em especial a intenção reguladora, os fins do legislador e os critérios teleológicos--objectivos. Assim a interpretação pode continuar-se, de certo modo sem ruptura, no desenvolvimento aberto do Direito"[458].

Terão especial relevância, a este respeito, como critérios gerais, elementos de natureza diversa.

Desde logo, um elemento histórico, recolhido nos dados acima expostos quanto ao caminho percorrido pela dogmática do instituto (*supra*, I, 4.1 e 4.2), que situa a transformação de sociedades comerciais no âmbito mais geral da transformação de pessoas colectivas. Com efeito, ultrapassadas as incompreensões que, durante demasiado tempo enublaram a dogmática da personalidade colectiva, pode hoje verificar-se a extensão com que o princípio da transformação é admitido no direito civil português: desde o fenómeno que seguimos de perto – a transformação de sociedades – até à transformação de fundações, passando pela transformação de associações e sociedades em ACE ou pela transformabilidade recíproca entre estes últimos e AEIE, muitos casos semelhantes, previstos sobretudo em legislação extravagante, ficam por enunciar.

Confrontado este cenário, e com o devido respeito, a posição dogmática que carece de fundamentação adequada é a que nega a existência de um princípio geral de transformabilidade nas pessoas colectivas de direito privado no ordenamento português. Até que essa fundamentação seja feita, e perante a evidência dos factos, rege, pelo menos, um princípio geral hermenêutico, em sentido contrário, que postula um *favor* à transformação.

Este elemento histórico liga-se de forma indelével com os elementos teleológico-objectivos, de entre os quais se destaca a autonomia privada. Com efeito – a existir no direito privado português – o princípio da transformabilidade das pessoas colectivas encontra os seus fundamentos, em grande parte, no princípio da autonomia privada.

---

[457] Quanto à diferenciação entre o desenvolvimento do Direito imanente à lei e o desenvolvimento do Direito «superador» da lei, LARENZ, *Metodologia...*, cit., 524 e ss., em especial 588-610.

[458] LARENZ, *Metodologia...*, cit., 521.

Delimitação do âmbito de aplicação da transformação de Soc. Comer. no DPP 203

Um outro elemento teleológico-objectivo cuja análise acima se fez de forma autónoma – o princípio da igualdade – terá agora a sua relevância máxima, já que a integração se fará em obediência ao artigo 10.°/1 do Código Civil, por via da analogia, que não é mais que uma sua concretização[459].

Quanto à questão de saber se existem no caso omisso *as razões justificativas da regulamentação do caso previsto na lei* (artigo 10.°/2 CC), ter-se-ão em especial atenção três índices. O primeiro é o da personalidade jurídica dos entes analisados, e que serviu, para delimitar o universo desta análise. Foi em relação às pessoas colectivas que se formularam as considerações a propósito dos limites da segurança jurídica (*supra*, II, 1.3.1) e foi em relação às pessoas colectivas que se identificou um ponto de referência designado (*Identitätausstattung*), que garante a publicidade e cognoscibilidade. É esta característica da personalidade colectiva – vista em conjunto com a regra do *numerus clausus* também referida – que permite a superação de parte das preocupações que se levantam em matéria de segurança jurídica.

O segundo índice refere-se às restantes preocupações de segurança jurídica *lato sensu*, relativas aos membros do ente a transformar e aos respectivos credores, que obrigam a especiais cuidados, já que a discussão se desenvolve em matéria de Direito societário. Quanto aos primeiros, nas transformações que degradem a posição dos membros, pode ainda ser admitida a transformação por unanimidade. Nas transformações que não afectem os seus direitos, já foi referido que algumas das suas expectativas podem ser carentes de tutela.

No que respeita aos credores, apenas se poderão admitir transformações em que os seus direitos subjectivos não sejam prejudicados. Ou a transformação mantém incólumes os direitos, porque não os afecta ou por-

---

[459] Em bom rigor, a aplicação combinada destes métodos não é contraditória, já que ambos homenageiam o princípio da igualdade (Larenz, *Metodologia...*, cit., 541). Na analogia recorre-se a uma regra dada expressamente pelo legislador para determinado caso na resolução de um outro, não regulado pela lei, mas que pelas semelhanças apresentadas merece uma igual valoração jurídica e, por isso, uma igual solução. No recurso a um princípio geral que se extrai do ordenamento jurídico – no caso em apreço, o da autonomia privada – tem-se em conta precisamente que duas situações, uma regulada e outra não regulada na lei, a ele se referem, sem que intervenha quanto à situação não regulada um princípio contrário.

204 Transformação de Sociedades Comerciais

que rege a ultra-actividade de regimes de tutela, ou a transformação é proibida: *Tertium non datur.*

O terceiro índice prende-se com a perspectiva funcional do instituto da transformação e que, segundo se expôs (*supra*, II, 2.1), se refere sobretudo à preservação de um *quid* subjacente à sociedade (i.e., tendencialmente uma unidade económica orientada em termos funcionais, consubstanciada nas relações jurídicas por ela tituladas). Procurar-se-á nas pessoas colectivas analisadas a susceptibilidade de ser titular de um *quid* comparável. Dizer isto não implica, no entanto, que se sustente a necessidade da existência de uma *empresa* no ente jurídico a transformar. Pode afirmar-se até, no limite, que é irrelevante para a aplicação do conjunto normativo constante dos artigos 130.º e seguintes saber se a sociedade a transformar é titular de uma empresa.

Com efeito, cumpre distinguir: uma coisa é erigir como condição necessária à transformação a existência de uma *empresa* na titularidade do ente que pretende adoptar um novo conjunto normativo. Esta perspectiva, salvo melhor opinião, é de afastar totalmente: não só carece de apoio no regime jurídico-positivo[460], como seria contaminada com as fragilidades do conceito de *empresa*, que a melhor doutrina comercialística portuguesa tem correctamente assinalado[461].

Outra, bem diferente, e que é de apoiar, vai no sentido de descobrir os fundamentos funcionais (e, portanto, teleológico-objectivos) do instituto, na medida em que o mesmo simplifica um procedimento que, de outro modo, seria arriscado, moroso e complexo. A manutenção da identidade do ente transformado serve, em primeira linha, para preservar o feixe de relações humanas, patrimoniais, económicas e jurídicas que a ele subjaz. E assim, para procurar nos casos omissos a presença das *razões justificativas da regulamentação do caso previsto na lei*, cumpre saber se também aí pode existir um feixe do mesmo tipo, que importe preservar.

---

[460] No direito alemão, chegou a ser discutida a utilidade do conceito de *empresa* como vector para a nova UmwG. Esta solução, porém, seria abandonada, adoptando-se como conceito central o de titular jurídico (*Rechtsträger*), como fica logo patente logo no § 1 da UmwG 1994. Sobre este aspecto, confirmando a centralidade do conceito de *Rechtsträger* e aproximando-o da subjectividade jurídica, SCHMIDT, *Integrationswirkung...*, cit., 559.

[461] Por todos, MENEZES CORDEIRO, *Manual de Direito Comercial*, 2.ª edição, revista, actualizada e aumentada, Coimbra, Almedina, 2007, 251 e ss. (em especial, 279-285).

Delimitação do âmbito de aplicação da transformação de Soc. Comer. no DPP 205

Cumpre salientar, ainda a este propósito, que em paralelo com a descoberta dos elementos de semelhança entre o caso omisso e o caso regulado, será dada especial atenção às diferenças, que, pela especial relevância, possam obstar à integração analógica[462].

A integração desta lacuna será levada a cabo, assim, perante cada tipo de pessoa colectiva do direito privado português, referindo-se à sociedade comercial ora como origem ora como destino da transformação. Adopta-se este ponto de vista dual porque não está garantido, até que se leve a bom porto a tarefa interpretativa e integradora, que a norma descoberta disponha no mesmo sentido quanto à susceptibilidade de transformação *de* sociedades comerciais e *em* sociedades comerciais.

4. TRANSFORMAÇÕES HOMOGÉNEAS

4.1. SOCIEDADES CIVIS PURAS

4.1.1. Breve caracterização da figura

A sociedade civil sobre forma civil[463], ou sociedade civil pura – segundo a terminologia do Prof. PAULO CUNHA[464], que se adopta de agora em diante – encontra-se actualmente regulada nos artigos 980.° e seguintes CC, ao lado de outros contratos cuja disciplina consta da parte especial do Livro II daquele diploma legal, consagrado ao Direito das Obrigações.

Segundo o artigo 980.° *o contrato de sociedade é aquele em que duas ou mais pessoas se obrigam a contribuir com bens ou serviços para o exercício em comum de certa actividade económica, que não seja de mera fruição, a fim de repartirem os lucros resultantes dessa actividade.* Apesar do regime constante do Código Civil estabelecer algumas regras relativas aos aspectos estritamente contratuais da sociedade civil pura, a parte de leão da regulação é consagrada aos aspectos organizacionais. Com efeito,

---

[462] OLIVEIRA ASCENSÃO, *A Integração das Lacunas da Lei e o Novo Código Civil*, OD, ano 100.° (1968), n.° 3, 303: "Caso por caso temos de verificar se a índole da situação não prevista não nos deve levar a considerar que aquela situação é formalmente enquadrada pelo princípio, mas na substância é-lhe estranha".

[463] Por oposição às sociedades civis sob forma comercial referidas no artigo 1.°/4 CSC.

[464] A atribuição desta terminologia ao Prof. PAULO CUNHA é feita por MENEZES CORDEIRO em *Tratado*, I, III, cit., 809.

206 Transformação de Sociedades Comerciais

pode afirmar-se que de entre os 41 artigos compreendidos no regime da sociedade civil pura são poucos os que não se referem predominantemente à sociedade enquanto organização. Esta preponderância do aspecto organizacional no regime em análise tem fundamentado, aliás, algumas das posições assumidas na discussão sobre a personalidade jurídica das sociedades civis puras, que será abordada mais à frente.

Comparando o artigo 980.° CC com o disposto nos n.° 2 a 4 do artigo 1.° CSC podemos surpreender uma certa ordenação no universo societário, através de dois índices: o tipo de actividade desenvolvida pela sociedade e a forma adoptada. Com efeito, da leitura combinada das várias normas referidas cabe concluir que as sociedades civis se distinguem das sociedades comerciais porque a estas últimas está reservada, no universo referido, a prática regular de actos de comércio (artigo 1.°/2: *São sociedades comerciais aquelas que tenham por objecto a prática de comércio...*; artigo 1.°/3: *As sociedades que tenham por objecto a prática de actos de comércio devem adoptar um dos tipos referidos no número anterior*).

No entanto, cabe ainda uma segunda distinção, através do índice da forma: as sociedades civis – ou seja, as que não tenham por objecto a prática de actos comerciais – podem mesmo assim adoptar um dos tipos referidos no n.° 2 do artigo 1.° (artigo 1.°/4 CSC): sociedade em nome colectivo, sociedade por quotas, anónima, sociedade em comandita simples ou sociedade em comandita por acções.

Assim sendo, a sociedade civil pura será aquela em que *duas ou mais pessoas se obrigam a contribuir com bens ou serviços para o exercício em comum de certa actividade económica*, *que não seja de mera fruição*, e que não se traduza na prática de actos de comércio de forma regular, *a fim de repartirem os lucros resultantes dessa actividade*. A definição da sociedade civil sob forma comercial é em tudo idêntica à avançada, mas a forma jurídica adoptada pelos sócios é uma das enunciadas no n.° 2 do artigo 1.° CSC.

É por referência ao já citado artigo 980.° CC que têm sido fixados pela doutrina os elementos caracterizadores da sociedade civil. Com oscilações terminológicas, todos os autores fazem referência ao elemento subjectivo da sociedade civil, sublinhando a pluralidade necessária, ao elemento objectivo, salientando as contribuições das partes, e a um elemento teleológico, consistente no exercício em comum de uma actividade económica[465].

---

[465] MENEZES CORDEIRO, *Manual de Direito das Sociedades*, II, cit., 32, elege como

Delimitação do âmbito de aplicação da transformação de Soc. Comer. no DPP 207

Quanto ao primeiro, e ainda que se conteste qual a relevância que o contrato de sociedade tem na determinação da correspondente conformação jurídica, não é posta em causa a natureza contratual do respectivo acto constitutivo. Neste sentido, a pluralidade de sócios tem sido admitida, directa ou indirectamente, como característica essencial da sociedade civil.

No que ao segundo elemento se refere – e aqui se detecta a plasticidade da sociedade civil –, tem-se vindo a sublinhar a diversidade que podem assumir as contribuições dos sócios.

Em terceiro lugar, quanto ao elemento teleológico, frisa-se que a actividade económica não pode ser de fruição. Esta norma, constante do artigo 980.º CC, se por um lado permite recolher dados para a delimitação entre sociedade e compropriedade, por outro fornece elementos para interpretar a expressão "actividade económica", já que o conceito abrange, na sua extensão máxima, a actividade de mera fruição (de outro modo, obviamente, não seria necessário restringir a actividade económica através da exclusão das suas modalidades que configurem mera fruição).

4.1.2. Sociedades civis e personalidade jurídica

A dogmática das sociedades civis puras tem sido profundamente marcada pela questão da sua personalidade jurídica, ao ponto de esta questão absorver quase por completo o tratamento concedido às sociedades em questão[466].

---

elementos da sociedade civil pura as contribuições das partes, o exercício em comum e o fim de repartição dos lucros. Em sentido comparável, PAIS DE VASCONCELOS, *Teoria Geral...*, cit., 202, se bem que salientando a natureza económica, que não seja de mera fruição, da actividade exercida.

[466] A outra questão dogmática que mais tem ocupado a doutrina a este propósito é a da possibilidade de manter a sociedade civil pura como tipo geral, passível de ser colocado no vértice de uma pirâmide, na base da qual estariam os restantes subtipos de sociedades comerciais. Em favor desta possibilidade parece pronunciar-se o artigo 1.º/2, que presume a existência de um conceito genérico de sociedade, do qual as sociedades comerciais seriam espécie. Contra, têm-se pronunciado a maioria da doutrina portuguesa. Por todos, PAIS DE VASCONCELOS, *Contratos Atípicos*, cit., 65-66 e *A Participação Social...*, cit., 15 e ss.; RICARDO COSTA, *Sociedades: de dentro para fora do Código Civil*, em AAVV, *Comemorações dos 35 Anos do Código Civil e dos 25 anos da Reforma de 1977*, volume II, 2006, Coimbra, Coimbra Editora, 317 e ss. (em especial 330-335) contesta também esta possibilidade, com base na proliferação de fenómenos societários unipessoais, que não se

Compreende-se a concentração descrita – na questão da personalidade jurídica – se for tido em conta que a evolução histórica da dogmática da sociedade civil pura tem vindo a ser marcada por uma decrescente relevância do aspecto contratual e por uma importância crescente do aspecto organizacional[467]. Com efeito, se no Direito romano o conceito de *societas* se podia referir quer a um contrato quer à própria organização entre duas ou mais pessoas, que assumiam a prossecução de objectivos comuns, no *Codice Civile* italiano de 1942, por exemplo, a sociedade deixou o capítulo dos contratos (onde se encontrava do Código Civil de 1865) e passou a constar do título V do Livro V, consagrado ao trabalho, ao lado das restantes sociedades. Esta crescente relevância do aspecto institucional ou organizacional na dogmática da sociedade civil não podia deixar de se repercutir num interesse adicional pela questão da sua personalidade jurídica.

Na doutrina portuguesa que se debruçou ainda sobre o Código de SEABRA, GUILHERME MOREIRA, em coerência com a sua posição face às sociedades reguladas pelo Código Comercial, era contrário à personalidade jurídica das sociedades civis. Este Autor entendia que o termo *sociedade*, utilizado, entre outros, nos artigos 1245.º, 1246.º, 1247.º, e 1251.º a 1261.º do Código de SEABRA, significava apenas uma "comunhão de bens", ou as pessoas a quem essa "comunhão" pertencesse. O regime da responsabilidade subsidiária dos sócios pelas dívidas da sociedade, constante do artigo 1273.º daquele diploma, era utilizado em reforço da sua teoria, assim como a falta de publicidade na constituição de alguns tipos de sociedades: "As unidades sociais com susceptibilidade de direitos e obrigações devem constituir-se de modo que todos as possam conhecer. Neste ponto não pode haver divergências"[468].

---

deixam reconduzir, enquanto subtipos, ao conceito de sociedade que se desprende do artigo 980.º (e que presume a pluralidade de sócios bem como o consequente exercício em comum da actividade). Neste quadro deve ser autonomizada e assinalada a posição de MENEZES CORDEIRO, *Manual de Direito das Sociedades*, II, cit., 31 e ss., para quem a sociedade civil pura, muito embora não possa servir de "modelo-fonte ou (...) tipo inspirador, de onde, por dedução ou por evolução especializada se retirem os restantes", traduz "um tipo básico, ou seja: um tipo menos estrito e no qual afloram vectores que encontrámos em todo o Direito das sociedades e que irão ressurgir nos diversos tipos de sociedades comerciais" (31).

[467] A este propósito, por todos, MENEZES CORDEIRO, *Manual de Direito das Sociedades*, II, cit., 41-61.

[468] GUILHERME MOREIRA, *Da Personalidade Colectiva*, cit., RLJ, ano 41.º, 194.

Delimitação do âmbito de aplicação da transformação de Soc. Comer. no DPP   209

Tampouco impressionava GUILHERME MOREIRA o artigo 106.° do Código Comercial, que mandava aplicar as restantes regras sobre sociedades às sociedades civis que se constituíssem sob a forma comercial, uma vez que a extensão habitualmente concedida ao artigo 108.° do Código Comercial era, como já se disse, negada por este Autor[469]. Esta posição tinha subjacente, salvo melhor opinião, a distinção frequente no Direito comum entre a *universitas*, imune à mudança de membros, e a *societas*, cujo carácter pessoal ditava a respectiva extinção, quando o elemento subjectivo sofresse alterações relevantes.

Na posição oposta, no domínio do Código de SEABRA, encontrava-se JOSÉ TAVARES que não reconhecia validade ao argumento *a contrario sensu* utilizado pelos Autores que negavam personalidade jurídica às sociedades civis, segundo o qual o legislador comercial, ao estabelecer expressamente que as sociedades comerciais dispunham de personalidade jurídica, ditara a falta de personalidade das sociedades civis. Segundo este Autor, o argumento apenas provava "que o direito comercial, tendo-se formado e desenvolvido sob uma elaboração mais científica, é mais claro e preciso que o direito civil, que continua a deixar-se envolver nas nuvens da metafísica do direito"[470].

Argumentando pela personalidade jurídica das sociedades civis, JOSÉ TAVARES invocava o artigo 1245.° do Código de SEABRA, que estabelecia que os bens adquiridos pelos sócios na segunda espécie de sociedade universal[471] se presumiam propriedade da sociedade, e os artigos 1246.° e 1247.°, que estabeleciam o regime de responsabilidade por dívidas dos sócios nas duas espécies de sociedade universal, concluindo categoricamente que "é na susceptibilidade de direitos e obrigações que essencial e

---

[469] GUILHERME MOREIRA, *Da Personalidade Colectiva*, cit., RLJ, ano 41.°, 225. Em seguida, o Autor relembra a sua posição sobre a personalidade colectiva: "Quando determinámos as condições em que devia ser reconhecido o direito de personalidade colectiva, dissemos que era necessária a existência de interesses colectivos permanentes, e que fossem sempre mais ou menos indeterminados os indivíduos que formam os grupos sociais a quem esses interesses pertencem."

[470] JOSÉ TAVARES, *Sociedades e Empresas Comerciais*, cit., 194.

[471] O artigo 1243.° do Código de Seabra previa duas espécies de sociedades universais, uma em que todos os bens dos sócios, móveis e imóveis, presentes e futuros integravam a sociedade, e a segunda, em que apenas os bens móveis presentes e os frutos e rendimentos dos bens imóveis, bem como todos os bens futuros se empregavam na actividade comum.

necessariamente consiste a personalidade jurídica"[472]. E prosseguia a sua argumentação, invocando a separação de patrimónios entre a sociedade e os seus sócios, cujo corolário era a responsabilidade da sociedade pelas dívidas e a titularidade dos créditos gerados na actividade societária (artigos 1272.º a 1274.º do Código de SEABRA em relação à responsabilidade, e 1251.º a 1257.º em relação aos créditos).

Na preparação do Código Civil de 1966 a questão da personalidade jurídica das sociedades civis, como não podia deixar de ser, esteve presente nos trabalhos preparatórios. FERRER CORREIA, um dos autores do Projecto do "Contrato de Sociedade", confessando a sua preferência pelas doutrinas que negavam personalidade jurídica às sociedades civis, justificou a ausência de uma indicação expressa nesse sentido, ou em sentido contrário, no referido projecto: "foi de caso pensado que não propusemos a inserção no Projecto de qualquer norma consagrando ou repudiando, neste capítulo das sociedades civis, o conceito de personalidade colectiva. (...) esse é um problema de dogmática jurídica, com que o legislador não tem que se preocupar"[473].

RAÚL VENTURA, que defendia a tese da falta de personalidade jurídica das sociedades civis puras[474], criticou porém esta opção do legislador, em passo já citado: "a tese segundo a qual o legislador se teria abstido de considerar a questão e assim caberia à doutrina, pela análise daqueles artigos

---

[472] JOSÉ TAVARES, *Sociedades e Empresas Comerciais*, cit., 195.

[473] FERRER CORREIA, *Estudos Preparatórios Inéditos*, *Apud* PIRES DE LIMA / ANTUNES VARELA, *Código Civil Anotado*, volume II, 3.ª edição, Coimbra, Coimbra Editora, 310-311. RAÚL VENTURA, em escrito postumamente editado, mas que data, segundo as estimativas dos seus descendentes, de um período compreendido entre 1969 e 1977, revela surpresa perante o facto de o legislador não ter tido o mesmo respeito pelos seus próprios limites funcionais quanto às associações e fundações (artigo 158.º CC), *Apontamentos sobre Sociedades Civis*, 2006, Coimbra, Almedina, 25.

[474] Negando também a personalidade jurídica das sociedades civis puras, mas reconhecendo-lhes *"subjectividade jurídica*, concretizada, no essencial, na capacidade negocial de gozo e de exercício de direitos, bem como a personalidade e capacidades judiciárias e tributárias", RICARDO COSTA, *Sociedades: de dentro para fora do Código Civil...*, cit., 341 [itálico do Autor]. Este Autor, no seguimento da "relativização do conceito de pessoa colectiva", reconduz a sociedade civil à categoria dos *"sujeitos colectivos ou grupos organizados não personificados*, marcados por uma subjectividade plena (sem diminuições), e, assim, titulares de situações jurídicas que deixam de se referir aos seus membros" (ob. cit., 343). A proximidade desta posição com a de FLUME, já referida, expõe-a às mesmas criticas apontadas à tese do autor alemão (*supra*, II, 1.1.4).

Delimitação do âmbito de aplicação da transformação de Soc. Comer. no DPP   211

do CC, concluir pela personalidade, é para mim inaceitável, pois trata-se de questão sobre a qual o legislador não pode abster-se: como só ele pode atribuir personalidade jurídica, abstenção equivale a negação"[475]. Acrescentava como argumento para a tese proposta que a transformação de uma sociedade civil pura em sociedade comercial implicava a sucessão automática e global da nova sociedade (artigo 130.º/6) donde se poderia retirar que a sociedade civil não gozava de personalidade jurídica[476].

Com o devido respeito, e como já se referiu, a interpretação que o Ilustre Professor de Lisboa propõe para esta norma não é isenta de críticas, e parece aliás configurar uma petição de princípio, que induz um raciocínio tautológico: a sociedade civil só pode ser transformada através de transformação extintiva porque não tem personalidade jurídica; a sociedade civil pura não tem personalidade jurídica porque apenas se pode transformar com dissolução e sucessão automática e global.

Se o que atrás se disse é correcto – que a personalidade jurídica traduz um determinado regime jurídico-positivo aplicado em modo colectivo – fez bem o legislador em seguir a linha cautelosamente traçada. A ele – o legislador – cabe estabelecer o regime, à doutrina a sua recondução a uma determinada construção dogmática. Será então a partir do regime jurídico-positivo da sociedade civil que poderá ser afirmada (ou infirmada) a sua personalidade jurídica[477].

Da análise do regime parece inegável a existência de um património da sociedade civil pura, perfeitamente distinto do património dos sócios. A título de exemplo, atente-se na alínea a) do artigo 984.º CC, que dispõe que *a execução da prestação*, *a garantia e o risco da coisa* a que o sócio se obrigue é regulada pelas regras do contrato de compra e venda. Assim sendo, não se pode duvidar da existência de uma transmissão, em sentido jurídico, entre o património do sócio e o património da sociedade, tendo

---

[475] RAÚL VENTURA, *Fusão, Cisão, Transformação...*, cit. 458.

[476] RAÚL VENTURA, *Fusão, Cisão, Transformação...*, cit. 459-460: "pois se assim não fosse não haveria necessidade – nem cabimento lógico – para a sucessão *sempre* que a sociedade se transformasse; o regime da transformação seria idêntico ao das sociedades personalizadas, ocorrendo a sucessão apenas quando – excepcionalmente – os sócios tivessem deliberado a sucessão."

[477] No mesmo sentido, para a generalidade das pessoas colectivas, RAISER, *Der Begriff...*, cit., 141.

em conta o disposto na alínea a) do artigo 879.° CC[478,479]. Por outro lado, o artigo 989.° CC emprega a expressão "coisas sociais" (impedindo a sua utilização para fins estranhos à sociedade sem o consentimento unânime dos restantes sócios) e, entre outras normas que poderiam depor no mesmo sentido, o artigo 995.°/2 CC fala de "bens da sociedade".

Parece então ser possível sustentar, com recurso à teoria dos elementos de UWE JOHN já descrita (*supra*, II, 1.1.3), que a sociedade civil pura consubstancia um centro de responsabilidade (*Haftungsverband*). Este centro apresenta um grau de autonomia considerável, tendo em conta que não é admitida a compensação entre créditos de terceiros sobre sócios e dívidas de terceiros perante a sociedade (artigo 1000.° CC[480]). Dir-se-á, face ao disposto no artigo 997.°/1 CC, que a autonomia não é total, porque a responsabilidade dos sócios não é absolutamente limitada: estes respondem, pessoal e solidariamente, pelas dívidas sociais. Mas cumpre assinalar, desde logo, que o sócio demandado pode exigir a prévia excussão do património social, nos termos do artigo 997.°/2 CC. Por outro lado, importa assinalar a proximidade entre este regime e o que se aplica, a este propósito, às sociedades em nome colectivo, em relação às quais não se encontram actualmente vozes que neguem a personalidade jurídica.

Com efeito, na sociedade em nome colectivo, o sócio, além de responder individualmente pela sua entrada (como os sócios da sociedade por quotas e da sociedade anónima, artigos 20.°, alínea *a* e 27.°), responde também, subsidiariamente, pelas obrigações sociais, em regime de solidariedade com os demais sócios (artigo 175.°/1). Se pensarmos no regime da sociedade civil pura (artigos 980.° e seguintes CC), verificamos a proximidade: a única diferença existente reside no regime da subsidiariedade, que é meramente económica na sociedade civil pura e jurídica *próprio sensu* na sociedade em nome colectivo[481].

---

[478] As restantes alíneas do artigo 984.° CC permitem, com as devidas adaptações, extrair argumentos equivalentes no sentido indicado.

[479] Pode fundamentar-se no artigo 991.° CC a possibilidade de uma transmissão, em sentido próprio – jurídico – na direcção inversa: os sócios têm direito, na ausência de cláusula em contrário, à distribuição periódica dos lucros obtidos pela sociedade.

[480] Que proíbe também a compensação entre créditos de terceiros sobre a sociedade e créditos de sócios sobre aqueles.

[481] Sobre esta proximidade, entre sociedade em nome colectivo e sociedade civil pura, MENEZES CORDEIRO, *Manual de Direito das Sociedades*, II, cit., 69. Cumpre assinalar adicionalmente que, face à tradicional oposição entre contrato e estatutos existente nas

Delimitação do âmbito de aplicação da transformação de Soc. Comer. no DPP   213

Este acervo de bens *da sociedade* será o suporte patrimonial da intervenção autónoma da sociedade civil pura, no tráfego jurídico, que representará assim uma organização de actuação (*Handlungsorganisation*). É a sociedade que responde civilmente, perante terceiros, pelos actos ou omissões dos seus representantes, agentes ou mandatários (artigo 998.° CC), e é a sociedade que interage com terceiros no comércio jurídico (o artigo 1019.° CC refere a retoma do *exercício da actividade social*) e que por isso titula as dívidas daí resultantes (artigo 997.°/1 CC, que se refere a dívidas *sociais*), bem como os correspondentes créditos (artigo 1000.° CC já referido, que proíbe a compensação entre créditos da sociedade sobre terceiros e créditos destes últimos sobre os sócios).

A este propósito cabe ainda referir que os artigos 985.° a 987.° CC disciplinam a administração da sociedade civil[482], sendo atribuídos aos administradores poderes de representação, nos termos do artigo 996.°. A fiscalização da actividade dos administradores cabe aos sócios, nos termos do artigo 988.°, sendo este direito intangível.

Assim, a sociedade, além de ser titular de posições jurídicas passivas e activas, pode actuar sobre as mesmas, constituindo outras, transmitindo--as, modificando-as ou extinguindo-as[483].

Se a sociedade civil pura é uma unidade autónoma de produção e imputação de efeitos jurídicos, ela consubstanciará uma pessoa jurídica na medida em que disponha de um ponto de referência designado (*Identitätausstattung*), enquanto marca de identidade. É certo que este aspecto identitário da sociedade civil apenas terá real relevância quando for cognoscível por terceiros. Recordem-se, a este propósito as sábias palavras de GUILHERME MOREIRA: "As unidades sociais com susceptibilidade de direi-

---

sociedades comerciais, esta dicotomia pode também ser observada na sociedade civil pura, quando, por exemplo, entrem novos sócios para a sociedade (artigo 982.°/1 CC). Neste último sentido, para o direito alemão, RAISER, *Der Begriff...*, cit., 139.

[482] Poder-se-ia sustentar a este propósito que a sociedade civil pura se aproxima mais de um *grupo* do que de uma pessoa jurídica, na medida em que, por defeito, a administração pertence a todos os sócios (artigo 985.°/1 CC), que são assim soberanos nas decisões, enquanto que numa pessoa jurídica a actuação será feita tipicamente de forma delegada. Basta compulsar o artigo 191.°, que confere a todos os sócios da SNC o direito à gerência para comprovar que o argumento não procede. Quanto a este aspecto, para o direito alemão, em sentido comparável, RAISER, *Gesamthand und juristische Person...*, cit., 508.

[483] DAMM, *Personenrecht*, cit., 866.

tos e obrigações devem constituir-se de modo que todos as possam conhecer. Neste ponto não pode haver divergências"[484].

Este último aspecto tem sido salientado por grande parte da doutrina privatística contemporânea. Sublinha-se a importância dos elementos de identidade, que permitem a terceiros identificar um novo sujeito no comércio jurídico, como a denominação, a constituição por escritura pública e a inscrição no RNPC[485].

Tendo em conta o disposto na alínea a) do n.º 1 do artigo 4.º do Regime do Registo Nacional de Pessoas Colectivas, aprovado pelo Decreto-Lei n.º 129/1998, de 13 de Maio, o Ficheiro Central de Pessoas Colectivas (FCPC) integra informação relativa, entre outras, a *sociedades civis e comerciais (...) bem como quaisquer outros entes colectivos personalizados (...) que habitualmente exerçam actividade em Portugal*, devendo aí constar a respectiva denominação. É assim possível a terceiros confirmar a existência – enquanto sujeito jurídico autónomo – das sociedades civis puras com que se confrontam no tráfego jurídico, pelo que as preocupações acima referidas parecem estar acauteladas.

Quanto à forma e formalidades a respeitar na constituição da sociedade civil, na medida em que se sustente a respectiva personalidade jurídica, serão aplicáveis, por analogia, as normas que disciplinam a constituição de associações (artigo 157.º CC, última parte). A redacção actual do artigo 168.º/1 e 2 CC estabelece para o efeito a necessidade de escritura pública, bem como de publicação nos termos previstos para os actos das sociedades comerciais (que será diligenciada, oficiosamente, pelo notário)[486].

---

[484] GUILHERME MOREIRA, *Da Personalidade Colectiva*, cit., RLJ, ano 41.º, 194.

[485] A este propósito, MENEZES CORDEIRO, *Manual de Direito das Sociedades*, II, cit., 99, equipara a sociedade civil sob forma civil "constituída por escritura pública, dotada de denominação, devidamente inscrita no RNPC" às demais sociedades, partilhando assim a qualidade de pessoa colectiva. No mesmo sentido, MENEZES LEITÃO, *Direito das Obrigações*, volume III – *Contratos em Especial*, 2005, 3.ª edição, Coimbra, Almedina, 256. PAIS DE VASCONCELOS, *Teoria Geral...*, cit., 208, refere também que o mínimo de formalização "que permita e suporte a reconhecibilidade social e exterior (perante terceiros)" se satisfaz "pela escritura pública e pelo registo".

[486] A propósito das associações (*infra*, II, 5.2.1), será referida e analisada mais detalhadamente a Proposta de Lei 111/10, já aprovada na generalidade, que aprova um regime especial de constituição imediata de associações e introduz algumas alterações ao regime de constituição de associações constante do Código Civil, no sentido da respectiva simplificação e desburocratização.

Delimitação do âmbito de aplicação da transformação de Soc. Comer. no DPP   215

Através da análise dos três elementos já mencionados, verifica-se que a sociedade civil pura se encontra bastante próxima das restantes pessoas colectivas já analisadas, nomeadamente da sociedade em nome colectivo. Em relação a esta, apenas se detectam diferenças quanto ao grau de autonomia patrimonial existente entre a sociedade e os sócios. Mas, mesmo que se confronte a sociedade civil pura com as restantes sociedades comerciais, não parece ser possível encontrar indícios de uma diferença de natureza que impeça a recondução à mesma categoria dogmática.

Na afirmação precedente, têm-se em mente a sociedade civil pura cuja participação no tráfego jurídico tenha sido pretendida pelos sócios. Para tal, terão escolhido uma denominação, e deverão ter inscrito a sociedade no FNPC. Deste modo, a nova identidade no tráfego torna-se cognoscível por terceiros. Os terceiros que estabeleçam relações contratuais com a sociedade civil pura podem perder, em relação aos negócios celebrados com uma sociedade anónima, o acesso a mecanismos de fiscalização e publicidade sofisticados. Mas ficam certamente a ganhar quando beneficiarem da responsabilidade acrescida (pessoal e ilimitada) dos sócios. Pretendendo registar a sociedade civil pura como pessoa colectiva (e não na categoria das *entidades que, prosseguindo objectivos próprios e actividades diferenciadas das dos seus associados, não sejam dotadas de personalidade jurídica*[487]), os sócios deverão promover a sua constituição através de escritura pública, nos termos da aplicação analógica do artigo 168.º CC (*ex vi* do artigo 157.º CC, última parte).

O reconhecimento da personalidade jurídica das sociedades civis puras nestas condições[488] beneficia da funcionalização e relativização do

---

[487] Alínea d) do artigo 4.º/1 do Regime do Registo Nacional de Pessoas Colectivas.

[488] Com isto não se quer dizer necessariamente que a recondução da sociedade civil não inscrita no FNPC à categoria dogmática das pessoas colectivas é impossível. A sociedade civil, independentemente da inscrição no FNPC tem personalidade judiciária (artigo 6.º, alínea d) do CPC) e pode actuar no tráfego de forma autónoma, em relação aos sócios, tornando-se titular de direitos e obrigações. Deverá, no entanto, assumir um sinal de identificação (por exemplo, a sede), para que na exteriorização da sua actividade a sociedade apareça aos olhos dos restantes intervenientes no tráfego jurídico como uma unidade autónoma. A natureza do presente estudo não permite, porém, determinar com detalhe quais as formas relevantes para ainda se considerar a existência de um «ponto de referência designado» nas sociedades civis (os nas associações não registadas). Em sentido próximo, sustentando quanto ao direito alemão a personalidade jurídica das associações não registadas e das sociedades civis, pese embora não estarem inscritas num registo oficial, RAISER, *Der Begriff...*, cit., 143-144.

216   *Transformação de Sociedades Comerciais*

conceito de pessoa colectiva que foi previamente sugerido (*supra*, II, 1.1.4). Com efeito, mais do que as diferenças que se podem estabelecer entre a sociedade anónima (enquanto paradigma de autonomia patrimonial e pessoal plena) e a sociedade civil pura – que não se contestam –, cumpre assinalar as semelhanças funcionais entre esta última e todas as outras pessoas colectivas de direito privado, através dos três elementos sugeridos: organização de actuação (*Handlungsorganisation*), centro de responsabilidade (*Haftungsverband*) e ponto de referência designado (*Identitätausstattung*).

Como também se assinalou, esta recondução ao universo das pessoas colectivas tem um potencial heurístico nada despiciendo, porque permite compreender melhor o regime dos artigos 980.° e seguintes CC, mas sobretudo porque possibilita a descoberta de novas regras e princípios aplicáveis a estas sociedades. Um exemplo desta proficuidade será recolhido em seguida, na análise da transformação de sociedades civis puras em sociedades comerciais e da transformação reflexa.

4.1.3. Sociedades civis puras e transformação

Como acima foi referido, o artigo 130.°/2 prevê expressamente a possibilidade de uma sociedade civil pura adoptar posteriormente um dos tipos enumerados no artigo 1.°/2. Quando à vicissitude inversa, a adopção por uma sociedade comercial do tipo regulado nos artigos 980.° e seguintes CC, o legislador societário foi omisso[489]. Analisam-se autonomamente as duas vicissitudes.

4.1.4. Transformação de sociedades civis em sociedades (civis ou comerciais) sob forma comercial

Os Autores do Anteprojecto da transformação de sociedades consideravam que a sociedade civil, ainda antes da entrada em vigor do CSC

---

[489] Não foi clara, também, a intenção do legislador na formulação do artigo 130.°/1 quanto à transformação de sociedades civis sob forma comercial em sociedades comerciais com outro dos tipos enumerados no artigo 1.°/2 CSC. No entanto, tendo em conta o disposto no n.° 4 do artigo 1.°, que manda aplicar as disposições do código às sociedades civis sob forma comercial, parece ser possível defender que a admissibilidade da respectiva transformação deve aferir-se como se de sociedades comerciais se tratassem.

Delimitação do âmbito de aplicação da transformação de Soc. Comer. no DPP 217

1986, constituía um tipo societário. Este tipo distinguia-se dos restantes principalmente através de dois índices: (A) a inderrogabilidade da responsabilidade dos sócios que fossem administradores e a derrogabilidade da responsabilidade dos restantes e (B) a falta de personalidade jurídica[490].

Da falta de personalidade jurídica da sociedade civil estes Autores não retiravam no entanto qualquer proibição de transformação: "Se os sócios da sociedade civil pretendem atribuir-lhe personalidade colectiva – o que aliás lhes era lícito constituindo a sociedade inicialmente sob forma comercial – seria bizantino forçá-los a desligarem-se primeiro dos seus vínculos pessoais e a esfacelar o património comum, para depois voltarem a ligar os primeiros e a reunir os restos dos segundos numa nova sociedade legal e abstractamente desconexa da primeira"[491].

Esta transformação teria, no entanto, que implicar uma transferência do património da sociedade civil, já que se constituía um novo ente, não podendo por isso falar-se em continuidade de um sujeito jurídico que o encabeçasse, mas antes de dissolução sem liquidação da sociedade civil[492].

O argumento era exposto de forma sintética: "para se manter e continuar uma personalidade é preciso que ela exista e, portanto, a tese da continuação só pode funcionar quanto a sociedade já gozando de personalidade segundo o tipo inicial, adopte outro a que a lei também reconheça personalidade. Assim, por exemplo, a transformação duma sociedade civil sob a forma civil em sociedade civil sob uma das formas comerciais *cria* a personalidade"[493].

Após a entrada em vigor do CSC 1986, Raúl Ventura manteve a sua posição sobre a falta de personalidade jurídica da sociedade civil, em termos até mais expressivos[494].

---

[490] Raúl Ventura / Brito Correia, *Transformação de Sociedades...*, cit., 63-65. Mais à frente, reforçando que as "as sociedades reguladas pelo Código Civil não gozam de personalidade jurídica" (ob. cit., 133).

[491] Raúl Ventura / Brito Correia, *Transformação de Sociedades...*, cit., 134.

[492] Raúl Ventura / Brito Correia, *Transformação de Sociedades...*, cit., 135. Os Autores concediam, no entanto, que era sempre a mesma sociedade a percorrer o processo de transformação e que não havia, por isso, perda de identidade: "Em resumo, julgo conveniente que, na transformação das sociedades sem personalidade em sociedade com personalidade, o legislador crie uma nova pessoa jurídica baseada num substrato que é a sociedade existente e mantida" (ob. cit., 139).

[493] Raúl Ventura / Brito Correia, *Transformação de Sociedades...*, cit., 119.

[494] Raúl Ventura, *Fusão, Cisão, Transformação...*, cit. 458, "...tenho entendido e continuo a entender que essas sociedades não são dotadas de personalidade jurídica;

218 *Transformação de Sociedades Comerciais*

Face à letra dos n.º 2, 3 e 6 do artigo 130.º do novo Código das Sociedades Comerciais[495], veio no entanto a colocar-se a questão de saber se a transformação formal – sem dissolução da sociedade transformada – era aplicável à transformação de uma sociedade civil pura numa sociedade comercial.

Com efeito, a leitura articulada do n.º 2 e do n.º 6 do referido artigo 130.º parecia admitir uma leitura simples: o legislador permitia a transformação de sociedades civis em sociedades (civis ou comerciais) sob forma comercial (n.º 2) e esta transformação implicava a dissolução da sociedade civil, na medida em que a nova sociedade lhe sucedia automática e globalmente (n.º 6).

Mas uma leitura mais atenta das duas normas enunciadas obriga a reconhecer a complexidade da tarefa interpretativa: se a sociedade formada por transformação sucede automática e globalmente à <u>anterior</u>, então a sociedade anterior já era titular dos direitos e obrigações transmitidos. Com efeito, sendo a sucessão uma modalidade de transmissão de direitos e deveres, implica que no pólo transmitente e no pólo transmissário exista um ente capaz de ser titular dos bens jurídicos transmitidos.

Se for adicionado a este labor interpretativo o disposto no n.º 3, as certezas desvanecem-se por completo. De facto, na medida em que o n.º 3 do artigo 130.º estabelece como regra geral a manutenção da identidade da sociedade transformada (limitando a dissolução aos casos em que as partes assim o disponham) e aplica-a à transformação de uma sociedade "nos termos dos números anteriores", parece incluir a sociedade civil (transformada nos termos do n.º 2) no universo da transformação formal, i.e. sem dissolução.

---

designadamente, a tese segundo a qual o legislador se teria abstido de considerar a questão e assim caberia à doutrina, pela análise daqueles artigos do CC, concluir pela personalidade, é para mim inaceitável, pois trata-se de questão sobre a qual o legislador não pode abster-se: como só ele pode atribuir personalidade jurídica, abstenção equivale a negação."

[495] Pela sua importância na discussão que se segue, relembra-se a letra destes preceitos. Artigo 130.º/2: As sociedades constituídas nos termos dos artigos 980.º e seguintes do Código Civil podem posteriormente adoptar algum dos tipos enumerados no artigo 1.º, n.º 2, desta lei. Artigo 130.º/3: A transformação de uma sociedade, nos termos dos números anteriores, não importa a dissolução dela, salvo se assim for deliberado pelos sócios. Artigo 130.º/6: A sociedade transformada por transformação, nos termos do n.º 2, sucede automaticamente e globalmente à sociedade anterior.

Delimitação do âmbito de aplicação da transformação de Soc. Comer. no DPP 219

O próprio RAÚL VENTURA admitia que podiam gerar-se dúvidas interpretativas a propósito do artigo 130.°/3 e da correspondente articulação com os n.° 2 e 6 do mesmo dispositivo legal[496] e propunha a seguinte solução interpretativa: a lei, ao possibilitar a transformação de uma sociedade civil pura sem dissolução (artigo 130.°/3) reconheceria a existência de "um certo substrato pessoal e patrimonial, sujeito a determinado regime jurídico, o da sociedade civil, e não força a sua extinção"[497]. Assim, os sócios da sociedade civil poderiam optar, como os da sociedade comercial, pela transformação com extinção da sociedade transformada – em que operava a sucessão automática e global – ou pela transformação sem extinção, permitindo-lhes neste caso o legislador "que os vínculos sociais assim mantidos passem a sujeitar-se a novo regime jurídico"[498]. Este novo regime jurídico implicaria a aquisição da personalidade jurídica na transformação de sociedades civis, e a respectiva manutenção na transformação de sociedades comerciais.

Mas se o objecto da sucessão automática e global previsto no artigo 130.°/6 é o "certo substrato pessoal e patrimonial" de que fala o Ilustre Professor de Lisboa, apenas restam duas alternativas interpretativas: ou o titular do substrato já era a sociedade civil, e então poder-se-ia falar de sucessão automática e global, ou o substrato pessoal e patrimonial residia na titularidade dos sócios, e então fica irremediavelmente comprometida a utilidade normativa do artigo 130.°/6. A contradição é patente: se o substrato patrimonial estava na titularidade da sociedade civil antes da transformação, não se vislumbram motivos para lhe negar, em termos gerais, personalidade jurídica.

Parece assim que a utilidade das normas comentadas apenas pode ser a de viabilizar uma transformação sem dissolução de uma sociedade civil pura que *não* tenha personalidade jurídica, nomeadamente porque não dis-

---

[496] RAÚL VENTURA, *Fusão, Cisão, Transformação...*, cit., 459: "Na verdade, o n.° 3 dispõe que «A transformação de uma sociedade, nos termos dos números anteriores, não importa a dissolução dela, salvo se assim for deliberado pelos sócios» e *números anteriores* compreende os n.os 1 e 2, no último dos quais está regulada a transformação da sociedade civil, parecendo, portanto, que a transformação desta pode ser operada por qualquer dos referidos processos, em regra transformação formal e excepcionalmente, por vontade dos sócios, transformação extintiva".

[497] RAÚL VENTURA, *Fusão, Cisão, Transformação de Sociedades*, cit., 461.

[498] RAÚL VENTURA, *Fusão, Cisão, Transformação de Sociedades*, cit., 462.

pöe de denominação nem está registada no FNPC. Esta sociedade, através da transformação em sociedade comercial, adquire uma denominação e passa a estar registada. Passa assim a consubstanciar um *ponto de referência designado*. E pode dizer-se, então, que é através da transformação que *adquire* personalidade jurídica[499].

Mas a conclusão inversa – já de advinha –, não pode ser extraída do conjunto normativo aplicável. Com efeito, como nem todas as sociedades civis puras carecem de uma identidade que permita reconhecê-las como *ponto de referência designado*, nem todas adquirem a personalidade jurídica através da transformação, pela simples razão de que já dela dispõem.

4.1.5. **Transformação de sociedades (civis ou comerciais) sob forma comercial em sociedades civis puras**

Quanto às transformações inversas – sociedade comercial ou sociedade civil sob forma comercial em sociedade civil sob forma civil – os Autores do Anteprojecto já referido não encontravam obstáculos à sua admissibilidade[500].

Após a entrada em vigor do CSC, a posição de RAÚL VENTURA sofreu no entanto uma inflexão, no sentido de recusar a admissibilidade da transformação de uma sociedade constituída sob forma comercial em sociedade civil pura. Os motivos enunciados por este Autor referem-se, sobretudo, à falta de uma tutela adequada da integralidade do capital na sociedade civil pura, que se manifestaria, no quadro de uma transformação, em detrimento

---

[499] No mesmo sentido, sustentando que é perfeitamente dispensável a transformação novatória no universo das sociedades, ainda que não se reconheça a algumas a personalidade jurídica (já que todas elas podem empregar a transformação formal), GENNARI, *La Società a Responsabilità Limitata*, Milão, Giuffrè, 1999, 381-382. Segundo este Autor, dos casos em que a sociedade não disponha de personalidade jurídica não pode extrair-se a necessidade de intervenção de uma nova sociedade, porque, sendo a personalidade derivada da análise do regime jurídico-positivo, é apenas um novo atributo da *mesma* sociedade, que se descobre após a transformação.

[500] Até encontravam argumentos adicionais para a sua admissibilidade: "acrescerá agora a vantagem para os credores resultantes da responsabilidade pessoal e ilimitada que os sócios assumirão; por outro lado, a hipótese não parece conter qualquer elemento novo que constitua obstáculo à mesma solução [admissibilidade da transformação], *Transformação de Sociedades...*, cit., 135-136.

Delimitação do âmbito de aplicação da transformação de Soc. Comer. no DPP 221

dos credores sociais[501]. RAÚL VENTURA recusava, a este propósito, que a responsabilidade pessoal dos sócios pudesse compensar a desprotecção assinalada, uma vez que o artigo 997.°/2 CC permite a modificação, limitação ou exclusão da responsabilidade dos sócios que não sejam administradores.

Por outro lado, segundo este Autor, acrescia como argumento para a impossibilidade da transformação em análise o facto de a sociedade transformada perder a personalidade jurídica, passando os bens sociais a ser propriedade comum dos sócios (ainda que sujeita a uma disciplina especial), o que também prejudicaria os credores[502].

Como acima se referiu (*supra*, II, 3.5) na integração de lacunas em matéria de transformação, apenas se poderá proceder à respectiva integração através da aplicação da norma permissiva desta vicissitude quando forem encontradas no caso omisso *as razões justificativas da regulamentação do caso previsto na lei* (artigo 10.°/2).

Foram sugeridos três índices teleológico-objectivos para analisar a identidade das *razões* subjacentes à modalidade prevista e à modalidade discutida (omissa): a existência de personalidade jurídica dos entes analisados, a possibilidade de acautelar os interesses de sócios e credores, como forma de tutelar a segurança jurídica e, por último, numa perspectiva funcional, a susceptibilidade de o ente não enumerado no artigo 1.°/2 CSC ser titular de uma unidade económica funcionalmente orientada.

Quanto ao primeiro índice, o da personalidade jurídica do ente envolvido na transformação, foram avançadas as razões que depõem a favor do seu reconhecimento nas sociedades civis puras. As condições assinaladas em defesa desta posição – respeitantes à cognoscibilidade da sociedade civil por terceiros – estão por natureza acautelados na transformação em apreço, já que a sociedade comercial que se transforma dispõe de sinais de identificação que podem ser mantidos após esta vicissitude.

Em matéria de segurança jurídica, podem ser autonomizadas as preocupações relativas aos sócios e as que concernem aos credores societários. No que aos sócios respeita, tendo em conta a natureza lucrativa da socie-

---

[501] RAÚL VENTURA, *Fusão, Cisão, Transformação...*, cit., 463: a oposição a esta eventual transformação (i.e., de uma sociedade constituída sob forma comercial em sociedade civil) reside no facto de "um credor de sociedade cuja conservação de capital é tutelada pela lei passar a sê-lo de sociedade em que essa tutela não existe."

[502] RAÚL VENTURA, *Fusão, Cisão, Transformação...*, cit., 464.

dade civil pura, os direitos de natureza económica parecem manter-se, em termos comparáveis aos existentes na sociedade comercial. Mas assinale-se que, em matéria de deveres, os sócios da sociedade civil pura respondem pessoal e solidariamente com aquela pelas dívidas sociais (artigo 997.º CC), a menos que, no caso dos sócios não administradores, a responsabilidade tenha sido modificada, limitada ou excluída por cláusula expressa do contrato (artigo 997.º/3)[503]. Deve então ser aplicada analogicamente a norma constante do artigo 133.º/2, exigindo-se a aprovação da transformação pelos sócios da sociedade comercial que assumam a responsabilidade ilimitada na sociedade civil pura.

Na linha da crítica avançada por RAÚL VENTURA, deve assinalar-se a diminuição das garantias de integralidade do capital com a transformação da sociedade comercial em sociedade civil pura. Todavia, este obstáculo não é intransponível, por dois motivos principais. O primeiro é de ordem sistemática, e atende à inexistência de capital social nas SNC em que todos os sócios contribuam apenas com indústria (alínea f) do artigo 9.º/1). Aliás, cumpre salientar que a existência de capital social nas sociedades de pessoas tem uma utilidade altamente discutível, tendo em conta a sua natureza e função[504]. Se o legislador societário entendesse que a diminuição da garantia dos credores é intolerável quando o ente societário não tem capital, teria certamente proibido este tipo de sociedades do universo do CSC.

O segundo argumento refere-se à possibilidade de convocar, nesta sede, o princípio da ultra-actividade de regimes protectores dos credores societários, já referido (*supra*, II, 2.2.1 e 2.2.4), que se descobre numa análise problemática ao regime constante dos artigos 130.º e seguintes.

Na transformação de uma sociedade comercial em sociedade civil pura – a admitir-se –, sempre teria de se aplicar analogicamente a alínea a) do artigo 131.º/1: a sociedade não pode transformar-se *se o capital não estiver integralmente liberado ou se não estiverem totalmente realizadas as entradas convencionadas no contrato*. Se assim é, não se antevêem obstáculos a que o capital da sociedade comercial seja mantido, como cifra ideal, na nova sociedade civil pura, permitindo por essa via a aplicação dos

---

[503] A possibilidade de modificação, limitação ou exclusão da responsabilidade é excluída quando a administração competir unicamente a não sócios (artigo 997.º/3, segunda parte).

[504] Por todos, MENEZES CORDEIRO, *Manual de Direito das Sociedades*, II, cit., 163-169.

Delimitação do âmbito de aplicação da transformação de Soc. Comer. no DPP 223

artigos 32.º e seguintes, na parte em que tutelam os interesses dos credores. Responder-se-á que a existência de capital social na sociedade civil pura é estranha à natureza e funções do tipo. Mas certamente também o será a aplicação das regras que tutelam os credores obrigacionistas na SNC, sem que o legislador do CSC tivesse prescindido da respectiva ultra-actividade, quando a transformação tenha como destino este tipo de sociedade de pessoas.

Por último, deve referir-se que a sociedade civil pura pode ser titular de uma unidade económica funcionalmente orientada, bastando recorrer ao artigo 980.º para comprová-lo. Acrescente-se que o legislador do CSC, ao permitir a transformação de sociedades civis puras em sociedades comerciais, reconheceu que pode haver interesse em manter o *quid* subjacente à sociedade civil pura, evitando a sua dissolução e liquidação.

Em síntese, parece ser assim de admitir a transformação de sociedades comerciais em sociedades civis puras, aplicando-se analogicamente a norma permissiva constante do artigo 130.º. Esta transformação convoca analogicamente várias outras normas do regime constante do CSC, como a estabelecida no artigo 133.º/2, em relação aos sócios que assumam responsabilidade ilimitada na sociedade de destino, bem como o princípio geral de ultra-actividade de regimes protectores de credores. Quanto a este último, poderá aplicar-se analogicamente o artigo 138.º, se a sociedade de origem tiver emitido obrigações, bem como os artigos 32.º e seguintes, no que respeita à conservação do capital social.

4.2. SOCIEDADES UNIPESSOAIS

4.2.1. **Breve caracterização da figura**

As sociedades têm no ordenamento jurídico português uma origem contratual inegável, como é reconhecido unanimemente na doutrina contemporânea. Assim, a contratualidade na sociedade não só foi a regra, como até há bem pouco tempo, de forma incontestada, um dos pilares dogmáticos para a compreensão do fenómeno societário.

A admissão da unipessoalidade transitória colocou as primeiras questões ao dogma da pluralidade de sócios. O artigo 1007.º CC, ao prever como causa de dissolução da sociedade civil a unipessoalidade superveniente, quando a pluripessoalidade não fosse reposta no prazo de seis

224   Transformação de Sociedades Comerciais

meses, admitiu indirectamente que, durante aquele prazo, a sociedade subsistisse com um único sócio. O CSC 1986 veio a estabelecer uma norma em sentido semelhante, na alínea a) do artigo 142.°/1[505]. No entanto, sublinhe-se, em ambos os casos a unipessoalidade era superveniente e transitória e, nessa medida, poderia ainda ser vista como uma "anormalidade e irregularidade sistemática"[506].

Segundo parece ser possível afirmar, foi o Decreto-Lei n.° 598/73, de 8 de Novembro, que introduziu a unipessoalidade inicial e permanente no domínio societário português. Este diploma, que estabeleceu o regime das fusões e cisões em vigor até à aprovação do CSC 1986, admitiu a cisão simples, nos termos da qual a sociedade resultante da cisão teria como único sócio a sociedade cindida[507,508].

Posteriormente, na sequência do processo de nacionalizações, o Decreto-Lei n.° 65/76, de 24 de Janeiro, veio prever a constituição de sociedades unipessoais pelo Estado, bem como a correspondente manutenção na unipessoalidade por tempo indefinido.

Ainda antes da aprovação do CSC 1986 veio a dar-se um passo mais para a limitação da responsabilidade do empresário individual, com a criação do Estabelecimento Individual de Responsabilidade Limitada (EIRL), pelo Decreto-Lei n.° 248/86, de 25 de Agosto. O EIRL carecia, no entanto, de personalidade jurídica, o que ditou, em certa medida, o respectivo insucesso.

Mas logo após a criação do EIRL, o CSC 1986 introduziu nova figura onde a unipessoalidade era inicial e permanente: a sociedade anónima constituída em domínio total inicial (488.°).

---

[505] Artigo 142.°/1, alínea a): Pode ser requerida a dissolução administrativa da sociedade com fundamento em facto previsto na lei ou no contrato e quando: (a) Por período superior a um ano, o número de sócios for inferior ao mínimo exigido por lei, excepto se um dos sócios for uma pessoa colectiva pública ou entidade a ela equiparada por lei para esse efeito.

[506] RICARDO SANTOS COSTA, Unipessoalidade Societária, 2003, IDET / Miscelâneas n.° 1, Coimbra, Almedina, 45.

[507] Em bom rigor, o n.° 2 do artigo 14.° do Decreto-Lei n.° 271/72, de 2 de Agosto, já tinha previsto hipótese semelhante, como processo de separação da carteira de títulos de sociedades industriais ou comerciais, a fim de formar sociedades de gestão de participações sociais. No entanto, o âmbito de aplicação deste diploma era consideravelmente mais restrito que o do Decreto-Lei n.° 598/73, de 8 de Novembro.

[508] Nesta breve descrição do percurso historio da unipessoalidade no direito societário português segue-se, de um modo geral, o que ficou escrito pelo Autor in Transformação de Sociedades..., cit., 843-844.

Delimitação do âmbito de aplicação da transformação de Soc. Comer. no DPP 225

Por fim, o Decreto-Lei n.º 257/96, de 31 de Dezembro, veio introduzir a figura da Sociedade Unipessoal por Quotas (SQU) bem como estabelecer o seu regime (artigos 270.º-A a 270.º-G), operando deste modo a transposição da Directiva n.º 89/667/CEE, do Conselho, de 21 de Dezembro de 1989, respeitante às sociedades de responsabilidade limitada com um único sócio,

Além da constituição inicial originária, o actual artigo 270.º-A admite como forma de constituição de uma sociedade unipessoal por quotas, a transformação de uma sociedade pluripessoal por quotas cujas participações se tenham concentrado num único sócio (n.º 2 e 3), e a transformação de um Estabelecimento Individual de Responsabilidade Limitada (n.º 6). Reflexamente, é admitida no artigo 270.º-D, a *modificação* da sociedade unipessoal por quotas em sociedade pluripessoal. Analisam-se em seguida, autonomamente, as modalidades enunciadas.

Importa no entanto, ainda em termos gerais, sublinhar alguns aspectos do regime da SQU. Desde logo, cumpre assinalar a respectiva inserção sistemática, na parte final do Título III do CSC, consagrado às sociedades por quotas. Neste sentido, assinale-se também que o artigo 270.º-G estabelece a aplicabilidade à SQU das regras que regulam a sociedade por quotas, *salvo as que pressupõem a pluralidade de sócios.*

A SQU pode ter como sócio único uma pessoa singular ou uma pessoa colectiva (artigo 270.º-A). No primeiro caso, porém, a pessoa singular não poderá ser sócia de mais que uma SQU (artigo 270.º-C/1). A própria SQU, por seu lado, não pode ser sócia de uma outra SQU (artigo 270.º-C/2).

Tendo em conta os riscos inerentes à personalização de uma sociedade unipessoal – que podem advir, especialmente, da interposição de uma pessoa jurídica entre o sócio único e terceiros –, o artigo 270.º-F/1 vem estabelecer que *os negócios jurídicos celebrados entre o sócio único e a sociedade devem servir a prossecução do objecto da sociedade*, norma que aliás sempre resultaria de uma interpretação sistemática do CSC. Interessa antes sublinhar o disposto no artigo 270.º-F/2, que impõe a forma escrita para os negócios celebrados entre o sócio único e a sociedade e no artigo 270.º-F/3, que estabelece a obrigatoriedade da junção dos documentos donde constem os referidos negócios ao relatório de gestão e demais elementos de prestação de contas. O n.º 4 do referido artigo 270.º-F comina com a nulidade os negócios jurídicos celebrados entre o sócio e a sociedade em desrespeito pelos requisitos já enunciados, sendo certo que nesse caso a responsabilidade do sócio é ilimitada.

Se bem que o seu âmbito não seja restrito à SQU, é nesta sede aplicável, também, o disposto no artigo 84.°, que estabelece a responsabilidade ilimitada do sócio único pelas obrigações sociais *contraídas no período posterior à concentração das quotas ou das acções, contanto que se prove que nesse período não foram observados os preceitos da lei que estabelecem a afectação do património da sociedade ao cumprimento das respectivas obrigações.*

4.2.2. Sociedades unipessoais por quotas e transformação

Como ficou referido, o artigo 270.°-A admite como forma de constituição de uma SQU a transformação de uma sociedade por quotas cujas participações se tenham concentrado num único sócio (n.° 2 e 3), e a transformação de um EIRL (n.° 6). Em ambos os casos o legislador utiliza a expressão *transformação*.

4.2.3. Transformação de sociedade por quotas pluripessoal em SQU

Quanto ao primeiro dos fenómenos – conversão de sociedade por quotas pluripessoal para SQU – entendem alguns autores que o emprego da expressão *transformação* é desadequado. Para RICARDO COSTA, por exemplo, não se opera neste evento uma verdadeira mudança de tipo legal de sociedade, segundo o conceito conformado pelo artigo 130.°/1. Em bom rigor, a transformação – segundo este Autor – envolve sempre "o trânsito entre tipos de pessoas jurídicas societárias", pelo que, além dos fenómenos já referidos, são também excluídos deste universo a transformação de fundações através da mudança de fim ou a transformação de um agrupamento complementar de empresas para agrupamento europeu de interesse económico. Na aparente transformação de uma sociedade por quotas pluripessoal em SQU haveria, em bom rigor, apenas uma alteração do número de sócios "produzida pelas operações adequadas a esse efeito (cessão de partes ou aumento do capital)"[509].

---

[509] RICARDO COSTA, *A Sociedade por Quotas Unipessoal...*, cit., 277-284, nota 261.

Delimitação do âmbito de aplicação da transformação de Soc. Comer. no DPP   227

Esta posição assenta, com o devido respeito, em dois pressupostos que ficam por demonstrar. O primeiro é o de que a SQU não constitui um tipo, mas apenas uma alternativa subjectiva no universo típico das sociedades por quotas. O segundo é o de que o conceito de transformação se limita à mudança de tipo no interior do universo societário.

Serão analisados autonomamente os dois argumentos, se bem que se deva sublinhar que esta discussão decorre num plano conceptual: saber se a expressão *transformação* é correctamente empregue tem que ver, sobretudo, com o conceito – dogmaticamente burilado – de transformação.

Quanto ao primeiro pressuposto – segundo o qual a SQU não representa um tipo autónomo societário mas antes descreve um *determinado* estado subjectivo das sociedades por quotas –, parece acertado contestá-lo, salvo melhor opinião. Por um lado, em termos estruturais, deve sublinhar-se que o legislador não eliminou, após a introdução dos artigos 270.°-A e seguintes no CSC, a possibilidade de uma unipessoalidade transitória, durante um ano, nos termos do artigo 142.°/1, alínea a), em relação à sociedade por quotas (e, por maioria de razão, em relação aos restantes tipos societários).

Assim, durante um ano, a sociedade por quotas, constituída contratualmente, pode ficar reduzida à unipessoalidade, sem que se apliquem as normas do artigo 270.°-A e seguintes (apenas se aplicará o disposto no artigo 84.°). Em consequência, deve assentar-se que o CSC dispunha), e continua a dispor após a introdução do regime da SQU, de um conjunto de regras para aplicar ao estado de unipessoalidade de uma sociedade por quotas, e esse conjunto não é o que consta dos artigos 270.°-A e seguintes. Este último, sublinhe-se, apenas se aplica por opção do sócio único.

Em bom rigor, poder-se-ia admitir que o regime constante dos artigos 270.°-A e seguintes não consubstancia um tipo societário autónomo se o mesmo se aplicasse compulsoriamente às sociedades por quotas reduzidas à unipessoalidade e se as normas aí previstas não fossem substancialmente distintas das normas que disciplinam a sociedade por quotas pluripessoal. A primeira condição acaba de ser contestada. Analisa-se, de seguida, a segunda.

Com efeito, é importante também, a este propósito, compulsar o regime aplicável à SQU e verificar se as regras que o compõem prevêem soluções de tal forma distintas das que regem a sociedade por quotas pluripessoal, que se torne impossível falar de um mesmo tipo de sociedade.

A breve resenha normativa acima realizada demonstrou, salvo melhor opinião, que os regimes são fundamentalmente distintos. Basta pensar, por exemplo, que uma mesma pessoa singular pode ser sócia de quantas sociedades por quotas entender, ainda que estejam todas simultaneamente em situação de unipessoalidade, mas apenas de uma única SQU (artigo 270.°/-C)[510]. Ou que – norma de especial relevância – os negócios celebrados entre o sócio e a SQU em desrespeito pelas regras de forma e pelas formalidades enumeradas nos n.° 2 e 3 do artigo 270.°-F são nulos e responsabilizam ilimitadamente o sócio (artigo 270.°-F/4).

Mas o factor que determina o afastamento substancial entre a SQU e a sociedade por quotas é o da inaplicabilidade à primeira das normas aplicáveis a esta última, que pressuponham a pluralidade dos sócios e que são, está bom de ver, vitais para a compreensão do tipo societário quotista[511].

Verifica-se assim que, salvo melhor opinião, existem fortes argumentos para sustentar que a SQU constitui um tipo societário autónomo, que coincide em parte mas não se identifica totalmente com o tipo da sociedade por quotas[512]. Não parece proceder, a este propósito, o argumento segundo o qual todas as diferenças que o regime da SQU apresenta em relação ao da pluripessoalidade nas sociedades por quotas se devem à necessidade de acautelar terceiros contra eventuais abusos do sócio único. Antes pelo contrário, deve sublinhar-se que na SQU, precisamente porque a unipessoalidade não é acidental e transitória, mas permanente, o conjunto de regras aplicável tem de ser consideravelmente distinto do regime aplicável às sociedades pluripessoais, que foi edificado com base no dogma da contratualidade originária e superveniente.

Retomando a argumentação acima descrita, adoptada, por exemplo, por RICARDO COSTA, verifica-se que o segundo pressuposto para recusar a recondução das vicissitudes em apreço ao conceito de transformação se refere à limitação deste último aos fenómenos de alteração do tipo socie-

---

[510] Em sentido paralelo, como já se referiu, cabe assinalar que uma sociedade pluripessoal por quotas pode ser sócia de quantas sociedades unipessoais por quotas entender, enquanto que a participação de uma SQU como sócia única de outra SQU está vedada pelo artigo 270.°-C/2.

[511] Basta pensar que os esquemas internos de fiscalização societária estão essencialmente assentes na pluralidade, pelo que não irão estar em operação na SQU. Neste sentido, MENEZES CORDEIRO, *Manual de Direito das Sociedades*, II, cit., 474.

[512] Neste sentido, no direito português, MENEZES CORDEIRO, *Manual de Direito das Sociedades*, II, cit., 475.

tário, dentro do universo criado pelo artigo 1.º/2. Esta posição, com o devido respeito, parece-nos consubstanciar uma construção arbitrária do conceito de transformação (e uma petição de princípio).

No que se refere à história do conceito, ficaram acima articuladas as razões que tornam sólida a possibilidade de estabelecer a ascendência do fenómeno da transformação de sociedades na transformação de pessoas colectivas (*supra*, I, 4.1). Em termos dogmáticos, não se descobrem razões substanciais para reservar o conceito para o universo societário, perante a compreensão moderna da personalidade colectiva, o princípio da autonomia privada e a possibilidade de tutelar a segurança jurídica de formas que não consubstanciam obstáculos à admissibilidade das transformações heterogéneas (*supra*, II, 3.3.1 e 3.3.3). Em termos jurídico-positivos, proliferam na legislação em vigor na ordem jurídica portuguesa casos de *transformação* que se processam no exterior do referido universo societário, ou que apenas o têm por origem ou destino. São exemplo a transformação de sociedades ou associações em ACE, a transformação recíproca de ACE em AEIE, a transformação de fundações ou a transformação de clubes desportivos em sociedades anónimas desportivas. Pesa sobre todas estas normas a presunção hermenêutica segundo a qual o legislador se exprimiu com acerto e de forma adequada, atendendo ao disposto no artigo 9.º CC. Em termos de direito comparado, basta pensar na UmwG e no *Codice Civile* para comprovar a extensão extra-societária que é concedida, respectivamente, à *Formwechsel* e à *Trasformazione*.

Perante este cenário, não se vê como sustentar a posição segundo a qual o conceito da transformação deve estar acantonado ao universo societário. Antes pelo contrário, todos os dados até agora recolhidos apontam precisamente no sentido contrário.

Situada a questão conceptual, cumpre no entanto regressar à questão central deste *iter*: a delimitação do âmbito de aplicação da transformação. Muito embora o legislador tenha expressamente previsto a transformação de uma sociedade pluripessoal por quotas em SQU, estabelecendo que a mesma é operada pela mera declaração do sócio único, *na qual manifeste a sua vontade de transformar a sociedade em sociedade unipessoal por quotas* (artigo 270.º-A/3), subsiste a questão se saber se é possível que outras sociedades pluripessoais adoptem o tipo de SQU pela concentração das participações num dos sócios.

Nesta linha exploratória, cumpre também determinar se o regime da unipessoalidade dos artigos 270.º-A e seguintes comporta a aplicação analógica aos restantes tipos societários, o que redundaria numa multiplicação de sociedades unipessoais (por exemplo, a sociedade anónima unipessoal, a sociedades em nome colectivo unipessoal, etc.).

Quanto à primeira hipótese – a de transformar outras sociedades pluripessoais em SQU – entende-se que é de recusar, atendendo à natureza excepcional da norma constante do artigo 270.°-A/2. Com efeito, subsiste no CSC – ao lado da unipessoalidade originária e permanente do artigo 270.°-A, a unipessoalidade superveniente e transitória, do artigo 142.°/1, alínea a).

Esta subsistência permite ao intérprete sublinhar a excepcionalidade do regime da unipessoalidade permanente: o legislador societário quis manter, até ao limite, a possibilidade de uma sociedade supervenientemente unipessoal regressar à pluripessoalidade, tida como normal.

E assim, pode afirmar-se que o sistema do código mantém como traço vectorial a pluripessoalidade: tanto assim é que o legislador força o sócio único a uma opção fundamental pela unipessoalidade permanente e não a aplica compulsivamente (artigo 270.°-A/3).

A introdução da unipessoalidade originária e permanente através dos artigos 270.°-A e seguintes serviu assim um propósito funcional claro, que foi o de disponibilizar ao empresário individual um instrumento técnico-jurídico de limitação da responsabilidade, perante as insuficiências e incompreensões registadas quanto ao EIRL[513]. Como foi concedido a empresários individuais, para o fim referido, um instrumento nascido à luz da contratualidade, compreende-se que se deva qualificar-se a hipótese prevista no artigo 270.°-A/2 como excepcional, já que não se abdicou da sistemática do CSC, edificada com base no pressuposto da pluralidade. Assim sendo, não é possível aplicá-la analogicamente à hipótese enun-

---

[513] Segundo CATARINA SERRA, *As Novas Sociedades Unipessoais por Quotas*, SI, tomo XLVI (1997), n.° 265/267, 125, terão sido sobretudo questões fiscais a determinar a sorte do EIRL. Segundo esta Autora, "Havendo entre o comerciante e os bens que ele pretende afectar à exploração comercial a interposição de um novo sujeito (sociedade comercial), há uma desafectação destes bens do comerciante em favor da sociedade, o que comporta, desde logo, o desdobramento em dois sujeitos passivos tributários". Não é líquido que assim seja, até porque a criação de um novo sujeito de direito implicaria uma transmissão de bens que, para efeitos tributários, poderia ser sujeita a imposto. Parece antes de relevar, a este propósito, a própria falta de personalidade jurídica da figura como limitação à separação patrimonial e autonomia funcional do EIRL no tráfego jurídico.

ciada, pelo que parece descobrir-se uma norma jurídica no sentido da respectiva inadmissibilidade.

Quanto à segunda hipótese – a de admitir analogicamente a transformação de outros tipos de sociedades pluripessoais em sociedade onde a unipessoalidade fosse permanente – têm aplicação os mesmos argumentos que acabaram de se expor. A previsão do regime dos artigos 270.°-A e seguintes teve o propósito limitado que se enunciou, e que se adequa à sociedade por quotas. Ao empresário individual não convinha a unipessoalidade na sociedade anónima (que de qualquer modo, estava já prevista noutra sede) e a unipessoalidade na sociedade em nome colectivo não traria a limitação da responsabilidade almejada. Nas sociedades em comandita, é geneticamente necessária a pluralidade, dada a diferença de regimes aplicáveis aos sócios comanditários e aos sócios comanditados. Deve esta hipótese ter-se assim, igualmente, por inadmissível, à luz do ordenamento societário português.

4.2.4. Transformação de EIRL em SQU

Na segunda modalidade de transformação comentada – transformação de EIRL em SQU – parte da doutrina levanta o mesmo tipo de problemas já assinalado: a transformação em apreço não se deixaria reconduzir ao conceito de transformação enquanto adopção de um novo tipo societário, dentro do universo das sociedades comerciais[514]. Assim, a pretensa transformação de um EIRL numa SQU não seria mais do que "a constituição *ex novo* de uma SQU em que a transmissão (vulgo trespasse) do EIRL funciona como acto de realização da entrada a que o sócio (anterior titular do EIRL) está vinculado. E assim é proposto que, para efeitos dogmáticos, se encare esta possibilidade como uma modificação, à imagem do disposto quanto à passagem de uma SQU para uma sociedade pluripessoal[515].

A discussão volta agora a ser sobretudo conceptual. Quanto à objecção assinalada, já se demonstrou, salvo melhor opinião, que é infundada: constitui uma petição de princípio excluir determinados fenómenos de um conceito pretensamente puro de transformação, limitado a vicissitudes intra-societárias, sem demonstrar a adequação de uma tal conformação do

---

514 RICARDO COSTA, *A Sociedade por Quotas Unipessoal...*, 277-284, nota 261.
515 RICARDO COSTA, *A Sociedade por Quotas Unipessoal...*, 277-284, nota 261.

232 Transformação de Sociedades Comerciais

instituto. E os dados analisados – históricos, dogmáticos, jurídico-positivos e de direito comparado – depõem precisamente no sentido inverso. Assim, não parecem subsistir argumentos para sustentar que determinado fenómeno não se reconduz ao conceito de transformação *apenas* porque a origem ou o destino não estão incluídos no universo dos tipos societários.

No entanto, cumpre assinalar que na transformação de um EIRL numa SQU se regista uma diferença assinalável, em relação aos casos até agora apreciados. É hoje ponto assente a falta de personalidade jurídica do EIRL[516], e é patente a sua existência na SQU.

A este respeito, cumpre assinalar que, de facto, face à teoria dos elementos acima avançada (*supra*, II, 1.1.3), o EIRL não representa de facto um sujeito jurídico organizado. Muito embora constitua um centro de responsabilidade (*Haftungsverband*), não dispõe de uma organização de actuação (*Handlungsorganisation*) nem representa tampouco um ponto de referência designado (*Identitätausstattung*)[517]. Este facto apenas tem influência, no entanto, na recondução dogmática desta vicissitude, no plano conceptual, à transformação de sociedades comerciais. Será analisada, assim, a propósito da natureza jurídica do instituto (*infra*, III, 1).

Quanto às hipóteses de transformação, além da expressamente prevista, relativa à transformação de um EIRL numa SQU, caberia ainda questionar se é admissível a transformação de um EIRL noutro tipo societário.

Para responder à questão, impõem-se um breve bosquejo histórico sobre as origens do EIRL, através do qual se verifica que são idênticas às da SQU: "Preocupado com o número de sociedades fictícias, com as quais se procurava afinal obter o resultado da limitação da responsabilidade mediante sócios pintados, o legislador entendeu que a melhor maneira de acabar com elas seria acabar com a ilimitação da responsabilidade do

---

[516] Na doutrina portuguesa, por todos, Oliveira Ascensão, *Estabelecimento Comercial e Estabelecimento de Responsabilidade Limitada*, ROA, ano 47.º (1987), 10 e ss., e também em *O Estabelecimento Individual de Responsabilidade Limitada ou o Falido Rico*, OD, ano 120.º (1988), I-II, 28-29.

[517] Nos termos do artigo 1.º/2 do Regime do EIRL, já identificado, o respectivo titular *afectará ao estabelecimento de responsabilidade individual uma parte do seu património*, donde se conclui que não há transmissão, e que os bens se mantêm na titularidade do interessado. O artigo 10.º/2, do referido regime, ao mencionar as condições em que o património do EIRL responde por dívidas que o titular tenha contraído, quando os *restantes bens do titular forem insuficientes*, adiciona um argumento para sustentar que é o titular, sempre, o ponto de referência designado, e que o EIRL apenas consubstancia um património autónomo.

Delimitação do âmbito de aplicação da transformação de Soc. Comer. no DPP   233

comerciante em nome individual"[518]. Para cumprir tal desiderato, criou o EIRL, através do já referido Decreto-Lei n.° 248/86, de 25 de Agosto.

O EIRL, tal como a SQU é assim um instrumento destinado a assegurar a limitação da responsabilidade do empresário individual. Entende-se então que o legislador tenha limitado a transformabilidade do EIRL à SQU, na medida em que a SNC não garantia uma limitação perfeita da responsabilidade, e as sociedades em comandita implicavam a existência de mais do que um sócio. Mas a possibilidade ainda se mantém em relação à sociedade anónima: será de admitir a transformação de um EIRL numa sociedade anónima unipessoal?

A resposta volta a ser negativa, segundo parece. A hipótese da unipessoalidade originária da sociedade anónima (artigo 488.°/1) está integrada no regime das sociedades coligadas, que apenas se aplica às sociedades por quotas, sociedades anónimas e sociedades em comandita por acções (artigo 481.°/1). Em relação ao requisito de um número mínimo de sócios na sociedade anónima (273.°/1) esta norma – que possibilita a constituição unilateral de uma sociedade anónima – é excepcional, pelo que dificilmente comportaria uma aplicação analógica a pessoas singulares, i.e. ao antigo titular do EIRL, que passaria a ser accionista único da sociedade anónima resultante da transformação.

Além do mais, em termos funcionais, faz sentido que o destino da transformação de um EIRL seja uma sociedade por quotas e não uma sociedade anónima (já foram enunciadas as razões da desadequação dos restantes tipos societários). Na economia do CSC, a complexidade orgânica da sociedade anónima, à qual se acrescentam regras de constituição e fiscalização mais estritas, justifica-se para acomodar uma multiplicidade de interesses e consequentemente uma pluralidade de sócios, cuja identidade é, muitas vezes, desconhecida. De entre as duas – SQ e SA – a primeira, pela maior simplicidade orgânica e pela maior ligeireza das regras que disciplinam a actividade societária, seria sempre a mais adequada para receber a unipessoalidade[519]. Entende-se então que a conversão de um EIRL em sociedade comercial apenas pode ter como destino a SQU[520].

---

[518] OLIVEIRA ASCENSÃO, *Estabelecimento Comercial...*, cit., 7. É possível recolher argumentos em sentido idêntico, quanto aos motivos que presidiram a instituição do EIRL em *O Estabelecimento Individual...*, cit., 17-18.

[519] Neste sentido, CATARINA SERRA, *As Novas Sociedades Unipessoais por Quotas*, cit., 129.

[520] Está bom de ver que o titular do EIRL pode contribuir com o património corres-

234 *Transformação de Sociedades Comerciais*

4.2.5. Transformação de SQU em sociedade pluripessoal

O artigo 270.°-D/1 estabelece que o "sócio único de uma sociedade unipessoal por quotas pode modificar esta sociedade em sociedade por quotas plural através da divisão e cessão da quota ou de aumento do capital por entrada de um novo sócio". A referência à *modificação*, em detrimento da expressão *transformação* empregue pelo legislador quanto às vicissitudes anteriormente comentadas, é aplaudida por RICARDO COSTA: "Nessa hipótese, andou melhor o legislador e importa aproveitar o acerto e não caucionar a inexactidão levada a cabo na circunstância pluripessoalidade-unipessoalidade (…). Na verdade, a nosso ver a terminologia "modificação" utilizada no caso de expansão da relação monossubjectiva em plurissubjectiva (veja-se o artigo 270.°-D, n.° 1), atendendo à inequívoca habilitação que a lei dá ao tipo quotista para poder sofrer alterações subjectivas (…) é sem dúvida mais adequada para ambas as situações (pluralidade-unipessoalidade e unipessoalidade-pluralidade)"[521].

Tendo em conta os argumentos conceptuais acima alinhados (*supra*, II, 2.4) julga-se que o conceito de transformação é o que melhor se adequa aos casos previstos no artigo 270.°-D/1. Aliás, dificilmente se percebe a oscilação terminológica do legislador quando a vicissitude aí prevista é exactamente a reflexa da que foi disciplinada nos n.° 2 e 3 do artigo 270.°--A/1, onde se empregou a expressão *transformação*.

Quanto à delimitação do âmbito desta transformação, RICARDO COSTA parece admitir que a SQU seja transformada em sociedade pluripessoal de outro tipo que não a sociedade por quotas, desde que altere a sua base subjectiva. Se a unipessoalidade se mantiver, a SQU apenas poderia transformar-se em sociedade de outro tipo (que não a sociedade por quotas) que admita igualmente a unipessoalidade originária. Assim sendo, nos termos do artigo 488.° CSC, apenas se poderia transformar em sociedade anónima e apenas quando o sócio único seja uma sociedade por quotas, uma sociedade em comandita por acções ou outra sociedade anónima (por virtude do artigo 481.° CSC)[522].

---

pondente em espécie para a realização do capital de qualquer tipo societário. Não se estará aí, no entanto, perante qualquer fenómeno de transformação.

[521] RICARDO COSTA, *A Sociedade por Quotas Unipessoal…*, cit., 280, nota 261.
[522] RICARDO COSTA, *A Sociedade por Quotas Unipessoal…*, cit., 280-281, nota 261.

Delimitação do âmbito de aplicação da transformação de Soc. Comer. no DPP 235

Esta parece ser a melhor posição a tomar quanto ao problema em apreço. Os argumentos que levaram à descoberta de normas injuntivas, que impediam a expansão do âmbito da transformação em sentido inverso (de sociedade pluripessoal e de EIRL em SQU) não têm aqui aplicação. E assim, por interpretação extensiva pode abarcar-se como destino da transformação de uma SQU outro tipo societário que não o quotista, desde que esta vicissitude seja acompanhada das alterações necessárias ao cumprimento das normas que disciplinariam a constituição *ex novo* de uma sociedade daquele tipo.

4.3. SOCIETAS EUROPAEA

4.3.1. Breve caracterização da figura

Depois de um longo processo de preparação e negociação, foi aprovado em 2001 o Regulamento (CE) n.º 2157/2001, do Conselho, de 8 de Outubro[523], que estabeleceu o estatuto da *Societas Europaea*. Não pode ser feita a este propósito uma descrição exaustiva do desenvolvimento da ideia da *Societas Europaea* que antecedeu este importante marco, até porque estão disponíveis em língua portuguesa análises muito completas ao referido percurso, feito de avanços e retrocessos[524].

Interessa antes sublinhar alguns aspectos deste estatuto que são implicados necessariamente na análise da matéria da transformação da nova SE. O primeiro aspecto a considerar refere-se às motivações subjacentes a esta ideia de sociedade transnacional – que começou a ser discutida mesmo antes da celebração do Tratado de Roma – e que, em suma, consistem na necessidade de adequar os instrumentos jurídico-societários existentes em cada ordem nacional aos problemas enfrentados pelas empresas que desenvolvem a sua actividade em mais de um Estado[525].

---

[523] Publicado no JOCE n.º L 294, de 10 de Novembro de 2001, 1-21.

[524] Por todos, MENEZES CORDEIRO, *Direito Europeu das Sociedades*, Coimbra, Almedina, 2005, 905-927. Em língua italiana, por todos, MIOLA, *Lo Statuto di Società Europea nel Diritto Societário Comunitário: dall'armonizzazione alla concorrenza tra ordinamenti*, RS, ano 48.º (2003), n.º 2-3, 322 e ss. e RESCIO, *La Società Europea tra Diritto Comunitário e Diritto Nazionale*, RS, ano 48.º (2003), n.º 5, 965 e ss.

[525] MENEZES CORDEIRO, *Direito Europeu das Sociedades*, cit., 907.

Aliás, uma das principais fontes de pressão para que fossem ultrapassados os impasses políticos e técnico-jurídicos que entravavam este estatuto da SE proveio dos grandes grupos empresariais da União Europeia, confrontados, no desenvolvimento da sua actividade, com um número crescente de diferentes ordenamentos[526].

Através deste estatuto, e sem prejuízo de outras sistematizações, pretendeu-se então assegurar aos agentes económicos comunitários um instrumento legal que permitisse alcançar, entre outros, os seguintes desideratos: (A) possibilitar que uma sociedade constituída segundo a lei de um dos Estados-membros possa operar em todos os outros sem a necessidade de observar as formalidades aí exigidas para a constituição ou reconhecimento de sociedades comerciais estrangeiras, (B) viabilizar a fusão entre sociedades oriundas de ordenamentos jurídicos distintos, de outro modo penosa (senão mesmo impossível); (C) agilizar o processo de transferência da sede societária[527].

O legislador comunitário quis, no entanto, assegurar que esta nova figura jurídica fosse utilizada apenas nos casos em que o universo societário onde a adopção da SE ocorre tenha efectivamente uma expressão transnacional[528]. Assim, na constituição de uma SE por fusão, na constituição de uma SE com funções de *holding* e na constituição de uma SE filial, é exigido que pelo menos duas das sociedades envolvidas estejam sujeitas a leis de diferentes Estados-Membros ou tenham uma filial situada noutro Estado-membro há pelo menos dois anos (artigo 2.º, n.º 1, 2 e 3 do Regulamento). A este propósito cabe também frisar que a transformação em SE de uma sociedade anónima constituída segundo a lei de um dos Estados-membros apenas é possível quando a mesma tenha uma subsidiária noutro Estado-membro há pelo menos dois anos (artigo 2.º/4 do Regulamento).

O segundo aspecto essencial refere-se ao sistema de fontes adoptado pelo Regulamento n.º 2157/2001 e ao facto de, assumidamente, o estatuto da SE não dispensar o recurso às regras do direito societário de cada

---

[526] MENEZES CORDEIRO, *Direito Europeu das Sociedades*, cit., 925.

[527] MIOLA, *Lo Statuto di Società Europea...*, cit., 325.

[528] Para comprová-lo, basta atentar no segundo considerando do Regulamento em discussão: *Essa reorganização* [uma reorganização empresarial à escala comunitária] *pressupõe que lhes seja proporcionada* [às sociedades oriundas de diferentes Estados-membros] *a possibilidade de congregar o seu potencial através de operações de fusão.*

Delimitação do âmbito de aplicação da transformação de Soc. Comer. no DPP 237

Estado-membro. Pode retirar-se do artigo 9.°/1, alínea b) do Regulamento que as partes são livres para preencher os espaços dispositivos expressamente previstos pelo legislador comunitário. Mas – mais importante –, nas matérias não reguladas, aplicam-se subsidiariamente as normas emanadas por cada Estado-membro que visem especificamente as SE, bem como o regime interno das sociedades anónimas (alínea c) do 9.°/1).

Assim, e ao contrário do que chegou a ser proposto ao longo da sua gestação, a SE será regida, em parte, pelo direito do estado da respectiva sede, e nessa medida não se pode dizer que o estatuto aprovado ofereça um tipo societário único, mas apenas um quadro tipológico geral, à sombra do qual irão surgir tantos tipos de SE quantos os Estados-membros. A título de exemplo, o legislador comunitário abdicou de tratar autonomamente a conservação e modificação do capital da SE, estabelecendo apenas o seu limite mínimo (artigos 4.° e 5.° do Regulamento).

Cabe então perguntar quais as matérias especificamente disciplinadas no Regulamento, para que possam daí ser decalcadas as áreas onde a intervenção dos direitos nacionais é necessária.

Além da matéria relativa à constituição da SE, onde o Regulamento é detalhado, apenas cabe referir, com interesse para o objecto deste estudo, que a *Societas* tem o capital obrigatoriamente dividido em acções (e que a essa divisão corresponde a limitação da responsabilidade do accionista), sendo o respectivo montante mínimo de € 120.000 (artigos 1.°/2 e 4.°/2 do Regulamento) e que lhe é reconhecida expressamente a personalidade jurídica (artigo 1.°/3, do Regulamento)[529].

4.3.2. Societas Europaea e transformação

Antes de iniciar a análise do regime aplicável à transformação de SE em sociedades comerciais portuguesas e vice-versa, cumpre determinar se aquela constitui um tipo societário autónomo. Se for essa a conclusão, o regime constante dos artigos 130.° e seguintes deve ser aplicado, onde o Regulamento nada estabelecer, através de uma interpretação actualista do

---

[529] Uma das matérias especialmente reguladas pelo legislador comunitário é a da intervenção dos trabalhadores na vida societária, objecto aliás da Directiva n.° 2001/86/CE do Conselho de 8 de Outubro, que completa o estatuto da sociedade europeia no que respeita ao envolvimento dos trabalhadores.

238   Transformação de Sociedades Comerciais

artigo 130.º/1: a SE é mais um tipo de sociedade comercial cuja transformação desencadeia as regras de protecção de credores e sócios aí constantes.

A conclusão, pelo menos para efeitos de aplicação do artigo 130.º/1, deve ser positiva. Justifica-se esta proposta pela especificidade das regras relativas à constituição (as que se referem aos sujeitos envolvidos bem como as relativas ao modo de constituição), à transferência de sede dentro da União Europeia, à orgânica e funcionamento e à participação dos trabalhadores[530]. Não se negam – seria impossível –, as afinidades com a sociedade anónima. Mas as diferenças assinaladas atribuem-lhe particularidades suficientes para que se entenda a SE como um novo tipo societário[531].

4.3.3. Transformação de sociedade anónima nacional em *Societas Europaea*

A transformação de uma sociedade anónima preexistente é, como ficou já implícito do que acima se referiu, uma das quatro modalidades de acesso à forma jurídica da SE, ao lado da constituição mediante fusão, da constituição de uma SE com funções de *holding* e da constituição de uma SE filial[532].

---

[530] Neste sentido, face ao direito italiano, Pernazza / Valentina Allotti, *Italy*, em Oplustil / Teichmann (ed.), *The European Company all over Europe*, 2004, Berlin, De Gruyter, 176.

[531] Contra, quanto ao direito italiano, Spada, *Dalla Trasformazione delle Società alle Trasformazioni degli Enti ed Oltre*, em AAVV, *Scritti in Onore di Vincenzo Buonocore*, volume III, tomo III, Milão, Giuffrè, 2005, 3883, nota 3.

[532] Segundo Sánchez Rus, *Constitución de la SE por Transformación de SA*, em AAVV, *La Sociedad Anónima Europea – Régimen Jurídico, Societario, Laboral y Fiscal*, 2004, Madrid / Barcelona, Marcial Pons, 474, a transformação só passou a figurar como modalidade de constituição da SE após a proposta modificada do estatuto, de 1991. Este Autor (ob. cit., 475-477) enumera cinco possíveis motivações para, no direito espanhol, uma sociedade anónima optar pela transformação em SE: (A) vantagens de carácter psicológico, para sociedades que operem à escala comunitária e pretendam assumir essa característica perante clientes, fornecedores e possíveis investidores; (B) possibilidade de adoptar um sistema de administração dualista; (C) enquadramento da participação dos trabalhadores no governo da empresa; (D) facilidade em transferir a sede para outro Estado-Membro; (E) facilidade em futuras operações de reestruturação. No caso português, a motivação descrita em (B) não terá relevância, como é fácil entender. Relevarão, sobre-

Delimitação do âmbito de aplicação da transformação de Soc. Comer. no DPP 239

Nos termos do artigo 2.º/4 do Regulamento, uma sociedade anónima constituída segundo a lei de um Estado-Membro, que tenha a sua sede estatutária e administração central na Comunidade, pode ser transformada em SE desde que tenha uma filial noutro Estado-membro há pelo menos dois anos. Esta transformação é levada a cabo, segundo o artigo 37.º/2 do referido regulamento, sem que a sociedade transformada entre em dissolução ou perca a sua personalidade jurídica[533]. Nestes termos, parece redundante o artigo 37.º/9 do referido Regulamento, onde se lê que os direitos e obrigações da sociedade em transformação, no que respeita às relações laborais, são transferidos para a SE. A explicação, segundo parece poder afirmar-se, reside na sensibilidade das matérias laborais e nos equilíbrios instáveis que a seu propósito foram alcançados (pense-se na problemática da co-gestão, que tem acompanhado toda a evolução do direito societário europeu)[534].

Esta operação será precedida pela elaboração de um projecto de transformação e de um relatório, através dos quais o órgão administrativo da sociedade deverá expor as razões jurídicas e económicas da adopção da forma jurídica da SE, bem como antecipar as consequências desta transformação para os accionistas e para os trabalhadores (artigo 37.º/4 do Regulamento). O projecto em causa é sujeito a registo e publicação (artigo 37.º/5 do Regulamento e artigo 4.º/2, alínea a) do Decreto-Lei n.º 2/2005, de 4 de Janeiro, que aprovou o Regime Jurídico das Sociedades Anónimas Europeias), devendo também a consistência do património social ser certificada por um ROC antes da deliberação sobre a transformação (37.º/6 do Regulamento). Caberá depois à assembleia geral da sociedade anónima aprovar ou recusar a proposta de transformação, não podendo a maioria exigida ser inferior a 2/3 dos votos correspondentes quer aos títulos representados, quer ao capital subscrito (37.º/7 do Regulamento e artigo 7.º da Terceira Directiva 78/855/CEE do Conselho).

---

tudo, as motivações descritas em (A), (D) e (E), tendo em conta que a participação dos trabalhadores no governo das sociedades não tem tradição em Portugal (com excepção do período posterior à Revolução de 25 de Abril de 1974).

[533] A transformação não pode ser, porém, acompanhada da transferência da sede da sociedade de um Estado-membro para outro, tendo em conta o disposto no artigo 37.º/3 do Regulamento já referido.

[534] Podem ser consultadas referências à referida problemática, entre outros, em MIOLA, *Lo Statuto di Società Europea...*, cit., 322 e ss. Entre nós, por todos, MENEZES CORDEIRO, *Direito Europeu das Sociedades*, cit., 905-936.

240   *Transformação de Sociedades Comerciais*

O artigo 2.°/4 do Regulamento, como já se referiu, limitou às sociedades anónimas a possibilidade de adoptarem a forma de SE. Tendo em conta os considerandos do referido regulamento (n.° 13), o legislador comunitário parece ter entendido que a sociedade anónima é o tipo legal que melhor se adequa às necessidades das empresas que operam à escala europeia, desde o ponto de vista financeiro mas também tendo em conta o modelo de gestão da sociedade. Neste sentido, não só escolheu a sociedade anónima como forma da SE, como exigiu na transformação de sociedade nacional preexistente que o tipo de origem seja também uma sociedade anónima. Tendo em conta o referido artigo 2.°/4 e o artigo 37.° do Regulamento, tudo levaria a crer que apenas a sociedade anónima se pode transformar em SE[535]. Acresceria, neste sentido, a aplicabilidade directa do Regulamento, que dispensa a intervenção do legislador nacional e a enumeração, aparentemente taxativa, constante do Anexo I ao Regulamento.

Com efeito, o artigo 249.° do Tratado de Roma estabelece que *o regulamento tem carácter geral* e é *obrigatório em todos os seus elementos*, sendo além disso *directamente aplicável em todos os Estados-membros*. Da obrigatoriedade do regulamento em todos os seus elementos, tem-se vindo a concluir que os Estados-membros não podem adoptar medidas que condicionem ou modifiquem o seu âmbito de aplicação, nem sequer que complementem os seus termos: *"não é permitido às autoridades nacionais acrescentar-lhes coisa alguma"*[536].

Devem no entanto enquadrar-se devidamente estes limites: a intervenção do legislador nacional não pode, quer directamente, quer através do estabelecimento de condições adicionais, impedir ou limitar a aplicação do regulamento[537]. Assim, o parâmetro de aferição das intervenções proi-

---

[535] De uma análise perfunctória da doutrina de outros ordenamentos comunitários a este propósito, a limitação da sociedade nacional de origem ao tipo de sociedade anónima não tem sido, aparentemente, contestada. Assim, para o direito alemão, VOSSIUS, *Gründung und Umwandlung der deutschen Europäischen Gesellschaft*, ZIP, 17/2005, 747; para o direito italiano, PERNAZZA / VALENTINA ALLOTTI, *Italy*, cit., 173-174 e 181; para o direito espanhol, SÁNCHEZ RUS, *Constitución de la SE por Transformación...*, cit., 486.

[536] Acórdão TJCE de 18 de Fevereiro de 1970, no processo 40/69, Apud MOTA DE CAMPOS / JOÃO LUIZ MOTA DE CAMPOS, *Manual de Direito Comunitário*, 5.ª edição, Coimbra, Coimbra Editora, 2007, 314.

[537] Em sentido comparável, sobre à problemática gerada pelo UmwG, quanto ao estabelecimento de condições adicionais pelo legislador alemão na transposição das III e VI Directivas, por todos, LUTTER (org), *Umwandlungsgesetz*, cit., 100 e ss.

Delimitação do âmbito de aplicação da transformação de Soc. Comer. no DPP 241

bidas ao legislador nacional parece ser aquele que se estabelece a partir do âmbito *mínimo* de aplicação do regulamento, tal como foi configurado pelo legislador comunitário. Uma intervenção proibida nesta matéria seria, por exemplo, a de condicionar a transformação em SE às sociedades anónimas nacionais que não tivessem dívidas fiscais. Ao acrescentar uma condição de aplicação do regulamento, o respectivo âmbito sairia limitado.

Enquadrado o problema, poderia discutir-se se o legislador português não teria legitimidade para estender o âmbito de aplicação da SE, pelo menos no que se refere à constituição através de transformação de sociedade nacional, a outros tipos societários, que não apenas a sociedade anónima. Uma ampliação deste tipo não seria inovadora em Portugal, em matéria de Direito das sociedades, como é exemplo a transposição da 3.ª Directiva pelo Código das Sociedades Comerciais, onde a fusão é disciplinada na Parte Geral, sendo assim facultada a todos os tipos societários, quando o legislador comunitário houvera limitado o seu âmbito às sociedades anónimas (artigo 1.º da Directiva 78/855/CEE do Conselho, de 9 de Outubro de 1978)[538].

Esta discussão implicaria porém a resolução prévia de vários problemas de direito comunitário, aos quais não pode aqui ser dada resposta. Interessa assinalar que o legislador nacional não tomou a opção em apreço, e que apenas adaptou alguns diplomas legais nacionais à SE, retomando também algumas matérias versadas pelo Regulamento[539].

No entanto, por ser directamente aplicável, o Regulamento passa a integrar a ordem jurídica portuguesa (8.º/4 CRP), e exige em consequência um esforço hermenêutico do intérprete nacional, que não pode cingir--se, está claro, à letra da lei.

Deve por isso questionar-se a razão da limitação às sociedades anónimas, constante do artigo 2.º/4 e do Anexo I ao Regulamento. A este propósito, basta ter em conta que no momento da respectiva aprovação o Regulamento tinha que considerar 15 ordenamentos jurídico-societários distintos (com fortes probabilidades de expansão), para perceber que a limitação à sociedade anónima – o tipo mais harmonizado ao nível comu-

---

[538] No que respeita à problemática paralela, decorrente da ampliação do objecto da 3.ª Directiva pelo UmwG, por todos, LUTTER, *Umwandlungsgesetz*, cit., 102 e ss.

[539] Para uma comparação entre o Decreto-Lei n.º 2/2005, de 4 de Janeiro e as funções desempenhadas pela *Gesetz zur Einführung der Europäischen Gesellschaft*, MENEZES CORDEIRO, *Direito Europeu das Sociedades*, cit., 975-977.

nitário – se destinou a encontrar um mínimo denominador comum para a disciplina da SE.

Com efeito, aplicar as possibilidades abertas pelo Regulamento da SE, de forma genérica, ao universo societário de todos os ordenamentos jurídicos implicaria um conhecimento prévio aprofundado, por parte do legislador comunitário, das características essenciais de cada tipo, e uma posterior selecção. Esta metodologia inviabilizaria, por certo, de forma definitiva, um processo de discussão e negociação já de si tão complexo e moroso. Mas a selecção referida seria sempre necessária, por exemplo, para excluir da lista constante do estatuto os tipos societários que carecem, em alguns Estados-membros, de personalidade jurídica.

Assim, parece ser possível descobrir uma lacuna carente de integração, relativa à admissibilidade de outros tipos societários adoptarem a forma de SE, através de transformação (e vice-versa). Esta lacuna, ao contrário do que uma primeira análise poderia sugerir, não necessita de um tratamento unitário, precisamente porque é o intérprete nacional quem está em melhor posição para determinar se existem outros tipos societários que garantem a verificação das condições enunciadas no Regulamento para as transformações que envolvem a SE. Assim, parece ser possível recorrer às *disposições legislativas* de cada Estado-Membro *que seriam aplicáveis a uma sociedade anónima constituída segundo o Direito do Estado-Membro onde a SE tem a sua sede* (ponto ii), alínea c), artigo 9.°/1 do Regulamento)[540]. Ora, em Portugal. qualquer sociedade comercial constituída segundo um dos tipos do artigo 1.°/2 pode originar uma sociedade anónima (artigo 130.°/1). E assim sendo, parece ser possível afastar a taxatividade da enumeração avançada pelo legislador comunitário no artigo 2.°/4 do Regulamento.

Na integração desta lacuna, deve o intérprete questionar-se quais as sociedades comerciais que podem reunir as condições objectivas fixadas no Regulamento para o ente de origem de uma SE transformada. A este respeito, cabe referir que, atendendo ao reconhecimento da personalidade jurídica das sociedades constituídas segundo um dos tipos enumerados no artigo 1.°/2 (artigo 5.°), é sempre possível assegurar a manutenção da personalidade jurídica, referida no artigo 37.°/2 do Regulamento como uma das consequências da transformação em SE.

---

[540] Sobre o complexo sistema de fontes da SE, por todos, MENEZES CORDEIRO, *Direito Europeu das Sociedades*, cit., 938-940.

Delimitação do âmbito de aplicação da transformação de Soc. Comer. no DPP   243

Acresce que qualquer sociedade comercial portuguesa pode preencher as restantes condições previstas no Regulamento, pois a nenhuma é vedada a possibilidade de constituir ou adquirir uma filial noutro Estado-membro (durante pelo menos dois anos, artigo 2.°/4 do Regulamento), e todas dispõem de um órgão de administração (artigo 37.°/4), estando as principais vicissitudes sujeitas a registo comercial, pelo que não seria estranha a publicidade a dar ao projecto de transformação (artigo 37.°/5 do Regulamento).

Por último, deve sublinhar-se que as regras relativas às sociedades anónimas se aplicam supletivamente à SE com sede em Portugal porque assim o dispõe o Regulamento (e o confirma o artigo 1.°/2 do RJSAE) e não porque a sociedade tenha adoptado em tempos aquele tipo societário.

Para o comprovar, basta pensar que uma SE com sede noutro Estado-Membro pode posteriormente mudar a sua sede para Portugal. Neste caso, aplicar-se-ão supletivamente as regras que disciplinam as sociedades anónimas portuguesas, independentemente de a SE em causa ter algum dia adoptado a forma de sociedade anónima portuguesa.

Veja-se ainda que a solução contrária – i.e. a da taxatividade da enumeração do artigo 2.°/4 do Regulamento –, sempre suscitaria bastantes perplexidades: tendo em conta a regra da livre escolha do tipo de destino na transformação de sociedades comerciais (artigo 130.°), uma sociedade comercial portuguesa poderia ver-se obrigada a dois processos de transformação sucessivos para adoptar a forma de SE, apenas para respeitar a alegada taxatividade do artigo 2.°/4 do Regulamento[541].

> Uma sociedade por quotas com uma filial em Espanha há mais de dois anos teria de ser transformada em SA, primeiro, para só depois poder aceder à forma de SE. No entanto, frise-se que esta segunda transformação não traria qualquer garantia adicional aos credores ou aos próprios sócios, sendo antes uma mera repetição de formalidades.

Parece assim possível sustentar que uma sociedade comercial portuguesa, constituída segundo um dos tipos constantes do artigo 1.°/2, pode adoptar posteriormente o tipo de SE, desde que cumpra os demais requisi-

---

[541] Sugerindo, para o direito espanhol, que a transformação de sociedade comercial de outro tipo em sociedade anónima, que viabiliza a transformação em SE, pode ser tomada em simultâneo com esta última, ainda que a respectiva execução seja escalonada, SÁNCHEZ RUS, *Constitución de la SE por Transformación…*, cit., 486.

244 *Transformação de Sociedades Comerciais*

tos constantes do Regulamento. Uma solução definitiva a este propósito apenas seria possível através de um aprofundamento das fronteiras entre a matéria versada e a interpretação e aplicação do Direito comunitário, que não pode ser realizado nesta ocasião.

4.3.4. Transformação de *Societas Europaea* em sociedade anónima nacional

Reflexamente, nos termos do artigo 66.º do referido Regulamento, uma SE pode ser transformada em sociedade anónima do Estado-membro em que a sua sede estatutária esteja situada, sendo certo que esta operação não pode ocorrer antes de decorridos dois anos do seu registo como SE ou da aprovação das contas de dois exercícios (artigo 66.º/1 do Regulamento). À imagem do disposto quanto à transformação inversa, esta operação não implica a criação de uma nova pessoa jurídica nem a dissolução da antiga (artigo 66.º/2 do Regulamento), e deve ser precedida de um projecto de transformação e de um relatório, preparados pelo órgão da administração da SE, que os deverão registar e publicar (artigo 66.º/4 do Regulamento). É também exigida a intervenção de um ROC que ateste a consistência do capital da SE que pretende adoptar a nova forma jurídica (artigo 66.º/5 do Regulamento).

As mesmas questões que se levantaram atrás, no que respeita à transformação inversa, têm aqui pertinência. Deve entender-se que a SE apenas se pode transformar em SA ou os demais tipos de sociedades comerciais estão também ao dispor dos respectivos sócios. Não se vislumbram motivos para uma resposta diferente, sobretudo quando se tem em conta que a nova sociedade passará a reger-se, inteiramente, pelo direito do Estado-Membro da sua sede. E assim, salvo melhor opinião, parece ser possível sustentar que a SE pode transformar-se em qualquer um dos tipos de sociedade comercial enumerados no artigo 1.º/2. Todos eles – os tipos de destino –, permitem a cabal aplicação das normas constantes do artigo 66.º do Regulamento. Tal como acima se referiu, a matéria exigiria, porém, um estudo adicional em matéria de Direito comunitário que não pode ser levado a cabo nesta ocasião.

Delimitação do âmbito de aplicação da transformação de Soc. Comer. no DPP 245

5. TRANSFORMAÇÕES HETEROGÉNEAS

5.1. COOPERATIVAS

5.1.1. Breve caracterização da figura

A leitura do artigo 2.°/1 do Código Cooperativo permite uma primeira caracterização das cooperativas como pessoas colectivas de tipo associativo, que, em obediência aos princípios cooperativos, e desprovidas de fins lucrativos, visam a satisfação directa das necessidades e aspirações dos cooperadores[542].

Desta primeira leitura – e da utilização de expressões com acentuado conteúdo programático, como a *cooperação e entreajuda dos seus membros* – ressalta a importância do acervo ideológico na definição da figura. No entanto, por razões óbvias, nem a história do movimento cooperativo, nem tampouco a descrição da evolução dos princípios cooperativos podem ser traçadas com detalhe neste estudo[543]. Para os efeitos da análise que se tenta realizar, é porém suficiente referir que o elenco constante do artigo 3.° do CCoop[544] reproduz a formulação actualizada dos princípios cooperativos, fixada no Congresso Comemorativo do 1.° Centenário da Aliança Cooperativa Internacional, que decorreu em Manchester, em 1995 e que, de entre eles, cabe destacar três[545] que, pela sua especial importância, permitem caracterizar a cooperativa e distingui-la de outras formas associativas, como a sociedade ou a associação.

---

[542] Artigo 2.°/1 CCoop: *As cooperativas são pessoas colectivas autónomas, de livre constituição, de capital e composição variáveis, que, através da cooperação e entreajuda dos seus membros, com obediência aos princípios cooperativos, visam, sem fins lucrativos, a satisfação das necessidades e aspirações económicas, sociais ou culturais daqueles.*

[543] Uma resenha histórica relativa ao movimento cooperativo e à evolução dos princípios cooperativos pode ser consultada em RUI NAMORADO, *Acerca dos Princípios Cooperativos*, em *Cooperatividade e Direito Cooperativo – Estudos e Pareceres*, 2005, Coimbra, Almedina, 13 e ss.

[544] São sete os princípios aí elencados: (A) adesão voluntária e livre; (B) gestão democrática dos seus membros; (C) participação económica dos membros; (D) autonomia e independência; (E) educação, formação e educação; (F) intercooperação; (G) interesse pela comunidade.

[545] Os restantes quatro princípios, se bem que essenciais para a compreensão do fenómeno cooperativo, têm um conteúdo mais programático, pelo que se não se adequam de forma tão expressiva à diferenciação em relação à sociedade comercial.

Desde logo, o princípio da adesão voluntária e livre, que tem como consequência a variabilidade do capital e da composição da cooperativa. A adesão é voluntária porque ninguém pode ser obrigado a fazer parte de uma cooperativa – e aqui a semelhança com as restantes formas associativas do direito privado português é evidente –, e é livre, na medida em que apenas pode ficar sujeita a requisitos objectivos, nunca podendo ser condicionada arbitrariamente ou em função de discriminações *de sexo*, *sociais, políticas, raciais ou religiosas* (artigo 3.º, 1.º Princípio, CCoop). Este último aspecto permite iniciar a delimitação da figura da cooperativa, sobretudo em relação às sociedades, que nascem do livre acordo dos sócios e permitem a recusa indiscriminada de adesão de novos sócios. Se nas associações a recusa de novos associados pode ser questionada com base em princípios constitucionais, a entrada de novos sócios nas sociedades está na livre discricionariedade dos sócios. Basta pensar no artigo 194.º/1, que condiciona a admissão de novos sócios, na SNC, a uma deliberação unânime, ou nos direitos de preferência que, previstos em vários tipos societários, permitem que sejam os sócios a acorrer às necessidades adicionais de financiamento da sociedade, impedindo assim a entrada de novos membros (por exemplo, para as SQ, o artigo 266.º e para as SA, o artigo 458.º)

Nestes termos, enquanto que nas sociedades comerciais rege na generalidade dos casos o princípio contratualista, segundo o qual a modificação contratual (tendente à admissão de novos sócios) depende da vontade das partes contratantes, e são concedidos aos sócios mecanismos de preservação das respectivas posições relativas, nas cooperativas não é dado ao cooperador qualquer instrumento que lhe permita impedir (nem tampouco prever) a entrada de novos cooperadores. A recusa da admissão apenas pode ser realizada através da determinação de condições objectivas, atendendo ao escopo da cooperativa[546].

Em segundo lugar, pode ser referido o princípio da gestão democrática da cooperativa pelos respectivos membros (artigo 3.º, 2.º Princípio, CCoop). De entre algumas concretizações deste princípio, importa referir,

---

[546] Neste sentido, RUI NAMORADO, *Acerca dos Princípios Cooperativos...*, cit., 21: "tem de se verificar a aptidão do candidato a cooperador para utilizar os serviços da cooperativa, ou para desenvolver o trabalho que essa pertença implique (...). Se estivermos perante uma adega cooperativa o que estará em causa é o facto de o aspirante a cooperador ser produtor de vinho, ou seja, detentor legítimo de exploração de uma vinha".

Delimitação do âmbito de aplicação da transformação de Soc. Comer. no DPP 247

para a diferenciação em relação à sociedade comercial, a da igualdade política entre os membros das cooperativas de primeiro grau (a norma referida, do artigo 3.º CCoop, refere expressamente «um membro, um voto»). Quer isto dizer que nas cooperativas de primeiro grau[547] os direitos de voto atribuídos a cada cooperador não têm qualquer relação com os bens, direitos ou serviços com que o mesmo contribuiu para a constituição da cooperativa ou com o facto de assumir uma responsabilidade ilimitada, nos termos do artigo 35.º CCoop.

A diferença em relação às sociedades comerciais é patente: se na SNC o critério supletivo é o democrático (um sócio, um voto, nos termos do artigo 190.º/1) já na SQ e na SA rege o princípio da proporcionalidade entre o capital subscrito e os direitos de voto (artigos 250.º/1 e 384.º/1). O CSC também não é indiferente, ao contrário do que sucede no regime cooperativo, ao facto de alguns dos sócios assumirem responsabilidade ilimitada, e outros verem a sua responsabilidade limitada ao capital subscrito. Assim, nas sociedades em comandita, os sócios comanditados, que respondem ilimitadamente, *não podem ter menos de metade dos votos pertencentes aos sócios comanditários* (artigo 472.º/2), que apenas respondem pelas respectivas entradas.

Em terceiro e último lugar deve ser referido o princípio da participação económica dos membros, que é essencial para a compreensão do fenómeno cooperativo. Os excedentes da cooperativa não se destinam, pelo menos em primeira linha, à apropriação individual pelos cooperadores, ao contrário do que acontece com os sócios de uma sociedade (confronte-se, por exemplo, o artigo 3.º, 3.º Princípio CCoop, com o artigo 980.º CC). Ao invés, destinam-se ao reinvestimento da actividade da cooperativa (nomeadamente através da constituição de reservas), ao apoio a outras actividades aprovadas pelos membros e, acessoriamente, ao *benefício dos membros na proporção das suas transacções com a cooperativa*. Assim, conclui-se que "os excedentes não se destinam a remunerar o capital, mas apenas [neste último caso] a repor o que se cobrou em excesso, ou se pagou por defeito, nas transacções efectuadas com os seus cooperadores"[548].

---

[547] As cooperativas de primeiro grau são aquelas cujos membros sejam pessoas singulares ou colectivas. As cooperativas de segundo grau reúnem outras cooperativas sob a forma de uniões, federações e confederações (artigo 5.º/1 e 2 CCoop).

[548] RUI NAMORADO, *Acerca dos Princípios Cooperativos...*, cit., 30.

248   *Transformação de Sociedades Comerciais*

Uma das mais importantes concretizações deste princípio consta da norma do artigo 73.º/1 CCoop, segundo a qual os excedentes resultantes de operações realizadas com terceiros não são susceptíveis de distribuição aos cooperadores.

A este propósito, tem-se vindo a insistir que na cooperativa a satisfação das necessidades económicas dos respectivos membros se faz directamente, através da participação na actividade combinada, de produção ou consumo, por exemplo, enquanto que na sociedade comercial, pelo contrário, os sócios necessitam da intermediação da colectividade, que obtém e redistribui as referidas vantagens[549].

Não se deve, no entanto, tentar extrair deste princípio mais do que aquilo que ele propõe: o que está vedado aos cooperadores é a apropriação individual dos excedentes da cooperativa, a título sistemático e principal. Mas estes excedentes provêm da actividade económica desenvolvida pela cooperativa, que deve ser conduzida com base em critérios de eficiência. A cooperativa não está assim legal ou conceptualmente condenada a gerar prejuízos. Antes pelo contrário, se a actividade cooperativa não foi levada a cabo de forma globalmente eficiente, será difícil que os cooperadores vejam satisfeitas as *necessidades e aspirações económicas, sociais ou culturais*[550]. A finalidade não lucrativa da cooperativa deve assim ser concretizada na proibição de apropriação individual sistemática dos excedentes pelos membros, e não na própria actividade económica desenvolvida de forma colectiva.

---

[549] É expressiva, a este propósito, a síntese de ASCARELLI, *Cooperativa e Società – Concettualismo Giuridico e Magia delle Parole*, RS, ano II (1957), 400: "Nella società i soci vogliono com un'attività comune conseguire utili da dividersi tra i soci stessi; nelle cooperative i cooperatori vogliono direttamente realizzare un vantagio nelle proprie economie individuali, vantaggio che non deve – diversamente da quanto deve avvenire nelle società – essere precedentemente acquisto alla colletività per essere poi distribuito, ma che può essere direttamente acquisto dal singolo. Certo nell'uno e nell'altro caso c'è (e torneremo sull'affermazione) un vantaggio pattrimoniale quale scopo del membro della corporazione e certo lo stesso utile della «società» non è in definitiva che l'utile dei soci (...). La previa acquisizione del vantaggio alla società o la diretta acquisizione del vantaggio al cooperatore è però proprio il riflesso strutturale della mancanza [o] della presenza della mutualità, e così del fatto che nella seconda ipotesi sono eventuali e secondarie quelle operazioni con terzi nelle quali si traduce la commune attività nella prima".

[550] Neste sentido, MENEZES CORDEIRO, *Manual de Direito das Sociedades*, I, cit., 366.

Delimitação do âmbito de aplicação da transformação de Soc. Comer. no DPP   249

Recuperando o conceito jurídico-positivo de cooperativa, avançado no artigo 2.° CCoop, constata-se então que a distinção em relação à sociedade comercial se pode fazer, sobretudo, com base nos vectores cooperativos da livre adesão, do princípio «um membro, um voto» e da participação directa dos membros nas vantagens económicas obtidas pela actividade cooperativa.

A cooperativa aproxima-se da sociedade comercial na medida em que é uma pessoa colectiva, de base associativa, perfeitamente autónoma em relação aos cooperadores, do ponto de vista jurídico e, mais especificamente, de uma perspectiva patrimonial e que desenvolve uma actividade económica.

5.1.2. Cooperativas e transformação

Salvo melhor opinião, a discussão sobre a transformabilidade recíproca de sociedades comerciais e cooperativas tem sido marcada, em Portugal como noutras ordens jurídicas, por um de dois enquadramentos, que dificultam a análise científica dos respectivos resultados.

Com efeito, grande parte da discussão a este propósito, como se tentará demonstrar, tem sido realizada em torno de uma análise marcadamente conceptual, através da qual são definidos e utilizados os conceitos de sociedade e cooperativa, a um nível muito elevado de abstracção, correndo-se assim o perigo de desconsiderar os regimes jurídico-positivos aplicáveis.

Por outro lado, os textos legais têm sido muitas vezes analisados de uma perspectiva política e ideológica, onde ainda se descobrem resquícios de uma colagem, que teve o seu auge na década de setenta, entre o fenómeno cooperativo e a resistência às desvantagens do modelo económico capitalista, cujo paradigma, em termos de estruturas jurídicas, repousava na sociedade comercial.

A análise da problemática da transformação de sociedades comerciais e cooperativas terá, então, que contar com estes dados políticos, culturais e dogmáticos, já que os mesmos marcaram indelevelmente o regime jurídico-positivo em apreço e a discussão doutrinal e jurisprudencial ocorrida a seu propósito.

250 — Transformação de Sociedades Comerciais

5.1.3. Transformação de cooperativas em sociedades comerciais

5.1.3.1. *Código Cooperativo de 1980*

O artigo 86.°/1, alínea d) do antigo Código Cooperativo, aprovado pelo Decreto-Lei n.° 454/80, de 9 de Outubro, sujeitava a *transformação*, *fusão*, *cisão*, *dissolução e liquidação*, *da cooperativa* a registo. Perante este dado legal, e antes da aprovação do Código Cooperativo actualmente em vigor, Raúl Ventura veio pronunciar-se no sentido da inadmissibilidade da transformação de cooperativas em sociedades comerciais, bem como da vicissitude inversa, invocando, no plano normativo, que a letra do artigo 130.°/1 apenas permitiria a transformação de sociedades, e sustentando, no plano conceptual, que entre sociedade e a cooperativa existia "uma diferença essencial de fins, que tecnicamente condensa uma diferença de causas de negócios"[551].

Segundo o Ilustre Professor de Lisboa, a *transformação* referida no artigo 86.°/1, alínea d) CCoop (1980), já citado, disciplinava apenas as transformações «internas» de cooperativas, ou seja a passagem da cooperativa para outro ramo, dos enunciados no artigo 4.° CCoop (1980). Raúl Ventura admitia, no entanto, que, entre o argumento interpretativo e o conceptual, este último seria mais forte, reafirmando a diferença entre "o intuito lucrativo, característico das sociedades ordinárias, e o fim mutualístico das cooperativas. Embora a polémica em Itália tenha tocado muitos outros aspectos, esse é o cerne da questão"[552].

Na sociedade haveria lucro, na cooperativa uma mera economia de despesas, sem que estes tipos de vantagens se pudessem confundir. A distância entre ambas as figuras seria tal, aliás, que mesmo a transformação extintiva estaria vedada[553].

Face aos mesmos textos legais, porém, António Caeiro, sem fazer qualquer referência ao argumento conceptual, defendia que o artigo 130.° não devia ser considerado determinante no sentido da inadmissibilidade da

---

[551] Raúl Ventura, *Fusão*, *Cisão*, *Transformação...*, cit., 433.

[552] Raúl Ventura, ob. cit., 433.

[553] Raúl Ventura, ob. cit., 437: "A diferença de fins entre a sociedade e a cooperativa opõe-se tanto à subsistência da personalidade jurídica como à sucessão universal."

Delimitação do âmbito de aplicação da transformação de Soc. Comer. no DPP 251

transformação, em ambas as direcções, pelo que a questão ficaria em aberto[554].

Tendo em conta os argumentos invocados por RAÚL VENTURA, nos quais é possível descobrir uma influência da discussão na doutrina italiana, pensa-se que é útil recuperar os termos desta polémica.

Antes da recente reforma do direito das sociedades (2003) não era admitida, pela maioria da doutrina privatística italiana, a transformação de uma sociedade cooperativa em sociedade comercial[555]. Esta questão, debatida à luz do *Codice Civile* de 1942, ficou resolvida em 1971, com a Lei n.º 127, de 17 de Fevereiro[556], que recusou expressamente a transformação de cooperativas em sociedades[557], mas já anteriormente a maior parte da doutrina invocava argumentos dogmáticos e de ordem pública para sustentar a sua inadmissibilidade.

A primeira e principal linha de argumentos referia-se à heterogeneidade *causal* entre o negócio societário e o negócio cooperativo. Muito embora este conceito de heterogeneidade causal, utilizado pela doutrina, comportasse sentidos diferentes[558], era unanimemente invocado para assinalar que o elemento do escopo mutualístico era essencial à cooperativa, e que esta não poderia adoptar por isso um escopo lucrativo – através da transformação em sociedade comercial –, sem que fosse desencadeada a sua extinção. Neste sentido, assinalava-se a ausência de um denominador comum que reconduzisse à unidade do artigo 2247 ambos os fenómenos (societário e cooperativo) e sublinhava-se a incompatibilidade causal que

---

[554] ANTÓNIO CAEIRO, *A Parte Geral do Código das Sociedades Comerciais*, Coimbra, FDUC, 1988, 39.

[555] Recorde-se que nos termos do artigo 2511 do *Codice Civile* (versão antiga) as empresas com escopo mutualístico podiam constituir-se como sociedades cooperativas, de responsabilidade limitada ou ilimitada. A disciplina dos entes mutualísticos organizados de outra forma constava de legislação especial (artigo 2512 *Codice Civile*).

[556] Após esta alteração legislativa, a jurisprudência tornou-se constante no sentido da inadmissibilidade da transformação de sociedades cooperativas em sociedades lucrativas, mesmo nos casos de deliberação unânime dos cooperadores. Para uma resenha jurisprudencial a este propósito, GIORGIA MANZINI, *Trasformazione, Fusione, Scissione di Società*, Pádua, CEDAM, 1998, 44 e ss.

[557] O artigo 14 da referida lei estabelecia que "le società cooperative non possono essere trasformate in società ordinarie, anche se tale trasformazione sia deliberata all'unanimità".

[558] Para uma descrição sintética dos diferentes entendimentos subjacentes à mesma expressão, CAGNASSO, *La Trasformazione delle Società*, Milão, Giuffrè, 1990, 59-60.

252   *Transformação de Sociedades Comerciais*

os separava[559]. Esta diferença de *causa* seria ainda mais determinante quando a transformação fosse enquadrada (segundo era devido, na perspectiva destes Autores) como um instituto excepcional, que apenas poderia operar onde o legislador assim o estabelecesse[560].

A segunda ordem de argumentos apelava ao controlo por parte das autoridades públicas sobre as actividades das cooperativas, que deixaria de poder ser exercido caso fosse aceite a transformação. Referiam-se também as limitações decorrentes do escopo mutualístico (por exemplo, a proibição de distribuição de proveitos), que a admitir a transformação de cooperativas em sociedades, ficariam na disponibilidade das partes, quando eram consideradas de interesse público. Por último, assinalavam-se preocupações adicionais de ordem pública: o escopo mutualístico poderia ser instrumentalizado por empreendedores que, num primeiro momento, beneficiariam das vantagens concedidas pelo legislador às cooperativas, e posteriormente, constituída que estivesse uma unidade económica capaz de competir em condições de mercado livre, optariam pela respectiva transformação em sociedade[561].

Como acima foi referido, a linha de argumentação que mais pesava contra a admissibilidade deste tipo de transformação, e que veio influenciar a doutrina portuguesa, foi a primeira, dirigida às diferenças conceptuais entre as figuras. Cumpre, por isso, compulsar as posições minoritárias que, em Itália, contestaram esta proposta.

ASCARELLI, ainda antes da proibição expressa de transformação de cooperativas em sociedades (aprovada, como se referiu, pela Lei n.º 127, de 17 de Fevereiro de 1971) opunha-se às vozes maioritárias e sustentava que a transformação de uma cooperativa em sociedade comercial (ou mesmo em cooperativa de outro tipo) devia ser admitida.

Uma vez que tal transformação afectava sempre as vantagens econó-

---

[559] TANTINI, *La Trasformazione e Fusione delle Società*, em GALGANO (org.), *Tratatto di Diritto Commerciale e di Diritto Pubblico dell'Economia*, volume VIII, Pádua, CEDAM, 1985, 213. Argumentação comparável pode ser consultada em SILVETTI, *Trasformazione e Fusione delle Società*, NDI, XIX, Turim, UTET, 1973, 536: "Como si è visto, la trasformazione, in quanto cambiamento di tipo di società, può intervenire, secondo l'interpretazione preferibile, tra società aventi il medesimo fondamento negoziale. Di qui le difficoltà ad ammettere le trasformazioni tra società e cooperative per l'asserita inconciliabilità del fine mutualistico col fine lucrativo".

[560] SILVETTI, *Trasformazione e Fusione delle Società...*, cit., 537.

[561] SILVETTI, *Trasformazione e Fusione delle Società...*, cit., 536.

micas inicialmente configuradas pelos cooperadores, devia implicar uma deliberação unânime dos mesmos. Mas, assente a regra da unanimidade, o Autor não parecia antever obstáculos à transformação de sociedades em cooperativas e destas últimas em sociedades, já que os restantes impedimentos à transformação provinham, segundo a sua opinião, de um conceptualismo jurídico: [a tese segundo a qual a transformação não é admissível] "costituisce appunto una manifestazione di concettualismo (...). Essa invero implicitamente pressupone che la trasformalità o meno della società in cooperativa o viceversa debba essere decisa in funzione della «natura» dell'una o dell'altra, quase che le norme in tema di trasformazione siano dettatte o possano essere dettate in omaggio ad un'astratta essenza dei vari istituti, anziché in relazione alla soluzione di conflitti di interessi"[562]. Não se encontravam, assim, obstáculos de ordem pública à transformação, que se sobrepusessem à autonomia das partes[563].

Embora partindo de pressupostos dogmáticos distintos, FERRI também contestava a posição maioritária. Segundo este Autor, o escopo mutualístico apenas se repercutia na estrutura organizativa da sociedade cooperativa, mas não contaminava a sua essência societária. A sociedade cooperativa, apesar do escopo mutualístico, continuava a ser uma sociedade. Não existia assim a distância dogmática entre as duas figuras assinalada pela doutrina dominante. Quanto às preocupações de ordem pública, elas eram essencialmente fiscais. Uma das alternativas para as ultrapassar seria, segundo FERRI, a ultra-actividade dos regimes de limitação de distribuição de resultados, caso essa limitação tivesse possibilitado à cooperativa beneficiar de alguma vantagem fiscal[564].

---

[562] ASCARELLI, *Cooperativa e Società...*, cit., 407. A recusa do conceptualismo ilustrada nesta passagem leva o Autor a manter a sua posição ainda que recuse reconduzir a cooperativa ao universo das sociedades. Com efeito, segundo a posição já descrita (*supra*, nota 549), ASCARELLI entendia que a cooperativa, por dispensar a intermediação de um ente na obtenção das vantagens económicas pelos seus membros e por originar essas mesmas vantagens através da própria actividade dos cooperadores (e não através da interacção perante terceiros, que segundo ASCARELLI, teria sempre de ser residual), não podia ser reconduzida ao universo societário (ob. cit., 415-418). Este Autor sugeria também, como critério adicional de distinção entre as duas figuras, que na sociedade o interesse comum nasceria, as mais das vezes, com o próprio contrato, enquanto que na cooperativa o interesse comum preexistiria à constituição do ente (ob. cit., 418-420).

[563] ASCARELLI, *Cooperativa e Società...*, cit., 408.

[564] FERRI, *Le Società*, 2.ª edição, em AAVV, *Trattato di Diritto Civile Italiano*, Turim, UTET, 1985, 895-896, nota 2.

A crítica ao conceptualismo feita por ASCARELLI é de aproveitar para a análise do direito civil português porque a posição maioritária em Itália, objecto dos reparos daquele Autor, parece ter sido adoptada em Portugal, por RAÚL VENTURA. Ora esta linha dogmática, com o devido respeito, introduziu na discussão uma regra interpretativa de cariz conceptual – segundo a qual não é admitida a transformação de entes com escopos diferentes –, que se sobrepôs à análise dos dados normativos sem ter sido demonstrada[565].

Não se nega que é importante, do ponto de vista da construção dogmática (num primeiro momento) e para a resolução de problemas práticos (num segundo), determinar a natureza jurídica das cooperativas. Simplesmente, mesmo que se defenda que as cooperativas não podem ser reconduzidas ao universo societário[566] – o que está longe de recolher o aplauso unânime –, é metodologicamente incorrecto extrair-se, sem mais, que a transformação recíproca é proibida, por serem diferentes os escopos prosseguidos. Se é pretendida a utilização deste argumento na discussão, deve ser feita previamente a sua demonstração, o que não parece ainda ter acontecido.

A análise até agora realizada tentou demonstrar, bem pelo contrário, que do silêncio do legislador quanto à possibilidade de um determinado tipo de transformação não pode ser concluída, sem mais, a sua recusa. Assim, perante este silêncio, deverá demonstrar-se que a lacuna deve ser preenchida com uma norma que a permita (e em que condições) ou que a impeça.

Apenas se poderia utilizar o argumento em apreço – i.e., o da diferença de escopos –, se pudessem recolher-se elementos suficientes, no direito privado português, que fundamentassem um princípio nesse sentido. Ora a análise realizada a esse propósito depõe, precisamente, em sentido oposto. Fora do âmbito da transformação de pessoas colectivas, assinala-se a título de exemplo, um caso "em que uma alteração de escopo / causa bastante radical coexiste com a manutenção das relações contratuais.

---

[565] Neste sentido, quanto ao direito italiano, CAGNASSO, *La Trasformazione delle Società*, cit., 60-61.

[566] É a posição, por exemplo, de COUTINHO DE ABREU, *Curso de Direito Comercial*, volume II, 2.ª edição, Coimbra, Almedina, 2007, 28-29. Contra, sustentando a recondução das cooperativas ao universo societário, MENEZES CORDEIRO, *Manual de Direito das Sociedades*, I, cit., 365-372 e PINTO FURTADO, *Curso de Direito das Sociedades...*, cit., 148-158.

Delimitação do âmbito de aplicação da transformação de Soc. Comer. no DPP 255

Pense-se na conversão de obrigações em acções, que altera a causa de troca da emissão de obrigações para uma causa societária, na subscrição de acções. De facto, neste caso de obrigações convertíveis em acções, não será necessário renovar o consentimento das partes se o credor obrigacionista decidir converter as obrigações em participações sociais"[567].

E os exemplos podem multiplicar-se já dentro do universo da transformação de pessoas colectivas. Na transformação de sociedades civis puras em sociedades comerciais, o objecto imediato da sociedade originária é alterado, persistindo a identidade jurídica na sociedade transformada. Na verdade, a sociedade civil pura não pode ter como objecto imediato a prática de actos de comércio, pois se assim fosse, deveria ter sido constituída como sociedade comercial. A adopção posterior do regime das sociedades comerciais não implica a dissolução da sociedade civil pura (*supra*, II, 4.1.4), mas implica a alteração do objecto imediato.

Na transformação de fundações (artigo 180.º CC) e na transformação de sociedades comerciais em ACE altera-se mesmo o objecto mediato, com manutenção da personalidade jurídica do ente transformado. Se no caso das fundações isso é óbvio – porque o propósito da transformação é precisamente o de alterar o escopo –, no caso da transformação em ACE cumpre antecipar o que ficará dito adiante (*infra*, II, 5.3.1): o ACE não pode ter como fim principal a realização de lucros (Base 2, n.º 2 da Lei n.º 4/73, de 4 de Junho).

Assinaladas as insuficiências da argumentação conceptual em análise[568], cumpre no entanto determinar, com base nos três índices genéricos seleccionados (*supra*, II, 3.5), se a transformação de cooperativas em sociedades comerciais é possível.

---

[567] FRANCISCO MENDES CORREIA, *Transformação de Sociedades...*, cit., 860.

[568] Ainda que não existissem tantos casos de alteração do escopo com manutenção das relações jurídicas, seriam sempre de assinalar as limitações do argumento conceptual em apreço. Com efeito, os Autores que negavam a transformabilidade recíproca de cooperativas e sociedades insistiam em assinalar as diferenças existentes entre ambas. Mas os membros de uma sociedade ou de uma cooperativa que pretendam a transformação não querem que ambos os regimes se apliquem *simultaneamente*, caso em que se poderia invocar a respectiva incompatibilidade. É precisamente por serem diferentes os regimes aplicáveis que as partes querem adoptar um deles em detrimento do anterior. Simplesmente, querem que a alteração se processe sem que se perca a unidade que já formaram. As posições criticadas apenas opõem a esta possibilidade argumentos de ordem conceptual.

No que aos membros do ente transformado se refere, cumpre salientar que os cooperadores vêem alterada a forma de obter os benefícios económicos que escolheram na constituição da cooperativa. Em vez da obtenção tendencialmente directa das vantagens económicas, terão que passar a contar com a intermediação de um ente, e esperar pela distribuição dos excedentes obtidos na actividade colectiva. Por outro lado, e dependendo do tipo societário escolhido, podem perder a limitação da responsabilidade oferecida pela cooperativa. Por último, podem perder o poder político equitativo de que dispunham, segundo a regra «um membro, um voto», se as contribuições dos cooperadores tiverem sido desiguais. Estas dificuldades podem ser ultrapassadas, porém, e à imagem do que acontece no regime do CSC, com o consentimento de todos os membros afectados (cfr. artigos 131.º/1, alínea c), 133.º/2 e 136.º/1). Como no caso em apreço todos os cooperadores são afectados pela transformação, a deliberação correspondente só pode ser unânime.

Quando aos credores, a sua situação não sofre alterações que sejam proibidas no âmbito das transformações intra-societárias. Se os estatutos da cooperativa estabeleciam a responsabilidade dos cooperadores, pode ser aplicada analogicamente a norma constante do artigo 139.º/1. Se a cooperativa emitiu obrigações (artigo 30.º CCoop), é aplicável, analogicamente, o regime de ultra-actividade do artigo 138.º. Desapareceria a proibição de distribuição de excedentes, aplicável às cooperativas, mas passariam a vigorar as regras de conservação do capital, constantes dos artigos 31.º e seguintes.

Por último, cumpre frisar que a cooperativa pode ter uma unidade económica organizada funcionalmente, pelo que existirá um *quid* a preservar, através da manutenção do ponto de referência designado. Basta compulsar o artigo 7.º CCoop, que estabelece expressamente que *as cooperativas podem exercer livremente qualquer actividade económica* dentro dos limites impostos pela lei e pelos princípios cooperativos.

5.1.3.2. *Código Cooperativo de 1996*

Pode colocar-se em causa, é certo, a utilidade da análise que acaba de se fazer, quando o legislador não terá sido sensível aos argumentos enunciados na altura de redigir o artigo 80.º do Código Cooperativo actualmente em vigor, aprovado pela Lei n.º 51/96, de 7 de Setembro. Este artigo terá

Delimitação do âmbito de aplicação da transformação de Soc. Comer. no DPP 257

resolvido (aparentemente) a questão da transformação de cooperativas em sociedades comerciais: *É nula a transformação de uma cooperativa em qualquer tipo de sociedade comercial.* Acrescenta ainda que ficam feridos de nulidade *os actos que procurem contrariar ou iludir esta proibição legal*[569],[570].

Salvo melhor opinião, a referida análise mantém o seu sentido. Por um lado, permite enquadrar os argumentos conceptuais que podem ter estado na base da referida norma proibitiva, e que se têm vindo a repetir, na doutrina e na jurisprudência, sempre que se questiona a admissibilidade de uma transformação que não encontre previsão expressa na lei, como será o caso da transformação de associações ou de fundações em sociedades comerciais. Muito embora se pudesse ter feito esta análise em relação a cada uma dessas possibilidades não previstas, ela sempre apareceria deslocada, já que é oriunda da polémica da transformação de cooperativas em sociedades. Sendo esta a sua origem, parece ter sido este o local adequado para o respectivo tratamento.

Por outro lado, a análise proposta permite conhecer os verdadeiros limites da proibição do artigo 80.º CCoop. Com efeito, não aparecem des-

---

[569] No direito italiano posterior à reforma de 2003, o artigo 2545-*decies*, I, do *Codice Civile* passou a admitir expressamente a transformação de sociedades cooperativas em sociedades de pessoas (sociedade civil, sociedade em nome colectivo, sociedade em comandita simples), em sociedades de capitais (sociedade anónima, sociedade de responsabilidade limitada, sociedade em comandita por acções) e em consórcios. A deliberação de transformação deve ser aprovada por maioria simples dos cooperadores, prevendo-se, no entanto, regras especiais para as cooperativas com menos de 50 e com mais de 10 mil cooperadores (artigo 2545-*decies*, I e II). A possibilidade de transformação não se aplica, no entanto, às sociedades cooperativas *a mutualità prevalente* (artigos 2545-*decies* e 2512 do *Codice Civile*). Estas sociedades cooperativas, que integram um tipo especial, caracterizam-se por reunirem os índices mutualísticos típicos de forma prevalente (a actividade é desenvolvida sobretudo em favor dos cooperadores, que são os principais contribuidores com trabalho, bens e serviços). Aplicam-se-lhe limites especiais na distribuição de excedentes, de reservas e na remuneração de instrumentos financeiros (artigo 2514 do *Codice Civile*). Sobre este tipo de transformação, por todos, PINARDI, *La Trasformazione*, cit., 335 e ss.

[570] No direito alemão, como já foi referido, o § 191, 1 da UmwG de 1994 inclui as cooperativas registadas como ente de origem da mudança de forma (*Formwechsel*). Assim sendo, a cooperativa pode transformar-se em sociedade de capitais (sociedade de responsabilidade limitada, anónima e em comandita por acções), sociedade comercial de pessoas (sociedade em nome colectivo e em comandita simples) e sociedade de direito civil (§ 191, 2 UmwG).

critos os motivos para esta proibição, até porque a lei carece de preâmbulo. Mas se for compulsado o preâmbulo do Decreto-Lei n.º 454/80, de 9 de Outubro, que aprovou o Código Cooperativo anterior, podem retirar-se alguns dados. Pode ler-se aí que *a inclusão das disposições referentes às cooperativas no Código Comercial de 1888* [onde constituíam um tipo de sociedade] (...) *esvaziava aquelas organizações populares do seu conteúdo associativo.* Assinalava-se também a *incompatibilidade doutrinária relativa ao conceito de «sociedade» cooperativa* já que segundo o princípio mutualista *as noções de lucro e comércio se encontram substituídas pelo ideal de serviço.* Sublinhava-se, por último, *a necessidade de alterar este panorama.*

O CCoop 1980 alterou-o, com efeito, ao afastar as cooperativas, pelo menos em termos formais, do modelo societário. Passaram a dispor de um diploma autónomo, e não mais se lhes fez referência, pelo menos nos textos legislativos, no universo das sociedades. A única explicação para o artigo 80.º do CCoop 1996 talvez tenha sido a vontade de, no cumprimento do *princípio mutualista*, levar até às últimas consequências a referida *incompatibilidade doutrinária*, proibindo a transformação de cooperativas e sociedades.

Ora devidamente enquadrados os argumentos conceptuais, detectam-se mais facilmente as suas enormes insuficiências. Se a única razão para a proibição do artigo 80.º CCoop é de ordem conceptual (admitindo-se ainda que esteja atravessada por referências político-ideológicas incompatíveis com o desenvolvimento científico do Direito societário) então o seu único sustentáculo é o poder conformativo da vontade do legislador.

Não se quer sugerir, com isto, que é de somenos importância esse poder conformativo. Perante uma norma como a do artigo 80.º CCoop, ainda que desconforme com os princípios basilares do Direito civil português, o intérprete não pode sucumbir à tentação de impor o seu próprio critério. O legislador manifestou-se em termos definitivos sobre a questão, pelo que retirou da disponibilidade dos cooperadores a possibilidade de adoptarem o regime jurídico-positivo societário sem perderem o ponto de referência e identidade jurídica.

Mas, se é essa a única base de sustentação, a proibição do artigo 80.º CCoop ficará mais exposta a pretensões de cooperadores que, invocando um tratamento desigual, pretendam superar esta proibição com base na Constituição. Esse caminho, no entanto, que se afigura difícil e sem garantia de sucesso, não pode ser agora percorrido.

Delimitação do âmbito de aplicação da transformação de Soc. Comer. no DPP 259

5.1.4. Transformação de sociedades comerciais em cooperativas

A crítica ao conceptualismo subjacente à posição anteriormente comentada é proveitosa, também, porque vale, em toda a sua extensão, na análise da admissibilidade da transformação de sociedades comerciais em cooperativas[571]. Quanto a esta possibilidade, no Direito português, o CCoop 1996[572] nada dispõe, o que poderia levar a concluir, numa interpretação precipitada, através de argumentação *a contrario*, pela sua admissão[573].

No entanto, como acima se referiu (*supra*, II, 3.5), a interpretação, como a integração de lacunas, devem ter em conta todos os elementos hermenêuticos, de forma articulada. E segundo o programa já estabelecido para a integração de lacunas (*supra*, II, 3.5), é necessário verificar, caso a caso, se existem as mesmas razões que levaram o legislador a aceitar a

---

[571] A doutrina italiana maioritária utilizava os mesmos argumentos já criticados para sustentar a inadmissibilidade da transformação inversa: a transformação houvera sido conformada pelo legislador como mudança de tipo, e assim limitada ao universo societário, operando sobre a estrutura organizativa, mas mantendo incólume o *escopo* da sociedade. Existindo uma profunda diferença entre a *causa* da relação societária e a *causa* da relação cooperativa, não era possível deitar mão ao instituto da transformação para operar uma passagem entre ambos, ficando por isso os membros da sociedade condenados à dissolução da sociedade e a constituição *ex novo* da cooperativa (Tantini, *Trasformazione e Fusione delle Società...*, cit., 213-216). A este propósito, apelava-se expressamente à "irriducibilità del programma mutualistico a quello societario", que devia conduzir à negação da possibilidade da transformação em apreço (Tantini, ob. cit., 216).

[572] No direito italiano posterior à reforma de 2003, as sociedades de capitais podem transformar-se em sociedades cooperativas, nos termos do artigo 2500-*septies* do *Codice Civile*. A deliberação deve ser tomada por maioria de 2/3. Sobre esta hipótese, por todos, Pinardi, *La Trasformazione*, cit., 231 e ss. No direito alemão, o § 191, 2 UmwG, ao inclui-la como ente de destino, permite a transformação em cooperativas de (A) sociedades comerciais de pessoas; (B) sociedades de capitais; (C) associações com capacidade jurídica; (D) sociedades mútuas de seguros e (E) corporações e instituições de direito público.

[573] Na doutrina italiana, após a proibição expressa de transformação de cooperativas em sociedades comerciais, já descrita, alguns autores apressaram-se a sustentar a admissibilidade da transformação inversa – i.e., de sociedades comerciais em sociedades cooperativas –, através de uma argumentação *a contrario* (por todos, Gennari, *La Società a Responsabilità Limitata*, cit., 383). A jurisprudência maioritária aderiu a estas teses, acrescentando que um dos motivos para a proibição inversa – impedir que a forma cooperativa fosse momentaneamente utilizada para recolher auxílios públicos, posteriormente empregues, na sociedade resultante da transformação, para fins lucrativos –, não estava aqui presente. Uma resenha jurisprudencial neste sentido pode ser consultada em Giorgia Manzini, *Trasformazione, Fusione, Scissione di Società*, cit., 47-52.

260   *Transformação de Sociedades Comerciais*

transformação nas situações expressamente previstas – i.e., se pode ser aproveitada na cooperativa a unidade económica que se presume existir na sociedade comercial. Por outro lado, cumpre determinar se não existem razões que aconselhem a recusa desta possibilidade, tendo em conta o respectivo impacto na tutela dos sócios ou dos credores sociais.

Quanto à tutela dos sócios, e na esteira de ASCARELLI, deve sublinhar--se a existência de uma certa fungibilidade da actividade comercial desenvolvida na sociedade comercial, tendo em conta que o seu escopo último é a obtenção de lucro para posterior distribuição[574]. É claro que, em abstracto, a actividade será tanto mais fungível quanto o tipo societário se aproxime do paradigma da sociedade anónima, o que obriga a referir que nas sociedades comercias de pessoas essa fungibilidade pode não existir.

De qualquer das formas, esta característica permite diferenciar a sociedade comercial da cooperativa, tendo por índice a relação que se estabelece entre o sócio e a actividade societária. Com efeito, na cooperativa, as vantagens económicas são obtidas directamente pelos cooperadores, nos termos já enunciados. E, por isso mesmo, a actividade desenvolvida pela cooperativa é determinante para a efectiva fruição das vantagens económicas inicialmente configuradas pelos cooperadores. Pense-se que um cooperador de uma adega cooperativa não tem qualquer interesse se a mesma se transformar numa cooperativa de produção de leite[575]. Com efeito, "a aptidão para utilizar os serviços de uma cooperativa só tem sentido, se significar aptidão para assumir a qualidade implicada pelo tipo de actividade que em cada caso está cooperativizada"[576].

Assim sendo, entende-se e subscreve-se a proposta de ASCARELLI[577]: do ponto de vista da tutela dos sócios, nada obsta à transformação da sociedade comercial em cooperativa, mediante uma deliberação unânime. Por outras palavras: a transformação da sociedade apenas pode ser admitida quando todos os sócios entendam estar em condições de continuar a obter vantagens económicas na nova estrutura jurídica.

No direito português, a admissibilidade desta proposta é reforçada pelas regras constantes do regime expressamente previsto nos artigos 130.º e seguintes, que obriga ao assentimento dos sócios afectados nas

---

[574] ASCARELLI, *Cooperativa e Società...*, cit., 402-406.
[575] ASCARELLI, *Cooperativa e Società...*, cit., 402-406.
[576] RUI NAMORADO, *Acerca dos Princípios Cooperativos...*, cit., 21.
[577] ASCARELLI, *Cooperativa e Società...*, cit., 402-406.

Delimitação do âmbito de aplicação da transformação de Soc. Comer. no DPP 261

transformações que alterem substancialmente as suas posições patrimoniais (cfr. artigo 131.°/1, alínea d), 133.°/2 e 136.°/1).

Não se invoque contra esta proposta – condicionamento da admissibilidade da transformação à deliberação unânime – que a unanimidade é estranha aos tipos societários de capitais, *maxime* ao paradigma da sociedade anónima. O princípio que acaba de se enunciar (o de fazer depender as transformações que impliquem alterações patrimoniais substanciais do consentimento dos sócios afectados) também se aplica às sociedades de capitais. Basta pensar no caso da transformação de uma sociedade anónima em sociedade em nome colectivo que, segundo o artigo 133.°/3, só pode ser deliberada por todos os sócios, já que todos assumem responsabilidade ilimitada[578].

Por outro lado, os sócios da sociedade comercial perdem alguns direitos na transição para a cooperativa, sendo o mais importante, provavelmente, aquele que se refere à orientação da actividade societária para o lucro[579] e respectiva distribuição[580]. Com efeito, na cooperativa, os excedentes provenientes de operações com terceiros não são susceptíveis de distribuição e a apropriação individual dos restantes é configurada como uma possibilidade e não como um direito em sentido próprio (artigo 73.°/1 CCoop).

Mas não se contestará que este direito aos lucros é disponível, e que através de uma deliberação unânime, todos os sócios podem dele abdicar, ficando em seu lugar uma posição activa diferente, relativa aos excedentes e às vantagens económicas susceptíveis de fruição directa na cooperativa[581].

Quanto aos credores, as diferenças na tutela não parecem, tampouco, transcender os limites que foram admitidos pelo legislador nas transformações homogéneas, i.e., entre sociedades comerciais. Se uma SA for transformada numa cooperativa, a título de exemplo, deixam de estar sujeitas a registo as contas respectivas, mas isso também acontece se o

---

[578] Em sentido comparável, criticando o conceptualismo inerente à tese segundo a qual as deliberações nas sociedades comerciais são, por natureza, maioritárias, ASCARELLI, *Cooperativa e Società...*, cit., 409.

[579] A este propósito, PAIS DE VASCONCELOS, *A Participação Social...*, cit., 71-80.

[580] A este propósito, PAIS DE VASCONCELOS, ob. cit., 91-109.

[581] Sobre a aplicação analógica das disposições do UmwG que protegem os sócios minoritários, em processos de reestruturação não regulados no referido diploma legal, LUTTER, *Umwandlungsgesetz*, cit., 114-118.

destino da transformação for uma SNC. Por outro lado, pode aplicar-se a regra da ultra-actividade de regimes mais favoráveis nas cooperativas (artigos 138.º e 139.º/1), que podem emitir obrigações nos mesmos termos que as sociedades anónimas (artigo 30.º CCoop) e comportam a responsabilidade ilimitada dos cooperadores (artigo 35.º CCoop, 2.ª parte).

Acresce que estão sujeitas a registo comercial as principais vicissitudes das cooperativas (prorrogação, transformação, fusão, cisão, dissolução, encerramento da liquidação e demais alterações dos estatutos), bem como a nomeação e cessação de funções de directores, representantes e liquidatários[582]. A cooperativa conta necessariamente com um Conselho Fiscal (alínea c) do artigo 39.º/1 CCoop), que pode ser assessorado por um ROC ou por uma SROC (artigo 60.º/3, CCoop). É obrigatória nas cooperativas a constituição de uma reserva legal (artigo 69.º CCoop), e os excedentes provenientes de operações com terceiros são insusceptíveis de apropriação individual pelos cooperadores (artigo 72.º CCoop).

Este breve percurso exemplificativo serve então para demonstrar que na transição de uma sociedade comercial para uma cooperativa os credores da sociedade, salvo melhor opinião, não ficam em pior posição do que aquela em que estariam se o destino da transformação fosse, por exemplo, uma sociedade em nome colectivo.

Por último, cumpre referir que a cooperativa pode manter e explorar uma unidade económica. Esta afirmação, que dispensa uma fundamentação extensa, comprova-se com a análise do Código Cooperativo, que atribui à cooperativa, como finalidade, *a satisfação das necessidades e aspirações económicas* dos seus membros e permite-lhe realizar *operações com terceiros* (artigo 2.º/1 e 2 CCoop), bem como o exercício livre de *qualquer actividade económica* (artigo 7.º/1 CCoop)[583]. As cooperativas dispõem de capital social (artigo 18.º CCoop), que empregam em actividades como a *habitação e construção*, a *produção operária* ou na prestação de serviços (artigo 4.º CCoop). Destas actividades podem ser gerados excedentes, que serão empregues na constituição de uma reserva legal (artigo 69.º CCoop) e na eventual distribuição aos cooperadores (artigo 73.º CCoop).

---

[582] Artigo 4.º, alíneas b), d) e e) CRC.

[583] A equiparação com as sociedades comerciais é, aliás, bastante clara, nos termos do artigo 7.º/2 CCoop: *Não pode, assim, ser vedado, restringido ou condicionado às cooperativas o acesso e o exercício de actividades que possam ser desenvolvidas por empresas privadas ou por outras entidades da mesma natureza (…).*

Delimitação do âmbito de aplicação da transformação de Soc. Comer. no DPP   263

5.2. Associações[584]

5.2.1. Breve caracterização da figura

A associação é considerada, de forma quase unânime, como o tipo paradigmático de pessoa colectiva de tipo associativo[585]. A principal fonte de regulamentação da Associação encontra-se no Código Civil (artigos 157.º a 184.º, em especial artigo 167.º e seguintes). Através da inserção sistemática do regime legal das associações, bem como da análise desse mesmo regime é possível afirmar que, em termos estruturais, as associações são pessoas colectivas de direito privado (ainda que possam, em casos especiais, aparecer munidas de poderes públicos). Com efeito, a associação é uma estrutura jurídica que o Direito coloca ao dispor dos privados para a prossecução colectiva de determinados interesses, cabendo a esses mesmos associados a direcção da vida e actividades da associação[586].

O legislador do Código Civil optou por não fixar uma definição legal de associação[587]. É possível, no entanto, enumerar as principais características que decorrem do regime legal das associações e da posição dos

---

[584] Tendo em conta os objectivos do estudo, limita-se a análise seguinte às associações com personalidade jurídica, se bem que serão feitas referências às associações sem personalidade jurídica e às comissões especiais, sempre que seja conveniente para a compreensão da matéria. No mesmo sentido, limita-se o *iter* de pesquisa às associações constituídas e reguladas pelo regime geral, constante no Código Civil, já que a profusão e disparidade de regimes associativos especiais (associações de estudantes, associações representativas da família ou associações laborais, para mencionar apenas algumas) aconselha que se abdique da respectiva análise.

[585] Menezes Cordeiro, *Tratado*, I, III, cit., 705.

[586] Nas sugestivas palavras de Manuel de Andrade, a associação "tem membros – os associados –, que são senhores dela e sujeitos do interesse ou finalidade corporacional", em *Teoria Geral da Relação Jurídica*, I, cit., 69.

[587] Talvez seja possível reconstruir, em parte, o pensamento do legislador, em atenção ao trabalho de Ferrer Correia intitulado *Pessoas Colectivas (Anteprojecto de um Capítulo do Novo Código Civil)*, BMJ, 67 (1957), 247-281. Com efeito, a divisão constante do n.º 2 do artigo 2 (*As pessoas colectivas de direito privado dividem-se em associações ou corporações e fundações*) parece ser tributária do entendimento clássico nesta matéria, que operava a *summa divisio* no universo das pessoas colectivas através da preponderância do substrato pessoal (*associações ou corporações*) ou do substrato patrimonial (*fundações*).

264   *Transformação de Sociedades Comerciais*

associados para uma primeira aproximação à figura[588]: (A) Personalidade Jurídica; (B) Autonomia Patrimonial; (C) Ausência de fim lucrativo dos associados; (D) Não patrimonialidade da posição de associado; (E) Intransmissibilidade da posição de associado.

As associações constituídas por escritura pública gozam de personalidade jurídica, nos termos combinados do n.º 1 do artigo 158.º e do n.º 1 do artigo 167.º CC[589], devendo ser inscritas no FNPC, nos termos combinados da alínea a) do artigo 4.º/1 e da alínea a) do artigo 6.º do Decreto-Lei n.º 129/98, de 13 de Maio[590].

Assim sendo, através da constituição[591] de uma associação por escritura pública, é criado um novo centro de imputação de direitos e obriga-

---

[588] Numa definição declaradamente perfunctória PAULO VIDEIRA HENRIQUES elege três traços para caracterizar a associação: (1) um agrupamento de pessoas, uma corporação (2) voluntariamente instituída (3) que integra o sector nonprofit, em *O Regime Geral das Associações*, cit., 275.

[589] A Lei n.º 40/2007, de 24 de Agosto, aprovou um regime especial de constituição imediata de associações, tendo também introduzido algumas alterações no regime geral de constituição previsto no Código Civil. Segundo o regime especial de constituição imediata («Associação na Hora») passa a ser possível constituir uma associação com personalidade jurídica, através de um procedimento simplificado (opção por denominação previamente criada e reservada a favor do Estado ou por denominação admitida pelo RNPC, adopção de estatutos de modelo previamente aprovado). Este regime simplificado não se aplica, porém, entre outros, a partidos políticos, às pessoas colectivas religiosas, às associações sócio-profissionais de militares e agentes das forças de segurança, às associações de empregadores, às associações sindicais bem como às associações cujos interessados na constituição concorram para o património social com bens imóveis. À imagem do modelo adoptado na aprovação do regime especial de constituição imediata de sociedades (Decreto-Lei n.º 111/2005, de 8 de Julho), o regime de constituição imediata de associações não derroga o regime existente, constante do Código Civil, que apenas sofre ligeiras alterações, no sentido da desburocratização.

[590] Estão também sujeitas a inscrição no FNPC a modificação de firma ou denominação associativa, a alteração do objecto ou do capital, a alteração da sede ou de endereço postal (incluindo a transferência da sede de e para Portugal), a fusão, cisão ou transformação, a cessação de actividade e a dissolução, encerramento da liquidação ou regresso à actividade (artigo 6.º do Decreto-Lei n.º 129/98, de 13 de Maio.

[591] MENEZES CORDEIRO, *Tratado*, I, III, cit., 708 e 712-715, entende que o acto constitutivo de uma associação e os respectivos estatutos têm natureza contratual. Deste postulado retira o Autor consequências importantes, nomeadamente no que se refere à interpretação das declarações dos associados e ao recurso a institutos gerais como o regime da redução (artigo 292.º CC), que permitirá ultrapassar alguns vícios no processo constitutivo. No mesmo sentido, de considerar o acto de constituição da associação um negócio jurídico plurilateral, HÖRSTER, *A Parte Geral...*, cit., 398.

ções, o que surge confirmado no artigo 160.º CC: *A capacidade das pessoas colectivas abrange todos os direitos e obrigações necessários ou convenientes à prossecução dos seus fins*. A partir de então, a titularidade dos direitos e obrigações *necessários ou convenientes à prossecução dos fins associativos* passa a ser do novo ente jurídico, sendo este ponto de referência perfeitamente distinto dos sujeitos que constituíram a associação. Actualmente a aquisição de personalidade jurídica por uma associação não depende de qualquer tipo de procedimento administrativo de reconhecimento[592].

A associação com personalidade jurídica goza também de autonomia patrimonial, sendo o respectivo património separado em relação ao dos associados. Com efeito, da leitura do n.º 1 do artigo 167.º CC (*O acto de constituição da associação especificará os bens ou serviços que os associados concorrem para o património social*) e do n.º 2 do mesmo artigo (*Os estatutos podem especificar (...) os termos da extinção da pessoa colectiva e consequente devolução do seu património*) pode concluir-se facilmente pela existência de um património *da* associação, totalmente distinto do património dos associados.

Por outro lado, da análise das referidas normas bem como do restante regime legal do Código Civil verifica-se a ausência de qualquer referência à responsabilidade da associação por dívidas dos associados, por um lado, bem como à responsabilidade dos associados por dívidas da associação, por outro, o que permite concluir que a separação patrimonial é completa, sobretudo se compararmos este silêncio com o disposto no artigo 198.º CC (Responsabilidade por dívidas das associações sem personalidade jurídica).

Esta conclusão sai reforçada da análise do n.º 2 do artigo 184.º CC, aplicável às obrigações contraídas pelos administradores da associação após a extinção[593]. Nestes casos, quando não tenha sido dada a *devida publicidade* à extinção e os terceiros estiverem de boa fé, a associação responde pelas obrigações contraídas pelos administradores.

---

[592] Para uma breve história da transição de um sistema de reconhecimento para o sistema de aquisição automática, Paulo Videira Henriques, *O Regime Geral das Associações*, cit., 284-285.

[593] A delimitação do âmbito de aplicação temporal do n.º 2 do artigo 184.º no sentido sugerido não deverá ser problemática, tendo em conta que uma das condições para a *ultra-actividade* da separação patrimonial é a falta da *devida publicidade* à extinção, o que pressupõe que a mesma já ocorreu.

Em bom rigor, estamos aqui perante uma *ultra-actividade* da separação patrimonial, já que deixou de existir associação enquanto centro de imputação de direitos e deveres. Mesmo assim, tendo em conta os interesses a tutelar, recorre-se ao referido património, ainda separado, para fazer face aos encargos assumidos em nome da associação. Ora se após a extinção da associação *ainda* é o património separado que responde pelas obrigações em seu nome contraídas, é fácil concluir que durante a vida da associação é o património associativo – e não o património dos associados – que responde pelas dívidas contraídas em seu nome.

Face à letra do n.º 3 do artigo 168.º CC (*O acto de constituição, os estatutos e as suas alterações não produzem efeitos em relação a terceiros, enquanto não forem publicados nos termos do número anterior*) pode concluir-se que os associados e os administradores da associação apenas beneficiam da separação patrimonial plena nas relações com terceiros de boa fé após a referida publicação. Na falta desta última, aplicar-se-á o regime de responsabilidade por dívidas das associações sem personalidade jurídica, o que redunda na responsabilidade primária do fundo comum associativo e na responsabilidade subsidiária do associado que tiver contraído as dívidas[594].

Da análise precedente resulta então que, mesmo na ausência do artigo 158.º/1 CC, sempre deveria ser reconhecida personalidade jurídica às associações, já que nelas se reúnem um centro de responsabilidade, uma organização de actuação e um ponto de referência designado.

No que respeita ao *escopo* das associações, o artigo 157.º CC estabelece que as disposições do capítulo consagrado às Pessoas Colectivas são aplicáveis *às associações que não tenham por fim o lucro económico dos associados*. Por raciocínio *a contrario* podemos concluir que as associações reguladas no Código Civil podem ter por fim o seu próprio lucro económico ou o de terceiros[595].

É permitida assim à associação a prossecução de uma actividade lucrativa, devendo no entanto proceder-se ao reinvestimento dos respectivos benefícios na própria actividade associativa ou à sua distribuição a terceiros[596]. Reflexamente, encontra-se vedada às associações a prossecução

---

[594] MENEZES CORDEIRO, *Tratado*, I, III, cit., 711. Em sentido próximo, PAULO VIDEIRA HENRIQUES, *O Regime Geral das Associações*, cit., 288.

[595] MENEZES CORDEIRO, *Tratado*, I, III, cit., 707.

[596] Neste sentido, MENEZES CORDEIRO, *Tratado*, I, III, cit., 706, COUTINHO DE ABREU,

Delimitação do âmbito de aplicação da transformação de Soc. Comer. no DPP 267

de actividades económicas com o intuito de posterior distribuição dos lucros pelos associados. Nisto, aliás, é possível distinguir as associações das sociedades civis e comerciais[597].

Deve entender-se por *lucro económico dos associados* – expressão utilizada no artigo 157.° para delimitar negativamente as associações – a repartição, em função das entradas, do "produto lucrativo do ente colectivo"[598]. Assim sendo, e à imagem do que acontece nas cooperativas, os associados podem extrair da participação na associação benefícios de natureza económica (por exemplo, a obtenção de melhores condições salariais para os seus membros por uma associação laboral, ou a utilização de uma infra-estrutura desportiva sem pagamento de contrapartida pelos membros de uma associação desportiva). Como se dirá em seguida, esta ausência de fim lucrativo dos associados irá conformar em certos aspectos a respectiva posição[599].

Com efeito, e ao contrário do que sucede, por exemplo, nas sociedades civis e comerciais, a posição do associado não tem natureza patrimo-

---

Curso de Direito Comercial, cit., 9. Parece concordar PAULO VIDEIRA HENRIQUES, apesar de utilizar a inserção no sector não lucrativo para caracterizar a associação, em *O Regime Geral das Associações*, cit., 275. Com efeito, não só este Autor limita a sua discordância a uma interpretação *a contrario* do artigo 157.° do Código Civil que concluísse pela existência de associações que visassem o lucro económico dos próprios associados, como admite que os lucros associativos podem "permanecer no património da associação para serem utilizados no âmbito das actividades de produção de bens ou de prestação de serviços que integram o objecto da associação" (ob. cit., 289).

[597] PAIS DE VASCONCELOS, *Teoria Geral...*, cit., 188: "Enquanto pessoas colectivas de cariz associativo ou corporativo, distinguem-se das sociedades, por não terem fim lucrativo".

[598] MENEZES CORDEIRO, *Tratado*, I, III, cit., 708. No mesmo sentido, no direito italiano, quanto às associações não reconhecidas, BARBARA VACCA, *Le Associazioni non Riconosciute e i Comitati*, Milão, Giuffrè, 1999, 45-46.

[599] Pode também referir-se, enquanto traço caracterizador da associação, a não exigência de uma dotação patrimonial, numa posição tributária da contraposição estabelecida desde o início do século XIX entre *universitas personarum* e *universitas bonorum*. Esta característica é assinalada, por exemplo, por PAULO VIDEIRA HENRIQUES, *O Regime Geral das Associações*, cit., 273. No entanto, este traço, mais do que permitir caracterizar a associação, possibilita a distinção entre esta e as fundações. Enquanto que as últimas devem necessariamente dispor de um acervo patrimonial afecto ao seu escopo (adiante será delimitada a extensão desta exigência, *infra*, II, 5.4.1), a associação pode ou não dispor dele. Por outro lado, muito embora seja possível, de facto, a existência de associações sem património, a verdade é que a sua conformação actual envolve, muitas vezes, um acervo patrimonial considerável.

268 *Transformação de Sociedades Comerciais*

nial, pelo que é impenhorável. Bem se compreende que assim seja, uma vez que a associação não é a estrutura apropriada à prossecução de projectos lucrativos por particulares.

Deste modo, muito embora a associação possa desenvolver actividades económicas e lucrativas, os resultados daí decorrentes não devem ser distribuídos pelos associados. Resta a estes, por isso, apenas o interesse *não patrimonial* na fruição – económica ou meramente ideal – das actividades da associação[600].

A ausência de fins lucrativos dos associados explica também, em certa medida, a intransmissibilidade das respectivas posições, que apenas pode ser ultrapassada por disposição estatutária em contrário (artigo 180.° CC). Com efeito, dos inúmeros interesses que o associado pode pretender prosseguir ao associar-se, o Direito apenas tutela a fruição de benefícios económicos não lucrativos decorrentes da actividade da associação (ex. utilização de infra-estruturas sem contrapartida) e a satisfação de preocupações ideais (ex. auxílio prestado pela associação aos deficientes de determinada cidade).

Tendo estes interesses uma natureza eminentemente pessoal, bem se compreende que sejam insusceptíveis de transmissão. No entanto, a leitura do artigo 180.° CC sugere que esta regra é meramente supletiva. Quando os associados pretendam adoptar a regra inversa – a da transmissibilidade da posição de associado – deverão complementar esta decisão com o regime da transmissão[601]. Pode questionar-se, no entanto, nos casos em que os associados estipulem a livre transmissão pecuniária da posição de associado, se a mesma não ganha uma natureza *patrimonial*, passando assim a ser *penhorável*. Com efeito, admitindo o artigo 180.° CC uma estipulação estatutária em sentido contrário, sem limitar a transmissão a determinado tipo, deverá admitir-se a modalidade pecuniária. Se assim for, a posição de associado passa a integrar o conjunto de situações "cuja troca por dinheiro" é admitida pelo Direito[602], sendo certo que esta patrimonialidade virá acompanhada da penhorabilidade.

---

[600] A não patrimonialidade da posição do associado parece ser unânime na doutrina portuguesa. A título de exemplo, MENEZES CORDEIRO, *Tratado*, I, III, cit., 706 e 708. Em sentido próximo, referindo a "natureza pessoal" da qualidade de associado, HÖRSTER, *A Parte Geral...*, cit., 402.

[601] MENEZES CORDEIRO, *Tratado*, I, III, cit., 725.

[602] MENEZES CORDEIRO, *Tratado*, I, I, 308.

Delimitação do âmbito de aplicação da transformação de Soc. Comer. no DPP 269

Desta breve análise verifica-se que as associações podem ser aproximadas às sociedades comerciais, na medida em que ambas as figuras, que constituem as espécies mais importantes de pessoas colectivas de base pessoal, podem dispor de personalidade jurídica e autonomia patrimonial completa. No entanto, ao contrário do que sucede na sociedade comercial, a associação não tem fim lucrativo (nos termos já delimitados) e assim sendo a posição de associado não tem, tendencialmente, carácter patrimonial, sendo também intransmissível. Frisa-se que, à imagem do que se referiu no que respeita às cooperativas (*supra*, II, 5.1.1), a ausência de fim lucrativo da associação deve ser concretizada (e limitada) na proibição de apropriação individual do lucro pelos associados. Nas cooperativas, a proibição de distribuição de excedentes não é absoluta, mas impede que a apropriação individual de lucros seja realizada a título principal. Nas associações, a apropriação individual de lucros parece ser absoluta.

Uma aplicação simplista do princípio da igualdade e do princípio democrático à vida associativa poderia redundar na necessidade de tratamento paritário dos associados. E assim sendo, poder-se-ia encontrar uma diferença adicional, em relação às sociedades comerciais, análoga à verificada nas cooperativas. Enquanto que nas sociedades comerciais a participação política e económica dos membros se faz, tendencialmente, em função do capital investido, na associação vigoraria o princípio democrático: «um associado, um voto».

Este entendimento não parece, no entanto, de aceitar. Nos casos em que a associação desenvolva a sua actividade estritamente no campo do Direito Privado, a autonomia privada permite as composições de interesses pretendidas pelas partes e impede que as mesmas invoquem mutuamente o princípio da igualdade[603]. Lembra a este propósito PAULO VIDEIRA HENRIQUES que a discussão de processa no âmbito do Direito civil onde a autonomia privada permite e tutela as "mais diversas e heterogéneas constelações concretas de interesses". Assim sendo, e em sua opinião, "a imposição, por via legislativa ou por via judicial, de um uniforme igualitarismo funcional é, por isso, uma interferência inadequada e excessiva"[604].

Já quando a associação desempenhe funções públicas, pode questionar-se a aplicação do princípio do igual tratamento. MENEZES CORDEIRO entende, nesta matéria, que o princípio da igualdade pode nesta sede ser

---

[603] MENEZES CORDEIRO, *Tratado*, I, III, cit., 720-721.
[604] PAULO VIDEIRA HENRIQUES, *O Regime Geral das Associações*, cit., 300.

270   *Transformação de Sociedades Comerciais*

invocado, dando como exemplo os partidos políticos, as associações de estudantes ou as associações de solidariedade social[605].

Caso contrário, a vigência de maiorias *pessoais*, por oposição às maiorias reais que vigoram, por exemplo, nas sociedades comerciais, é apenas tendencial. Esta regra pode ceder em alguns aspectos, já que o princípio da autonomia privada e a própria liberdade de associação podem ditar que certos associados tenham mais votos, ou votos de qualidade, em atenção aos serviços prestados à associação, à antiguidade, ao facto de serem associados fundadores ou mesmo à respectiva representatividade, nos casos de associados que sejam pessoas colectivas.

Tendo em conta a comparação com as cooperativas, poderia ainda sustentar-se que vigora no direito associativo, também, o princípio da livre adesão. Mas, com excepção das disposições em sentido contrário – frequentemente presentes na regulação de tipos especiais associativos – a admissão de associados processa-se no âmbito da autonomia privada. Assim, nos limites do artigo 280.° CC e da proibição de arbítrio, "a admissão de associados poderá depender de uma decisão discricionária da direcção ou da assembleia geral"[606].

5.2.2. Transformação de associações em sociedades comerciais

A transformação de associações em sociedades comerciais, se bem que não tenha obtido a mesma atenção da doutrina nacional e estrangeira, quando comparada com a vicissitude relativa às cooperativas, recebeu da doutrina maioritária, sobretudo em Itália, o mesmo enquadramento conceptual.

Exemplo desta tendência pode recolher-se em Tantini, que limitando a operatividade do instituto da transformação ao universo societário, atra-

---

[605] Menezes Cordeiro, *Tratado*, I, III, cit., 720-721. No que respeita a muitas destas associações, porém, o problema da transformação em sociedades comerciais não se colocará, já que parecem estar submetidas a uma forma jurídica obrigatória. O cerne da actividade dos partidos políticos, por exemplo, apenas pode ser levado a cabo pela forma associativa, e nessa medida nunca se coloca o problema da transformação em sociedade comercial. Estas questões, no entanto, derivam da especialidade e profusão de regimes associativos singulares, que não podem ser aqui aprofundadas.

[606] Menezes Cordeiro, *Tratado*, I, III, cit., 724.

Delimitação do âmbito de aplicação da transformação de Soc. Comer. no DPP   271

vés da articulação dos artigos 2249[607] e 2498[608] (antiga versão) do *Codice Civile*, recusava a possibilidade de transformação entre sociedades e associações[609]. Assinalava-se a este propósito, de novo, a diferença *causal* entre o escopo associativo – necessariamente não lucrativo –, e o escopo societário.

Voz discordante, na doutrina italiana, era a de FERRI, que admitia a transformação recíproca entre sociedades e associações, através de uma deliberação unânime, ainda que o *Codice Civile* fosse omisso quanto à matéria. O Autor reconduzia estas vicissitudes a alterações da estrutura organizativa do ente, e sugeria assim a aplicação analógica das disposições do capítulo VIII (Transformação, Fusão e Cisão) do título V (Sociedades) do Livro V (Trabalho) do *Codice*, na versão anterior à reforma[610]. Esta posição de FERRI assentava no enquadramento, sublinhado pelo Autor, da sociedade enquanto espécie do género associativo, apenas individualizada por comportar um objecto especial[611,612].

A linha argumentativa que frisa a diferença *causal* existente entre ambas as figuras já foi criticada (*supra*, II, 5.1.3). Os mesmos argumentos então avançados têm aqui aplicação, com as devidas adaptações. Acresce um, de importância considerável: o Direito civil português já admite a transformação de associações em ACE (artigo 21.°/1 do Decreto-Lei n.° 430/73, de 25 de Agosto) cujo escopo, ainda que acessório, pode ser *a realização e partilha de lucros* (artigo 1.° do mesmo diploma legal).

---

[607] *Codice Civile*, Artigo 2249, I: *Le società che hanno per oggetto l'esercizio di un'attività commerciale devono costituirsi secondo uno dei tipi regolati nei capi III e seguenti di questo titolo.*

[608] *Codice Civile*, Artigo 2498, I (antiga versão): *La deliberazione di trasformazione di una società in nome collettivo o in accomandita semplice in società per azioni, in accomandita per azioni o a responsabilità limitata deve risultare da atto pubblico e contenere le indicazioni prescritte dalla legge per l'atto costitutivo del tipo di società adottato.*

[609] TANTINI, *La Trasformazione e Fusione delle Società*, cit., 189-194.

[610] FERRI, *Le Società*, cit., 896-897, nota 3.

[611] FERRI, *Le Società*, cit., 8 e ss.

[612] Em sentido análogo, admitindo a transformação de associações não reconhecidas em sociedades, desde que o escopo associativo fosse compatível com o objecto social, VACCA, *Le Associazioni non Riconosciute e i Comitati*, cit., 147 e GALGANO, *Le Associazioni. Le Fondazioni. I Comitati*, 2.ª edição, Pádua, CEDAM, 1996, 217-222. Contra, GASPERONI, *Trasformazione e Fusione di Società*, Milão, Giuffrè, 1952, 1024.

Interessa antes, à imagem do que se tentou realizar quanto às cooperativas, tentar indagar qual a posição de associados e credores da associação, após a transformação para uma sociedade comercial, em primeiro lugar, e perguntar pela possível existência de um *quid* comparável ao que se presume estar na titularidade das sociedades comerciais.

No que aos associados se refere, a sua posição não é afectada, em princípio, em termos inultrapassáveis.

De uma perspectiva patrimonial, a posição do associado pode sofrer alterações, caso o tipo societário adoptado não limite completamente a responsabilidade do sócio (SNC, SCS ou SCA), já que, como acima se referiu, os associados não respondem pelas dívidas da associação. No entanto, esta diferença pode ser ultrapassada através da aplicação analógica da norma constante do artigo 133.º/2: se todos os associados abdicarem voluntariamente da limitação da responsabilidade, e integrando esta limitação o conteúdo de um direito disponível, não se vê que o obstáculo seja intransponível.

Em termos políticos, a transformação em sociedade comercial poderá implicar uma perda relativa, caso na associação vigorasse a regra «um associado, um voto», independentemente das assimetrias nas contribuições dos associados. Teria então aplicação, analogicamente, a regra constante do artigo 136.º/1, que como já foi referido (*supra*, II, 2.3.2), se destina a assegurar as posições relativas dos membros num cenário de transformação. À imagem do que acaba de se referir quanto à limitação da responsabilidade, parece poder afirmar-se que o direito a manter a posição relativa, em termos políticos, tem natureza disponível.

A tutela dos direitos dos credores da associação também não parece despertar cuidados relevantes: o esquema de fiscalização da actividade societária é-lhes, tendencialmente, mais favorável, já que permite maior acesso aos elementos ilustrativos da situação económica da sociedade. Como sucede na associação, a sociedade apresenta uma autonomia patrimonial total em relação aos sócios, pelo que o património societário não é ameaçado pelos credores de cada um deles. É certo que, ao contrário do que sucede na associação, os bens da sociedade podem ser distribuídos aos sócios. Mas esta distribuição apenas pode ser realizada nos termos estabelecidos pelos artigos 31.º e seguintes, considerados pelo legislador como garantia suficiente dos credores societários.

Quanto à possível titularidade e exploração de uma unidade económica pela associação, o artigo 157.º CC permite concluir que um dos traços delimitadores da figura é a ausência – entre os fins associativos – do lucro económico dos associados[613]. Não deve, no entanto, tentar extrair-se mais desta norma do que aquilo que ela pode (e pretende) oferecer. A proibição do *lucro económico dos associados* deve ser vista em contraposição com o artigo 980.° CC, que define o contrato de sociedade como aquele *"em que duas ou mais pessoas se obrigam a contribuir com bens ou serviços para o exercício em comum de certa actividade económica, que não seja de mera fruição, a fim de repartirem os lucros resultantes dessa actividade"* (nosso sublinhado).

Assim sendo, correctamente interpretado, o referido artigo 157.° CC apenas impede que o produto lucrativo das associações seja repartido em função das entradas e distribuído pelos associados[614]. E, consequentemente, nada parece impedir que os associados obtenham vantagens patrimoniais indirectas, ou mesmo que sejam atribuídas vantagens patrimoniais directas a terceiros[615].

Assim sendo, a associação pode desenvolver uma actividade lucrativa. Esta admissibilidade depende, no entanto, e à imagem do que se dirá adiante (*infra*, II, 5.4) mais detalhadamente em relação às fundações, da (I) intensidade com que a mesma é desenvolvida e do (II) destino dos proveitos obtidos. Em síntese, o desenvolvimento de actividades lucrativas não pode constituir um fim em si, pois de outro modo a associação visaria, em primeira linha, o *lucro económico dos associados*. Assim sendo, a actividade lucrativa desenvolvida pela associação deve estar numa relação de instrumentalidade como um outro propósito, que até pode ser susceptível de avaliação pecuniária, mas não deve ter natureza lucrativa (ex. associações sindicais, que visam, inegavelmente, obter melhores condições para os associados, que se traduzem, as mais das vezes, em vantagens patrimoniais).

---

[613] Artigo 157.° do Código Civil: *As disposições do presente capítulo são aplicáveis às associações que não tenham por fim o lucro económico dos associados, às fundações de interesse social, e ainda às sociedades, quando a analogia das situações o justifique.*

[614] Neste sentido, MENEZES CORDEIRO, *Tratado*, I, III, cit., 653.

[615] Como exemplo da primeira das hipóteses – associação que obtém vantagens patrimoniais indirectas para os seus associados – temos o caso das associações patronais ou das associações sindicais. Caso a actividade destas associações seja eficaz, os seus associados irão obter vantagens patrimoniais indirectas (respectivamente uma melhoria das condições de produção e uma melhoria das condições de trabalho). Como exemplo da segunda das hipóteses – associação que realiza atribuições patrimoniais a favor de terceiros – temos as associações de solidariedade social.

Por outro lado, os proveitos obtidos no desenvolvimento da actividade económica devem ser reinvestidos nas actividades associativas ou atribuídos a terceiros. Fica excluída a possibilidade de atribuição destes proveitos aos associados.

Confirma, por último, esta possibilidade, a própria transformação de associações em ACE, expressamente prevista no artigo 21.° do Decreto--Lei n.° 430/73, de 25 de Agosto. Segundo a norma aí constante as associações *já constituídas com objectivos análogos aos designados na lei para os agrupamentos complementares de empresas podem transformar-se nestes.* Se for tido em conta que o escopo do ACE é precisamente o de *melhorar as condições de exercício ou de resultado das suas actividades económicas*, então o facto de o legislador assumir que as associações podem ter objectivos análogos depõe, conclusivamente, a favor da possibilidade de constituírem e explorarem uma unidade económica funcionalmente organizada.

Por tudo o que fica dito, propõe-se que a lacuna existente, relativa à transformação de associações em sociedades comerciais, seja preenchida através da aplicação analógica da regra permissiva constante do artigo 130.°.

A transformação, na economia do direito associativo, deve ser equiparada para efeitos deliberativos à prorrogação de uma associação constituída com termo, já que aqui, tal como lá, o associado é confrontado com um cenário diferente do que foi configurado no momento da constituição: um ente com escopo não lucrativo vai passar a assumir uma actividade dirigida à obtenção e apropriação individual de lucros (tal como um ente, que deveria perdurar durante um espaço de tempo determinado, vê prorrogada a sua existência). A transformação apenas é possível, assim, com o voto favorável de três quartos do número de todos os associados (artigo 175.°/4 CC). Como já se referiu, se a sociedade destino da transformação não oferecer total limitação da responsabilidade, os associados afectados, que assumam a responsabilidade ilimitada, devem votar favoravelmente, por aplicação analógica da norma constante do artigo 133.°/2. Caso os associados gozassem de total paridade em termos políticos, segundo a regra «um membro, um voto», e a sociedade destino não comportar esse regime (por exemplo, na sociedade anónima), será exigido o acordo de todos os interessados, nos termos do artigo 136.°/1, aplicado analogicamente.

Esta possibilidade foi já admitida na doutrina portuguesa, por MENEZES CORDEIRO, que sustenta a susceptibilidade de transformação de

Delimitação do âmbito de aplicação da transformação de Soc. Comer. no DPP 275

uma associação em sociedade civil ou comercial. Este Autor, partindo do contexto parcialmente civil do artigo 130.° (já que se aplica às sociedades civis), entende que, através de "interpretação extensiva ou por analogia", é possível transformar associações em sociedades civis ou comerciais, com manutenção da personalidade jurídica[616].

5.2.3. Transformação de sociedades comerciais em associações

Na transformação inversa, de sociedades comerciais em associações, os motivos já enunciados, que levaram a assinalar as insuficiências dos argumentos conceptuais, têm também aplicação. Acresce que, salvo melhor opinião, ficou demonstrada a possibilidade de uma associação deter e explorar uma unidade económica funcionalmente organizada. É este *quid* que interessa manter incólume numa eventual transformação. Seria fastidioso e inútil repetir todos os argumentos relativos a estas questões. Passa-se assim à análise da posição dos sócios e credores sociais numa transformação deste tipo.

Os sócios da sociedade que pretenda transformar-se em associação vêem a sua posição patrimonial afectada, já que, como sucede na transformação em cooperativas (*supra*, II, 5.1.4) ou em fundações (*infra*, II, 5.4.2), perdem o direito a exigir a distribuição de lucros. Sendo este, no entanto, e como já se referiu (*supra*, II, 5.1.3), um direito disponível, a possibilidade em apreço pode ser viabilizada através de uma deliberação unânime[617].

Com efeito, e como resultou da análise do regime jurídico-positivo constante dos artigos 130.° e seguintes do CSC, todas as deliberações de transformação que possam afectar substancialmente, do ponto de vista económico, a posição jurídica do sócio, devem obter o seu assentimento: as transformações que impliquem perda de direitos especiais (alínea c) do artigo 131.°/1), assunção de responsabilidade ilimitada (artigo 133.°/2) ou deterioração da posição relativa (136.°/1) exigem o voto favorável dos

---

[616] MENEZES CORDEIRO, *Tratado*, I, III, cit., 751.

[617] Quanto ao poder de influenciar as decisões associativas, já foi referido que a regra da igualdade («um membro, um voto») apenas é imperativa em associações sujeitas a regimes especiais, e pode por isso, tendencialmente, ser derrogada pela vontade das partes. Ainda que assim não se concluísse, sempre poderia recorrer-se à aplicação analógica do artigo 136.°/1, para viabilizar a transformação através de uma deliberação unânime.

sócios afectados. Não parece difícil, então, extrair destas normas um princípio normativo, aplicável de forma genérica em sede de transformações, susceptível de aplicação analógica ao caso em apreço.

Quanto aos credores, cabe referir que a associação, à imagem da sociedade comercial, apresenta uma autonomia patrimonial total em relação aos seus membros, pelo que não responde pelas dívidas pessoais dos associados. Caso beneficiassem da responsabilidade pessoal de todos ou alguns sócios, por deterem créditos sobre SNC, SCS ou SCA (ou ainda sobre SQ em que algum sócio responda nos termos do artigo 198.°), não se advinham impedimentos à aplicação analógica do artigo 139.°/1[618], pelo que beneficiarão da *ultra-actividade* desse regime mais favorável.

É certo que os credores perdem capacidade de fiscalização e acompanhamento da situação patrimonial do devedor, se a sociedade sujeita a transformação for uma SQ, SA ou SCA. Como já se referiu (*supra*, II, 2.2.3.1), a prestação de contas destas sociedades está sujeita a registo (alínea n) do artigo 3.°/1 CRC), o que não acontece nas associações, que apenas vêem registadas as vicissitudes principais (constituição, fusão, dissolução, etc.). Mas esta perda não é substancialmente diferente da que acontece em transformações toleradas expressamente pelo legislador societário, como a transformação de sociedades anónimas em sociedades em nome colectivo, que podem estar dispensadas de apresentar a registo os documentos de prestação de contas (artigo 70.°-A).

Também se deve sublinhar que com a transformação, os credores perdem as garantias de conservação do capital social, constantes dos artigos 31.° e seguintes. Mas deve contrapor-se que, à excepção do artigo 35.°, todas as outras disposições se destinam a acautelar os perigos conexos com a distribuição de bens aos sócios que, por natureza é vicissitude insusceptível de ocorrer na associação, onde a apropriação individual dos bens pelos associados está excluída pelo artigo 157.° CC. E não parece que a falta do regime constante do artigo 35.° possa determinar, por si só, a inadmissibilidade da transformação.

Propõe-se então, a este propósito, que a lacuna relativa à transformação de sociedades comerciais em associações seja preenchida pela aplicação analógica da norma permissiva constante do artigo 130.°. Esta trans-

---

[618] E não parece além disso impossível, tendo em conta a localização da discussão no âmago do Direito privado português, que os associados assumam, convencionalmente, uma responsabilidade pessoal e ilimitada pelas dívidas da associação.

Delimitação do âmbito de aplicação da transformação de Soc. Comer. no DPP 277

formação fica condicionada, no entanto, a uma deliberação unânime dos sócios, por virtude da aplicação igualmente analógica do princípio que se extrai dos artigos 131.°/1, alínea c), 133.°/2 e 136.°/1, já enunciado, e que exige o assentimento dos sócios nas transformações que tenham repercussões económicas substanciais na sua participação social.

5.3. AGRUPAMENTOS COMPLEMENTARES DE EMPRESAS

5.3.1. Breve caracterização da figura

A figura do Agrupamento Complementar de Empresa foi introduzida no direito português através da Lei n.° 4/73, de 4 de Junho, tendo sido objecto de posterior regulamentação através do Decreto-Lei n.° 430/73, de 25 de Agosto. O legislador português do ACE inspirou-se no *groupement d'intérêt economique* francês (GIE), introduzido em 1967, e que conheceu naquele país um sucesso considerável, porque possibilitava uma poupança de custos de formação e manutenção, em relação às sociedades comerciais, mas oferecia uma estrutura jurídica mais sólida, em comparação com as associações. Com a introdução de formas societárias simplificadas, foi natural a diminuição no recurso à figura[619].

Nos termos do n.° 1 e n.° 2 da Base I e da Base IV da Lei n.° 4/73, os Agrupamentos Complementares de Empresas são entidades com personalidade jurídica própria e distinta da personalidade jurídica das empresas agrupadas, tendo por objecto *melhorar as condições de exercício ou de resultado das suas actividades económicas*[620]. Os ACE não podem ter por

---

[619] MENEZES CORDEIRO, *Direito Europeu das Sociedades*, cit., 843.

[620] Esta formulação está próxima da avançada por RAÚL VENTURA, no seu Projecto sobre "Sociedades Complementares" apresentado ao Ministério da Justiça (*Sociedades Complementares*, RFDUL, Vol. XXIV (1972), 13). Com efeito, nas breves notas introdutórias, RAÚL VENTURA explicava a necessidade de introduzir a nova figura das "sociedades complementares" com a impossibilidade de pessoas físicas ou sociedades se associarem numa sociedade civil ou comercial "não com o fim de repartirem os lucros da actividade comum, mas apenas com o fim de conseguirem, por uma actividade comum, aumentar a rendabilidade dos empreendimentos dos associados", já que segundo a opinião dominante na doutrina, o escopo lucrativo era elemento essencial do contrato de sociedade. No entanto, a solução apresentada por RAÚL VENTURA, que não foi transposta para a Lei n.° 4/73, ia no sentido de alargar o conceito de sociedade, de forma a abranger estas formas de asso-

278 Transformação de Sociedades Comerciais

fim principal a realização e partilha de lucros, devendo constar do respectivo contrato constitutivo uma autorização expressa para que tal objecto possa ser prosseguido de forma acessória (artigo 1.º do Decreto-Lei n.º 430/73). Aliás, o desenvolvimento de uma actividade directamente lucrativa a título principal é causa de dissolução do ACE, que ocorrerá a requerimento do Ministério Público ou de qualquer interessado (artigo 16.º/1, alínea c) do Decreto-Lei n.º 430/73).

Os membros do ACE respondem solidariamente entre si e subsidiariamente em relação ao agrupamento pelas dívidas deste último (n.º 2 e 3 da Base II, Lei n.º 4/73). A limitação da responsabilidade aos bens do próprio agrupamento pode ser convencionada, caso a caso, nos contratos celebrados entre este e os respectivos credores (n.º 3 da Base II, Lei n.º 4/73).

Além da proibição da prossecução, a título principal, de uma actividade económica para realização e partilha de lucros, os ACE podem distinguir-se das sociedades comerciais também pelas limitações específicas legais à respectiva capacidade[621], que resultam da análise dos dois diplomas legais já referidos, que formam o respectivo regime jurídico. Com efeito, nos termos do artigo 5.º do Decreto-Lei n.º 430/73, de 25 de Agosto, a capacidade do ACE não compreende (1) a aquisição do direito de propriedade ou de outros direitos reais sobre coisas imóveis, salvo se o imóvel se destinar à instalação da sua sede, delegação ou serviço próprio; (2) a participação em sociedades civis ou comerciais ou ainda em outros agrupamentos complementares de empresas; (3) o exercício de cargos sociais em quaisquer sociedades, associações ou agrupamentos complementares de empresas.

Pode questionar-se a natureza imperativa destas limitações. Se a primeira delas se explica pela necessidade de prevenir utilizações fraudulentas do agrupamento para fins fiscais, já a segunda e a terceira parecem destinar-se a assegurar que o ACE não prossegue actividades lucrativas, por

---

ciação que, embora não tivessem como fim repartir os lucros obtidos através de uma actividade em comum, se destinavam à "realização de estudos ou de outras operações materiais ou jurídicas para melhoria da rendabilidade das actividades dos sócios" (artigo 1.º do Projecto). Esta opção pelo alargamento do conceito de sociedade era aliás expressamente transposta para o texto do projecto, como se pode verificar pela leitura do seu artigo 2.º: "As sociedades que se destinem à produção de bens materiais, embora destinados apenas aos sócios, continuam sujeitas às regras do direito das sociedades".

[621] Segue-se o conceito de «limitações específicas legais» à capacidade de gozo das pessoas colectivas, avançado por MENEZES CORDEIRO, *Tratado* I, III, cit., 649-650.

Delimitação do âmbito de aplicação da transformação de Soc. Comer. no DPP 279

um lado, e que não funciona autonomamente em relação aos seus membros, por outro[622]. Com efeito, o legislador poderá ter querido evitar que o lucro entrasse pela janela (de forma indirecta, através da participação em entidades lucrativas) quando tinha sido sua preocupação fechar-lhe a porta (através da impossibilidade de eleger como fim principal a realização de lucros para distribuição).

Não parece no entanto que esta limitação faça sentido, pelo menos de forma imperativa. Na verdade, ainda que da participação em sociedades comerciais advenham rendimentos para o ACE, estes parecem ter – em bom rigor – a mesma natureza que os demais proveitos obtidos no desenvolvimento da sua actividade. Se assim é, a proibição de participação em entidades com escopo lucrativo não encontra fundamento, se for tido em conta que o ponto fulcral a este respeito se refere à utilização dos proveitos obtidos pelo ACE.

Cumpre aliás sublinhar que os proveitos que o ACE obtivesse através da distribuição de dividendos de uma sociedade comercial levantariam exactamente os mesmos problemas que são suscitados quando aquele seja remunerado pela prestação de um serviço ou pela venda de um bem a terceiros ou aos próprios membros. O que releva, a este propósito, é a utilização pelo ACE do proveito e não propriamente a sua origem. Interessa, de facto, para respeitar as fronteiras desta figura, assegurar que o ACE não assume como fim principal a distribuição de lucros. Mas este desvio à filosofia do regime do ACE tanto pode acontecer caso os proveitos advenham ou não da participação em entidades com fim lucrativo.

Por outro lado, a necessidade de assegurar que os ACE apenas desenvolvem "actividades ligadas por laços de complementaridade"[623] às dos seus membros não parece justificar esta limitação. Se o ACE se destina a *melhorar as condições de exercício ou de resultado* da actividade económica dos seus membros, a participação em sociedades comerciais pode ser perfeitamente justificada.

Pense-se, por exemplo, num ACE constituído para o desenvolvimento de determinada tecnologia, do interesse de todos os membros, que pre-

---

[622] Neste último sentido, Pinto Ribeiro / Pinto Duarte, *Dos Agrupamentos Complementares de Empresas*, CCTF, n.º 118 (1979), Lisboa, Centro de Estudos Fiscais da DGCI, 92.

[623] A expressão é de Pinto Ribeiro / Pinto Duarte, *Dos Agrupamentos Complementares de Empresas*, cit., 92.

280 Transformação de Sociedades Comerciais

tende participar numa sociedade recém constituída, cuja área de actividade é, precisamente, a da concepção de métodos de aplicação da referida tecnologia para fins industriais.

Por outro lado, e ao contrário do que acontece sobretudo nas sociedades comercias de capitais, a transmissão da participação no ACE encontra-se fortemente limitada pelas disposições do Decreto-Lei n.º 430/73. Com efeito, nos termos do n.º 1 do artigo 11.º, a participação dos membros no ACE não pode ser representada por títulos negociáveis, ainda que o agrupamento disponha de capital próprio. Por outro lado, nos termos do n.º 2 do mesmo artigo 11.º do Decreto-Lei n.º 430/73, a transmissão entre vivos ou por morte da parte de cada membro apenas se poderá verificar em paralelo com a transmissão do respectivo estabelecimento ou empresa. Por último, ainda que a transmissão paralela da empresa e da participação no agrupamento seja pretendida pelo transmissário, a mesma depende sempre do consentimento do agrupamento, nos termos do n.º 3 do artigo 11.º do referido diploma legal[624].

---

[624] Confrontado o quadro regulador do ACE tal como foi desenhado pelo legislador de 1973, algumas perplexidades podem surgir. O n.º 2 do artigo 11.º do Decreto-Lei n.º 430/73, de 25 de Agosto, refere-se à *transmissão (...) da parte de cada agrupado*, condicionando-a à transmissão do respectivo estabelecimento ou empresa. Mas já o n.º 2 e o n.º 3 da Base II da Lei n.º 4/73 estabelecem respectivamente que *as empresas agrupadas respondem solidariamente pelas dívidas do agrupamento* e que *os credores do agrupamento não podem exigir das empresas agrupadas o pagamento dos seus créditos sem prévia execução dos bens do próprio agrupamento*. Estas duas normas, e a própria terminologia *Agrupamento Complementar de Empresas* fazem-nos pensar que o legislador enquadrou a titularidade da participação no agrupamento através da empresa ou estabelecimento agrupado. Assim sendo, os titulares das participações no agrupamento seriam as empresas ou estabelecimentos e não as pessoas singulares ou colectivas que os detêm. Mas o referido n.º 2 do artigo 11.º condiciona a transmissão da *participação* no agrupamento à *transmissão do respectivo estabelecimento ou empresa*. Das duas uma: ou o titular é a empresa ou estabelecimento, e não estamos perante uma verdadeira transmissão (porque não há mudança de titular) ou o titular é a pessoa singular ou colectiva. Neste último caso, no entanto, teremos de reinterpretar o regime de responsabilidade dos agrupados. Com efeito, se o agrupado é a empresa (e não a pessoa singular ou colectiva que a detém), a responsabilidade constante do n.º 2 e do n.º 3 da Base II está limitada à empresa ou estabelecimento. E se assim for, nos casos em que a pessoa singular ou colectiva detenha mais do que uma empresa ou estabelecimento, apenas os bens afectos à empresa ou estabelecimento agrupado respondem pelas dívidas do agrupamento. No entanto, se o membro do ACE é a empresa ou estabelecimento, não se vê como reconduzir estes casos ao conceito de «transmissão». Com efeito, sem tentar fixar terminologia, sempre se concordará que o

conceito de «transmissão» implica a mudança de titularidade de um direito ou dever. Ora se foi a empresa ou um estabelecimento que mudou de titularidade, a participação no agrupamento manteve-se na mesma esfera jurídica – a empresa ou estabelecimento transmitido. Em bom rigor, entendemos que as dificuldades interpretativas geradas pela articulação das normas em apreço se fundam numa utilização polissémica do conceito de empresa (para a descrição das várias acepções que o conceito regista no direito português e para a elucidação das correspondentes limitações dogmáticas, MENEZES CORDEIRO, *Manual de Direito Comercial*, cit., 279-285). Com efeito, no n.º 2 da Base 2 da Lei n.º 4/73 (*As empresas agrupadas respondem solidariamente pelas dividas do agrupamento*) foi adoptada uma acepção subjectiva. Aqui, segundo parece, a empresa é um centro de imputação de direitos e deveres, pelo que comporta a responsabilização subsidiária pelas dívidas do agrupamento. Já no n.º 2 do artigo 11.º do Decreto-Lei n.º 430/73 (*A transmissão da parte de cada agrupado só pode verificar-se juntamente com a transmissão do respectivo estabelecimento ou empresa*) o conceito surge objectivado, até mesmo pela contraposição entre *empresa* e *agrupado*. Aqui, a *empresa* é objecto susceptível de ser transmitido pelo *agrupado*, seu titular. O emprego do conceito nesta segunda acepção encontra a sua origem no Projecto de RAÚL VENTURA, (*Sociedades Complementares*, cit., 18). No entanto, neste projecto, o sentido do conceito era unívoco, já que a entidade jurídica formada pela associação de *pessoas físicas ou colectivas que exerçam uma actividade económica* era assumidamente um novo tipo de sociedade, e o termo *empresa* nunca era empregue em sentido *subjectivo*. Segundo resulta da leitura de PINTO RIBEIRO / PINTO DUARTE, *Dos Agrupamentos Complementares de Empresas*, cit., 94-95, parece ser esta segunda a acepção à qual dar preferência: "serão, deste modo, empresas todas as organizações que tenham por objecto o desenvolvimento de actividades económicas, cujas condições de exercício ou de resultado possam ser melhoradas pelo seu agrupamento. Poderão, assim, participar em ACE todos os sujeitos que detenham uma estrutura permanente cuja função seja a obtenção de valor acrescentado". Esta flutuação terminológica não facilita a tarefa do intérprete. No entanto, devemos preferir a acepção *objectiva* em detrimento da acepção *subjectiva*, cuja inviabilidade dogmática foi demonstrada pela melhor doutrina (MENEZES CORDEIRO, *Manual de Direito Comercial*, cit., 279-285). E assim sendo, a transmissibilidade da participação no agrupamento está condicionada à transmissão do conjunto "concatenado de meios materiais e humanos, dotados de uma especial organização e direcção", destinados a desenvolver "uma actividade segundo as regras da racionalidade económica" (elementos retirados da enumeração das características da noção-quadro de empresa avançada por MENEZES CORDEIRO, *Manual de Direito Comercial*, cit., 281), i.e. da empresa ou estabelecimento. Adoptando este mesmo conceito objectivo de *empresa*, PINTO RIBEIRO / PINTO DUARTE, *Do Agrupamento Complementar de Empresas*, cit., 96, entendem que o regime é compreensível, tendo em conta que a participação no agrupamento é "necessariamente movida por um intuitus personae. Esta natureza justifica a não negociabilidade da qualidade de membro de forma independente da unidade concreta de capital em função da qual se assumiu aquela qualidade e explica ainda a necessidade da aquiescência do agrupamento".

5.3.2. **Transformação de ACE em sociedades comerciais**

No que respeita à transformação de ACE, a norma constante do artigo 21.º/2 do Decreto-Lei n.º 430/73, de 25 de Agosto, é bastante clara: *os agrupamentos complementares de empresas não podem transformar-se*. Consultando o preâmbulo do referido diploma legal, verifica-se que uma das principais preocupações do legislador terá sido a de evitar a utilização fraudulenta desta nova figura, sobretudo para propósitos fiscais[625], até porque dificilmente se conseguem descobrir argumentos de ordem dogmática para a insusceptibilidade da transformação. O ACE não apresenta qualquer característica que o impeça de, ao contrário das demais pessoas colectivas, ver alterado de forma substancial o regime jurídico aplicável, sem perda da identidade.

Esta conclusão é confirmada por uma intervenção posterior do legislador, consubstanciada no Decreto-Lei n.º 148/90, de 9 de Maio, que permite expressamente, no artigo 11.º/1, a transformação de ACE em Agrupamentos Europeus de Interesse Económico (AEIE)[626], a qual opera *independentemente de processo de liquidação e sem criação de uma nova pessoa colectiva*. Como se verifica, a estrutura e os princípios dogmáticos em que assenta o ACE não impedem, geneticamente, a transformação.

Ora se os motivos para a proibição constante do artigo 21.º/2 do Decreto-Lei n.º 430/73 foram apenas fiscais, talvez não se justificasse uma tamanha compressão da autonomia privada das partes do ACE, que podem ver-se confrontadas com a necessidade da sua dissolução, caso seja mais conveniente, a certo momento, a aplicação de um outro regime jurídico-positivo. Faria mais sentido, com o devido respeito, que o legislador tivesse apetrechado o direito fiscal com uma norma especial, que evitasse a utilização abusiva da figura.

Perante o carácter imperativo da proibição de transformação, e à imagem do que sucede nas cooperativas, as partes só poderão transformar o

---

[625] Com efeito, pode ler-se no referido preâmbulo que *As disposições do presente diploma são, na maioria, de natureza supletiva. As que têm carácter imperativo visam principalmente assegurar que os agrupamentos complementares de empresas se constituam e funcionem segundo os princípios que orientaram a sua criação, de modo que justifiquem os amplos benefícios fiscais que lhes foram concedidos e não possam, pelo contrário, ser meios para fraudar o interesse nacional e a justiça tributária*.

[626] A transformação inversa, de AEIE em ACE, aparece também expressamente prevista no Decreto-Lei n.º 148/90, de 9 de Maio (artigo 11.º/2).

ACE caso sustentem com sucesso que esta compressão dos seus direitos é inconstitucional. Este caminho, como se assinalou, não tem sucesso assegurado e terá de ser adiado para outra ocasião.

5.3.3. Transformação de sociedades comerciais em ACE

No que à vicissitude inversa se refere, o artigo 21.°/1 do Decreto-Lei n.° 430/73, de 25 de Agosto, dispõe que *as sociedades ou associações já constituídas com objectivos análogos aos designados na lei para os agrupamentos complementares de empresas podem transformar-se nestes, sem perder a sua personalidade, desde que respeitem as condições previstas na mesma lei e no presente regulamento*.

O regime jurídico dos ACE não avança, no entanto, qualquer outra indicação a propósito da transformação, pelo que se deverá encontrar a disciplina respectiva nos artigos 130.° e seguintes do CSC. A este propósito, cumpre referir que são genericamente aplicáveis as normas do regime da transformação de sociedades, com as devidas adaptações, devendo destacar--se a necessidade de aplicar a norma constante do artigo 131.°/1, alínea c), caso os direitos especiais não possam ser mantidos no ACE, e o artigo 133.°/2, uma vez que os sócios vão assumir responsabilidade ilimitada. Acresce que é também aqui aplicável o princípio que se extraiu das referidas normas, em conjugação com o artigo 136.°/1 e que aponta para a necessidade de uma deliberação unânime nas transformações que impliquem a alteração substancial dos direitos de conteúdo económico detidos pelo sócio. Com efeito, no ACE, os sócios perdem o direito aos lucros, uma vez que a realização e partilha dos mesmos apenas pode ser assumida como fim acessório.

É importante assinalar ainda que o ACE não está obrigado a apresentar a registo as suas contas anuais. A conclusão pode retirar-se, salvo melhor opinião, do silêncio do legislador a este respeito, no regime jurídico do ACE, mas também da ausência de indicação em contrário no elenco constante do artigo 6.° CRC, que enumera os factos relativos a agrupamentos que estão sujeitos a registo.

Confirma-se então, deste modo, uma conclusão indiciada na análise da transformação de sociedades comerciais de capitais em sociedades de pessoas: o regime jurídico-positivo português tolera transformações que implicam para os credores do ente transformado a perda de mecanismos de controlo sobre a situação patrimonial do devedor.

284   *Transformação de Sociedades Comerciais*

5.4. Fundações

5.4.1. Breve caracterização da figura

Atendendo ao objecto do estudo em apreço, a análise que se segue concentra-se nas fundações de direito privado, deixando assim de fora as fundações de direito público. Na verdade, apenas releva como hipótese de *exercício de autonomia privada* a transformação recíproca entre sociedades comerciais e fundações de direito privado.

Para distinguir estas últimas das fundações de direito público, têm sido sugeridos vários critérios, como a natureza pública ou privada do escopo prosseguido ou a existência de uma relação directa entre a fundação e uma pessoa colectiva pública[627].

Se bem que todos eles possam adjuvar nesta distinção consideravelmente complexa, entende-se, salvo melhor opinião, que o factor crucial deve residir, precisamente, no acto de instituição (como aliás é proposto por todos os Autores citados[628]). Se na vontade do instituidor se puder determinar o exercício de um direito de natureza *privada*, então a fundação deverá ser qualificada como privada, aplicando-se-lhe as regras do Direito privado. Quando a instituição da fundação não tiver (sobretudo) subjacente o exercício de um direito e vontade privados, a fundação será

---

[627] Fausto de Quadros, por exemplo, define as fundações de direito público como aquelas que "são criadas por lei ou por acto administrativo, prosseguem fins públicos e estão em relação directa com uma pessoa colectiva pública", opondo-as às privadas, que seriam "as criadas por negócios jurídicos de direito privado, *inter vivos* e *mortis causa*, e visam fins privados", em *Fundação de Direito Público*, em AAVV, *Polis – Enciclopédia Verbo da Sociedade e do Estado*, II volume, Lisboa / São Paulo, Verbo, 1998, 1567. Já Blanco de Morais sustenta que a fundação pública se caracteriza por ter sido criada, em regra "por acto público pelo Estado ou outro ente colectivo público, com competência para o efeito que lhe afecte uma massa de bens adequada ao desempenho autónomo, mas directivado de funções administrativas respeitantes às actividades desenvolvidas pela mesma", em *Da Relevância do Direito Público no Regime Jurídico das Fundações Privadas*, em AAVV, *Estudos em Memória do Professor Doutor João de Castro Mendes*, sem data, Lisboa, LEX / FDL, 565.

[628] Por todos, Blanco de Morais, ob. cit., 567, sustenta a possibilidade de definir a fundação de direito privado como: "a pessoa colectiva sem fins lucrativos que instituída em regra por um negócio jurídico privado, afecte uma massa de bens a fins que pelo menos tenham relevância social, e cuja organização e funcionamento se pautem, primariamente, pelas normas de direito privado aplicáveis".

Delimitação do âmbito de aplicação da transformação de Soc. Comer. no DPP 285

pública. Este critério material será especialmente profícuo, julga-se, para resolver os casos em que o Estado, por uma ou outra razão, aparece como co-instituidor. Nesses casos, se a instituição ainda puder ser atribuída a um acto de autonomia privada – sendo a intervenção do Estado meramente acessória[629] – a fundação será privada. Quando a intervenção do Estado, ou de outra pessoa colectiva pública, seja determinante, ao ponto de liderar todo o processo de conformação da fundação, então esta será pública[630].

O critério será também relevante na altura de delimitar os poderes de interferência do Estado na actividade das fundações privadas: se a convergência entre o direito de propriedade privada e o direito de associação permite configurar um «direito à instituição de fundações»[631], então a interferência das autoridades públicas na vida da fundação deverá reduzir-se ao exercício de um controle de legalidade, e nunca de conveniência[632].

---

[629] Como o foi, por exemplo, na Fundação Calouste Gulbenkian, em que se destinou a assegurar que o respectivo Conselho de Administração fosse constituído permanentemente por uma maioria de pessoas de nacionalidade portuguesa. Os estatutos da Fundação Calouste Gulbenkian foram homologados pelo Decreto-Lei n.º 40690, promulgado em 18 de Julho de 1956, sem que se possa colocar em causa a natureza privada da instituição. Quanto à história da Fundação, sobretudo no que respeita aos aspectos jurídicos da sua instituição, por todos, FERRER CORREIA, *Contribuição para uma História da Fundação Calouste Gulbenkian*, em AAVV, *Estudos em Homenagem ao Professor Doutor Inocêncio Galvão Telles*, volume I, 2002, Coimbra, Almedina, 755-788 (no que toca especificamente à intervenção do Estado e às respectivas consequências no processo de aprovação e homologação dos estatutos, ob. cit., 770-772)

[630] Parece ter sido o caso da Fundação de Serralves, instituída pelo Estado em 1989, através do Decreto-Lei n.º 240.º-A/89, de 27 de Julho. Ao Estado associaram-se, como instituidores, 51 pessoas singulares e colectivas, número esse que tem vindo a aumentar.

[631] Em sentido comparável, SÉRVULO CORREIA / RUI MEDEIROS, *Restrições aos Poderes do Governo em Matéria de Reconhecimento e de Alteração dos Estatutos das Fundações de Direito Privado*, ROA, ano 62 (2002), 366: "o direito de constituir fundações deve ser visto como uma manifestação do direito fundamental ao desenvolvimento da personalidade – direito, sem dúvida, limitado; mas, apesar de tudo, direito fundamental!".

[632] Assim, com todo o respeito, discorda-se parcialmente de BLANCO DE MORAIS, quando refere que no reconhecimento das fundações privadas a Administração Pública dispõe de uma "amplitude discricionária considerável", que lhe permitirá "avaliar o potencial «interesse social» do ente em formação e a suficiência da dotação patrimonial para a sua existência e funcionamento", em *Da Relevância... cit.*, 570. Noutro passo o Autor caracteriza o poder discricionário da Administração Pública como exercício de "um amplo juízo estimativo sobre o fim e o património", ob. cit., 576. Quanto a este assunto, entende-se antes que, configurado o direito à instituição como decorrência dos direitos de propriedade privada e de associação, a discricionariedade não será ampla, mas antes limitada

A doutrina portuguesa contemporânea é unânime em sublinhar dois aspectos fundamentais para a caracterização da figura da fundação: o substrato patrimonial e o substrato teleológico, a cuja prossecução fica afecto o primeiro[633]. Serve também como traço de identificação a ausência de um substrato pessoal, já que o instituidor ou instituidores se desligam da fundação após a instituição.

A referência à pluralidade de instituidores exige uma explicação adicional, porque o regime legal das fundações de direito privado, constante dos artigos 185.° e seguintes CC[634], parece estar fundado na ideia segundo a qual o instituidor da fundação é uma única pessoa singular. Com efeito, a referência ao instituidor é sempre feita no singular[635] e a própria forma de instituição da fundação por testamento parece ir nesse sentido.

A maioria da doutrina – como se verá – tem vindo também a caracterizar a instituição da fundação como negócio jurídico unilateral, realizado entre vivos ou *mortis causa*. Se bem que através desta caracterização não é necessariamente excluída a possibilidade de uma instituição plural,

---

a um juízo de adequação entre o património e o escopo, e a um juízo de apreciação muito restrito deste último, destinado a assegurar que o mesmo não é mediatamente lucrativo ou egoísta. Reflexamente, o reconhecimento só poderá ser negado quando o fim mediato da fundação seja, como referido, egoísta ou lucrativo. Esta parece ser, aliás, a posição mais conforme à letra do artigo 188.° CC, que enumera as razões que podem estar subjacentes à recusa do reconhecimento. Em sentido comparável, SÉRVULO CORREIA / RUI MEDEIROS, *Restrições aos Poderes...*, cit., 356 e ss., em especial, 372-382.

[633] Por todos, MENEZES CORDEIRO, *Tratado*, I, III, cit., 769 e PAIS DE VASCONCELOS, *Teoria Geral...*, cit., 193. Este último Autor define as fundações, em temos expressivos, como "pessoas colectivas (...) que correspondem à institucionalização de fins humanos, a cuja prossecução é afecta uma massa de bens" (ob. cit., 193).

[634] A reforma do direito português das fundações esteve recentemente na agenda de política legislativa, tendo sido preparadas três propostas nesse sentido, por encargo governamental. Uma primeira, dirigida à criação de uma Comissão Nacional de Fundações, uma segunda, destinada a regular as fundações privadas de origem pública, e uma última, destinada a introduzir algumas alterações no regime constante do Código Civil. As propostas em apreço não foram, no entanto, vertidas para forma de lei. Sobre estes estudos, por todos SOUSA RIBEIRO, *As Fundações no Código Civil: Regime Actual e Projecto de Reforma*, LUS, n.° 1-2 (2001), 59 e ss., e RUI DE ALARCÃO, *Fundações: que Reforma?*, SI, tomo LI (2002), n.° 294, 507 e ss.

[635] A título de exemplo, assinale-se o n.° 2 do artigo 185.° CC, onde se admite que o reconhecimento da fundação *pode ser requerido pelo instituidor* ou o n.° 1 do artigo 186.° CC, quando estabelece que *no acto de instituição deve o instituidor indicar o fim da fundação e especificar os bens que lhe são destinados*.

Delimitação do âmbito de aplicação da transformação de Soc. Comer. no DPP   287

as posições nesse sentido tem vindo a ser completadas com referências à singularidade do instituidor[636].

No entanto, atendendo à inserção sistemática desta matéria – em pleno coração do direito privado – pode ser analisada a possibilidade de uma instituição plural, baseada nos postulados da autonomia privada. Aliás, sendo o fim da fundação necessariamente de *interesse social* (artigo 157.° CC), estão imediatamente excluídos do espectro de fins possíveis os estritamente pessoais, pelo que tudo parece depor a favor da possibilidade de comunhão do mesmo fim por vários instituidores.

SOUSA RIBEIRO parece admitir esta possibilidade, quer através da criação pluripessoal de fundações, quer através da adesão posterior de novos interessados, classificando esta segunda hipótese como um fenómeno inovador de "adesão a um negócio jurídico unilateral"[637]. Nos casos de *pluralidade de fundadores*, originária ou superveniente, dar-se-á um fenómeno análogo à formação de uma vontade colectiva, quer no momento fundacional, quer na condução da actividade do ente. E assim sendo, existirá uma certa erosão do dogma da inexistência de substrato pessoal nas fundações, aproximando-as nessa medida da figura das associações. No entanto, esta aproximação não é cabal, já que enquanto na associação os associados se mantêm senhores do ente criado, na fundação a vontade dos fundadores é sempre funcionalizada ao *fim de interesse social* que escolheram atribuir-lhe[638]. No mesmo sentido, FERRER CORREIA / ALMENO DE SÁ parecem também perfilhar a possibilidade de instituição colectiva de fundações de direito privado[639].

Nos termos do n.° 2 do artigo 158.° CC, as fundações adquirem personalidade jurídica pelo reconhecimento[640]. Já era assim na vigência do

---

[636] MENEZES CORDEIRO, *Tratado*, I, III, cit., 771: "Através desse negócio, uma pessoa – o instituidor – afecta um património a uma pessoa colectiva a criar, com determinados objectos de tipo social" ou HÖRSTER, *A Parte Geral...*, cit., 405.

[637] SOUSA RIBEIRO, *Fundações: "uma Espécie em Vias de Extensão"?*, em AAVV, *Comemorações dos 35 Anos do Código Civil e dos 25 Anos da Reforma de 1977*, volume II, 2006, Coimbra, Coimbra Editora, 260, bem como em *As Fundações no Código Civil...*, 60.

[638] Neste sentido, SOUSA RIBEIRO, *Fundações...*, cit., 260.

[639] FERRER CORREIA / ALMENO DE SÁ, *Algumas Notas sobre as Fundações*, RDE, ano XV (1989), 334.

[640] Segundo FERRER CORREIA, *Contribuição...*, 765, o reconhecimento da fundação pela autoridade competente corresponde a uma "declaração pública de vontade", um acto de natureza publicística. MENEZES CORDEIRO, *Tratado* I, III, 775, prefere caracterizá-lo como acto administrativo, da competência do Governo, exercida através do Ministro que

288   *Transformação de Sociedades Comerciais*

Código de Seabra, como resultava da articulação entre o artigo 37.°, que admitia as fundações como *pessoas moraes* e o artigo 33.° que proibia a associação ou corporação de *representar esta individualidade jurídica, não se achando legalmente auctorisada*. Tendo em conta o artigo 160.° CC, que dispõe que a capacidade das pessoas colectivas *abrange todos os direitos e obrigações necessários ou convenientes à prossecução dos seus fins*, o n.° 1 do artigo 186.° CC, que estabelece a obrigatoriedade de o instituidor indicar *os bens que* (…) *são destinados* à fundação, e a ausência de normas que estipulem a responsabilidade da fundação por dívidas do instituidor, podemos concluir pela respectiva autonomia patrimonial plena.

Na fundação, o património adquire uma importância assinalável, sendo a sua existência e suficiência condição para o reconhecimento pela autoridade competente (n.° 2 do artigo 188.° CC) e, reflexamente, a sua insuficiência motivo de modificação do respectivo fim (alínea c) do n.° 1 do artigo 190.° CC)[641].

O outro elemento caracterizador da fundação, que é o fim em função do qual a mesma é instituída e os bens ficam adstritos, deve ser *de interesse social* (artigos 157.° e n.° 1 do artigo 188.°).

Algumas diferenças podem ser assinaladas entre a fundação e a sociedade comercial. Desde logo, na formação da fundação – onde podem ser distinguidas, na esteira de MENEZES CORDEIRO[642], as fases da instituição, elaboração dos estatutos e reconhecimento – descobre-se como fenó-

---

tutele o sector em que a fundação pretenda actuar. Independentemente da natureza jurídica do acto de reconhecimento, os diversos Autores que sobre esta matéria se debruçaram atribuem-lhe os seguintes desideratos: (A) aferir a viabilidade do ente, em atenção ao acervo patrimonial e aos fins prosseguidos (FERRER CORREIA / ALMENO DE SÁ, *Algumas Notas sobre as Fundações*, cit., 332); (B) apreciar a justificação da subtracção de bens ao livre tráfego comercial e jurídico (MENEZES CORDEIRO, *Tratado* I, III, cit., 774); (C) avaliar o merecimento da fundação face aos benefícios fiscais recebidos (BLANCO DE MORAIS, *Da relevância…*, cit., 555).

[641] É possível, no entanto, esclarecer que a existência de património não se confunde com uma dotação inicial de capital. Admitindo expressamente a instituição de uma fundação cujo património consistiria "no direito de reclamar" de uma empresa determinadas somas anuais anteriormente prometidas, FERRER CORREIA / ALMENO DE SÁ, *Algumas Notas sobre as Fundações*, cit., 334. No mesmo sentido, SOUSA RIBEIRO, *As Fundações…*, cit., 63, chega mesmo a defender que a previsão de aquisição de património não tem de estar juridicamente garantida, uma vez que o artigo 188.°/2, 2.ª parte CC estabelece que o reconhecimento pode não ser negado quando, apesar de os bens afectados à fundação se mostrarem insuficientes, haja uma fundada expectativa de suprimento da insuficiência.

[642] MENEZES CORDEIRO, *Tratado* I, III, cit., 771.

Delimitação do âmbito de aplicação da transformação de Soc. Comer. no DPP 289

meno inicial um negócio jurídico unilateral[643] (quando for um único o instituidor) ou um negócio jurídico plural *sui generis* (quando forem vários os instituidores), *inter vivos* ou *mortis causa*, ao passo que na sociedade, as mais das vezes, teremos um contrato (se bem que, como já se viu, nem sempre assim será).

Em termos formais, a instituição da fundação deve constar de escritura pública (artigo 185.°/2 CC) quando se realize por acto entre vivos, ou segundo as formas admitidas no artigo 2204.°, quando se realize por testamento. Quando conste de escritura pública, a instituição da fundação não produz efeitos perante terceiros enquanto não for levada a cabo a sua publicação, nos termos legalmente previstos para os actos das sociedades comerciais (artigo 168.°/3, *ex vi* do artigo 185.°/5, ambos CC). Assim, comparativamente, verifica-se que os requisitos de forma para a instituição da fundação são substancialmente mais exigentes do que os aplicáveis às sociedades comerciais (cfr. artigo 7.°/1).

Os pontos essenciais de contraste, no entanto, referem-se à ausência de substrato pessoal nas fundações, já referida, e ao seu elemento teleológico. Quanto ao primeiro aspecto, não é demais sublinhar que a ausência de *membros* em sentido próprio, converte todas as decisões dos órgãos da fundação em actos vinculados ao *fim de interesse social*, sendo perfeitamente irrelevantes, então, os interesses pessoais dos sujeitos que, em cada momento, sejam deles titulares. Enquanto que numa pessoa colectiva de tipo corporativo, é a vontade dos associados "que determina, como causa primeira, e simultaneamente a *governa e dirige*, impulsionando e presidindo ao desenvolvimento da sua actividade"[644], nas fundações esse protagonismo é devido ao *fim de interesse social*. É certo que a configuração do *fim de interesse social* se deveu, num momento inicial, ao instituidor ou instituidores. Mas, após requerido o reconhecimento ou iniciado o respectivo processo oficioso (artigo 185.°/3 CC) a instituição torna-se irrevogável e o *fim de interesse social* como que se cristaliza[645]. Esta rarefacção da relação entre instituidor e *fim de interesse social* não implica, no entanto,

---

[643] Esta parece ser a posição maioritária na doutrina portuguesa. Por todos, MENEZES CORDEIRO, *Tratado* I, III, cit., 771 e ainda PAIS DE VASCONCELOS, *Teoria Geral...*, cit., 196 e nota 192, com extensas indicações bibliográficas.

[644] FERRER CORREIA / ALMENO DE SÁ, *Algumas Notas...*, cit., 336 [itálico dos Autores].

[645] Neste sentido, MANUEL DE ANDRADE, *Teoria Geral...*, cit., 56: "Não se trata de uma vontade viva, que se vá manifestando a cada momento e caso por caso, podendo alterar as suas determinações precedentes".

a sua absoluta imutabilidade. Caberá aos órgãos da fundação (e à autoridade competente para o reconhecimento, em casos-limite) a tarefa de adaptar o modo como o *interesse*, genericamente determinado, é prosseguido em cada momento, de forma concreta.

Quanto ao segundo, o elemento teleológico, nunca é demais sublinhar a sua importância, já que com base nas diferenças a este nível se têm retirado, ao longo das últimas décadas, muitas conclusões dogmáticas. Com efeito, é ainda hoje frequente a utilização da *summa divisio* entre entes com escopo lucrativo e entes com escopo altruístico (*business* e *charity*, na terminologia anglo-saxónica). No entanto, a verificação de que nem todos os entes onde falte o escopo lucrativo se dedicam a fins altruísticos tem levado a que a divisão matricial se fixe, recentemente, na dicotomia escopo lucrativo / escopo não lucrativo (correspondente ao binómio *profit / non-profit*, proveniente da literatura anglo-saxónica, mas frequentemente utilizado na literatura portuguesa).

Para ilustrar as repercussões desta *summa divisio* nos regimes jurídico-positivos, basta lembrar, no direito português, que a sociedade civil (e a sociedade comercial) vem regulada nos contratos em especial, ou seja, fora do Capítulo II do Título II do Código Civil, relativo às pessoas colectivas (onde consta o regime das associações e fundações) ou, quanto ao direito italiano, na exclusão da sociedade, civil e comercial, em termos sistemáticos, do âmbito das pessoas jurídicas (Título II do Livro I) e na respectiva inserção no Título V do Livro V do *Codice*, relativo ao trabalho.

Esta divisão sistemática, mas sobretudo o teor do artigo 157.º CC permitem retirar algumas conclusões sobre a natureza das fundações. Na verdade, está excluída a utilização desta figura para o desenvolvimento de actividades com um escopo totalmente egoísta, dirigidas à obtenção e distribuição de lucros. É a letra do referido artigo (*interesse social*) que o impede.

Se for tomada como ponto de comparação a sociedade comercial, verifica-se que esta se destina precisamente a enquadrar actividades económicas desenvolvidas com vista à obtenção de lucros pelos respectivos membros. A diferença entre as figuras, por um lado, e os limites do regime da fundação, por outro, ficam assim claros: "É, pois, absolutamente seguro que a fundação não pode ter, em face do nosso sistema jurídico, uma indiferenciada virtualidade personificadora de qualquer actividade empresarial"[646].

---

[646] Sousa Ribeiro, *Fundações: "uma espécie em vias de extensão"?*, cit., 254.

Delimitação do âmbito de aplicação da transformação de Soc. Comer. no DPP   291

Isto não quer porém dizer que a actividade desenvolvida pela fundação, o seu objecto imediato, não possa coincidir, pelo menos parcialmente, com o das sociedades comerciais. Adiante voltar-se-á a este tema. E tampouco pode exigir-se do artigo 157.º CC – quando comparado com o artigo 980.º CC e com o artigo 1.º –, mais do que ele pode dar: sendo a fundação e a sociedade estruturas jurídicas, não pode empregar-se um argumento relativo à *natureza das coisas*, para se negar a existência de áreas de intersecção entre o universo *lucrativo* e o universo *não lucrativo*. Serão também analisadas mais detalhadamente as configurações possíveis desta intersecção.

Como acima se referiu, a caracterização introdutória das figuras, em relação às quais a transformação de e em sociedades comerciais é analisada neste estudo, não se destina a apresentar detalhadamente o regime jurídico-positivo aplicável nem tampouco a alcançar, quanto àquelas, uma definição dogmática. Serve, apenas, para recolher elementos que permitam o confronto das várias figuras com a sociedade, facilitando assim a análise das questões relativas à transformação recíproca.

Neste sentido, e em síntese, os elementos recolhidos a propósito da fundação podem ser alinhados em quatro pontos fundamentais[647]: a fundação é uma pessoa jurídica, independente dos seus órgãos e beneficiários, dotada de (uma expectativa fundada de aquisição de) património[648], sem membros e que prossegue um fim de interesse social.

5.4.2. Transformação de sociedades comerciais em fundações

Na esteira do que acaba de se afirmar, a fundação deve prosseguir um *fim de interesse social*, ao passo que a sociedade comercial se propõe ao

---

[647] Aproveita-se a sistematização operada por ocasião da proposta de um estatuto para a fundação europeia, e correspondente comentário, que pode ser consultada em Hopt / Walz / Von Hippel / Then (org.), *The European Foundation – A New Legal Approach*, 2006, Cambridge, CUP, 29 e ss. Esta proposta é acompanhada de um estudo de direito comparado, respeitante às fundações. Muito embora os requisitos da ausência de membros e do fim de interesse social não sejam exigidos em todos os Estados-membros, eles foram incorporados na proposta de estatuto em apreço por correspondem à tradição jurídica do direito continental e por permitem distinguir de forma mais transparente a fundação da associação e da sociedade comercial (ob. cit., 30 e ss. e 50 e ss.).

[648] *Supra*, nota 641.

292 *Transformação de Sociedades Comerciais*

exercício em comum de uma actividade económica, através da prática de actos de comércio, para distribuição posterior dos lucros assim obtidos. Pode então questionar-se se a heterogeneidade causal entre ambas as figuras não impede a transformação recíproca.

Como já foi referido, este conceito de heterogeneidade causal foi desenvolvido sobretudo pela doutrina italiana, anterior à reforma do direito societário de 2003, como ferramenta de análise da admissibilidade de transformações não expressamente previstas. Segundo a posição quase unânime da doutrina, a transformação de sociedades apenas se poderia admitir num quadro de homogeneidade causal, i.e., entre entes com escopo lucrativo (*supra*, com indicações bibliográficas, II, 5.1.2). Aliás, esta era a característica que permitia à doutrina transalpina autonomizar dogmaticamente a transformação de sociedades (artigo 2498.° do *Codice Civile*) da transformação de fundações (artigo 28.° do *Codice Civile*).

Enquanto que na transformação de fundações se mudava o substrato (o escopo), na transformação de sociedades a alteração apenas incidia sobre a organização. O único elemento comum a ambos os fenómenos seria, então, a manutenção da identidade do ente transformado.

A operatividade do segundo tipo de transformação – a transformação de sociedades – estava então limitada ao universo societário, tendo em conta a *fungibilidade* das várias estruturas típicas, por um lado, e a manutenção do elemento organizativo *próprio* das sociedades, como característica essencial do instituto. Não era admissível, segundo esta perspectiva, a transformação de sociedades em fundações, e vice-versa[649].

A crítica ao enquadramento conceptual que acaba de se descrever já foi realizada, a propósito da transformação de cooperativas em sociedades comerciais (*supra*, II, 5.1.2). Os argumentos então avançados são, genericamente, aplicáveis a este propósito. Interessa abandonar, também aqui, a perspectiva meramente conceptual, e adoptar um novo enfoque, que confira relevância aos aspectos funcionais e teleológicos da transformação.

Com efeito, e como acima se referiu (*supra,* II, 2.4), escolhido um prisma funcional, ressalta da observação do instituto da transformação a sua eficácia simplificadora. Através desta operação, atinge-se um objectivo ao qual que seria possível chegar por outro modo, mas evita-se a exposição aos perigos que esta via alternativa implicaria. Cabe assim

---

[649] Por todos, Tantini, *La Trasformazione e Fusione delle Società*, cit., 190-191.

Delimitação do âmbito de aplicação da transformação de Soc. Comer. no DPP 293

determinar o *quid* que se pretende manter incólume, e cuja desagregação seria arriscada por um outro caminho que não o da transformação (por exemplo, através de dissolução e liquidação do ente existente e constituição de nova pessoa colectiva).

Não é condição necessária à aplicação das normas constantes do artigo 130.°, dentro do universo societário – como também já se referiu (*supra*, II, 3.5) – a existência de uma empresa na titularidade da sociedade que pretende transformar-se. Simplesmente, adoptando uma perspectiva funcional, pode sustentar-se que, em termos teleológico-objectivos, o instituto serve para a preservação do *quid* que se presume existir nas sociedades comerciais: uma unidade económica funcionalmente organizada.

Com este postulado em vista, poder-se-ia tentar sustentar que a aplicação analógica do instituto deve ser recusada nos casos em que as novas regras aplicáveis por virtude da transformação não comportem a existência de uma tal unidade. Cumpre então determinar se é esse o caso das fundações.

A dúvida é legítima – saber se a fundação pode desenvolver uma actividade económica –, já que a distinção tradicional entre entes com escopo lucrativo e entes com escopo não lucrativo (*profit / non-profit*) se baseou durante algum tempo, segundo parece, no pressuposto de que o *escopo* condicionava necessariamente a *forma* como a actividade era desenvolvida. Confundia-se assim o objecto mediato da fundação com o seu objecto imediato, assumindo-se que a prossecução de lucro era necessariamente realizada através de uma actividade económica e, reflexamente, que a prossecução de um escopo não lucrativo era incompatível com o desenvolvimento de uma actividade económica[650].

---

[650] Para uma análise histórica e enquadramento em termos de teoria económica da dicotomia entes *profit/non-profit*, VERRUCOLI, *Non-profit Organizations (A Comparative Approach)*, Milão, Giuffrè, 1985, 1-16. A superação do entendimento descrito era inevitável: "Pursuant to these conceptions, if a legal structure was employed which was appropriate to the real purpose of the organization should have operated within this authorized framework. Implicit in this thinking was the idea that there were typical «profit» and «non-profit» activities corresponding to «profit» and «non-profit» structures and purposes. The actual development of organizations, however, has belied this presumed harmony, partly because of the intrinsic weakness of the underlying philosophy just described, and partly because of the emergence of new phenomena which have altered certain basic assumptions of this approach" (ob. cit., 4).

294   *Transformação de Sociedades Comerciais*

Pode afirmar-se, com aquela que parece ser a melhor doutrina a este respeito, a possibilidade de desenvolvimento de uma actividade económica pelas fundações. No entanto, cumpre aqui distinguir entre (A) a possibilidade de desenvolver uma actividade económica com fins lucrativos, (B) a intensidade com que a actividade é desenvolvida, e (C) o destino possível dos proveitos obtidos. Salvo melhor opinião, a admissibilidade da prossecução da actividade económica dependerá da intensidade com que a mesma é desenvolvida e do destino dos proveitos obtidos.

Em relação à *intensidade* com que a actividade económica é desenvolvida, não parece de aceitar que esta se converta no objecto principal da fundação. A actividade económica há-de ser sempre instrumental em relação ao fim *principal*, de natureza ideal[651].

Por outro lado, deve sublinhar-se que o *destino dos proveitos* obtidos com a prossecução de actividades lucrativas é extremamente importante para o juízo de licitude da actividade da fundação. Com efeito, a fundação não pode distribuir os lucros pelo instituidor, como se de uma sociedade comercial se tratasse[652]. Deve verificar-se também uma suficiente *heterodestinação* do resultado obtido através do exercício da actividade comercial, exigindo-se a produção de um benefício externo à fundação.

Assim sendo, parece esta excluída a admissibilidade de uma fundação que prossiga uma actividade comercial como forma de conservar e gerir o seu próprio património, sendo este um fim em si[653].

Em conclusão, parece ser possível fixar que a integração da fundação no universo dos entes *non profit* não deve implicar a sua condenação a actividades improdutivas e ineficientes, do ponto de vista económico. Antes pelo contrário, se for instrumentalmente adequada para a prossecução do *fim de interesse social*[654], a fundação pode desenvolver uma actividade

---

[651] Já se pronunciava neste sentido, em comentário ao Anteprojecto do capítulo das Pessoas Colectivas de FERRER CORREIA que está na base do texto final do Código de 1966, MARCELLO CAETANO, *Das Fundações…*, cit., 23. Já na vigência do Código Civil de 1966, no mesmo sentido, SOUSA RIBEIRO, *Fundações…*, cit., 254-256.

[652] MARCELLO CAETANO, *Das Fundações…*, cit., 23.

[653] Neste sentido, SOUSA RIBEIRO, *Fundações…*, cit., 257.

[654] Neste ponto, a proposta de estatuto já identificada tomou uma posição mais restrita do que aquela que é comum à maioria dos Estados-membros, sugerindo que a Fundação Europeia não possa desenvolver uma actividade económica directa (artigo 6.2). As principais razões invocadas são relativas à protecção de credores e à correcta aplicação de benefícios fiscais. No entanto, é expressamente permitida a detenção de participações em entidades que desenvolvam uma actividade económica directa, desde que esteja asse-

Delimitação do âmbito de aplicação da transformação de Soc. Comer. no DPP   295

económica lucrativa, desde que os resultados dela decorrentes não sejam, directa ou indirectamente, apropriados individualmente[655,656]. A proibição de apropriação individual torna-se tanto mais importante quanto se observa a proliferação de *fundações de empresa*, criadas por entes com escopo lucrativo para desenvolver "de forma autonomamente institucionalizada, actividades de interesse social"[657].

Assente a possibilidade de a fundação ser titular de uma unidade económica funcionalmente organizada, deve ainda analisar-se a posição jurídica de sócios e credores num cenário de transformação.

Tendo em conta a ausência de um substrato pessoal (associativo) nas fundações, os sócios do ente a transformar perdem a sua qualidade de *membros*, após a realização da operação projectada, caso seja admitida a transformação de sociedades comerciais em fundações. No entanto, tendo em conta a natureza disponível dos direitos subjacentes à participação social, já referida (*supra*, II, 5.1.4), não parece que esta característica seja impedimento absoluto a que se admita a transformação em apreço. Esta conclusão parece sair reforçada se for tido em consideração o princípio

---

gurada uma relação de instrumentalidade com os objectivos de interesse social prosseguidos pela Fundação (artigo 6.2). Para a fundamentação destas opções, ob. cit., 146 e ss.

[655] Segue-se, nesta conclusão, SOUSA RIBEIRO, *Fundações...*, cit., 257. Para um enquadramento da proibição de apropriação individual dos benefícios gerados como critério de distinção entre os universos *profit/non-profit* no direito americano, PONZANELLI, *Le "Non Profit Organizations"*, Milão, Giuffrè, 1985, 15-38. No direito italiano, sobre a aceitação, quase unânime, da possibilidade de uma fundação prosseguir uma actividade empresarial, IORIO, *Le Fondazioni*, Milão, Giuffrè, 1997, 235-249.

[656] A proposta já referida, de um estatuto para a Fundação Europeia, dá especial relevância, precisamente. à "Non-distribution Constraint", no artigo 1.3: "Benefits shall not be distributed either directly or indirectly to any Founder, Director, officer or employee of the foundation other than by way of reasonable and proper remuneration under a contract of service or a contract for services entered into for the benefit of the foundation and/or its beneficiaries, nor extended to any related person thereof unless the latter belongs to a class of beneficiaries...", em HOPT / WALZ / VON HIPPEL / THEN (org.), *The European Foundation...*, cit.. Segundo este projecto (artigo 3.4) a instituição de uma fundação e a correspondente aquisição de personalidade jurídica não estariam sujeitas a qualquer tipo de reconhecimento estatal, mas apenas à inscrição no registo nacional do Estado-membro respectivo (artigo 3.5). Aliás, à imagem do que acontece na *Societas Europea* (*supra*, II, 4.3.1), o projecto sugere que as matérias não reguladas pelo Estatuto (a ser aprovado ao nível comunitário) continuem a ser reguladas pela legislação do Estado-membro onde a fundação esteja registada (artigo 9).

[657] A definição, mais uma vez, é de SOUSA RIBEIRO, *Fundações...*, cit., 258.

também já referido, que se extrai dos artigos 131.°/1, alínea c), 133.° e 136.°: se por acordo dos sócios afectados, pode ser cerceados direitos compreendidos na participação social, como direitos especiais (artigo 131.°/1, alínea c), o direito à limitação da responsabilidade (artigo 133.°/2) ou o direito à manutenção da posição relativa (artigo 136.°), não se vê como recusar a cada sócio o direito de dispor, de forma definitiva, da totalidade dos direitos subjacentes à participação social.

No entanto, da leitura das normas enunciadas e da observação das repercussões patrimoniais que uma tal decisão implica, pode extrair-se uma segunda conclusão: admitida a aplicação analógica do regime da transformação, é por maioria de razão aplicável o artigo 133.°/2 a este caso. A transformação apenas será possível através de uma deliberação unânime, pois todos os sócios, neste caso, perdem a referida qualidade após a transformação.

Os sócios serão assim co-instituidores da fundação, e abdicam do governo e direcção de que dispunham em relação à sociedade comercial, em detrimento da funcionalização do património societário a um fim de *interesse social*.

Quanto aos credores, cabe referir que a fundação, superando o que foi referido quanto às cooperativas e às associações (*supra*, II, 5.1.1 e 5.2.1), apresenta um grau de autonomia patrimonial ainda mais marcado, precisamente porque não tem *membros*. Nem os credores dos titulares dos seus órgãos, nem as vicissitudes que a estes digam respeito (pense-se, por exemplo, na morte ou falência de instituidores ou administradores) afectam o património da fundação.

Por isso mesmo, é impossível conformar os estatutos da fundação de maneira a conceder um sucedâneo de uma eventual responsabilidade ilimitada de que os credores societários beneficiassem. Esta dificuldade não se afigura, no entanto, intransponível, dada a aplicabilidade, por analogia, do artigo 139.°/1, na transformação de uma sociedade comercial em fundação.

Pode opor-se a esta aplicação analógica a falta de razões justificativas comparáveis: enquanto na transformação de uma SNC em SA o sócio que se mantém pessoal e ilimitadamente responsável pelas dívidas anteriormente contraídas continua membro do ente transformado, na fundação isto não sucederia. Mas este reparo parte de um pressuposto que, salvo melhor opinião, deve ser recusado: o de que o sócio apenas continua pessoal e ilimitadamente responsável *porque* mantém a sua participação social.

Delimitação do âmbito de aplicação da transformação de Soc. Comer. no DPP 297

Pelo contrário, deve entender-se que o regime de responsabilidade aplicável às dívidas contraídas anteriormente à transformação se mantém para tutelar um direito do credor societário, que de outro modo poderia ser alterado sem a sua anuência. A *ultra-actividade* do regime da responsabilidade não é assimilável a uma desvantagem que o sócio assume em troco da sua participação social. É antes a única forma de, viabilizando uma mudança estrutural *normal* no universo societário, não afectar os direitos de terceiros. E assim, deve concluir-se que esta *ultra-actividade* se aplica, mesmo que o sócio exerça o seu direito de exoneração (quando este esteja legal ou convencionalmente previsto)[658], porque a *ratio* deste mecanismo reside na tutela dos credores e não no equilíbrio entre posições activas e passivas na participação social.

Se assim é, não impressiona que o ente transformado, na transformação de sociedades comerciais em fundações, careça de membros. Os co-instituidores continuarão a responder pessoal e ilimitadamente pelas dívidas anteriormente contraídas, nos termos da aplicação analógica do artigo 139.º/1.

No que respeita à capacidade de fiscalização e acompanhamento pelos credores da situação patrimonial do ente transformado, bem como à perda das garantias de conservação do capital social, valem, com as devidas adaptações, as considerações avançadas a propósito das associações (*supra*, II, 5.2.3). Em síntese, a transformação de sociedades comerciais em fundações não implica maiores dificuldades na fiscalização do ente transformado, após a operação, quando comparada com a transformação de sociedades de capitais em sociedades de pessoas, expressamente toleradas nos artigos 130.º e seguintes. Acresce que, por carecer de membros, não se colocam na fundação os perigos acautelados pelas regras de conservação do capital, constantes dos artigos 31.º e seguintes, pelo que a sua inaplicabilidade não deve ser vista como obstáculo à transformação.

Acresce ainda um argumento que depõe no sentido da admissibilidade da transformação em apreço. Como já se referiu, pode extrair-se do artigo 136.º/3 (bem como, por exemplo, do artigo 21.º/1 do Decreto-Lei

---

[658] Neste sentido, RAÚL VENTURA, *Fusão, Cisão, Transformação...*, cit., 534: "Também a responsabilidade pessoal e ilimitada dos sócios que se exoneraram não é afectada; continuam responsáveis pelas dívidas anteriores, tal como os sócios que se mantiverem na sociedade transformada".

298   *Transformação de Sociedades Comerciais*

n.º 430/73, de 25 de Agosto[659]) um princípio segundo o qual o ente a transformar deve adequar-se às regras de constituição do regime jurídico de destino. Se assim é, na transformação de uma sociedade em fundação, a adequação do património societário ao fim que os sócios pretendem prosseguir e a natureza deste último serão objecto de uma decisão pela entidade competente para o reconhecimento da fundação (artigo 188.º)[660]. Ficam assim acautelados os eventuais receios a propósito de uma utilização abusiva do esquema jurídico fundacional para propósitos egoístas dos sócios.

Parece então ser possível integrar a lacuna em apreço, relativa à possibilidade de transformar uma sociedade comercial numa fundação, através da aplicação analógica da regra permissiva constante do artigo 130.º. Esta transformação, na linha do que foi antecipado anteriormente a respeito das associações, fica condicionada a uma deliberação unânime dos sócios, por virtude da aplicação também analógica do princípio que condiciona a transformações que impliquem alterações substanciais nas posições jurídicas dos sócios ao respectivo assentimento (*supra*, II, 2.3.6).

5.4.3. Transformação de fundações em sociedades comerciais

O novo direito societário italiano permite expressamente a transformação de fundações em sociedades comerciais de capitais, no artigo 2500--*octies*, I, do *Codice Civile*. Esta transformação é proposta pelo órgão de administração da fundação, cabendo a decisão final à autoridade competente para o reconhecimento (artigo 2500-*octies*, IV, *Codice Civile*). As acções ou quotas da nova sociedade serão atribuídas segundo as disposi-

---

[659] As sociedades ou associações já constituídas com objectivos análogos aos designados na lei para os agrupamentos complementares de empresas podem transformar-se nestes, sem perder a sua personalidade, desde que respeitem as condições previstas na mesma lei e no presente regulamento. (sublinhado nosso).

[660] O direito italiano acolheu expressamente esta solução, admitindo a transformação de sociedades de capitais em fundações (artigo 2500-*septies*, I, *Codice Civile*) e a transformação de fundações em sociedades de capitais (artigo 2500-*octies*, I, *Codice Civile*). Na primeira das modalidades em apreço – i.e., transformação de sociedade em fundação –, a deliberação produz os efeitos tipicamente desencadeados pela instituição da fundação, de entre os quais se destaca a necessidade de reconhecimento. Sobre esta solução, DI SABATO, *Diritto delle Società*, 2005, 2.ª edição, Milão, Giuffrè, 503-504.

Delimitação do âmbito de aplicação da transformação de Soc. Comer. no DPP 299

ções do acto de instituição que se refiram à devolução dos bens em caso de dissolução da fundação. Se o instituidor nada tiver disposto a este respeito, a decisão sobre a atribuição das participações sociais será da autoridade administrativa, que deve tentar destiná-las a entes com fins análogos (artigo 31, II, *ex vi* do artigo 2500-*octies*, IV)[661].

No que respeita ao Direito privado português, poderia ser tentada solução idêntica. O instituidor pode ter fixado, no acto de instituição ou nos estatutos, o destino a dar aos bens da fundação em caso de extinção (artigo 186.º/2), aplicando-se supletivamente o artigo 166.º. Assim sendo, as participações na sociedade resultante da transformação poderiam ser distribuídas pelos destinatários dos bens fundacionais em caso de extinção, sendo certo que a decisão de atribuição, na falta de estipulação pelo instituidor, seria realizada pelo tribunal (artigo 166.º/1 e 2).

As críticas avançadas por parte da doutrina italiana a propósito deste novo tipo de transformação podem no entanto ser esclarecedoras para a análise da possibilidade da sua aceitação no direito português. DE ANGELIS, por exemplo, critica o legislador italiano por ter permitido a transformação de um ente sem membros num ente de base associativa, como a sociedade. A solução dada pelo legislador para ultrapassar este problema não satisfaz o Autor: a intervenção da autoridade administrativa para autorizar e atribuir as acções ou quotas da nova sociedade (artigo 31 do *Codice*, *ex vi* do artigo 2500-*octies*) consubstancia uma intervenção extra-societária, por um ente com autoridade externa, que age para lá das regras procedimentais características da organização societária[662]. Com efeito, esta intervenção publicista pode desvirtuar os princípios que até agora têm sido utilizados, para conformar e expandir o instituto da transformação como expressão de autonomia privada.

Com efeito, a admitir-se, esta hipótese nunca seria configurada como uma manifestação de autonomia privada, afastando-se assim das restantes modalidades de transformação, como origem ou destino em sociedades comerciais, que têm vindo a ser analisadas.

Por outro lado, tendo em conta a limitada margem de discricionariedade de que dispõe a autoridade competente em matéria de reconheci-

---

[661] Sobre esta possibilidade, LIBONATI, *Diritto Commerciale – Impresa e Società*, 2005, Milão, Giuffrè, 520-521.

[662] DE ANGELIS, *Della Trasformazione*, em AAVV, *Codice Commentato delle Nuove Società*, IPSOA, 2004, 1242.

300   *Transformação de Sociedades Comerciais*

mento, modificação dos estatutos, transformação e extinção (artigos 188.°, 189.°, 190.° e 193.° CC), é difícil de configurar uma hipótese em que à decisão original do instituidor, de atribuir um património a um fim não lucrativo, possa ser sobreposta, posteriormente, a decisão de aplicar a esse mesmo património um regime normativo que concede aos respectivos membros o direito à apropriação individual de bens e proveitos.

A este último argumento pode opor-se que o intérprete não deve presumir a capacidade de antecipar todos os aspectos das relações de vida sobre as quais incidem as normas em análise.

Quanto ao primeiro aspecto, no entanto, parece ser de assinalar que, ao contrário do que sucede nos restantes casos em que foi descoberta uma norma permissiva, através da integração de lacunas, não existe aqui espaço para o exercício da autonomia privada por sujeitos jurídicos, destituídos de autoridade. E assim sendo, não estão presentes as *razões justificativas* que levaram o legislador a admitir os vários tipos de transformações expressamente previstos.

Deve por isso concluir-se que a lacuna existente deve ser preenchida através de uma norma proibitiva, que impeça a transformação de fundações em sociedades comerciais. Esta impossibilidade não resulta de argumentos de ordem conceptual. Com efeito, não existe qualquer razão, proveniente da *natureza das coisas*, que impeça a transformação de um ente fundacional em ente de natureza associativa. A admissibilidade expressa dessa possibilidade no direito italiano posterior à reforma de 2003 parece confirmá-lo. Simplesmente, deve concluir-se que as transformações expressamente previstas nos artigos 130.° e seguintes são exercícios de autonomia privada, e que assim sendo, face aos dados normativos existentes no Direito privado português, esta hipótese – i.e. a transformação de fundações em sociedades – não configura uma situação comparável, neste ponto crucial.

Não se oponha a esta conclusão que o artigo 191.°/2 CC já prevê um caso de transformação (implícita numa fusão heterogénea) de fundações em pessoas colectivas de tipo associativo. Reconhece-se que, utilizando a expressão pessoa colectiva, o legislador parece admitir que a fundação seja incorporada numa associação, por exemplo, quando um encargo que onere a fundação (e que tenha sido motivo essencial da sua instituição) impossibilite ou dificulte gravemente o preenchimento do fim institucional. Mas neste caso, o património incorporado na associação continua adstrito a um fim específico (o encargo) e a associação continuará a prosseguir os respectivos fins com outros recursos.

Delimitação do âmbito de aplicação da transformação de Soc. Comer. no DPP   301

Haverá aqui uma autonomização funcional, dentro da mesma pessoa jurídica, das duas massas patrimoniais (a original e a adquirida pela incorporação), e parece estar excluída, ainda que implicitamente, a possibilidade de ser escolhida, como sujeito incorporante, uma pessoa colectiva onde os membros tenham direito à apropriação individual do respectivo património. É a conclusão que resulta da última parte do artigo 191.º/2: a entidade competente para o reconhecimento deve escolher uma pessoa colectiva que seja *capaz de satisfazer o encargo à custa do património incorporado, sem prejuízo dos seus próprios fins.*

III PARTE

CONSTRUÇÃO DOGMÁTICA

1. NATUREZA JURÍDICA DA TRANSFORMAÇÃO DE SOCIEDADES COMERCIAIS

Ao longo desta análise foi possível verificar que a discussão em torno da transformação de sociedades comerciais, após um período de intensa discussão[663], que coincidiu com a vigência combinada da LSQ e dos artigos 49.°/5 e 151.°, § 2 do Código VEIGA BEIRÃO, tem suscitado pouco interesse na doutrina portuguesa. Este facto é tanto mais de estranhar quanto se tenha em consideração a importância dogmática do instituto, que apresenta afinidades óbvias com o fenómeno da transformação de pessoas colectivas e configura uma área de intersecção de princípios e institutos tão importantes como a autonomia privada, a personalidade colectiva ou a tipicidade das pessoas colectivas e das sociedades comerciais.

Uma das explicações para este desinteresse talvez possa ser identificada com o enquadramento tradicional da discussão, que consistiu, quase sempre, na autonomização da transformação de sociedades enquanto fenómeno particular, sem áreas de sobreposição com o restante Direito civil. A transformação de sociedades foi assim acantonada à tipicidade societária, como modalidade de alteração contratual, resultante na mudança de tipo, desconsiderando-se os traços de identidade com a transformação de pessoas colectivas.

Este enquadramento típico, muito influenciado pela doutrina italiana que se debruçou sobre o *Codice Civile* de 1942 antes da recente reforma do direito societário, não podia deixar de marcar a discussão sobre a natureza jurídica da transformação de sociedades.

Ainda perante o artigo 151.°, § 2 do Código Comercial e o § 3.° do artigo 3.° da LSQ, que, segundo a sua opinião, equiparavam de forma inequívoca a transformação às demais modificações de cláusulas sociais, PALMA CARLOS era exemplo desta tendência: "A transformação em sentido

---

[663] Se bem que quase sempre centrada na querela da continuação / dissolução da sociedade a transformar, e correspondentes consequências fiscais.

próprio, traduzindo-se, como se traduz, em simples alteração ou modificação do pacto social, não oferece qualquer aspecto destacado que permita distingui-la das outras alterações, e o seu regime há-de ser aquele que a estas seja aplicável"[664].

RAÚL VENTURA, já depois da aprovação do CSC 1986, continuava esta linha de pensamento, quando limitava a operatividade do instituto ao universo societário, recusando – com recurso à falta de homogeneidade causal[665] – modalidades de transformação que o transpusessem. A possibilidade de transformar determinado ente ligava-se sempre, segundo o Ilustre Professor de Lisboa, "à presença no ordenamento de algumas normas que expressamente disciplinam o instituto ou marcam os limites dentro dos quais pode ser legitimamente exercido o poder dos sócios"[666]. Embora não contestasse que a transformação de sociedades implicava uma alteração contratual, RAÚL VENTURA defendia que esta última era consequência e não causa da primeira: "a transformação constitui um instituto autónomo, a par da fusão e da cisão, especialmente previsto e especialmente regulado; nada indica ter o legislador visto nela apenas uma particular modalidade de alteração do contrato de sociedade…"[667]

Tributário desta posição, que podemos apelidar de clássica, é, na actualidade, RICARDO COSTA. Este Autor utiliza como condição de uso do conceito de transformação a "*mudança de tipo social* privativa do instituto regulado no CSC"[668]. Nestes termos, a transformação envolve sempre "*o trânsito entre pessoas societárias*"[669], pelo que não se deve utilizar o conceito na mudança de fim das fundações (sobre esta posição, *supra*, II, 4.2.3). Nesta linha, a conversão de uma sociedade por quotas pluripessoal ou de um EIRL em SQU deveria ficar de fora das fronteiras da transfor-

---

[664] PALMA CARLOS, *Transformação de Sociedades*, cit., 8. Sublinhe-se que, como foi já referido (*supra*, I, 4.2.5), este Autor entendia que a operação visada pelos artigos 52.º a 54.º LSQ implicava a constituição de uma nova sociedade e a extinção da sociedade constituída sob a forma abandonada, e que por isso não se podia reconduzir ao conceito de transformação em sentido próprio.

[665] RAÚL VENTURA, *Fusão, Cisão, Transformação…*, cit., 433-434 e 437.

[666] RAÚL VENTURA, *Fusão, Cisão, Transformação…*, cit., 437.

[667] RAÚL VENTURA, *Fusão, Cisão, Transformação…*, cit., 450.

[668] RICARDO COSTA, *A Sociedade por Quotas Unipessoal…*, cit., 277-278, nota 261 [itálico do Autor].

[669] RICARDO COSTA, *A Sociedade por Quotas Unipessoal…*, cit., 278, nota 261 [itálico do Autor].

Construção dogmática 307

mação, já que no primeiro caso haveria "apenas uma alteração do número de sócios produzida pelas operações adequadas a esse efeito (cessão de partes ou aumento do capital)"[670] e o segundo limitar-se-ia à "constituição *ex novo* de uma SQU em que a transmissão (vulgo trespasse) do EIRL funciona como acto de realização da entrada a que o sócio (...) está vinculado"[671]. Aplaude pelas mesmas razões o emprego da expressão *modificação* pelo legislador no que respeita à passagem de uma SQU para uma sociedade por quotas pluripessoal.

Contra a tese clássica, PINTO FURTADO veio defender entendimento diverso, sustentando, que "a *transformação* não é um instituto privativo das *sociedades do Código das Sociedades Comerciais*, podendo ocorrer com outras figuras, entre si, e até arrancando de figuras estranhas a ele para chegar às suas *sociedades*"[672]. Reconduz assim à transformação a mudança de fim das fundações, a transformação de ACE em AEIE e vice-versa e a transformação de EIRL em SQU[673]. O Autor não justifica, no entanto, as razões desta proposta dogmática, nem tampouco a forma de a harmonizar com a definição de transformação sugerida, como modalidade de modificação do contrato[674].

Como também já foi referido, a tese clássica, segundo a qual a transformação de sociedades deve ficar compreendida no universo societário, sobretudo pela impossibilidade dogmática de uma transformação no quadro da heterogeneidade causal, encontrou os seus principais cultores na civilística italiana, perante o *Codice Civile* de 1942. A crítica ao conceptualismo que estava na base deste enquadramento dogmático já foi tentada (*supra*, II, 5.1.2). Interessa agora analisar a reacção da doutrina italiana à reforma do direito societário de 2003, atendendo às alterações introduzidas no regime da transformação.

---

[670] RICARDO COSTA, *A Sociedade por Quotas Unipessoal...*, cit., 278, nota 261.

[671] RICARDO COSTA, *A Sociedade por Quotas Unipessoal...*, cit., 278-279, nota 261.

[672] PINTO FURTADO, *Curso de Direito das Sociedades*, cit., 540.

[673] PINTO FURTADO, *Curso de Direito das Sociedades*, cit., 542-543.

[674] Com efeito, dificilmente se compatibiliza a expansão do instituto da transformação de sociedades para além das fronteiras do direito societário com a sua definição com uma alteração do contrato. Basta pensar que PINTO FURTADO reconduz ao conceito de transformação a conversão de um EIRL em SQU (ob. cit., 543), quando ao primeiro não pode ser atribuída natureza contratual.

308   *Transformação de Sociedades Comerciais*

Com efeito, tendo em conta que, aos vários tipos de transformação homogénea, os novos artigos 2500-*septies*[675] e 2500-*octies*[676] do *Codice* vieram acrescentar inúmeras modalidades em que o ente resultante da transformação de uma sociedade de capitais[677] (ou o ente que pretende transformar-se em sociedade de capitais) pode ser um ente não societário (fundação, consórcio, associação não reconhecida), pode carecer de escopo lucrativo (fundação, associação) ou de natureza contratual (fundação, *comunioni d'azienda*[678]), e pode até nem ser um sujeito jurídico (*communioni d'azienda*), era forçoso que o critério da homogeneidade causal fosse abandonado, na caracterização do instituto[679].

Perante estes dados legais, a doutrina transalpina começa agora a centrar-se no princípio da continuidade como traço de caracterização da transformação. Na nova transformação de sociedades, é alterada a forma jurídica, mas subsistem as relações que eram detidas segundo o modelo organizacional anteriormente utilizado[680]. GALGANO, na esteira das refle-

---

[675] O artigo 2500-*septies* permite a transformação de sociedades de capitais em consórcios, *società consortili*, sociedades cooperativas, *comunioni d'azienda*, associações não reconhecidas e fundações.

[676] O artigo 2500-*octies* permite a transformação em sociedades de capitais de consórcios, *società consortili*, *comunioni d'azienda*, associações reconhecidas e fundações.

[677] Sociedade anónima, sociedade de responsabilidade limitada, sociedade em comandita por acções.

[678] A *azienda* é definida pelo legislador italiano como *il complesso dei beni organizzati dall'imprenditore per l'esercizio dell'impresa*, no artigo 2555 do *Codice*. Na literatura portuguesa, é sugerida a tradução do termo por estabelecimento (MENEZES CORDEIRO, *Manual de Direito Comercial*, cit., 268).

[679] DE ANGELIS, *Della Trasformazione...*, cit., 2495.

[680] ABATE / DIMUNDO / LAMBERTINI / PANZANI / PATTI, *Gruppi, Trasformazione, Fusione e Scissione, Scioglimento e Liquidazione, Società Estere*, em LO CASCIO (org.), *La Riforma del Diritto Societario*, Milão, Giuffrè, 2003, 293-294. Em sentido comparável, LIBONATI, *Diritto Commerciale...*, cit., 513-514: "La trasformazione consiste – e lo si sottolineava poc'anzi – nel cambiamento di modello di organizzazione d'impresa, nella visione ampliata del fenómeno associativo di cui già si è fatto cenno *sub* § 6.3. Traducendosi in simplice vicenda riorganizzativa dell'attività esistente, sotto un particolare profilo – appunto di cambiamento di modello – l'art. 2498 si preoccupa di ribadire la continuità dei rapporti giuridici. Caratteristica infatti dell'istituto in parola, e che legittima la definizione sopra cennata, è che nel contesto dell'attività riorganizzata i diritti e gli obblighi si conservano e tutti i rapporti con i terzi, anche processuali, appunto continuano". Nesta linha, também, BUONOCORE (org.), *Manuale di Diritto Commerciale*, 4.ª edição, Turim, Giappichelli, 2003, 486: "Attraverso la modificazione dell'atto costitutivo, cioè, si produce solo il mutamento del modello organizativo dell'impresa, ma non quello del soggeto

xões já apresentadas sobre a personalidade jurídica (*supra*, II, 1.1.2.1), acrescenta, com utilidade para esta análise, a relevância do regime jurídico aplicável: "La trasformazione è, nei suoi termini più generali, una vicenda evolutiva del soggetto titolare dell'impresa, il quale conserva i diritti e gli obblighi e prosegue in tutti i rapporti, sostanziali e processuali, ad essa anteriori (...); una vicenda che incide, invece, sulla disciplina normativa da applicare, la quale è, a seguito di questa vicenda, quella propria della diversa entità risultante dalla trasformazione"[681].

A continuidade do ente transformado – referente às relações jurídicas tituladas –, torna-se assim independentemente da modificação que possa ocorrer na respectiva função e organização. Anteriormente, apenas eram passíveis de ser alteradas, segundo SPADA, as normas relativas ao *modo como se organizava* o fenómeno associativo. Desde a reforma de 2003, passam também a poder alterar-se as normas relativas ao *porquê* da associação de sujeitos jurídicos[682].

Alguns autores sugerem até que as consequências sistemáticas da abrangência com que o legislador previu transformações heterogéneas devem ser estendidas mesmo quando não exista uma sociedade. Segundo esta última proposta, seriam admissíveis, por exemplo, as transformações recíprocas de fundações, cooperativas ou associações[683].

Na Alemanha, perante o § 190 UmwG, a doutrina encontra na mudança de forma jurídica e na manutenção de identidade os traços que

---

collettivo, nel senso che non si estingue la società che si trasforma e non si crea una nuova società: il soggetto resta il medesimo e muta solo il profilo organizzativo dell'impresa societaria. E quest'ultima osservazione è certamente estensibile anche alla trasformazione eterogenea, ove si sostituiscano i termini e si elimini la considerazione dell'impresa". Sublinhado a conservação da autonomia patrimonial como traço caracterizador do instituto, na sua nova conformação, MARASÀ, *La Nuova Disciplina di Trasformazioni e Fusioni*, em AFFERNI / VISINTINI (org.), *Principi Civilistici nella Riforma del Diritto Societário*, 2005, Milão, Giuffrè, 266-269. Este Autor define assim a nova transformação como "*mutamento della componente strutturale della fattispecie che può determinare anche un cambiamento dello scopo a cui era originariamente destinato il patrimonio autonomo*" (ob. cit., 267, itálico do Autor).

[681] GALGANO, *Il Nuovo Diritto Societario*, cit., 533.

[682] SPADA, *Dalla Trasformazionne delle Società....*, cit., 3884. Tendo em conta que estas transformações da *função* do contrato associativo (repartição dos lucros pelos membros, prossecução de fins de beneficência, etc.) podem ser actualmente levadas a cabo através de uma decisão maioritária, SPADA questiona a conformidade constitucional deste extensão da reforma do direito societário.

[683] GAIA CESARONI, *Della Trasformazione*, cit., 2453-2454.

caracterizam a *Formwechsel*. Exemplar a este propósito é KARSTEN SCHMIDT, que afasta do conceito de *Formweschsel* a transformação (*Umwandlung*) que envolva a sucessão universal (como a fusão ou a cisão) ou a transmissão patrimonial (caso da "transformação" de uma empresa de um comerciante em nome individual em sociedade de capitais, prevista nos §§ 50 e seguintes da antiga versão da UmwG)[684]. Recorde-se que o § 191, I UmwG enumera como entes capazes de transformação as sociedades comerciais de pessoas e as *Partnerschaftsgesellschaften*, as sociedades de capitais, as cooperativas registadas, as associações com personalidade jurídica, as sociedades mútuas de seguros e as corporações e instituições de direito público. Estes *Rechtsträger* podem adoptar, através da *Formwechsel*, o regime das sociedades de direito civil (*Gesellschaften des bürgerlichen Rechts*), das sociedades comerciais de pessoas e de capitais ou das cooperativas registadas (§ 191, II UmwG). Como já foi referido, a delimitação posterior das novas formas jurídicas susceptíveis de adopção por cada um destes *Rechtsträger* é feita, de modo particular, em relação a cada um deles. No entanto, são várias as modalidades de *Formwechsel* expressamente admitidas que seriam qualificadas, à luz da terminologia conceptual tradicional, como transformações heterogéneas: pense-se na transformação recíproca de sociedades comerciais de capitais e cooperativas registadas (§§ 251 e ss. e 258 e ss., UmwG) ou na transformação de associações em sociedades comerciais de capitais ou cooperativas registadas (§ 272 e ss., UmwG).

Como se pode verificar, a questão da natureza jurídica da transformação está indelevelmente ligada à determinação do âmbito de aplicação do instituto: se a vicissitude apenas opera no interior do universo societário, pode tentar-se a sua recondução à categoria de alteração contratual. Mas se as fronteiras delineadas pelo artigo 1.º/2 forem ultrapassadas, o instituto ganhará necessariamente autonomia dogmática.

Em Portugal, como foi possível comprovar, nem o legislador civil nem o societário intervieram com a prolixidade dos seus congéneres alemães e italianos. Assim, o regime geral da transformação de sociedades, constante dos artigos 130.º e seguintes, apenas se aplica expressamente dentro do universo societário. No entanto, seria inaceitável retirar daqui um argu-

---

[684] SCHMIDT, *Gesellschaftsrecht*, cit., 368: "Als *Formwechsel* bezeichnet das Gesetz den Vorgang, daß ein Rechtsträger eine andere Rechtsform erhält (§ 190 I UmwG), und zwar *unter Wahrung seiner Identität*" [itálico do Autor].

Construção dogmática 311

mento *a contrario* para o direito português, no sentido de fixar a configuração do instituto da transformação através da *homogeneidade causal*.

Segundo parece, apenas três caminhos poderiam acrescentar força dogmática a este apriorismo, elevando-o para o patamar da discussão científica: uma investigação histórica que demonstrasse que o instituto da transformação de sociedades foi produto de geração espontânea, dentro do universo do direito societário; uma análise que demonstrasse que, em termos dogmáticos, um sujeito jurídico não pode ser transformado, adoptando uma forma causalmente distinta, sem perder a identidade jurídica; um tratamento sistemático do regime jurídico-positivo do qual resultasse a limitação do instituto da transformação ao universo societário.

O primeiro caminho não pode, salvo melhor opinião, ser percorrido com sucesso. Da análise histórica que se empreendeu resultou precisamente a conclusão contrária: todos os dados históricos indicam no sentido da afinidade dogmática entre o instituto da transformação de sociedades e a transformação de pessoas colectivas, cuja ascendência se pode estabelecer na comutação de disposições de última vontade que davam origem a fundações autónomas, no Direito comum (*supra*, I, 4.1.2 a 4.1.4). É natural que a transformação de sociedades comerciais, atendendo ao objecto e à importância económica que apresenta, tenha evoluído muito mais rapidamente. Mas isso apenas ilustra que as evoluções da dogmática jurídica são, as mais das vezes, impulsionadas pelas necessidades da *praxis*.

Se a transformação de pessoas colectivas for considerada como um todo, não se contesta que é na área da transformação de sociedades comerciais que residem os maiores desenvolvimentos jurídico-dogmáticos. Daqui não se pode, com o devido respeito, retirar a sua autonomia histórica. Se o universo das pessoas colectivas for considerado na sua globalidade, também se pode verificar que a área de maior sofisticação deve ser atribuída às sociedades anónimas. Resta saber se o sucesso destas últimas teria sido possível sem o lastro da dogmática da personalidade jurídica, que já existia no momento em que começaram a ser criadas as companhias coloniais, as suas mais directas percursoras.

Do segundo percurso se dirá o mesmo. Enquadrada a pessoa colectiva como realidade jurídica estruturada, através dos respectivos elementos – organização de actuação (*Handlungsorganisation*), centro de responsabilidade (*Haftungsverband*) e ponto de referência designado (*Identitätausstattung*) –, não se desenham motivos para impedir que as regras que disciplinam a organização de actuação e o centro de responsabilidade sejam substituídas por outras, aplicadas igualmente em modo colectivo, com manutenção do ponto de referência designado.

Sendo este *modo colectivo* de aplicação uma realidade *normativa*, não se podem opor à possibilidade assinalada argumentos da *natureza das coisas*. E assim, com o devido respeito, a grande maioria dos argumentos a favor da *homogeneidade causal* padecem de um conceptualismo que não resiste à análise do regime jurídico-positivo.

Com efeito, mesmo que fossem procedentes, como se defende, as duas ordens de críticas formuladas, seria sempre possível defender a necessidade de homogeneidade causal na transformação, se todas as modalidades previstas pelo legislador respeitassem este postulado[685].

No entanto, é difícil encontrar no regime jurídico-positivo português base de sustentação para o argumento. Antes pelo contrário, identificam-se casos de transformação em que o escopo (mediato) lucrativo da sociedade comercial é substituído pelo escopo (mediato) não lucrativo do ACE. Recorde-se que este último apenas pode prosseguir acessoriamente um escopo lucrativo mediante previsão expressa no contrato, pelo que o regime supletivo é não lucrativo.

É também possível assinalar casos em que o escopo (imediato) não comercial é substituído por um escopo (imediato) comercial, na transformação de sociedades civis em sociedades comerciais.

Outros, ainda, na categoria mais geral da transformação de pessoas colectivas, em que a proibição absoluta de apropriação de bens do ente pelos membros é substituída pela viabilidade dessa apropriação em termos acessórios (transformação de associação em ACE).

Acrescem, a estes, os casos em que o escopo – essencial à conformação do ente –, é substituído por outro, com manutenção da identidade (transformação de fundações).

Ou os casos em que uma pessoa colectiva de base associativa passa à unipessoalidade, sem perder a personalidade jurídica (transformação de sociedade por quotas pluripessoal em SQU).

Sublinhe-se que, em todos os casos citados, o conceito de transformação foi utilizado expressamente pelo legislador. Assim como o fez, aliás, para acorrer às necessidades geradas pela integração europeia, quer

---

[685] Um tal estado de coisas apenas seria insuperável para o intérprete que abdicasse de recorrer a princípios gerais resultantes da interpretação sistemática, mas ainda assim teria de ser devidamente sopesado.

Construção dogmática 313

na transformação de sociedades anónimas em SE e vice-versa, quer na transformação de ACE em AEIE e vice-versa. É, aliás, esperado que o faça outra vez, na transformação de cooperativas, associações e fundações nas suas congéneres europeias.

Perante este cenário, sustentar que o legislador utilizou erroneamente o conceito nos casos em que não existe homogeneidade causal[686] parece constituir, com o devido respeito, uma petição de princípio. O ónus da prova, neste caso, e se é permitida a metáfora, estava com os defensores da necessidade de homogeneidade causal, que não ficou, ainda, demonstrada.

Se assim é, não restam motivos para que a transformação de sociedades se mantenha acantonada no universo societário[687]. Deixa de ser possível, então, continuar a definir a transformação de sociedades como a alteração do contrato através do qual é operada a mudança de tipo.

A primeira repercussão hermenêutica deste novo enquadramento, como foi possível demonstrar (*supra*, II, 3.4 e 3.5), é a de possibilitar uma base firme de análise para a descoberta e integração de lacunas: se o legislador não se exprimiu incorrectamente, e é possível, no direito português, a transformação heterogénea de pessoas colectivas e, mais especificamente, de sociedades comerciais, cabe então perguntar qual a solução que devem merecer aos casos não previstos na lei.

Esta via de análise, impossível de percorrer sem o auxílio do princípio da autonomia privada e da tipicidade das pessoas colectivas de direito privado e sem a compreensão dos regimes de protecção de sócios e de terceiros, consolidou quanto se disse até agora: várias das lacunas detectadas devem ser preenchidas no sentido da aplicação analógica da norma permissiva do artigo 130.º. É o caso da transformação de sociedades em associações e vice-versa, mas também o caso da transformação de sociedades em cooperativas e de sociedades em fundações.

---

[686] Além de que se deve sempre recordar que a homogeneidade causal não é, propriamente, um conceito particularmente expressivo no Direito civil e societário português (pense-se, a título de exemplo, da conversão de obrigações em acções).

[687] Não se conteste, a este propósito, que a admissibilidade da transformação com uma extensão alargada esbate as diferenças entre os vários tipos de pessoas colectivas de direito privado. Desta extensão resulta, bem pelo contrário, e como já se referiu, o efeito oposto: ao obrigar os membros de um determinado sujeito jurídico a uma decisão sobre o regime jurídico aplicável e à correspondente publicidade, são valorizadas as diferenças entre regimes típicos e induzidos os interessados à sua análise profunda, com vista à escolha de entre as alternativas.

Pode responder-se que este passo consubstancia uma inversão metodológica, já que a integração de lacunas foi feita com base numa teoria – segundo a qual a transformação de sociedades é um instituto que pode operar fora das fronteiras do direito societário –, que ainda não estava cabalmente demonstrada. Esta crítica, porém, apenas procederia se ficasse provado que a integração de lacunas deve ser feita de forma automatizada, sem recurso aos princípios gerais que disciplinam o ramo de direito em que foram detectadas.

Não parece, no entanto, de adoptar este postulado metodológico. Antes pelo contrário, é reconhecido pela melhor doutrina um efeito de mútua compreensão entre a descoberta de princípios sistemáticos e a integração de lacunas: "procura-se, primeiro, entender as determinações da lei com o auxílio de uma das teorias e ordená-las nos valores fundamentais do nosso Direito privado; de seguida, retiram-se, da teoria, as conclusões para os casos não regulados; pondera-se a convincibilidade dos resultados assim obtidos; modifica-se, disso sendo o caso, a teoria, numa ou noutra direcção, ou renovam-se as suas consequências (…). Portanto, não se integra *primeiro* a lacuna e, *então*, se confecciona a teoria; a lacuna é antes integrada *aquando* da formação da teoria e a teoria é elaborada *aquando* da integração da lacuna"[688].

Assim a extensão do instituto – descoberta pela análise sistemática do regime constante dos artigos 130.° e seguintes e das restantes modalidades previstas pelo legislador civil e societário –, foi depois confirmada pela integração de lacunas, que serviu para complementar e consolidar o enquadramento dogmático da transformação de sociedades comerciais.

Esta extensão, que transcende as fronteiras do direito societário, revela claramente que a transformação de sociedades comerciais não se reduz a uma mera alteração contratual. É certo que, como bem assinalava RAÚL VENTURA, a transformação *implica* uma alteração contratual (pelo menos nas transformações homogéneas). Mas mesmo nesses casos *não se reduz a ela*, suscitando questões que a dogmática da alteração não permite responder.

Não se contesta que, nas alterações contratuais, as partes acrescentam, eliminam ou substituem normas que deram a si próprias no acordo inicial, o que também sucede na transformação. Simplesmente, na transformação, a substituição é feita através do abandono do regime jurídico-

---

[688] CANARIS, *Pensamento Sistemático…*, cit., 170-171.

Construção dogmática

-positivo matricial, inicialmente escolhido, e da adopção de um outro. A vicissitude em apreço opera assim nas fronteiras dos tipos legais, de primeiro (tipicidade de pessoas colectivas) ou segundo grau (tipicidade de sociedades), pelo que suscita questões dogmáticas e práticas que impedem a sua recondução à alteração do contrato.

Na alteração do contrato de SA a maioria dos sócios, limitada pela tipicidade de segundo grau, não pode estabelecer um regime de responsabilidade pessoal e ilimitada. Por isso, não é necessário proteger os sócios dos riscos inerentes. Tampouco podem os sócios de uma SNC alterar o contrato de sociedade, no sentido de limitar completamente a responsabilidade pessoal em relação às dívidas societárias. A tipicidade de segundo grau impede-o de novo. E assim sendo, o regime da alteração contratual dispensa uma protecção intensa dos credores societários.

Mas, mais importante é assinalar que na alteração contratual o contrato subsiste sempre, ainda que modificado, enquanto que na transformação de sociedades comerciais o contrato pode não subsistir, porque a identidade se afere através da manutenção do ponto de referência designado do sujeito jurídico. Na transformação de sociedades comerciais em ACE ou na transformação de sociedades por quotas pluripessoais em SQU a defesa da subsistência do contrato é forçada. Parece assim ficar claro que a transformação de sociedades não é apenas uma alteração do contrato, se bem que a possa implicar, configurando antes um instituto autónomo, perfeitamente diferenciável daquela, bem como da fusão ou da cisão.

Se com isto fica demonstrada a natureza jurídica autónoma do instituto, perfeitamente diferenciável da alteração do contrato de sociedade, é de sublinhar que não foram ainda descritas, de forma sistemática, as suas características.

Deste *iter* de análise e problematização resultou, salvo melhor opinião, que a transformação de sociedades é caracterizada – como qualquer outra transformação de pessoas colectivas – pela manutenção da identidade do sujeito jurídico <u>apesar</u> da substituição do regime jurídico-positivo que lhe é aplicado de modo colectivo. É este efeito simplificador que permite a salvaguarda do feixe de relações jurídicas titulado pelo ente em transformação e que concede autonomia (e importância) dogmática ao instituto.

Através da transformação, o regime jurídico-positivo aplicado a um determinado sujeito (jurídico), em *modo colectivo*, é substituído por um outro, correspondente a um tipo diferente da mesma pessoa colectiva ou a

Transformação de Sociedades Comerciais

um outro tipo de pessoa colectiva de direito privado, com manutenção da identidade. A transformação dá-se, então, sem dissolução ou liquidação do sujeito jurídico que se transforma. É salvaguardado o ponto de referência designado do sujeito jurídico.

Em termos conceptuais, a transformação de sociedades comerciais é então uma espécie, porventura a mais desenvolvida do ponto de vista técnico-jurídico, do género transformação de pessoas colectivas de direito privado. Aplica-se numa, como noutra, o princípio da identidade, para os mesmos propósitos funcionais: a manutenção do ponto de referência que permite distinguir o sujeito jurídico.

A transformação de sociedades comerciais tem como especialidade o facto de, na origem ou no destino (ou em ambos), ser aplicado um regime jurídico-societário. Esta especialidade não é meramente descritiva ou analítica, porque a existência de uma sociedade comercial num dos pólos de tal vicissitude gera problemas próprios, resolvidos através da aplicação de princípios gerados para o efeito pelo direito societário.

Assim sendo, porque se desenvolveu historicamente de forma mais célere – e hoje dispõe de uma sofisticação técnico-jurídica incomparável neste universo –, mas sobretudo porque é atravessada por princípios próprios, típicos do fenómeno societário, a transformação de sociedades comerciais pode ser tratada autonomamente, do ponto de vista dogmático, desde que não se percam de vista as afinidades técnico-jurídicas e funcionais com a transformação de pessoas colectivas.

Esta proposta dogmática encontra, no entanto, duas dificuldades que devem ser transpostas. A primeira refere-se à utilização do princípio da identidade na caracterização dogmática da transformação de sociedades comerciais, que parece impedir a integração da vicissitude prevista no artigo 130.º/3, última parte, i.e., a transformação dita novatória.

Com efeito, nesta modalidade de transformação ocorre a dissolução da sociedade e a sucessão universal no respectivo património não liquidado. Sobre esta modalidade de transformação, no entanto, já se deu notícia das respectivas origens histórico-dogmáticas (*supra*, I, 4.2.6). Por outro lado, após a previsão alternativa da transformação novatória ao lado da transformação formal, em homenagem ao princípio da autonomia privada (*supra*, I, 4.2.6 e II, 4.1.4), o legislador societário português tem vindo a fixar-se, nos casos de transformação posteriormente previstos, na manutenção da identidade (assim, por exemplo, na transformação de sociedades anónimas em SE e vice-versa). Tendo também em conta as expe-

Construção dogmática   317

riências alemã e italiana, pode até prever-se, com razoabilidade, que esta será a conformação do instituto que irá perdurar. Não parece assim que uma modalidade de transformação obsoleta em termos jurídico-técnicos (porque recorreu à sucessão automática e global quando estava já disponível e aceite a manutenção da identidade), e que dificilmente representará uma alternativa para as partes (pelo que tem vindo a ser abandonada progressivamente), deva influenciar a caracterização dogmática do instituto.

A segunda dificuldade refere-se à utilização do *modo colectivo* como qualificativo dos regimes jurídico-positivos que se substituem, e que parece, por um lado, excluir a transformação de EIRL em SQU, assim expressamente apelidada pelo legislador (artigo 270.°-A/5), e por outro abranger a transformação de uma SQU em sociedade por quotas unipessoal, expressamente designada na lei como modificação (artigo 270.°-D/1).

No que respeita à transformação de EIRL em SQU, deve assinalar-se, de facto, a falta de um sujeito jurídico na origem, que possibilite o emprego, em sede própria, do mecanismo da identidade. Devem porém considerar-se, a este propósito, que o legislador utilizou um mecanismo técnico-jurídico em tudo comparável, tentando evitar que o património do EIRL fosse dissolvido e que fossem transmitidos individualmente os direitos e obrigações que o compunham. Para isso empregou a expressão *transformação*, dispondo expressamente no artigo 270.°-A/5, que a mesma opera *mediante declaração escrita do interessado*. Talvez devesse antes ter estabelecido que a sociedade comercial sucede automática e globalmente nos direitos e obrigações compreendidos no EIRL, mas o que é certo é que não o fez.

Por outro lado, cumpre assinalar a natureza excepcional desta vicissitude, que se explica pelo insucesso do EIRL, constatado publicamente pelo legislador no preâmbulo do Decreto-Lei n.° 257/96, de 31 de Dezembro, que introduziu o regime das SQU: *estas sociedades* [as SQU] *podem facilitar o aparecimento e, sobretudo, o são desenvolvimento de pequenas empresas, que, como é reconhecido, constituem, principalmente em épocas de crise, um factor não só de estabilidade e de criação de emprego mas também de revitalização da iniciativa privada e da actividade económica em geral (...). A criação do estabelecimento individual de responsabilidade limitada (...) não atingiu esses resultados.*

A transformação de EIRL em SQU apresentou-se assim ao legislador como um expediente técnico para facilitar a transição de um regime jurídico cujo fracasso era reconhecido para um regime que se esperava constituir *factor (…) de revitalização da iniciativa privada e da actividade económica em geral*.

Por último, cumpre referir que o reconhecimento da utilidade da construção conceptual – como a que se tenta agora –, nomeadamente para fins expositivos, mas sobretudo para propósitos hermenêuticos, não obriga a que se incorra nos mesmos exageros de abstracção que acima se criticaram (*supra*, II. 1.1.4).

É assim possível tratar dogmaticamente esta vicissitude como transformação de sociedades comerciais, desde que se tenha em conta, primeiramente, que no lugar do princípio da identidade está apenas um seu sucedâneo, destinado a assegurar a continuidade, e que, por outro, a sua natureza excepcional impede que sejam retiradas conclusões dogmáticas para o labor hermenêutico. Assim, da recondução da transformação de EIRL em SQU à transformação de sociedades comerciais não deve extrair-se, por exemplo, o princípio segundo a qual *todos* os patrimónios autónomos podem converter-se em sociedades comerciais mediante mera declaração escrita do interessado.

Reconhecida a valia metodológica dos conceitos jurídicos determinados pela função, não se vê inconveniente em abarcar a vicissitude em análise – conversão de EIRL em SQU – no conceito de transformação. Esta integração é assim viabilizada pela identidade funcional da vicissitude em apreço, que se revela quando comparada com a transformação prevista, por exemplo, nos artigos 130.° e seguintes. Ultrapassados os excessos abstracto-conceptuais já criticados (*supra*, II, 1.1.4), pode operar-se a integração proposta sem que se apliquem a esta vicissitude *todas* as consequências interpretativas e aplicativas identificadas em termos gerais.

Resta agora resolver uma última questão que, com o devido respeito, foi gerada pelo próprio legislador: enquanto que a conversão de uma sociedade por quotas pluripessoal foi designada como *transformação* (artigo 270.°-A/2 a 3), a conversão inversa, de SQU em sociedade pluripessoal, foi apelidada de *modificação* (artigo 270.°-D/1 e 2). É difícil, neste caso, respeitar integralmente o disposto no artigo 9.°/3 CC, já que ambas as vicissitudes parecem merecer a mesma qualificação jurídica.

Se está correcta a caracterização dogmática que se propôs para a transformação de sociedades comerciais, ambos os casos correspondem a verdadeiras transformações, desde que se aceite a natureza típica da SQU. Quer na *transformação* do artigo 270.°-A/2 a 3, quer na *modificação* do artigo 270.°-D/1 e 2, um regime jurídico-societário típico é substituído por outro, com manutenção do ponto de referência designado. São assim – julga-se ser a melhor opinião –, dois casos de transformação de sociedades comerciais. A ambiguidade conceptual criada pelo legislador pode por esta via ser superada através da análise sistemática do regime jurídico-positivo.

TESES

§ 1 – Enquadramento histórico-dogmático

I. A análise das raízes histórico-dogmáticas do instituto da transformação de sociedades comerciais permite infirmar o enquadramento tradicional entre a doutrina portuguesa, que autonomiza a figura das restantes transformações de pessoas colectivas de direito privado e a descreve como mera mudança de tipo societário.

II. Com efeito, uma pesquisa histórico-dogmática que recue até à génese do conceito de personalidade colectiva permite estabelecer as origens longínquas do instituto da transformação de sociedades comerciais na figura da comutação de últimas vontades do Direito Comum.

III. Esta comutação de vontades, da competência do Sumo Pontífice, pode ser caracterizada como vicissitude eminentemente privatística, através da qual o regime jurídico aplicado a uma fundação autónoma, constituída nos termos de uma disposição de última vontade, era globalmente alterado, com manutenção da identidade do ente transformado.

IV. A comutação de últimas vontades, que vigorou em Portugal, enquanto fenómeno privatístico, pela recepção das fontes de Direito Comum, registou uma acentuada letargia durante o século XVIII e primeira metade do XIX, devida à aversão gerada face aos corpos intermédios – como as fundações autónomas – pela doutrina liberal e individualística, dominante naquele período em termos políticos e ideológicos.

V. Na transição para o século XX, o instituto recupera a atenção da doutrina e do legislador, mormente na segunda codificação, alterando-se apenas a perspectiva através da qual é enquadrado: o enfoque no negócio jurídico que instituíra a fundação autónoma (disposição de última vontade) é abandonado, e, em seu lugar, passa a considerar--se a realidade subjacente (a fundação que se transforma).

VI. É então possível afirmar que, na segunda metade do século XIX, a transformação de pessoas colectivas já era admitida na prática jurídica, na legislação e na doutrina portuguesas, pelo que os primeiros casos expressamente previstos de transformação de sociedades comerciais, constantes do Código VEIGA BEIRÃO (1888) e da Lei das Sociedades por Quotas (1901), não devem ser autonomizados em termos histórico-dogmáticos.

VII. Bem pelo contrário, a introdução expressa dos casos de transformação de sociedades comerciais é contemporânea do reaparecimento do instituto assinalado – observado agora segundo uma nova perspectiva –, tendo aproveitado o lastro dogmático obtido desde o Direito Comum.

VIII. A existir, a autonomia do instituto da transformação de sociedades comerciais, em relação à transformação de pessoas colectivas, e a sua limitação dogmática à mudança de tipo deve encontrar-se então alhures, já que os dados históricos impedem a dissociação dos dois fenómenos.

§ 2 – Elementos conceptuais convocados pela transformação de sociedades comerciais

IX. Infirmada a autonomia histórico-dogmática entre a transformação de pessoas colectivas e a transformação de sociedades comerciais, é necessária a fixação de conceitos operativos, em matéria de personalidade colectiva, autonomia privada e tipicidade – quer de pessoas colectivas de Direito privado, quer de sociedades comerciais –, para uma posterior análise problemática do regime jurídico-positivo da transformação de sociedades comerciais actualmente vigente.

X. No que respeita à personalidade colectiva, mais do que tentar fixar doutrina, importa aproveitar o contributo das teorias negativistas, quando sublinham que o conceito exprime a aplicação, *em modo colectivo*, de um regime jurídico-positivo.

XI. Porém, como fica por explicar a diferença entre este *modo colectivo* e o modo de aplicação e produção jurígena das pessoas físicas, e como estas teses negam realidade jurídica e autonomia à pessoa colectiva – o que não se aceita –, os dados para identificar o *modo colectivo* devem ser procurados noutras propostas dogmáticas.

XII. Para este propósito, sustenta-se a proficuidade da proposta de UwE JOHN, que, partindo da ideia de pessoa jurídica como unidade organizacional juridicamente relevante, analisa os vários fenómenos que reclamam a recondução ao conceito através de três elementos, no cruzamento entre o Direito das pessoas e o Direito associativo: organização de actuação (*Handlungsorganisation*), centro de responsabilidade (*Haftungsverband*) e ponto de referência designado (*Identitätausstattung*), enquanto marca de identidade.

XIII. Esta proposta permite superar as insuficiências modernamente apontadas ao enquadramento conceptual-abstracto da pessoa colectiva, que funcionando numa lógica binária, apenas admite a recondução ou a exclusão de determinado fenómeno do universo das pessoas colectivas, impedindo assim o correcto tratamento de realidades funcionalmente equiparáveis e de objectos híbridos.

XIV. Com efeito, através da utilização dos três elementos referidos, obtêm-se duas vantagens de ordem geral, e uma vantagem especial aplicável em matéria de delimitação do âmbito de aplicação do instituto da transformação de sociedades comerciais.

XV. A primeira refere-se ao aumento do potencial heurístico do conceito, através da sua funcionalização e concretização: a personalidade colectiva não é uma mera categoria de arrumação num edifício conceptual, mas antes uma potente ferramenta de interpretação, integração e aplicação do direito e de desenvolvimento de princípios jurídicos gerais.

XVI. A segunda, fundada sobretudo na funcionalização do conceito, respeita à atenuação das categorias conceptuais desenvolvidas à luz do enquadramento abstracto da personalidade colectiva, através das quais eram separadas corporações e fundações, num primeiro nível, e depois, por exemplo, associações e sociedades: analisados todos os fenómenos através dos mesmos elementos funcionais, permite-se uma avaliação da verdadeira extensão das diferenças entre estas realidades, que será extremamente útil para a análise da sua recíproca transformação.

XVII. A terceira, baseada em especial na relativização do conceito, e particular ao itinerário de investigação que se percorreu, refere-se à aproximação ao conceito de pessoa colectiva de realidades de personificação parcelar que, não correspondendo ao paradigma da autonomia plena, merecem a inclusão neste universo em igual medida que muitos dos entes cuja personalidade colectiva é tradicionalmente incontestada.

XVIII. Quanto à autonomia privada, deve reafirmar-se que, no direito privado português, prevalece a liberdade de produção jurígena pelos particulares, estando estes, por isso, dispensados de encontrar uma regra habilitadora para o respectivo exercício.

XIX. A justeza do resultado obtido pelo exercício da autonomia privada é apenas garantida numa vertente negativa, através do estabelecimento de normas destinadas a evitar resultados manifestamente injustos.

XX. Após o exercício da liberdade de dar normas a si próprio, o sujeito jurídico depara com os limites negativos já referidos e com novos limites resultantes do exercício prévio, mas, para além destes, a sua liberdade recupera toda a extensão anterior, numa nova conformação.

XXI. O mesmo sucede quanto às pessoas colectivas, que podem exercer o mesmo poder jurígena, fora dos limites negativos já enunciados, e de limitações especiais, relativas à congregação de interesses de vários sujeitos jurídicos – os membros –, e à projecção real do ente.

Teses 325

XXII. Mas, para além dos referidos limites, a autonomia de cada pessoa colectiva recupera a sua extensão e a produção jurígena volta a ser possível, sem necessidade de uma norma habilitadora para o efeito.

XXIII. Um dos limites especialmente aplicáveis às pessoas colectivas – e às sociedades comerciais em particular – é imposto pela tipologia taxativa, unanimemente reconhecida como princípio vigente no direito privado português.

XXIV. Quando pretendam constituir uma pessoa colectiva – i.e., um novo sujeito jurídico com eficácia externa, apto a interagir juridicamente com terceiros –, os particulares estão limitados aos tipos estruturados pelo legislador, sendo-lhes vedada a criação de novas espécies personificadas.

XXV. Pode analisar-se a tipologia taxativa das pessoas colectivas de direito privado português em dois planos, desde que se tenha em consideração que no plano superior a sociedade – ao contrário da associação, da fundação, da cooperativa e do ACE, enquanto tipos principais – corresponde a um conceito e não a um tipo, e que no plano inferior, apenas relevam como subtipos jurídico-estruturais os vários tipos de sociedades comerciais e a sociedade civil pura.

XXVI. A tipologia taxativa actualmente vigente no direito privado português destina-se sobretudo a possibilitar que os sócios possam antever o modo de participação no ente colectivo e que os terceiros que com ele interagem possam antecipar o regime de responsabilidade aplicável, não sendo por isso necessário o estabelecimento de uma tipologia fechada: dentro dos limites do tipo, por exemplo quanto às vicissitudes possíveis, a autonomia privada é recuperada.

XXVII. Atendendo à taxatividade da tipologia de pessoas colectivas e de sociedades, a transformação de umas e outras coloca-se sempre perante um número limitado de hipóteses, todas elas estabelecidas previamente pelo legislador: quando se problematiza sobre a transformação de determinada pessoa colectiva, o universo de destino está necessariamente limitado.

§ 3 – Princípios gerais resultantes da análise problemática do regime da transformação de sociedades comerciais

XXVIII. A análise problemática do regime da transformação de sociedades comerciais, constante dos artigos 130.º a 140.º-A CSC permite identificar como principal instrumento técnico-jurídico do instituto a preservação da identidade jurídica do ente transformado.

XXIX. Através da transformação é adoptado um novo regime jurídico, por referência a um outro subtipo jurídico-estrutural, alterando-se as normas que regem a sociedade enquanto organização de actuação (*Handlungsorganisation*) e enquanto centro de responsabilidade (*Haftungsverband*), sem que seja alterado o ponto de referência de aplicação e produção jurígena (*Identitätausstattung*).

XXX. O princípio da identidade, aplicado em matéria de transformação de sociedades, não permite alcançar resultados que seriam inatingíveis através de outros processos jurídicos já conhecidos – como a combinação de liquidação e constituição de sociedades –, mas oferece um poderoso efeito de simplificação.

XXXI. Uma vez admitido este princípio da identidade no regime jurídico-societário português, como parece ser incontestável, tornou-se obsoleta a modalidade de transformação novatória (prevista nos artigos 130.º/3, última parte e 130.º/5), que importa a dissolução da sociedade que delibera a transformação e a sucessão automática e global no respectivo património, não liquidado, da nova sociedade, constituída segundo outro tipo.

XXXII. Esta modalidade de transformação, que foi estabelecida no regime jurídico-societário português em homenagem ao princípio da autonomia privada, mas também devido à incerteza dogmática vivida no período da elaboração do Anteprojecto do CSC 1986, não deve influenciar a conformação genérica do instituto, que é atravessada pelo princípio da identidade.

XXXIII. Sem perder de vista este princípio, e reagrupando as normas constantes do regime jurídico da transformação de sociedades comerciais em três núcleos normativos (tutela dos credores, tutela dos sócios, âmbito de aplicação do instituto), verifica-se, a propósito da tutela oferecida pelo legislador aos credores societários, por ocasião da vicissitude em apreço, uma clivagem fundamental.

XXXIV. Aos direitos subjectivos dos credores, consolidados antes da transformação, é garantindo o *status quo ante*, continuando a aplicar-se os regimes especialmente protectores dos respectivos créditos, ainda que o novo tipo societário adoptado não os comportasse naturalmente.

XXXV. Em relação ao futuro, os credores não foram dispensados de um esforço de adaptação às regras do novo tipo, que podem ser-lhes menos favoráveis, pelo que não é juridicamente tutelada a expectativa que pudessem manter quanto à continuidade de regimes que directa ou indirectamente lhes conferissem protecção.

XXXVI. A análise do regime de tutela dos credores societários permite assim retirar um princípio hermenêutico de *favor* à transformação, já que o legislador podia ter proibido as transformações através das quais fossem adoptados tipos incompatíveis com regimes especialmente protectores de que os mesmos beneficiassem, como a responsabilidade ilimitada dos sócios ou o regime dos créditos obrigacionistas.

XXXVII. Em relação à tutela concedida aos sócios pelo legislador, podem extrair-se conclusões comparáveis: foram salvaguardados, em matéria de transformação de sociedades, os princípios gerais que atravessam todo o Direito societário.

XXXVIII. As normas que tutelam os sócios por ocasião de uma transformação visam assim a manutenção das posições relativas, a salvaguarda dos direitos especiais e a protecção contra a respectiva responsabilização ilimitada.

328 *Transformação de Sociedades Comerciais*

XXXIX. Tendo os princípios referidos um grau de generalidade que obriga à sua aplicação nas demais vicissitudes societárias (mormente, na alteração do contrato), e tendo o legislador da reforma do Direito societário de 2006 eliminado o direito de exoneração do sócio discordante, não pode continuar-se a sustentar o carácter excepcional da transformação.

XL. No que respeita ao terceiro núcleo normativo – relativo ao âmbito de aplicação do instituto –, a interpretação sistemática do regime constante dos artigos 130.º e seguintes permitiu verificar que o princípio da segurança jurídica, nas várias vertentes, não impõe aqui uma tipologia taxativa, atendendo a que o *numerus clausus* de pessoas colectivas de Direito privado concede protecção suficiente a um outro nível.

XLI. Bem pelo contrário, a ponderação das repercussões que os princípios da igualdade e da autonomia privada têm nesta sede permitiu concluir pela existência de uma lacuna, consistente na falta de regulação expressa quanto à admissibilidade, em primeiro grau, e ao regime aplicável, em segundo, da transformação de pessoas colectivas de Direito privado em sociedades comerciais e de sociedades comerciais em pessoas colectivas de Direito privado, para além dos casos expressamente previstos na lei.

XLII. A lacuna assim descoberta apenas pode ser integrada perante cada tipo de pessoa colectiva de Direito privado, e autonomizando-se sempre a resposta a dar consoante a transformação cuja possibilidade se analisa tenha como origem ou como destino uma sociedade comercial.

XLIII. Nesta tarefa, e como orientação genérica de integração de lacunas, dever-se-á procurar em cada tipo de pessoa colectiva a susceptibilidade de ser titular de uma unidade económica funcionalmente orientada, para que se verifiquem *as razões justificativas da regulamentação do caso previsto na lei* (artigo 10.º/2 CC), bem como a possibilidade de conceder a credores e membros níveis de protecção comparáveis aos estabelecidos nos casos de transformação expressamente previstos.

§ 4 – Delimitação do âmbito de aplicação do instituto da transformação de sociedades comerciais

XLIV. Além das transformações previstas expressamente nos artigos 130.º e seguintes, envolvendo sociedades comerciais constituídas segundo um dos tipos enumerados no artigo 1.º/2, podem ser identificadas outras modalidades de transformação, homogéneas ou heterogéneas, que envolvem uma sociedade comercial, como origem ou destino da vicissitude.

§ 4.1 – Transformações homogéneas

XLV. No que respeita às sociedades civis puras, o artigo 130.º/2 admite expressamente a respectiva transformação em sociedades comerciais. As dúvidas interpretativas geradas pelo confronto da referida norma com o disposto nos n.ºs 3 e 6 do artigo 130.º devem ser resolvidas através de um correcto enquadramento da questão da personalidade colectiva da sociedade civil pura.

XLVI. Uma vez reconhecida a personalidade jurídica da sociedade civil pura, que resulta da análise detalhada do respectivo regime e de um enquadramento relativizado e funcionalizado do conceito de pessoa colectiva, deve admitir-se que a transformação constante do artigo 130.º/2 pode operar com manutenção da personalidade jurídica da sociedade civil pura que se transforma.

XLVII. A transformação de sociedades comerciais em sociedades civis puras deve também ser admitida, através da aplicação analógica da norma permissiva constante do artigo 130.º/1. Esta transformação é viabilizada pela aplicação analógica, entre outras, das normas constantes do artigo 133.º/2, aos sócios que assumam responsabilidade ilimitada na sociedade civil pura, do artigo 138.º, se a sociedade comercial tiver emitido obrigações, e dos artigos 32.º e seguintes, para que seja preservado o nível de conservação do capital social anteriormente existente.

XLVIII. Quanto às sociedades unipessoais por quotas, sustenta-se a sua natureza típica, e, consequentemente, a recondução ao conceito de transformação da vicissitude prevista no artigo 270.º-A/2 (transformação de sociedade pluripessoal por quotas em SQU).

XLIX. A modalidade de transformação prevista no artigo 270.º-A/2 e a vicissitude constante do artigo 270-A/5 (transformação de EIRL em SQU) têm natureza excepcional, destinando-se a disponibilizar ao empresário individual um instrumento técnico-jurídico de limitação da responsabilidade, perante as insuficiências e incompreensões registadas quanto ao EIRL. Não é por isso possível a transformação em SQU dos demais tipos societários constantes do artigo 1.º/2.

L. A vicissitude prevista no artigo 270.º-D/1 (modificação de SQU em sociedade pluripessoal por quotas) deve ser reconduzida dogmaticamente ao conceito de transformação de sociedades comerciais. Através de interpretação extensiva pode abarcar-se como destino da transformação de uma SQU outro tipo societário que não o quotista, desde que esta vicissitude seja acompanhada das alterações necessárias ao cumprimento das normas que disciplinariam a constituição *ex novo* de uma sociedade daquele tipo.

LI. É possível também sustentar (sem prejuízo de uma análise mais detalhada em matéria de Direito comunitário, que o tema exige) que a constituição de uma *Societas Europaea* através de transformação de sociedade nacional não está limitada às sociedades anónimas, uma vez que qualquer tipo de sociedade comercial constante no artigo 1.º/2 CSC pode cumprir os requisitos estabelecidos no Regulamento n.º 2157/2001, de 8 de Outubro. Se assim for, não se antevêem obstáculos para que a transformação inversa – de *Societas Europaea* em sociedade nacional – possa também abranger outros tipos, para além da sociedade anónima.

§ 4.2 – Transformações heterogéneas

LII. A transformação de cooperativas em sociedades comerciais, assim como a vicissitude inversa, não pode ser negada no Direito privado português com base em argumentos conceptuais, segundo os quais a diferença entre a causa mutualista da cooperativa e a causa lucrativa da sociedade comercial impediriam tais vicissitudes, já que os mesmos não foram ainda demonstrados, e saem infirmados da análise de vários dados positivados na ordem jurídico-privada portuguesa.

LIII. A transformação de cooperativas em sociedades comerciais é, então, apenas impedida pela intervenção expressa do legislador, no artigo 80.º do CCoop, ficando em aberto a possibilidade de superação desta proibição, com base no princípio constitucional da igualdade.

LIV. A transformação de sociedades comerciais em cooperativas deve ser admitida no Direito privado português, através da aplicação analógica da norma permissiva do artigo 130.º, e condicionada à deliberação unânime dos sócios, que vêem afectados de forma substancial os seus direitos patrimoniais e participativos, como sucede nos restantes casos, expressamente previstos, em que tal sucede (artigos 131.º/1, alínea d, 133.º/2 e 136.º/1).

LV. De igual modo, a transformação de associações em sociedades comerciais e a vicissitude inversa não devem ser afastadas com base em argumentos conceptuais, tendentes a ressaltar a diferença entre o escopo lucrativo das sociedades e o escopo ideal das associações.

LVI. Antes pelo contrário, atendendo ao enquadramento desta questão no âmago do Direito privado português – marcado pelo princípio da autonomia privada –, e considerando que já é admitida a transformação de associações em ACE, que podem ter como objecto acessório a realização e partilha de lucros, sustenta-se que as lacunas existentes a este propósito devem ser integradas através da aplicação da regra permissiva constante do artigo 130.º.

332   *Transformação de Sociedades Comerciais*

LVII. No mesmo sentido depõe a possibilidade de a associação ser titular de uma unidade económica funcionalmente organizada, e de serem garantidos de forma satisfatória os direitos dos credores do ente transformado e dos respectivos membros por ocasião da transformação.

LVIII. A deliberação de transformação de uma associação em sociedade comercial deve obter o voto favorável de três quartos do número de todos os associados, por aplicação analógica do artigo 175.º/4 CC. Nos casos em que alguns ou todos os associados assumam responsabilidade ilimitada na sociedade comercial (SNC, SCS ou SCA), a transformação apenas será possível mediante o seu assentimento, por virtude da aplicação analógica do artigo 133.º/2. Nos casos em que a transformação implique para alguns associados a perda relativa de direitos participativos, porque vigorasse na associação a regra «um associado, um voto», exige-se, adicionalmente, o voto favorável dos associados afectados (por aplicação analógica do artigo 136.º/1).

LIX. A deliberação de transformação de uma sociedade comercial em associação deve reunir o voto unânime dos sócios, já que estes vêem afectados de forma substancial os seus direitos patrimoniais e participativos. Rege então, por analogia, o princípio que se extrai da regulação dos casos expressamente previstos de transformação, em que o mesmo sucede (artigos 131.º/1, alínea d, 133.º/2 e 136.º/1).

LX. A transformação de ACE em sociedades comerciais foi expressamente proibida pelo legislador, no Decreto-Lei n.º 430/73, de 25 de Agosto, sendo certo que esta proibição configura uma opção de política legislativa e não um imperativo de ordem conceptual ou dogmática. A confirmá-lo – i.e., a confirmar a susceptibilidade de, em tese, sujeitar um ACE a transformação – está a transformação de ACE em AEIE, posteriormente prevista, no Decreto-Lei n.º 148/90, de 9 de Maio. Fica assim em aberto, à imagem do que se referiu quanto às cooperativas, a possibilidade de superação desta proibição, com base no princípio constitucional da igualdade.

Teses

LXI. Na transformação de sociedades comerciais em ACE, expressamente prevista pelo legislador, devem aplicar-se analogicamente as normas constantes dos artigos 130.° e seguintes. É também especialmente importante, a este respeito, o princípio que se extrai dos artigos 131.°/1, alínea c), 133.°/2 e 136.°/1, e que aponta para a necessidade de uma deliberação unânime nas transformações que impliquem alterações substanciais nos direitos patrimoniais e participativos dos sócios, porque nesta modalidade os sócios perdem o direito à prossecução de lucro a título principal pelo ente transformado.

LXII. A transformação de sociedades comerciais em fundações é viabilizada pela possibilidade de a fundação deter e explorar uma unidade económica funcionalmente organizada, pela natureza disponível dos direitos dos sócios e pela possibilidade de aplicar a responsabilidade ilimitada dos sócios após a perda dessa qualidade, à imagem do que acontece nos casos de exoneração.

LXIII. Assim sendo, a lacuna existente a este respeito deve ser integrada através da aplicação da norma permissiva do artigo 130.°, sendo também aplicável, de modo especial, o princípio que se extrai dos artigos 131.°/1, alínea c), 133.°/2 e 136.°, e que condiciona, neste caso, a transformação à aprovação unânime dos sócios.

LXIV. A vicissitude reflexa – i.e. a transformação de fundações em sociedades comerciais – deve ter-se por excluída no Direito privado português, uma vez que não são configuráveis *razões justificativas* comparáveis com as que normalmente subjazem à transformação de sociedades comerciais.

LXV. Com efeito, enquanto que a transformação de sociedades comerciais é exercício de autonomia privada, a transformação de fundações em sociedades comerciais seria sempre intermediada por um ente público, que sobreporia, à vontade do instituidor de destinar bens a um fim de interesse social, a decisão de atribuir o património fundacional a um ente onde é possível a apropriação individual dos bens pelos membros.

§ 5 – Natureza jurídica
da transformação de sociedades comerciais

LXVI. Face a tudo o que ficou dito, não é possível continuar a sustentar que a transformação de sociedades comerciais está limitada, pela necessidade de homogeneidade causal, ao universo societário.

LXVII. As razões, históricas, dogmáticas e positivas, que poderiam sustentar uma tese nesse sentido foram infirmadas anteriormente: o instituto apresenta afinidades histórico-dogmáticas com a transformação de pessoas colectivas, o seu correcto enquadramento conceptual evidencia a possibilidade de heterogeneidade causal, o que sai confirmado da análise do regime jurídico-positivo.

LXVIII. Assim sendo, a transformação de sociedades comerciais, embora implique uma alteração contratual, a ela não se limita, evidenciando autonomia dogmática.

LXIX. O principal elemento de caracterização do instituto é, assim, a manutenção do ponto de referência designado, como marca de identidade, apesar de ser alterado o regime jurídico que disciplina, em modo colectivo, o ente enquanto organização de actuação e centro de responsabilidade.

LXX. A transformação de sociedades comerciais é assim uma modalidade de transformação de pessoas colectivas, e pode ser dogmaticamente configurada como a vicissitude através da qual o regime jurídico-positivo aplicado a um determinado sujeito jurídico, em *modo colectivo*, é substituído por um outro, correspondente a um tipo diferente da mesma pessoa colectiva ou a um outro tipo de pessoa colectiva de Direito privado, com manutenção da identidade.

LXXI. A transformação de sociedades comerciais tem como especialidade o facto de, na origem ou no destino (ou em ambos), ser aplicado um regime jurídico-societário. Esta especialidade não é meramente descritiva ou analítica, porque a existência de uma sociedade comercial num dos pólos de tal vicissitude gera problemas específicos, resolvidos através da aplicação de princípios gerados para o efeito pelo Direito societário.

LXXII. Porque se desenvolveu historicamente de forma mais célere, mas sobretudo porque é atravessada por princípios próprios, típicos do fenómeno societário, a transformação de sociedades comerciais pode ser tratada autonomamente, do ponto de vista dogmático, desde que se não percam de vista as afinidades técnico-jurídicas e funcionais com a transformação de pessoas colectivas.

BIBLIOGRAFIA

ABATE, Francesco / DIMUNDO, Antonino / LAMBERTINI, Lamberto / PANZANI, Luciano / PATTI, Adriano, *Gruppi, Trasformazione, Fusione e Scissione, Scioglimento e Liquidazione, Società Estere*, em LO CASCIO, Giovanni (org.), *La Riforma del Diritto Societario*, Milão, Giuffrè, 2003.

ABRANCHES, Joaquim dos Santos, *Fontes de Direito Ecclesiastico Portuguez – Summa do Bullario Portuguez*, Coimbra, França Amado, 1895.

ABREU, Jorge Coutinho de, *Curso de Direito Comercial*, volume II, 2.ª edição, Coimbra, Almedina, 2007.

ALARCÃO, Rui de, *Fundações: que Reforma?*, SI, Tomo LI (2002), n.º 294, 507--514.

ALESSANDRO, Floriano D', *Persone Giuridiche e Analisi del Linguaggio*, Pádua, CEDAM, 1989.

AMBROSINI, Gaspare, *Trasformazione dell Persone Giuridiche*, Tomo I (1910) e II (1914), Turim, UTET.

ANDRADE, Manuel de, *Teoria Geral da Relação Jurídica*, volume I – *Sujeitos e Objecto*, reimpressão, Coimbra, Almedina, 1992.

ANGELIS, Lorenzo de, *Della Trasformazione*, em AAVV, *Codice Commentato delle Nuove Società*, IPSOA, 2004, 1239-1270.

ARANGIO-RUIZ, Vicenzo, *Istituzioni di Diritto Romano*, reimpressão (40.º edição revista), Nápoles, Eugenio Jovene, 1998.

ARTIGAS, Mariano, *The Ethical Roots of Karl Popper's Epistemology*, acessível no sítio do Centro Jacques Maritain, da Universidade de Notre Dame, em 17 de Julho de 2007 (www2.nd.edu/Departments/Maritain/ti/artigas.htm).

ARTIGAS, Mariano, *Filosofía de la Ciência*, Pamplona, EUNSA, 1999.

ASCARELLI, Tulio, *Considerazioni in Tema di Società e Personalità Giuridica*, em *Saggi di Diritto Commerciale*, Milão, Giuffrè, 1955, 129-217.

ASCARELLI, Tulio, *Personalità Giuridica e Problemi delle Società*, RS, ano II (1957), 981-1047.

ASCARELLI Tulio, *Cooperativa e Società – Concettualismo Giuridico e Magia delle Parole*, RS, ano II (1957), 397-438.

ASCENSÃO, José de Oliveira, *O Direito. Introdução e Teoria Geral* (O título das edições anteriores desta obra era "O Direito. Introdução e Teoria Geral. Uma Perspectiva Luso-Brasileira"), reimpressão da 13.ª edição refundida de 2005, Almedina, Coimbra, 2006.

Ascensão, José de Oliveira, *Interpretação das Leis. Integração das Lacunas. Aplicação do Princípio da Analogia*, ROA, ano 57.º (1997), 913-941.

Ascensão, José de Oliveira, *Direito Civil – Teoria Geral*, volume I – *Introdução. As Pessoas. Os Bens*, Coimbra, Coimbra Editora, 1997.

Ascensão, José de Oliveira, *O Estabelecimento Individual de Responsabilidade Limitada ou o Falido Rico*, OD, ano 120.º (1988), I-II, 17-33.

Ascensão, José de Oliveira, *Estabelecimento Comercial e Estabelecimento Individual de Responsabilidade Limitada*, ROA, ano 47.º (1987), 5-26.

Ascensão, José de Oliveira, *A Tipicidade dos Direitos Reais*, Lisboa, Minerva, 1968.

Ascensão, José de Oliveira, *A Integração das Lacunas da Lei e o Novo Código Civil*, OD, ano 100.º (1968), n.º 3, 273-304.

Baptista, Daniela Farto, *O Direito de Exoneração dos Accionistas*, Coimbra, Coimbra Editora, 2005.

Basile, Massimo, *Le Persone Giuridiche* (com a colaboração de Maria Vita de Giorgi), em Iudica, Giovanni / Zatti, Paolo (org.), *Trattato di Diritto Privato*, Milão, Giuffrè, 2003.

Basile, Massimo / Falzea, Angelo, *Persona Giuridica (Diritto Privato)*, em AAVV, ED, XXXIII, Milão, Giuffrè, 1983, 234-276.

Buonocore, Vicenzo (org.), *Manuale di Diritto Commerciale*, 4.ª edição, Turim, Giappichelli, 2003.

Caeiro, António, *Transformação de Sociedades Anónimas em Sociedades por Quotas*, Separata da RDE, n.º 5 (1979), 21-32.

Caeiro, António, *A Parte Geral do Código das Sociedades Comerciais*, Coimbra, FDUC, 1988.

Caetano, Marcelo, *A Antiga Organização dos Mesteres da Cidade de Lisboa*, Lisboa, Imprensa Nacional, 1942.

Caetano, Marcelo, *Das Fundações – Subsídios para a Interpretação e Reforma da Legislação Portuguesa*, Lisboa, Edições Ática, 1962.

Caetano, Marcelo, *Recepção e Execução dos Decretos do Concílio de Trento em Portugal*, Lisboa, FDUL, 1965.

Caetano, Marcelo, *Manual de Direito Administrativo*, volume I, 3.ª reimpressão da 10.ª edição revista e actualizada por Freitas do Amaral, Coimbra, Almedina, 1984.

Cagnasso, Oreste, *La Trasformazione delle Società*, Milão, Giuffrè, 1990.

Câmara, Paulo, *O Regime Jurídico das Obrigações e a Protecção dos Credores Obrigacionistas*, Separata de AAVV, *Direito dos Valores Mobiliários*, volume IV, Coimbra, Coimbra Editora, 2003.

Bibliografia 339

Campos, João Mota de / Campos, João Luiz Mota de, *Manual de Direito Comunitário*, 5.ª edição, Coimbra, Coimbra Editora, 2007.

Canaris, Claus-Wilhelm, *Función, Estructura y Falsación de las Teorías Jurídicas*, Madrid, Civitas, 1995.

Canaris, Claus-Wilhelm, *A Liberdade e a Justiça Contratual na «Sociedade de Directo Privado»*, em AAVV, *Contratos: Actualidade e Evolução*, Porto, UCP, 1997, 49-66.

Canaris, Claus-Wilhelm, *Pensamento Sistemático e Conceito de Sistema na Ciência do Direito*, 3.ª edição, (tradução da 2.ª edição de 1983 do original alemão intitulado *Systemdenken und Systembegriff in der Jurisprudenz*), Lisboa, Fundação Calouste Gulbenkian, 2002.

Carlos, Adelino da Palma, *Transformação de Sociedades*, Separata da RFDUL, volume XIV, Lisboa, 1962.

Carneiro, Bernardino da Silva, *Elementos de Direito Ecclesiastico Portuguez e seu Respectivo Processo*, (7.ª edição, corrigida e ampliada por José Pereira de Paiva Pitta), Coimbra, Imprensa da Universidade, 1910.

Carneiro, Manuel Borges, *Direito Civil de Portugal*, Tomo I, Lisboa, Impressão Régia, 1826.

Carneiro, Manuel Borges, *Direito Civil de Portugal*, Tomo III, Lisboa, Impressão Régia, 1828.

Carvalho, Fernando Martins de, *Transformação de Sociedades – Artigos 231.º e seguintes do Código de Falências*, OD, ano 68.º (1936), n.º 5, 130-136.

Cesaroni, Gaia, *Della Trasformazione*, em Maffei Alberti, Alberto (org.), *Il Nuovo Diritto delle Società*, volume IV, Pádua, CEDAM, 2005, 2443-2510.

Coco, Giovanni Silvio, *Sulla Volontà Collettiva in Diritto Privato*, Milão, Giuffrè, 1967.

Coelho, José Gabriel Pinto, *Lições de Direito Comercial (feitas ao curso do 4.º ano na FDL)*, 1.º volume, 3.ª edição revista, Lisboa, Centro Tipográfico Colonial, 1957.

Cordeiro, António Menezes, *Da Preferência dos Accionistas na Subscrição de Novas Acções. Exclusão e Violação*, ROA, ano 50.º (1990), 345-362.

Cordeiro, António Menezes, *Introdução* à versão portuguesa de Claus-Wilhelm Canaris, *Pensamento Sistemático e Ciência do Direito*, 3.ª edição, Lisboa, Fundação Calouste Gulbenkian, 2002.

Cordeiro, António Menezes, *Direito Europeu das Sociedades*, Coimbra, Almedina, 2005.

Cordeiro, António Menezes, *Tratado de Direito Civil Português*, I, Tomo I – *Introdução. Doutrina Geral. Negócio Jurídico*, 3.ª edição, Coimbra, Almedina, 2005.

Cordeiro, António Menezes, *Tratado de Direito Civil Português*, I, Tomo III – *Pessoas*, 2.ª edição, Coimbra, Almedina, 2007.

CORDEIRO, António Menezes, *Manual de Direito das Sociedades*, volume I – *Das Sociedades em Geral*, 2.ª edição, Coimbra, Almedina, 2007.

CORDEIRO, António Menezes, *Manual de Direito das Sociedades*, volume II – *Das Sociedades em Especial*, 2.ª edição, Coimbra, Almedina, 2007.

CORDEIRO, António Menezes, *Manual de Direito Comercial*, 2.ª edição, revista, actualizada e aumentada, Coimbra, Almedina, 2007.

CORREIA, António Ferrer, *Pessoas Colectivas (Anteprojecto de um Capítulo do Novo Código Civil)*, BMJ, 67 (1957), 247-281.

CORREIA, António Ferrer, *Lições de Direito Comercial*, volume II, Coimbra, 1968.

CORREIA, António Ferrer / SÁ, Almeno de, *Algumas Notas sobre as Fundações*, RDE, ano XV (1989), 331-346:

CORREIA, António Ferrer, *Lições de Direito Comercial*, reimpressão, Lisboa, LEX, 1994.

CORREIA, António Ferrer, *Contribuição para uma História da Fundação Calouste Gulbenkian*, em AAVV, *Estudos em Homenagem ao Professor Doutor Inocêncio Galvão Telles*, volume I, Coimbra, Almedina, 2002, 755-788.

CORREIA. Francisco Mendes, *Transformação de Sociedades: algumas considerações*, Separata da Revista "O Direito", IV, Coimbra, Almedina, 2006, 835--892.

CORREIA, José Sérvulo / MEDEIROS, Rui, *Restrições aos Poderes do Governo em Matéria de Reconhecimento e de Alteração dos Estatutos das Fundações de Direito Privado*, ROA, ano 62.º (2002), 347-382.

CORREIA, Luís Brito, *Os Administradores de Sociedades Anónimas*, Almedina, Coimbra, 1993.

COSTA, Ricardo, *A Sociedade por Quotas Unipessoal no Direito Português*, Almedina, Coimbra, 2002.

COSTA, Ricardo, *Unipessoalidade Societária*, IDET, Miscelâneas, n.º 1, Coimbra, Almedina, 2003.

COSTA, Ricardo, *Sociedades: de Dentro para Fora do Código Civil*, em AAVV, *Comemorações dos 35 Anos do Código Civil e dos 25 Anos da Reforma de 1977*, volume II, 2006, Coimbra, Coimbra Editora, 305-343.

COTTINO, Gastone, *Il Diritto che Cambia: dalle Compagnie Coloniale alla Grande Società per Azioni*, RTDPC, ano XLIII (1989), n.º 2, 493-502.

CUGIA, Stanislao, *Il Termine «Piae Causae» – Contributo alla Terminologia delle Persone Giuridiche nel Diritto Romano*, em *Scritti in onore di Carlo Fadda*, volume V, Nápoles, Luigi Pierro, 1906, 227-264.

CUNHA, Paulo Olavo, *Os Direitos Especiais nas Sociedades Anónimas: as Acções Privilegiadas*, Coimbra, Almedina, 1993.

DAMM, Reinhard, *Personenrecht*, AcP, 202 (2002), n.º 4/5, 841-879.

DIAS, Gabriela Figueiredo, *"A Fiscalização Societária Redesenhada: Independência, Exclusão de Responsabilidade e Caução Obrigatória dos Fiscali-*

zadores", em AAVV, *Reformas do Código das Sociedades*, Coimbra, Almedina, 2007.

DIAS, Gabriela Figueiredo, *Fiscalização de Sociedades e Responsabilidade Civil (Após a Reforma do Código das Sociedades Comerciais)*, Coimbra, Coimbra Editora, 2006.

DIAS, Gabriela Figueiredo, *A Fiscalização Societária Redesenhada: Independência, Exclusão de Responsabilidade e Caução Obrigatória dos Fiscalizadores*, em AAVV (IDET), *Reformas do Código das Sociedades Comerciais*, Coimbra, Almedina, 2007, 277-330.

DUARTE, Ricardo Teixeira, *Commentario ao Título XII, Parte I, Livro II do Codigo Commercial Portuguez*, Lisboa, Imprensa Nacional, 1872.

ENGISCH, Karl, *La Idea de Concreción en el Derecho y en la Ciencia Juridica Actuales* (tradução da 1.ª edição do original publicado em língua alemã *Die Idee der Konkretisierung in Recht und Rechtwissenschaft unserer Zeit*), Pamplona, EUNSA, 1968.

FALCÓN, Modesto, *Código Civil Español Ilustrado com Notas, Referencias, Concordancias, Motivos y Comentarios*, volume 1, Madrid, Centro Editorial de Góngora, 1888.

FERRI, Giuseppe, *Le Società*, 2.ª edição, em AAVV, *Tratatto di Diritto Civile Italiano*, UTET, Turim, 1985.

FERNANDES, Luís Carvalho, *Teoria Geral do Directo Civil*, volume I, 4.ª edição actualizada, Lisboa, UCP, 2007.

FERNANDES, Luís Carvalho, *A Conversão dos Negócios Jurídicos*, Lisboa, Quid Juris?, 1993.

FERRARA, Francesco, *Teoria delle Persone Giuridiche*, em FIORE, Pasquale / / BRUGI, Biagio (dir.), *Il Diritto Civile Italiano*, Nápoles / Turim, Eugenio Marghieri / UTET, 1915.

FLUME, Werner, *El Negocio Jurídico* (tradução da 4.ª edição, inalterada, de 1992, de *Allgemeiner Teil des Bürgerlichen Rechts. Zweiter Band, Das Rechtsgeschäft*, Madrid, Fundación Cultural del Notariado), 1998.

FLUME, Werner, *Allgemeiner Teil des Bürgerlichen Rechts*, I / 1 – *Die Personengesellschaft*, Berlin / Heidelberg / New York, Springer, 1977.

FURTADO, Jorge Henrique Pinto, *Curso de Direito das Sociedades*, 5.ª edição, revista e actualizada com a colaboração de Nelson Rocha, Coimbra, Almedina, 2004.

GALGANO, Francesco, *Persona Giuridica*, em AAVV, *Digesto delle Discipline Privatistiche – Sezione Civile*, volume XIII, Turim, UTET, 1995, 392-407

GALGANO, Francesco, *Le Associazioni. Le Fondazioni. I Comitati*, 2.ª edição, Pádua, CEDAM, 1996.

GALGANO, Francesco, *Il Nuovo Diritto Societario*, tomo I, 2.ª edição, Pádua, CEDAM, 2004.

342   *Transformação de Sociedades Comerciais*

GASPERONI, Nicola, *La Trasformazione delle Società*, Milão, Giuffrè, 1952.
GASPERONI, Nicola, *Trasformazione e Fusione di Società*, em AAVV, ED, XLIV, 1992, Milão, Giuffrè, 1017-1065.
GENNARI, Francesco, *La Società a Responsabilità Limitata*, Milão, Giuffrè, 1999.
GONÇALVES, Diogo Costa, *Direitos Especiais e o Direito de Exoneração em Sede de Fusão, Cisão e Transformação de Sociedades Comerciais*, Separata da Revista "O Direito", II, Coimbra, Almedina, 2006, 313-362.
GONÇALVES, Luís Cunha, *Tratado de Direito Civil*, volume I, Coimbra, Coimbra Editora, 1929.
GONÇALVES, Luís Cunha, *Comentário ao Código Comercial Português*, volume I, Lisboa, J.B., 1914.
HENRIQUES, Paulo Videira, *O Regime Geral das Associações*, AAVV, *Comemorações dos 35 Anos do Código Civil e dos 25 Anos da Reforma de 1977*, volume II, Coimbra, Coimbra Editora, 2006, 271-303.
HOPT, Klaus / WALZ, W. Rainer / VON HIPPEL, Thomas / THEN, Volker, *The European Foundation – A New Legal Approach*, Cambridge, CUP, 2006.
HÖRSTER, Heinrich Ewald, *A Parte Geral do Código Civil Português – Teoria Geral do Direito Civil*, Coimbra, Almedina, 1992.
IORIO, Giovanni, *Le Fondazioni*, Milão, Giuffrè, 1997.
JÁCOME, Paiva, *Anotação ao Acórdão do Tribunal da Relação do Porto de 4 de Outubro de 1929*, GJ, ano 1.º (1929), n.º 6, 104-106 [sem menção do autor, mas atribuída por vários autores a Paiva Jácome].
JOHN, Uwe, *Personenrecht und Verbandsrecht im Algemeinen Teil des Bürgerliches Rechts – Werner Flumes Buch über «Die Juristische Person»*, ACP, 185 (1985), n.º 3-4, 209-243.
JOHN, Uwe, *Einheit und Spaltung im Begriff der Rechtsperson*, QF, n.º 11/12 (1982/83), 947-971.
KASER, Max, *Direito Privado Romano* (tradução da versão alemã de 1992), Fundação Calouste Gulbenkian, Lisboa, 1999.
LARENZ, Karl, *Metodologia da Ciência do Direito*, 4.ª edição (tradução da 6.ª edição reformulada, alemã, de 1991), Lisboa, Fundação Calouste Gulbenkian, 2005.
LEITÃO, Luís Menezes, *Direito das Obrigações*, volume I – *Introdução. Da Constituição das Obrigações*, 4.ª edição, Coimbra, Almedina, 2005.
LEITÃO, Luís Menezes, *Direito das Obrigações*, volume III – *Contratos em Especial*, 3.ª edição, Coimbra, Almedina, 2005.
LIBONATI, Berardino, *Diritto Commerciale – Impresa e Società*, Milão, Giuffrè, 2005.
LIMA, Fernando Pires de / VARELA, João Antunes, *Código Civil Anotado*, volume II (artigos 762.º a 1250.º), 3.ª edição revista e actualizada, Coimbra, Coimbra Editora, 1986.

Bibliografia 343

LOUREIRO, José Pinto, *Transformação de Sociedades – Problemas Fundamentais*, RT, ano 67.º (1949), n.º 1598 (210-212), n.º 1599 (226-228), n.º 1600 (242--245), n.º 1601 (258-261), n.º 1602 (274-275), n.º 1603 (290-295).

LOURENÇO, Santos, *Das Sociedades por Cotas – Comentário à lei de 11 de Abril de 1901*, volume II, Lisboa, s/d [1926].

LUTTER, Marcus (org.), *Umwandlungsgesetz – Kommentar*, I (§ 1-137), 3.ª edição revista e aumentada, Koln, Otto Schmidt, 2004.

MACHADO, Baptista, *Introdução ao Direito e ao Discurso Legitimador*, 13.ª reimpressão, Coimbra, Almedina, 2002.

MANZINI, Giorgia, *Trasformazione, Fusione, Scissione di Società*, Pádua, CEDAM, 1998.

MARASÀ, Giorgio, *La Nuova Disciplina di Trasformazioni e Fusioni*, em AFFERNI, Vittorio / GIOVANNA VISINTINI (org.), *Principi Civilistici nella Riforma del Diritto Societario*, Milão, Giuffrè, 2005, 265-277.

MARCOS, Rui Figueiredo, *As Companhias Pombalinas – Contributo para a História das Sociedades por Acções em Portugal*, Almedina, Coimbra, 1997.

MARTÍNEZ, Pedro Soares, *Manual de Direito Corporativo*, Lisboa, FDUL, 1967.

MARZONA, Nicoletta, *Trasformazione e Fusione di Enti*, em AAVV, ED, XLIV, Milão, Giuffrè, 1992, 1008-1017.

MIOLA, Massimo, *Lo Statuto di Società Europea nel Diritto Societario Comunitario: dall'armonizzazione alla Concorrenza tra Ordinamenti*, RS, ano 48.º (2003), n.os 2-3, 322-374

MORAIS, Carlos Blanco de, *Da Relevância do Direito Público no Regime Jurídico das Fundações Privadas*, em AAVV, *Estudos em Memória do Professor Doutor João de Castro Mendes*, Lisboa, LEX / FDUL, s/d, 553-598.

MOREIRA, Guilherme, *Instituições do Direito Civil Português*, volume I, Coimbra, Imprensa da Universidade, 1907.

MOREIRA, Guilherme, *Da Personalidade Colectiva*, publicado na RLJ, ano 40.º (1907), 41.º (1908) e 42.º (1909), n.os 1732-1804.

MOSTAZO, Francisco, *Tractatus De Causis Piis*, Tomo I, Veneza, Typographia Balleoniana, 1735.

NAMORADO, Rui, *Acerca dos Princípios Cooperativos*, em *Cooperatividade e Direito Cooperativo – Estudos e Pareceres*, Coimbra, Almedina, 2005, 9-41.

OLIVEIRA, António Barbosa de, *Vontades Pias (Estudo Histórico-Canónico)*, Vila Real, 1959.

ORALLO, Santiago Panizo, *Persona Jurídica y Ficción – Estudio de la Obra de Sinibaldo de Fieschi (Inocencio IV)*, EUNSA, Pamplona, 1975.

ORESTANO, Riccardo, *Il «Problema delle Persone Giuridiche» in Diritto Romano* Turim, Giappichelli, 1968,.

PEREIRA, Maria Antónia, *O Direito aos Lucros nas Sociedades Desportivas*, Lisboa, Quid Juris?, 2003.

344   *Transformação de Sociedades Comerciais*

PERNAZZA, Federico / ALLOTTI, Valentina, *Italy*, em OPLUSTIL, Krzysztof / TEI-CHMANN, Christoph (ed.), *The European Company – all over Europe*, Berlin, De Gruyter, 2004, 169-199.

PINARDI, Marco, *La Trasformazione*, Milão,Giuffrè, 2005.

PONZANELLI, Giulio, *Le "Non Profit Organizations"*, Milão, Giuffrè, 1985.

POPPER, Karl, *Conjectures and Refutations – The Growth of Scientific Knowledge*, reimpressão da 4.ª edição revista de 1972, Londres / Henley, Routledge & Kegan Paul, 1976.

PUGLIESE, Giovanni, *Istituzioni di Diritto Romano* (com a colaboração de FRANCESCO SITZIA e de LETIZIA VACCA), Pádua, Piccin, 1986.

QUADROS, Fausto de, *Fundação de Direito Público*, em AAVV, *Polis – Enciclopédia Verbo da Sociedade e do Estado*, 2, Lisboa / São Paulo, Verbo, 1998, 1567.

RAISER, Thomas, *Gesamthand und juristsche Person im Licht des neuen Umwandlungsrechts*, AcP 194 (1994), n.º 5, 495-512.

RAISER, Thomas, *Der Begriff der juristischen Person. Eine Neubesinnung*, AcP 199 (1999), 104-144.

RESCIO, Giuseppe Alberto, *La Società Europea tra Diritto Comunitario e Diritto Nazionale*, RS, ano 48.º (2003), n.º 5, 965-994.

RIBEIRO, Joaquim de Sousa, *O Problema do Contrato – As Cláusulas Contratuais Gerais e o Princípio da Liberdade Contratual*, Coimbra, Almedina, 1999.

RIBEIRO, Joaquim de Sousa, *As Fundações no Código Civil: Regime Actual e Projecto de Reforma*, LUS, n.º 1-2 (2001), 59-85.

RIBEIRO, Joaquim de Sousa, *Fundações: "Uma Espécie em Vias de Extensão"?*, em AAVV, *Comemorações dos 35 Anos do Código Civil e dos 25 Anos da Reforma de 1977*, volume II, Coimbra, Coimbra Editora, 2006, 251-270.

RIBEIRO, José António Pinto / DUARTE, Rui Pinto, *Dos Agrupamentos Complementares de Empresas*, CCTF, n.º 118, Lisboa, Centro de Estudos Fiscais da DGCI, 1980.

ROCHA, M. A. Coelho da, *Instituições de Direito Civil Portuguez*, Tomo I, Coimbra, Imprensa da Universidade, 1844.

RUFFINI, Francesco, *La Classificazione delle Persone Giuridiche in Sinibaldo dei Fieschi (Innocenzo IV) ed in Federico Carlo di Savigny*, em *Scritti Giuridici Minori*, volume II, Milão, Giuffrè Editore, 1936, 5-90.

RUFFINI, Francesco, *Trasformazione di Persone Giuridiche e Commutazione di Ultime Volontà nell'art. 91 della Legge sulle Opere Pie*, em *Scritti Giuridici Minori*, Vol. II, Milão, Giuffrè Editore, 1936, 93-144.

RUS, Heliodoro Sánchez, *Constitución de la SA por Transformación de SA*, em AAVV, *La Sociedade Anónima Europea – Régimen Jurídico Societario, Laboral y Fiscal*, Madrid / Barcelona, Marcial Pons, 2004.

SABATO, Franco di, *Diritto delle Società*, 2.ª edição, Milão, Giuffrè, 2005.

Bibliografia 345

SABATO, Franco di, *Autonomia Privata e Tipicità delle Società*, em AFFERNI, Vittorio / GIOVANNA VISINTINI (org.), *Principi Civilistici nella Riforma del Diritto Societario*, Milão, Giuffrè, 2005, 15-27.

SANTO AGOSTINHO, *Obras Completas de San Agustín*, Tomo X, Madrid, BAC, 1952.

SANTOS, Filipe Cassiano dos, *Estrutura Associativa e Participação Societária Capitalística (Contrato de Sociedade, Estrutura Societária e Participação do Sócio nas Sociedades Capitalísticas)*, Coimbra, Coimbra Editora, 2006.

SAVIGNY, Friedrich Carl von, *Sistema del Derecho Romano Actual*, Granada, Comares, 2005.

SAVIGNY, Friedrich Carl von, *System des heutigen römischen Rechts*, volume II, Berlin, Scientia Aalen, 2.ª reimpressão da edição de 1840, 1981.

SCHMIDT, Karsten, *Gesellschaftsrecht*, 4.ª edição revista e aumentada, Köln / / Berlin / Bonn / München, Carl Heymanns, 2002.

SCHMIDT, Karsten, *Integrationswirkung des Umwandlungsgesetzes*, em AAVV, *Festschrift für Peter Ulmer zum 70. Geburstag am 2. Januar 2003*, Berlim, De Gruyter Recht, 2003, 557-577.

SCHNORBUS, York, *Analogieverbot und Rechtsfortbildung im Umwandlungsrecht*, DB, 31 (2001), 1654-1660.

SEIXAS, Margarida, *Personalidade Colectiva no Direito Romano*, Separata de *Estudos em Homenagem ao Prof. Doutor Raúl Ventura*, Coimbra, Coimbra Editora, 2003, 1053-1140.

SERRA, Catarina, *As Novas Sociedades Unipessoais por Quotas*, SI, tomo XLVI (1997), n.° 265 / 267, 115-142.

SILVA, J. F. Azevedo e, *Commentario ao Novo Codigo Commercial Portuguez – 1.° Fascículo*, Lisboa, Typographia Nacional, 1888.

SILVA, Nuno Espinosa Gomes da, *História do Direito Português*, 4.ª edição, revista e aumentada, Lisboa, Fundação Calouste Gulbenkian, 2006.

SILVETTI, Cesare, *Trasformazione e Fusione delle Società*, NDI, XIX, Turim, UTET, 1973, 531-552.

SOUSA (LOBÃO), Manuel de Almeida e, *Collecção de Dissertações Juridico- -Praticas – Em supplemento ás Notas ao Livro terceiro das Instituições do Doutor Pascoal José de Mello Freire*, Lisboa, Impressão Régia, 1825.

SOUTO, A. de Azevedo, *Lei das Sociedades por Quotas – Anotações e Fórmulas* (com prefácio de VEIGA BEIRÃO), Lisboa, Guimarães, 1913.

SPADA, Paolo, *Dalla Trasformazione delle Società alle Trasformazioni degli Enti ed Oltre*, em AAVV, *Scritti in Onore di Vincenzo Buonocore*, volume III, Tomo III, Milão, Giuffrè, 2005, 3879-3896.

SPADA, Paolo, *La Tipicità delle Società*, Pádua, CEDAM, 1974.

TANTINI, Giovanni, *La Trasformazione e Fusione delle Società*, em GALGANO, Francesco (org.), *Tratatto di Diritto Commerciale e di Diritto Pubblico dell'Economia*, volume VIII, Pádua, CEDAM, 1985.

TAVARES, José, *Sociedades e Empresas Comerciais*, 2.ª edição, Coimbra, Coimbra Editora, 1924.

TAVARES, José, *Os Princípios Fundamentais do Direito Civil*, volume II – *Pessoas, Cousas, Factos Jurídicos*, Coimbra, Coimbra Editora, 1928.

TELLES, Inocêncio Galvão, *Anotação ao Acórdão do Tribunal da Relação de Luanda de 19 de Outubro de 1957*, OD, ano 90.º (1958), n.º 2, 142-161.

TURGOT, Anne-Robert-Jacques, *Oeuvres de Turgot et Documents le Concernant*, org. GUSTAVE SCHELLE, Tomo I, Paris, Félix Alcan, 1913, 584-593.

VACCA, Barbara, *Le Associazioni non Riconosciute e i Comitati*, Milão, Giuffrè, 1999.

VASCONCELOS, Pedro Pais de, *Teoria Geral do Direito Civil*, 4.ª edição, Coimbra, Almedina, 2007.

VASCONCELOS, Pedro Pais de, *A Participação Social nas Sociedades Comerciais*, Almedina, Coimbra, 2006.

VASCONCELOS, Pedro Pais de, *Contratos Atípicos*, reimpressão da 1.ª edição de 1995, Coimbra, Almedina, 2002.

VENTURA, Raúl, CORREIA, Luís Brito, *Transformação de Sociedades – Anteprojecto e Notas Justificativas*, Separata do BMJ n.ᵒˢ 218, 219 e 220, Lisboa, 1973.

VENTURA, Raúl, *Sociedades Complementares*, RFDUL, XXIV (1972), 13-21.

VENTURA, Raúl, *Alterações do Contrato de Sociedades*, Coimbra, Almedina, 1986.

VENTURA, Raúl, *Direitos Especiais dos Sócios (Parecer)*, OD, ano 121.º (1989), I, 207-222.

VENTURA, Raúl, *Fusão, Cisão, Transformação de Sociedades (Comentário ao Código das Sociedades Comerciais)*, 2.ª reimpressão da 1.ª edição de 1990, Almedina, Coimbra, 2003.

VENTURA, Raúl, *Apontamentos sobre Sociedades Civis* (edição póstuma de um texto encontrado no espólio do Autor), Coimbra, Almedina, 2006.

VERRUCOLI, *Non-Profit Organizations (A Comparative Approach)*, Milão, Giuffrè, 1985.

VIGHI, Alberto, *Notizie Storiche sugli Amministratori ed i Sindaci delle Società per Azioni Anteriori al Codici di Commercio Francese*, RS, ano XIV (1969), 663-700.

VILLEY, Michel, *Essor et Décadence du Volontarisme Juridique*, em *Leçons d'Histoire de la Philosophie du Droit*, Paris, Dalloz, 1962, 272-277.

VILLEY, Michel, *A Formação do Pensamento Jurídico Moderno*, São Paulo, Martins Fontes, 2006.

VISCONDE DE CARNAXIDE (António Baptista de Sousa), *Sociedades Anonymas*, Coimbra, França Amado, 1913.

VOSSIUS, Oliver, *Gründung und Umwandlung der deutschen Europäischen Gesellschaft*, ZIP, 17 / 2005, 741-749

WALTER, Ferdinand, *Manual do Direito Ecclesiastico* (Traduzido do alemão com a cooperação do Autor por A. DE ROQUEMONT e vertido do francês por FRANCISCO CÂNDIDO DE MENDONÇA E MELLO), Typographia de Lucas Evangelista, Lisboa, 1845.